Placing Power in Check and Building a Clean
Government Through the Rule of Law

权力法治
与廉政治理

陈国权　毛益民　等著

中国社会科学出版社

图书在版编目（CIP）数据

权力法治与廉政治理／陈国权等著 . —北京：中国社会科学
出版社，2018.8（2020.12 重印）
ISBN 978 - 7 - 5161 - 8779 - 1

Ⅰ.①权… Ⅱ.①陈… Ⅲ.①地方政府—行政权力—研究—
中国②地方政府—廉政建设—研究—中国 Ⅳ.①D625②D630.9

中国版本图书馆 CIP 数据核字（2016）第 196872 号

出 版 人	赵剑英	
责任编辑	王 茵	
特约编辑	王 琪	
责任校对	刘 娟	
责任印制	王 超	

出 版	中国社会科学出版社	
社 址	北京鼓楼西大街甲 158 号	
邮 编	100720	
网 址	http：//www.csspw.cn	
发 行 部	010 - 84083685	
门 市 部	010 - 84029450	
经 销	新华书店及其他书店	

印刷装订	北京君升印刷有限公司	
版 次	2018 年 8 月第 1 版	
印 次	2020 年 12 月第 4 次印刷	

开 本	710 × 1000	1/16
印 张	26	
字 数	338 千字	
定 价	98.00 元	

序

为陈国权教授的这部书稿作序，是一系列偶然过程交织与叠加而生成的一个不意之果。不但我事先没有想到，国权教授恐怕亦是如此。

就这一议题的研究资历与成果而言，我显然不是一般意义上的不合适，而是特别不合适承当此一角色。

在权力制约、监督与反腐败的研究方面，国权教授（以及他率领的团队）可谓潜心探索、持之以恒，其研究之状可用"深耕精作"四字来加以描述。他曾两度领首席专家之衔，主持了相关的国家社科基金重大项目（"健全权力运行制约与监督机制研究"，2009 年；"反腐败法治化与科学的权力结构与运行机制研究"，2014 年）。其研究成果既有众多的专题论文——它们分别发表于《社会学研究》《政治学研究》等专业学术期刊；也有不少的学术专著，如《社会转型与有限政府》（人民出版社 2008 年版）、《责任政府：从权力本位到责任本位》（浙江大学出版社 2009 年版）、《权力制约监督论》（浙江大学出版社 2013 年版）。摆在我们面前的这部书稿《权力法治与廉政治理》是在 2014 年国家社科基金重大项目结项报告的基础上完成的，代表了国权教授在这一研究议题上达到的一个新高度。

相比之下，在国权教授擅长的研究领域，我只是一个刚迈开脚步，还没有完全入门的生徒。自 20 世纪 90 年代以来，我的学术关注聚焦于政治发展的民主化维度，对于权力制约问题虽有兴趣（相关的资料积累工作一直在断续地进行），但囿于时间和精力，无法投入实质性的资源。不过，近年来研究旨趣在不知不觉之中发生了一个变化，权力制约、监督问题日渐进入视野中心。导致这种变化的原因很多，其中最为主要的一个原因与这样一个基本判断有关：从经验层面来看，中国政治体制能否维系、完善和发展很大程度上取决于在权力制约、腐败治理和法治建设方面能否取得实质性的进步。

这一研究关注的转向，使我的思考与国权教授的研究产生了某种交集。准确地说，对国权教授及其团队的研究成果之学习和领悟，成为我切入这一领域的一个重要环节。而对浙江经验的共同关注、对理论议题的相似兴趣，构成了彼此之间相互交流的一个很好的管道。在这种情况下，国权教授建议，为他刚出版的《权力制约监督论》一书写一篇评论。我欣然允诺，要是没记错的话，这当是 2013 年深秋的事情。

在我所写的为数不多的几篇书评中，这是一篇写作过程最为漫长的文字。这倒不是因为诸事繁多而引起的耽误，事实上这期间我做了不少与书评内容相关的工作。例如，2014 年 11 月我参加了由浙江大学公共政策研究院、浙江省公共政策研究院和省编办联合主办的"第三届中国转型发展论坛"，应邀作了一个名为"从行政审批（改革）到权力清单制度——基于浙江实践的思考"的主题发言。2015 年暑假利用浙江大学高等人文社会科学研究院提供的驻访学者的机会，静心思考中国政治体制下的权力制约问题，并根据项目要求作了一个工作讲座。这些学术活动无疑为书评写作提供了很好的背景铺垫。不过，写作过程本身却一直断断续续。想起来写，卡住了停；写写读读，读读写写；可谓在读中写，在写中读。这样一直拖延到 2016 年的秋天才基本完稿，前后差不多经历了三个春秋。好在国权教授颇有耐心，没有提出任何的意见和抱怨；即使稍有表达，也是颇为婉转的、带有温和期待的提醒。

不过，黄花菜毕竟凉了几番。等到我的书评文字出来，国权教授的第二个国家重大课题亦已结题，新书即将出版。在一次电话沟通中，国权教授再次建议，能否对书评文字做些修改，将部分内容转化为新书的序言？在前文所述的脉络内，这倒不失为一个"与时俱进"的点子。书评本是量体裁衣的细活，但考虑到两部书稿之间的内在联系，我觉得值得一试：一方面借此弥补一下有些内疚的心情，与此同时利用这一机会来了解和学习国权教授的最新研究成果。

这是本篇序言的大致由来。

在国权教授的诸多作品中，有两个相关的基本议题一直占据着中心的位置：一是关于腐败现象的经验研究，聚焦于不同类型的腐败成因及机制分析；二是从权力结构和体制层面进行理论思考，探寻解决问题的出路并提出相关的政策建议。这两大旋律在新的书稿中再次交替呈现。与《权力制约监督论》一书相比，新书稿在保持基本观点一致的前提下，在两个方面各有明显的推进。例如，在分析中国地方官场系统性腐败的制度环境和行为机制方面，作者力图说明土地公有制、地方政府职能与高廉政风险之间的经验关联，并从法治（缺失）的角度揭示地方政府的行为模式及腐败成因："……地方政府治理中存在的三重逻辑，即政治逻辑、经济逻辑与法治逻辑。地方政府在治理过程中遵循政治逻辑和经济逻辑优先于遵循法治逻辑。在三重治理逻辑下，地方政府或是出于完成政治任务的需要，或是为了实现经济发展的目标，抑或是为了谋取官员个人私利，屡屡突破法律的约束、破坏法治的建设。一方面，地方政府及其官员常常对现有法律选择性执行，造成普遍的选择性执法局面，进而导致市场的非法治化竞争和系统性腐败。另一方面，由于法律滞后性的客观存在，地方政府的许多制度创新对现行法律构成挑战，创新与法治间的紧张关系扩大了政治系统内部的高廉政风险。法治的缺失使得政治系统的运行缺乏法治化的制度环境，从而成为系统性腐败发生的重要诱因。"①

此处所展示的复杂的归因逻辑，最终与权力结构的特点联系在一起。用作者的话来说，"在集权结构下，权力过度集中，弱化了制约与监督等控权方式，进而造成了权力结构的非法治化。就中国而言，集权体制存在内外失衡、合谋等特征，且表现较高的韧性，这些都成了腐败滋生和扩散的肇端"。

问题的根源一旦找准，解决问题的出路便自在其中："总体而言，高廉政风险的结构根源，在于权力结构的法治化不足，而克服权力结构的非法治化，现实路径在于建立健全国家廉政制度体系，推动权力结构的合理转型。"

《权力法治与廉政治理》一书的丰富内容显然不能用上述简短文字来加以概括，事实上这也不是本文作为序言（而不是导读）的目的。在此，笔者试图要做的事情是，在国权教授的新旧作品之间，凸显串联的"红线"，考察其对权力制约问题的理论思考，以及这种思考所体现的价值。为《权力制约监督论》一书所写的评议之词，之所以能用在这本新书上，这是一个最为重要的原因。我相信，这亦将有助于读者更好地理解这部新书所蕴含的意义。

权力制约曾是政治学和法学研究的重要议题。20世纪"大政府"的出现使这个话题超越了传统学科的范围，而成为社会科学普遍关注的问题。其中，与政府治理直接相关的公共管理学从权力运行的角度提出了许多有价值的思想。20世纪90年代流行颇劲的新公共管理运动便是一个很好的案例；它对于中国公共管理学者的影响——无论是机构改革的维度，还是政府权力制约的思考，可谓至深且巨。

作为一名公共管理专业的研究者，国权教授的这一身份具有"知识社会学"的意义——其对权力制约问题的思考具有鲜明的学科特征。大

---

① 参见本书第 79 页。

致而言，公共管理学者对权力制约问题的思考是从权力运行的角度来切入的。我相信，这也是国权教授思考问题的最初出发点。但是与其同行不同，国权教授对这个问题的思考突破了权力运行维度的局限，而进入了权力结构的层面，由此（或许是无意之间）展开了一场与政治学经典理论的对话，并留下了诸多值得凝视的亮点。

为了方便行文，亦基于节省篇幅的考量，我想用以下十个命题来概括国权教授的核心论点，这种叙述方式虽然有过度化约之嫌，且难免"挂一漏万"，但它能以最简练的方式突出重点，把握精髓。[①]

命题一：反腐败的治本之策在于制约（公）权力。

这是常识，也是思考的起点。所谓权力导致腐败，绝对权力绝对导致腐败。

命题二：权力制约必须从权力结构入手。

关于权力制约的讨论有多种思路，[②] 国权教授认同法学家的观点："只有将制约权力问题转化为一个权力的结构问题，对权力的制约才是可能的。"[③]"权力的制约关系实质上是权力结构问题。"[④]

---

① 以下的概括乃基于对陈国权教授及其研究团队所发表的大量作品的阅读，在范围上既涉及《权力制约监督论》，也包括《权力法治与廉政治理》。

② 权力制约是一个涉及众多因素的复杂议题。何增科教授在一篇文章中，从九个方面——以分散权力制约权力、以专门监督制约权力、以倡导法治制约权力、以道德内约制约权力、以政务公开制约权力、以舆论监督制约权力、以信息技术制约权力、以公民权利制约权力、以民间力量制约权力——讨论了当代中国的权力制约问题。参见何增科《改革开放以来我国权力监督的重要变化和进展》，载《当代中国政治研究报告Ⅵ》，中国社会科学出版社 2008 年版，第 18—33 页。

③ 参见周永坤《权力结构模式与宪政》，《中国法学》2005 年第 6 期，转引自陈国权《权力制约监督论》，浙江大学出版社 2013 年版，第 284 页。在《权力法治与廉政治理》一书中，陈国权等的观点有了新的发展，作者强调要超越（权力制约思考中）"以权力制约权力"的局限性："权力控权是最直接也是在短期内最有效的控权模式，但以权力控制权力，不仅存在'共谋'风险，而且还会陷入谁来控制控权者的循环困境。因此，以权利控制权力就成为道德控权和权力控权的重要补充。权利控权的本义是以公民权利来制约国家权力，其内在机制是通过市民社会的多元权利对国家权力的分享和制衡来实现对国家权力的制约。"参见本书第 333 页。

④ 陈国权等：《权力制约监督论》，浙江大学出版社 2013 年版，第 284 页。

命题三：只有分权（制衡）才能实现权力制约。

分权（制衡）的观点乃自由主义思想之精髓。无论是洛克，还是孟德斯鸠；无论是分权理论，还是美国实践，到目前为止，在权力制约的思考和实践方面自由主义贡献了主流范式。

国权教授认可分权（制衡）的观念。具体而言，分权的意义体现在两个方面：（1）分权与制约之间存在内在的逻辑关系："分权是制约的前提，只有在权力分解之后，才可能形成不同权力之间的钳制。"① 因此，"分权制衡"是权力制约的唯一出路，也是具有普遍性的原理。（2）分权对于权力结构的转型具有重要意义："分权是实现权力结构转型、遏制腐败的关键。"② "分权制衡是权力结构法治化的核心要义，它意味着国家与社会之间，决策权、执行权、监督权之间，都达成了相互制衡的状态。"③

命题四：西方的控权制度不适合中国。

然而，承认分权制衡的必要性并不意味着可以直接照搬西方的政治制度。国权教授认为：西方控权制度"扎根于西方特定的历史条件与社会文化环境。如果将此分析框架套用于中国，则不可避免会遭遇不适之困境"④。

---

① 参见本书第 18 页。

② 参见本书第 336 页。

③ 参见本书第 113 页。

④ 参见本书第 123 页。更为具体的论证是这样的："在中国，由于政治体制的特殊性，这一分析框架存在诸多争议和局限。首先，我国是由中国共产党领导的、事实上一党执政的国家，执政党对行政、司法、立法具有深刻的影响，可以说中华人民共和国成立以来的行政、司法、立法体系都是在中国共产党的领导下建立起来的；其次，中国的政务体系是由执政党与国家机关共同构成的党政体制，党政体制作为一个有机的政务大系统，又包含了执政党系统、国家系统两个亚系统，而行使立法权的人大、行使行政权的政府和行使司法权的司法机关则属于国家系统。换言之，执政党系统可以通过作用于国家系统来影响这三种权力，然而西方国家的三权分立则预示着执政党系统的运转应该遵循三权分立的内在逻辑，无法对三权之间的作用机制产生影响。因此，这种'嵌套式'的政治系统决定了无法借用西方国家平行循环式的分权制衡框架来分析。"参见本书第 26—27 页。

命题五：寻找新的分权形式，超越西方的控权制度。

上面的叙述似乎设置了某种思维"陷阱"：一方面，只有实行分权才能实现权力制约的目的；另一方面，西方的控权制度安排又被认为不适合中国。如何跳出这一看上去似乎无解的悖论？

从逻辑上说，分权原理是普遍的，但分权的具体形式不是唯一的。西方式的控权制度只是分权制衡的一种特定方式。因此摆脱困境的出路在于：能否寻找到新的分权方式，从而既超越西方的控权制度，又满足权力制约的功能目标？公共管理学者为我们提供了解决问题的方案：在决策权、执行权和监督权的区分中寻找一种功能替代的机制。

为了便于表达，不妨将基于决策权、执行权和监督权的区分而进行权力制约的思考称为"新三权论"，以区别于传统的西方式控权学说。①

命题六："新三权论"的逻辑论证。

国权教授对于"新三权论"做了颇为详细的论证，为了精确表达作者的观点，请允许我做较长的引述："对于决策权、执行权与监督权之三分逻辑，可表述如下：首先，社会分工是使一切社会活动达到预定目标的基本途径以及提高社会活动效率的基本手段。社会活动越复杂，分工就越细密；社会组织化程度越高，分工就越严格。决策、执行与监督是任何管理的三项基本活动，组织行为的专业化分离是社会分工在组织管理领域的反映，有利于管理水平的提高。任何政治组织都需要实行决策活动、执行活动与监督活动的三事分工，决策、执行与监督三事分工是使复杂政务活动提高效率、实行科学管理的必然要求。其次，由于政治组织及其人员从事任何一项政务活动都需要设定相应的职能，决策、执行与监督三事分工就发展为决策职能、执行职能与监督职能的三职分

---

① "中国特色权力制约监督理论"的提法受到陈国权教授的启发："近年来，权力制约权力模式或者说三'权'分立在中国语境下有了新的发展，不再指西方国家的国家权力在立法、司法和行政层面的政治性宏观三分，而是指公共权力在决策、执行和监督层面的制度性微观三分。"参见陈国权等《权力制约监督论》，浙江大学出版社2013年版，第10页。

定。将政府的职能按决策、执行与监督三项基本活动进行组织化分
离，适应政府管理专业化和专门化的特点，有利于政府更有效、更准确
地承担职能。再次，政府职能的分化必然需要制度化的岗位和具体的个
人来落实相应的责任，所以政府组织的建设应该以责任为目标，根据政
府履责的需要决定政府权力的配置，以责任勘定政府权力的约束边界，
按照履责的要求建构组织机构和配备人员编制。因此，决策责任、执行
责任与监督责任的三责分置就成为决策、执行与监督三分的核心要素。
最后，政府责任的履行需要相应的权力。从责权一致的关系出发，政府
应保障公职人员在履行责任时有相应的权力为工具，从而决策、执行与
监督的三责分置要求决策权、执行权与监督权的三权分立，决策权、执
行权与监督权的分立与制衡是政府责任分置的逻辑延伸。于是，决
策权、执行权与监督权的三权分立就成为决策、执行与监督三分的逻辑
结果。"①

　　"综上所述，决策、执行与监督三分的内在逻辑是清晰而明确的：社
会分工是从事一切社会活动达到预定目标的基本途径和提高管理效率的
基本手段，任何政治组织都需要实行决策活动、执行活动与监督活动的
三事分工；政治组织从事任何一项政务活动都需要设定相应的职能，于
是从三事分工发展到决策职能、执行职能与监督职能的三职分定；组织
职能的分化需要相应的制度化岗位和具体的个人来承担责任，进而从三
职分定发展到决策责任、执行责任与监督责任的三责分置；政治组织及
人员履行责任必须配置相应的权力为手段，因此从三职分定发展到决策
权、执行权与监督权的三权分立。"②

　　命题七：在分工基础上重构分权制衡理论。

　　从分工原理的普遍性出发，从分工推导出分权（两者之间存在着必

---

　　①　参见本书第123—124页。

　　②　参见本书第124页。

然联系），在分权与制衡之间建立联系，推导出分权制衡的必然性与普遍性。由此区分了两种不同形式的分权制衡：（1）基于立法—行政—司法权的分权制衡；（2）基于决策—执行—监督权的分权制衡。

国权教授认为，一方面，这一逻辑是对立法、行政与司法三分逻辑的发展和超越。① 另一方面，两种不同的分权制衡观点又可以整合到统一的分工—分权—制衡的理论框架之中。

命题八：“新三权论”为中国特色权力制约提供了出路。

“根据政府管理过程所具有的决策、执行与监督环节将权力划分为决策权、执行权和监督权……是一种更具操作性和普适性的权力划分方式。据此，中国提出要‘建立健全决策权、执行权和监督权既相互制约又相互协调的权利结构和运行机制’……是符合历史规律和中国国情的，也应该根据这个逻辑建立具有中国特色的权力制约体制。”②

命题九：从集权体制向制约（分权）体制的转型。

通过决策、执行、监督权的分权机制实现权力的相互制约，实现权力法治化。从制度上解决权力制约的问题，最终实现从集权体制向制约体制（分权体制）的历史性转型。③ “在国家廉政治理中，基础制度的现代化就是从传统的权力结构和运行机制转变为法治化的权力结构和运行机制，具体来说就是权力结构从集权走向制约；权力监督从单一走向多元；权力控制从统一走向分类。”④

---

① 最初，作者小心翼翼地区分了分工制约与分权制约：“在实践中，我国也建立了一套以权力制约权力的制约和监督制度，只不过与西方资本主义国家相关制度不同，这一制度的原则是分工制约，而不是西方国家的分权制约。”参见陈国权等《权力制约监督论》，浙江大学出版社 2013 年版，第 10 页。

② 陈国权等：《权力制约监督论》，浙江大学出版社 2013 年版，第 46、65 页。

③ 关于“转型”的表述，作者前后有不同的表述。在 2013 年的著作中，权力结构转型是指从“集权结构”向“制约结构”的转型；在本书中，作者提出了一个新词“权力结构的法治化转型”，认为“权力结构的法治化转型，是当前中国转型与发展对政治体制改革的必然诉求”。但基本观点前后保持一致，并无本质变化。

④ 参见本书第 336 页。

命题十：社会经济发展是推动权力结构转型的关键力量。

"……随着从计划经济向初级市场经济再向现代市场经济的转型，我国从一元社会逐步迈向多元社会，权力主体之间原有的集权结构已不可能再维系下去，为适应经济社会的发展，必然要求新的制衡结构取而代之。"①

在此基础上，国权教授提出了颇为系统的"权力结构转型的发展策略"，分别涉及制约与监督协调发展、一元与多体协同发展、内部与外部相互衔接、刚性和柔性相互结合、纵向与横向相互协调这五个方面。②

在概述本书的要点时，笔者有两个颇为强烈的感受：

第一，在权力制约研究的问题上，公共管理学者确实走在了政治学研究者的前面。

对这一现象可以作多重解释，一个方便的猜测是与学科性质有关。如前所述，随着大政府（行政国家或福利国家）的出现，公共管理学将权力制约的研究拓展到了权力运行的领域；法学研究亦与时俱进，发展出了行政法（Administrative law）或行政宪制（Administrative constitution）。③ 相比之下，政治学在这方面的思考似乎仍围绕着三权分立的中轴在原地打转，或因议题敏感而刻意回避。

另一个原因可能与中国改革的策略有关。中国改革开放的一大方法论特点是政治问题行政化、行政问题技术化、技术问题数量化，经由这一方式避免可能引发的高敏感度的政治争论，以及可能导致的改革举措的难产或肠梗阻。通过先行先试的结果成功来证明改革政策的正当性，所谓先将孩子生下来再说，如果是健康的再领结婚证、补生育指标。这

---

① 陈国权等：《权力制约监督论》，浙江大学出版社 2013 年版，第 289 页。
② 同上书，第 292—308 页。
③ 参见杰里·L. 马肖《创设行政宪制：被遗忘的美国行政法百年史（1787—1887）》，中国政法大学出版社 2016 年版。

种事后主义被理论化为"实践是检验真理的唯一标准"。与此匹配的是，改革本身倾向于从最为容易的环节入手，所谓先易后难，先外围后中心，用成功改革所积累的资源来解决难度更高的问题，形成良性的改革推进机制（路径依赖）。在这种情况下，与政治学相比，研究政府行为的公共管理学可谓占据了"天时、地利、人和"的优势。在不少情况下，穿着政治学马甲通不过的关卡，换成公共管理学的背心或许能成功闯关。在权力制约问题上亦是如此。在中国语境下，"老三权分立"难有市场，而基于"新三权论"则可以成为官方承认的理论符号。

但是，这些方便的解释却不能解释为什么是国权教授扮演了这一角色。要回答这个问题，我们必须转向另一个话题。

第二，在主流理论与中国现实的互动方面，国权教授做出了有益的尝试。

中国改革的另一个方法论特点是以问题为导向，在解决问题的过程中，从事技术的、程序的、体制机制的乃至制度的创新。在这一过程中，学术研究与改革实践之间呈现出一种动态的辩证关系。在早期阶段，各种倡导性研究占据着主导地位，从海外引入的新知识、新观念发挥了明显的启蒙作用。随着改革实践的深入，在倡导性研究的旁边，逐渐发展出新的研究类型——对中国问题的实证研究，以及对改革经验的理论提炼和概括。在这一阶段，如何将主流理论与中国国情结合起来成为一个新的议题。

纵观国权教授的研究，不难发现这一历时变化也发生在他的身上。近年来，他越来越关注中国现实、越来越重视经验研究。在某种意义上，对开发区（他称之为"第三区域"）的研究便是一个很好的案例。通过经验研究，揭示地方政府的行为逻辑和各种微观机制，深化对腐败成因的分析，在此基础上有针对性地提出反腐败的政策建议，并在理论层面形成独具特色的观点。在这样的研究中，经验与理论、分析与对策、事实与价值得到了较好的统一。

第三，从学术发展的脉络来看，国权教授关于权力制约的研究具有某种标志性的意义。

要了解这一意义，我们必须拉长焦距。19 世纪末，西方社会科学作为救国存亡的工具被引入中国，开启了一场不断中国化的旅程。在这一过程中我们遭遇了不同的"主义"：从"中学为体，西学为用"到"全盘西化"；从教条主义、经验主义到中国化；从"拿来主义"到"本土化"；从西方普遍主义到中国特殊论，等等，不一而足。改革开放以来，似曾相识的各种争论又以新的方式炒了一遍回锅肉。这一主题的反复呈现，一方面表明中国尚未完成现代化的目标，至今仍在路上；另一方面也显示，在现代化道路的探索中，中国学者扮演了多重且持续演变的角色：从当初的西学传播者（翻译、转述、拷贝、输入）逐渐成长为具有自主和反思意识的探索者。

国权教授及其研究团队在权力制约问题上的思考之所以值得充分肯定，乃是因为它标志着中国学者在一个重要研究领域的重要转型。在这一转型中，西方学术资源依然是重要的，但不再是膜拜的经典。在经验研究领域内，在西方被证明是行得通的知识还必须通过中国实践的检验，只有在再次取得证明之后，才能拥有科学知识应该享有的尊崇地位。在这一检验过程中，如果需要，可以结合中国的本土实践进行知识创新，包括发明新的概念以及理论重构，甚至建构超越中西对立的具有更广泛普遍性的分析框架。

在这方面，国权教授及其研究团队为我们树立了一个很好的榜样——在比较政治学的知识谱系内，重新设置研究议题，探索新的分权理论，建构基于分工原理的普遍分析框架。这样做不但需要理论素养，更需要理论勇气。我相信，在中国学术的发展史上，这种转型的意义无论怎样强调都不为过。唯其如此，中国社会科学研究方能拥有真正的生命力，才能与国际学术的同行展开有品质的对话。

当然，对国权教授研究作品的肯定并不意味着他的研究已臻完美，也不表示笔者全然赞同其所表达的观点。在学术转型的初期，创新之可贵并不在于它的成熟与否，而在于其突破的程度。

探索权力制约的中国道路是人类历史上从未有过的实践。在这一过程中，我们必须回应诸多充满挑战性的问题。例如在理论层面，需要进一步思考的问题有：分工、分权与制衡三者究竟是什么关系？分工、分权是否必然导致制衡？在权力制约的功能方面，决策、执行和监督与立法、行政和司法是否等值？在将两者统一在同一分工原理之中时，立法功能是否能够还原为监督？"新三权论"如何发挥权力制衡的作用？其作用机制是什么？能否促成集权体制向分权体制的转型？等等。在实践层面，问题同样尖锐：究竟应如何理解当下中国的权力制约与反腐败实践？它是在探索一种分权制衡的道路，实现从集权体制向制约体制的转型，还是在集权体制的框架内引入某些因素，从而在维持集权体制的前提下，不断优化权力结构和运行过程？（后一取向可称为"集权体制下的权力制约"）如果说在权力制约的历史进程中，西方社会经历了一个从分权制衡到行政法，再到新公共管理运动（决策与执行的二分法）的过程；那么在维持集权体制的前提下，发展行政法，规范政府权力，以及行政权力的分权实践是否能实现相同的目标？换言之，能否将行政法和行政分权从西方的历史语境中抽离出来，将其与中国的民主集中制原则相结合？如果可以结合，那么最终会形成怎样的一种格局？是一种新型的集权体制，还是最终不可避免地导致集权体制向分权体制的转型？沿着这一思路，类似的问题还可以继续询问下去。

回应这些挑战构成了中国学术发展的时代契机。在一定程度上，这也是中国学术发展命脉与自信之所在。可以肯定，对这些问题的不同回答必然会导致学术的大分化。我们尚无法清晰地判断这种分化是否会构成范式危机的扳机，但可以肯定的是，它必将带来相应的震荡。处在这样一个时代，与其说是一种不幸，不如说是一种眷顾。面对着未来的开放性，中国知识界需要从事多元的知识建构——这一点并不局限于权力制约的研究，在其他所有重要的研究议题上同样如此。与此同时，我们也要致力于建构不同研究取向之间进行理性对话和相互批评的学术机制。理论的多元竞争——无论最终的结局如何，使这个民族在思考深度上得到的教益将是其他任何事项所无法替代的。

在现实的考官面前，国权教授及其研究团队交出了一份值得我们认真对待的试卷。试卷的最终得分有待历史老人的批阅。作为同代学人，我想强调的是，这份试卷所充满的理论反思气息，它不但能拓展我们的研究视野、提升成果档次，更为重要的是，有助于发展和强化中国学者的理论建构能力。在此，要真诚地感谢国权教授为我们带来的学术刺激。

用这样的方式来写书序是第一次，以此和国权兄共勉。

景跃进

2018 年早春

于清华大学

目　　录

导　　论

第一节　双高现象：经济与政治的发展失衡

改革开放以来，中国的经济与政治呈现出失衡发展的特征：一方面，1980—2014 年，中国 GDP 的平均增长率高达 9.7％，远远高于世界约3.5％的平均水平，[①] 因此被认为是"中国奇迹"；另一方面，政治腐败却越发严重，腐败官员的数量、涉案金额显著增加，腐败官员的行政级别不断刷新，并呈现出从个体向群体甚至向整个组织扩散的趋势。[②] 这一现象表明中国的发展模式存在着结构性失衡：在国情层面上呈现出高经济增长同高政治腐败并存，在政情层面上表现为高执政能力同高廉政风险并存。这种经济与政治的发展失衡，可以概括为"双高现象"。

具体而言，"双高现象"可以从以下两方面来理解：一方面，中国经济的高速增长离不开中国政府的高执政能力。中国经济的高速增长存在两种竞争性的解释：一是制度经济学派所强调的制度在经济发展中的影

---

①　IMF，"IMF Data Map"，http：//www. imf. org/external/datamapper/index. php.

②　陈国权、毛益民：《腐败裂变式扩散：一种社会交换分析》，《浙江大学学报》（人文社会科学版）2013 年第 2 期。

响和作用，例如，众多经济学家分析了改革开放以来中国地方政府在保护产权、推进工业化和市场化进程中的作用，形成了一系列理论，如维护市场的财政联邦主义、晋升锦标赛、地方性国家统合主义等；二是凯恩斯主义强调的投资、消费、出口"三驾马车"在经济增长中的作用，沿袭这一思路，许多经济学家分析了这三个要素特别是投资要素对中国经济增长的作用。据统计，1979—2008 年，中国资本积累的平均增长率为 10%，对 GDP 增长的贡献率高达 70.4%。[①] 对于中国而言，政府在国家投资中发挥着关键作用。政府主导的基础建设投资成为带动经济增长的主力，并且形成了以政府投资带动社会投资的增长模式。内生增长理论认为，在实现资本积累上政府公共投资所发挥的作用是消费性公共支出无法替代的，公共资本投资对经济增长有显著的正效应。这些研究表明：中国政府尤其是承担经济增长任务的地方政府，拥有主导经济建设的高执政能力。与西方国家政府相比，中国政府能够迅速获得决策制定所需的合法性、决策执行所需要的效率以及经济建设所需要的各种保障。政府这种高执政能力的获得，不仅深深根植于我国以公有制为核心的经济基础，而且同中国的政治体制特征、体制内部的权力结构和运行方式以及发展中国家的治理逻辑等，都有密切的联系。

另一方面，高政治腐败根源于政治系统中滋生的高廉政风险。腐败现象的滋生与蔓延，不仅由于政府权力范围广、政府公职人员多，同时也与政府的地位、职能、结构以及制度环境密切相关。从近年来查处的腐败案件来看，腐败往往呈现出"系统性"的特征：一是群体性腐败日益增多，"窝案"迭起。从党的十八大以来被查处的省部级官员腐败案件的公开报道来看，省部级官员腐败中几乎没有"一人腐败"的案例，大量省部级官员腐败呈现出群体化的特征；二是腐败在"一把手"群体和

---

① 张平、刘霞辉等：《资本化扩张与赶超型经济的技术进步》，《经济研究》2010 年第 5 期。

某些职能部门中呈现出多发性、关联性特征。在中央纪委监察部官方网站通报的重大腐败案件中，地方党政"一把手"所占比例惊人，且腐败的"部门化"特征明显，呈现出腐败向地方"一把手"和资源建设部门集中的关联性特征。系统性腐败与高廉政风险是一枚硬币的两面，系统性腐败意味着存在高廉政风险。廉政风险描述的是腐败发生的可能性，只要公共权力系统中存在着滋生腐败的土壤，条件具备腐败就会发生。高廉政风险寓意腐败现象易发的状态，而系统性腐败则意味着腐败现象多发的现实；高廉政风险是系统性腐败的成因，系统性腐败是高廉政风险失控的结果。

　　权力导致腐败，绝对的权力导致绝对的腐败。因此，高廉政风险和系统性腐败的根源在于权力的非法治化。我国现阶段引致腐败蔓延的权力非法治化涵盖了权力结构和权力过程的非法治化。在权力结构上主要表现为权力集中而缺乏制约，如权力分配上国家和社会的失衡，权力类型上立法、行政、司法权力缺乏制约平衡，在地方政府、部门中则表现为权力向"一把手"集中、下级向上级集中。权力过分集中并缺乏制约必然带来权力的扩张和滥用，同时也会影响权力过程的非法治化。权力过程指公权力的运行过程和运行机制，权力过程的非法治化，一方面表现为权力过程中决策权、执行权、监督权的不规范运作和控权失灵；另一方面表现为权力运作的名义过程和实际过程的"名实分离"。表面来看，政府行为虽然符合制度、程序的规定，但实质上另有一套潜在的运行规则，潜在的权力过程部分或完全架空明文规定，且往往在手段或目的上不是合法的。名实并存的权力运行过程因其外在形式的合法性，往往被用于掩盖公权力行使过程中的恣意化和非法治化。

　　改革开放后，伴随着财税体制改革和行政性分权，我国地方政府成为经济建设的主体。作为政府职能的实际履行者，地方政府也成为许多社会问题的根源。无论是权力结构的失当还是权力运行的失范，在地方政府层面都得到了最充分的体现。因此，研究我国快速发展时期的腐败问题，地方政府必定是切入点和最终的落脚点。处于"中国式的行为联邦"① 关系中的地方政府，在多重"委托—代理"关系中既要贯彻执行中央的政策方针，又要面临来自地方利益的压力；财政分权既为地方政府带来更多经济自主权和推动经济增长的热情，也在"官员锦标赛"②的考核体制下将工作重心偏向更具有政绩显示度的经济指标。这使得地方政府行为受到多重执政逻辑的影响，且不同逻辑之间还存在着矛盾冲突。政治逻辑要求地方政府遵循科层体系的行事规则和考核体制，服从上级的指令并贯彻中央的政策方针；经济逻辑要求地方政府以地方经济建设为工作中心，激发经济主体活力、推动地方经济增长；法治逻辑要求地方政府在施政过程中遵守法制规则，做到有法可依、有法必依、执法必严、违法必究。这三重逻辑之间既相互协调又存在着矛盾冲突，在"以经济建设为中心"成为国家发展战略的背景下，政治逻辑与经济逻辑相互协调、互相促进，科层体系自上而下的规制和以经济绩效为重要指标的考核同地方的经济发展紧密结合，经济问题上升为政治问题，形成了以 GDP 考核为代表的经济增长激励制度，以竞争性考核和晋升激励地方政府致力于地方 GDP 增长，从而实现国家整体的经济发展。但在经济逻辑与政治逻辑紧密结合的同时，经济逻辑同法治逻辑存在着矛盾冲突。地方政府在"GDP 导向"下，助力经济增长的策略与法治精神相悖，获取经济增长的手段与法制规则相违，致使地方政府在经济增长和社会民生、环境生态、公共服务、廉政治理之间，往往优先关注前者，而在它们产生冲突的时候，也往往选择前者。体现在政治逻辑上，便是对法治逻辑的忽视。

这种对法治逻辑的忽视带来了很多"非法治"现象，选择性执法、

---

① 郑永年：《中国的"行为联邦制"》，东方出版社 2013 年版。

② 周黎安：《中国地方官员的晋升锦标赛模式研究》，《经济研究》2007 年第 7 期。

非法治化竞争和腐败便是典型。选择性执法现象在许多地方屡见不鲜，在经济增长与严格执法之间，在执法成本与社会效益之间，作为执法机构的地方政府往往对撬动地方利益、削减经济建设业绩的法律法规以降低标准、缩小范围甚至不予执行等方式进行选择性执法，以保证地方经济的高速增长。例如在环境执法上对地方税收大户的包庇，在各类行政执法上对行贿企业的纵容等，这种执法不公长期持续下去，会导致市场交易中形成非法治化竞争局面，使得竞争缺乏法治基础、参与竞争的各方利益缺乏法治保障，市场主体普遍采用非市场行为俘获执法者，竞争规则不明晰且得不到严格遵守，发生冲突与争议时得不到公正有效的仲裁。长期的选择性执法和非法治化竞争带来了两类后果：其一是行政垄断导致的区域性市场分割与地方间恶性竞争；其二是执法腐败下企业的普遍违法竞争和非制度化生存。因而我们可以发现，作为中央在地方的代理人——地方的执法者和建设者的地方政府，在地方治理活动中既是法治建设的推动者，同时又是法治的破坏者；既通过大量的地方创新实践推动我国法治的完善和发展，又在一些政治和经济因素的权衡下选择突破法治的规约。诺思曾创造性地提出国家经济发展的双重悖论："国家既是经济增长的关键，又是人为经济衰退的根源。"借鉴诺思的独特见解，地方政府的这一行为现象可以谓之"法治悖论"，地方政府既是推动法治建设的关键力量，又是破坏法治建设的主要主体。这些现象和治理逻辑的矛盾交织，成为地方政府高廉政风险产生的重要原因。

地方政府高廉政风险的形成同国家发展的经济战略有关。"以经济建设为中心"和"效率优先"的发展战略在推动中国经济高速增长的同时，也形塑了地方政府治理的偏好及其模式。在经济增长的导向下，效率优先的战略使地方政府遵循"成本—收益"的交易原则，以经济逻辑为导向的发展理念全面扩散到政府管理的其他方面，生成了基于"效率偏好""廉洁让位于效率"的发展逻辑。因此，地方政府往往更关注经济增长的绩效，而忽视权力体系的制约和腐败的防控机制，更关注官员个人取得经济业绩的能力，而忽视其在腐败问题上的道德约束和廉洁自律。

地方政府高廉政风险的形成还与地方政府公司化、统合性的治理方式密切相关。公有制经济基础上的城市土地国有制度为地方政府提供了土地资本化经营的制度基础，地方政府利用政企统合治理的经营模式，对开发区等第三区域进行集约化经营。开发区是我国经济增长的重要组成部分，是地方政府所依赖的经济增长极。据统计，单以国家级开发区为例，2014年全国218家国家级开发区的总量GDP已达到15万亿元，约占全国经济总量的1/4。① 政企统合治理通过党、政、企的高度统合，将政治机制、行政机制和公司机制进行统合，在获取资源整合能力和提升资源汲取能力的同时，实现了政府权力的扩张，极大地增强了地方政府的权力集中程度。地方政府的公司化治理在带来高效率经济增长的同时，也创造了大量的腐败机会。

地方政府高廉政风险的形成更与多重治理逻辑之间的矛盾冲突有关。地方政府治理需要同时兼顾政治、经济和法治三个目标，围绕三个目标形成的三重逻辑组成了既相互协调又相互冲突的复杂治理格局。对于腐败现象有法必依、执法必严、违法必究，属于地方政府治理的法治逻辑，然而，政府追求的不仅仅是法治目标，不会仅仅遵循法治逻辑。在我国政府执政合法性越来越依赖于政府绩效的背景下，经济目标就转化为政治目标，经济逻辑就上升为主导性的治理逻辑。即在很多情况下，一旦法治逻辑与经济逻辑发生矛盾冲突，经济逻辑会优先于法治逻辑；一旦法治逻辑与政治逻辑发生矛盾冲突，政治逻辑会优先于法治逻辑。如果法治逻辑长期被置于次要位置，高廉政风险自然从中而生。

党的十八大以来，以习近平同志为核心的党中央在"无禁区、全覆盖、零容忍"的理念下，大力推进党风廉政建设和反腐败斗争，有效遏

---

① 胥会云：《国家级高新区和开发区已占中国经济总量1/4》，一财网（http://www.yicai.com/news/2015/01/4545809.html）。

制了腐败蔓延的势头。截至 2017 年 6 月底，共立案审查中管干部 280 多人、厅局级干部 8600 多人、县处级干部 6.6 万人。[①] 但压倒性态势仅仅是阶段性成果，反腐败斗争依旧严峻复杂。要巩固当前反腐败斗争的成果、真正将权力关进制度的笼子，就必须实现权力的法治化。权力的法治化不仅与法治的内涵一脉相承，更为国家廉政治理体系的构建提供了基础和指引，在全面推进国家治理现代化和依法治国的时代背景下，推动权力结构和运行过程的法治化，是实现国家廉政从"治标"转向"治本"的关键问题。

本书试图深入探究的问题是：在中国地方政府治理中，"双高现象"所反映的高廉政风险，其制度性根源是什么？地方政府权力结构和权力运行方式的形成与国家战略、政治结构、经济制度之间的内在关联是什么？又该如何建构科学化、法治化的权力结构和运行机制，以实现权力运行的法治化？

第二节　国内外相关研究述评

处于转型期的中国一直受到国内外学界的广泛关注。对于中国经济与政治发展中的"双高现象"，来自不同学科的学者都给予了高度的重视。他们试图通过考察此种失衡现象，来解读中国政治经济的发展逻辑，进而更好地理解中国政治。就目前而言，国内外相关研究工作主要致力于探索转型期中国腐败高发的制度性成因，进而探索遏制腐败滋生与蔓延的策略与路径。

---

① 《坚决打赢反腐败这场正义之战（砥砺奋进的五年）——党的十八大以来反腐败斗争成就述评》，《人民日报》2017 年 9 月 18 日第 1 版。

一 市场化、国家权力与腐败蔓延

对于中国转型期腐败高发的制度性成因，已有的相关研究工作可谓汗牛充栋。但概括起来，大致可以划分为以下两类：一是着眼于中国市场化改革的特征，认为中国市场化改革的渐进性、局部性为腐败高发提供了机会和空间；二是着眼于国家权力，认为央地权力结构的调整、地方政府的角色变化和官僚体系的组织能力等，为腐败高发提供了动力和条件。

（一）局部性市场改革与官员腐败

鲍瑞嘉（Richard Baum）等人认为市场转型过程中形成的大规模腐败源于中国的"局部性市场改革"，即计划指令制度或多或少地与市场制度并存，而腐败则是由两种制度的内在冲突所引发的。[①] 何增科、贺卫等学者则认为中国市场化进程的局部性和增量改革的特征，使得制度变迁显示出这样一种路径依赖性质：改革的前一阶段所"培植"的利益集团，可能成为下个阶段改革的压力集团，为了维持改革的前向性与渐进性，就必须不断动用改革收益增量的一部分来满足各个压力集团的利益补偿偏好。否则，改革就难以在边际上进行前向调整。在这些学者看来，改革开放初期的商品价格、利率和汇率双轨制所引发的腐败并非政府的"意愿和预期"，而是政府为了克服利益集团阻力，推进市场化改革的"无意创租"。[②] 这种市场改革路径依赖的特性，使得中国的市场改革在每一阶段，不得不在一定程度上允许通过腐败的方式补偿利益受损者，

[①] Baum R.，"The Perils of Partial Reform"，*Reform and Reaction in Post-Mao China：The Road to Tian'anmen*，New York：Routledge，1991.

[②] 参见何增科《体制改革、腐败和反腐败》，《中共天津市委党校学报》2001 年第 4 期；贺卫《寻租经济学》，中国发展出版社 1999 年版；何增科《中国转型期腐败和反腐败问题研究（上篇）》，《经济社会体制比较》2003 年第 1 期。

进而形成了腐败行为的自增强机制，并推动了腐败规模的扩大。[①]

局部性市场改革的另一个表现是制度建设的滞后，具体表现在政治行政制度的改革难以有效匹配经济制度。一些学者认为，中国市场改革的局部性致使政治行政制度难以有效匹配经济发展，进而为腐败的滋生提供条件。马国泉认为，中国的市场化改革过于注重经济政策，而对政治行政制度缺乏足够关注，进而形成了一种商业管理需求增长，而政治行政制度难以有效匹配的"管理间隙"[②]。结果之一是大量的政府公职人员不是投身到为经济活动提供服务中去，而是尽可能地直接参与经济活动，以从中牟利。孙雁认为，20 世纪 80 年代的改革带来了一系列的结构上的漏洞，包括半行政半市场的混合经济体制，中央对地方不断放权的同时缺乏必要的监督和制约制度等。[③] 这种结构漏洞为公职人员提供了大量寻租机会，比如公职人员利用价格双轨制进行的市场倒卖行为等。

（二）分权、利益冲突和组织整合困境

20 世纪 80 年代以来，随着中央向地方的不断放权，地方政府调控经济社会发展的权力空前增强，官员的利益开始多元化并出现冲突;[④] 然而，中国官僚体系组织整合能力的薄弱使得中央无法对这些国家代理人进行有效监管来保障官员的纪律性，进而为地方官员寻租腐败提供了动力和条件。

杨善华、苏红认为计划经济时代的基层政府由于缺乏权力的运作空间，其主要特征表现为对国家意志的贯彻及对上级指令和政策的服从和执行，是较为"纯粹"的国家代理人，即"代理型政权经营者"。地方政

---

① 和春雷：《腐败的自增强机制：经济分析与制度约束》，《当代经济科学》1998 年第 4 期。

② Ma，S. K. (1989)，"Reform Corruption：A Discussion on China's Current Development"，*Pacific Affairs*，Vol. 62，No. 1，pp. 40-52.

③ Sun，Y. ，"The Chinese Protests of 1989：The Issue of Corruption"，*Asian Survey*，Vol. 31，No. 8，1991，pp. 762-782.

④ 公婷、任建明：《利益冲突管理的理论与实践》，《中国行政管理》2012 年第 10 期。

府与中央政府具有利益的一致性且经济活动范围较小，因此寻租腐败的机会较少。然而，改革开放后，随着中央向地方分权，地方政府的主体地位、利益意识、自主性和能动性显著增强，使得基层政权成为具有独立利益的集团，进而转变成为"谋利型政权经营者"。① 地方政府不再是单纯的公共服务者，而是兼具了以"利润"为目标的经营者和公司化的特征，②③ 地方政府不仅是中央政府的代理人，而且由于自主权的扩大成为地方经济发展的委托人，进而形成了"地方代理人的双重身份"。④

　　随着地方官员多元利益的形成，利益冲突成为官员腐败的重要原因。⑤ 所谓利益冲突是指个人利益与作为一个公共官员的义务之间产生了冲突。这种冲突包括角色冲突和各种权力资源之间的紧张关系，但这些冲突中较典型的是滥用公权谋取私利。⑥ 李雪勤认为，利益冲突是政府官员公职所代表的公共利益与其个人自身具有的私人利益二者之间的抵触、违背和侵害。⑦ 程文浩认为如果公务员在履行公共职责时掺杂了个人私利，那么必然会使其掌握的公共权力和资源偏离公共目标，沦为谋取个人私利的工具。因此，利益冲突是权力异化的一种形式。⑧ 虽然不同的学者对利益冲突的概念表述不同，但都强调利益冲突是公权力下

---

①　杨善华、苏红：《从"代理型政权经营者"到"谋利型政权经营者"——向市场经济转型背景下的乡镇政权》，《社会学研究》2002 年第 1 期。

②　Oi, J. C., "The Role of the Local State in China's Transitional Economy", *China Quarterly*, Vol. 144, No. 4, 1995, pp. 1132-1149.

③　赵树凯：《地方政府公司化：体制优势还是劣势？》，《文化纵横》2012 年第 2 期。

④　Ting Gong, "Corruption and Local Governance: The Double Identity of Chinese Local Governments in Market Reform", *Pacific Review*, Vol. 19, No. 19, 2006, pp. 85-102.

⑤　公婷、任建明：《利益冲突管理的理论与实践》，《中国行政管理》2012 年第 10 期。

⑥　特里·L. 库珀：《行政伦理学：实现行政责任的途径》，中国人民大学出版社 2001 年版，第 105—106 页。

⑦　李雪勤：《民主与改革》，中国方正出版社 2001 年版，第 300 页。

⑧　程文浩：《中国治理和防止公职人员利益冲突的实践》，《广州大学学报》（社会科学版）2006 年第 10 期。

的公共责任与其私人利益之间的冲突。庄德水总结了利益冲突的七种情形：贿赂、权力兜售、信息兜售、财政交易、馈赠与消遣、组织外就业、未来就业和处理亲戚问题。①

虽然利益冲突是形成腐败的重要原因，但并非直接原因。在公婷、任建明看来，利益冲突转化为腐败有两个必备的条件：一是私人利益与公众利益互不相容，个人必须择其一；二是面对这种困境，当事人选择以牺牲公众利益来追求个人利益。② 可以说，官员利益冲突具有普遍性，问题的关键在于如何化解这种冲突，即如何让官员的个体利益服从于整个组织的一般利益（即要公权公用）。Ken Jowitt 认为这是一个组织整合的问题。③ 他认为，组织整合是指一个组织所保有的一种特殊的实践（而非话语上的）能力，拥有这一能力的组织，可以通过确认社会—政治任务与执行策略，而使得个体的下属成员能够服从于整个组织的一般利益，亦即保持公职人员具有良好的纪律性和可支配性。组织整合能力与一个国家官僚体制的特征密切相关。他认为，与强调制度化和决策常规化的官僚体制相比，共产体制的典型特征是动员式的权威主义，这种动员体制强调道德激励、伦理标准以及意识形态觉悟，并以对各种常规瓦解为特点。他将这种动员式的官僚体制特征称为"新传统主义"。在他看来，新传统主义下的官僚组织，其组织整合能力会日渐丧失，这意味着党组织战斗性的仪式化以及由党支配的党的代理人日渐转变为难以支配的委托人，而组织腐败便产生于官僚组织整合能力的丧失。

沿袭这一思路，吕晓波分析了中国的官僚组织特征、组织整合能力，并以此来解释改革开放后中国的腐败现象。在这些学者看来，虽然改革开放后中国官僚系统的功能在不断分化，干部在向职业化官僚转变，法

---

① 庄德水：《利益冲突视角下的腐败与反腐败》，《广东行政学院学报》2009 年第 6 期。

② 公婷、任建明：《利益冲突管理的理论与实践》，《中国行政管理》2012 年第 10 期。

③ Jowitt, K., "Soviet Neotraditionalism: The Political Corruption of a Leninist Regime", *Soviet Studies*, Vol. 35, No. 3, pp. 275-297.

律体系和监管体系也在不断健全，但那种强调中心任务、大众动员、道德说教等的治理手段并没有消失，而是以非正式的方式得到了事实上的延续。国家的基础设施并没有走向理性的官僚体系，而是以非正式规则、松散的制度、个人关系网络、仪式化的文化特征和世袭制为特征的新传统主义。① Tyrene White 同样认为，中国后革命时代的官僚体系并没有走向政治正常化、决策常规化和党治的制度化，动员依然是中国官僚体系运作的根本特征。中国的官僚体系依靠动员来维持官僚体制的纪律性和组织整合性。② 周雪光对中国的官僚体制及其治理逻辑做了精辟的概括，在他看来中国官僚体制的运作特征是"正式制度与非正式制度共生共存，相互依赖""名（象征性权力）和实（实质性权力）微妙平衡和转变"的过程，以此来解决委托代理困境以及权威体制和有效治理之间的矛盾。③

中国官僚体系的上述特征一方面确实在执行某些特定任务时具有相当的效率，但另一方面也预示着正式的制度安排（激励制度、监管制度）的弱化。正如吕晓波认为，中国带有革命基因的组织在面对突如其来的例行化政治事务时，既没有建立起现代的科层组织系统，又丧失了革命时期的各种意识形态认同，导致官僚组织缺乏足够的组织整合能力。具体表现在：第一，国家代理人以自身利益最大化代替组织安排的目标，滥用国家的管制、分配或者执行的权力。代理人从公共服务提供者转变为牟取组织私利者；第二，官僚体系的碎片化及其带来的各种监管中的协调问题，致使政策执行困难，官僚部门膨胀，腐败横行。进一步地，

①　Lü, X., *Cadres and Corruption*: *The Organizational Involution of the Chinese Communist Party*, Stanford University Press, 2000.

②　White, T., "Postrevolutionary Mobilization in China, The One-child Policy Reconsidered", *World Politics*, Vol. 43, No. 1, 1990, pp. 53-76.

③　周雪光：《从"黄宗羲定律"到帝国的逻辑：中国国家治理逻辑的历史线索》，《开放时代》2014 年第 4 期。

公婷从地方分权和对地方代理人的监控能力视角，解释中国腐败猖獗的原因。[①] 公婷认为，一方面随着改革开放，中央向地方逐渐放权，地方政府获得了作为国家代理人和地方经济委托人的"双重身份"，地方政府获得了更多管理地方经济的自由裁量权；另一方面由于中国官僚体系对代理人的监控能力不足，使得权威化决策（authoritative decisions）与个体化利益（individual interests）之间形成了内在冲突，导致政策的变通执行或选择性执行（selective policy implementation），[②] 进而使得地方政府将两种权力作为获取财富和腐败的工具，并呈现出掠夺性的倾向。[③]

此外，诸多学者实证检验了地方分权对腐败的正向影响。孙雁利用20世纪90年代允许公共机构自主选择和聘用工程建筑商的改革政策，分析了建筑队与政府官员之间紧密的交易联盟，并认为市场经济下地方官员的权力扩张诱发了行贿受贿行为。[④] 过勇、胡鞍钢同样认为，中国的行政和财政分权强化了地方部门利益，使得地方政府通过行政垄断来进行"主动创租"，并成为转型中国上层腐败的重要表现形式。[⑤] 姚洋、杨雷分析了中国财政分权制度的特征及其对地方政府行为的影响，发现在中国，财政分权存在着制度供给失衡，集中表现在财政分权缺乏法律保障、财政分权和行政垂直集权矛盾以及分权制度安排自身的不规范。财政分权的制度供给失衡导致了地方政府行政的商业化和机会主义倾向以

[①]　Gong Ting, "Corruption and Local Governance: The Double Identity of Chinese Local Governments in Market Reform", *Pacific Review*, Vol. 19, No. 19, 2006, pp. 85-102.

[②]　O'Brien, K. J., & Li, L., "Selective Policy Implementation in Rural China", *Comparative Politics*, Vol. 31, No. 2, 1999, pp. 167-186.

[③]　Gong Ting, *The Politics of Corruption in Contemporary China: An Analysis of Policy Outcomes*, London: Praeger Publishers, 1994.

[④]　Sun Yan, *Corruption and Markets in Contemporary China*, New York: Cornell University Press, 2004.

[⑤]　过勇、胡鞍钢：《行政垄断、寻租与腐败——转型经济的腐败机理分析》，《经济社会体制比较》2003年第2期。

及政府预算约束的软化，进而加剧了地方政府的廉政风险。① 郭艳茹通过对经济学文献的梳理，进一步考察了财政包干制和分税制下地方政府的腐败行为。② 在财政包干制阶段，地方政府借助于私营企业，建立了非正式的资金体系。由于这种资金体系在征收方面缺乏规范的组织和管理，征收主体自由裁量权大，因此内生了严重的政治腐败。而分税制阶段地方政府面临的巨大财政压力，迫使其依赖于非正式的资金体系特别是土地批租来增加政府财政收入，加上以 GDP 为考核核心的晋升激励机制，又诱使地方官员盲目扩大投资占用土地，而在土地出让的过程中，产生了大量的官商勾结、官员腐败问题。③ 吴一平运用中国省级面板数据检验了财政分权与腐败之间的关系，结果发现：无论采用何种分权指标，实证结果皆表明财政分权与腐败之间存在显著的正相关关系，也就是说财政分权恶化了中国腐败问题。④ 周黎安、陶婧实证检验了政府规模和腐败之间的关系，他们利用固定效应模型分析了政府机关雇员人数和党政机关政府雇员人数与腐败的关系，发现政府规模的扩大会增加地区腐败案件的发生率，而核心政府部门规模的影响更为明显，党政部门规模扩大 1％至少会带动腐败犯罪案件提高 0.68％—1％。⑤

　　总体来看，随着计划经济时代总体性社会结构的瓦解以及分权带来的地方政府权力扩张：一方面地方政府的主体地位、利益意识显著增强，其角色已从纯粹的公共服务型政府向以"谋利"为目标的经营型政府转变；另一方面地方政府的自主性和能动性得到空前提高，地方政府调控

① 姚洋、杨雷：《制度供给失衡和中国财政分权的后果》，《战略与管理》2003 年第 3 期。

② 郭艳茹：《中央与地方财政竞争下的土地问题：基于经济学文献的分析》，《经济社会体制比较》2008 年第 2 期。

③ 周飞舟：《分税制十年：制度及其影响》，《中国社会科学》2006 年第 6 期。

④ 吴一平：《财政分权、腐败与治理》，《经济学》2008 年第 2 期。

⑤ 周黎安、陶婧：《政府规模、市场化与地区腐败问题研究》，《经济研究》2009 年第 1 期。

经济的能力显著增强，政企关系更加紧密。然而，改革开放后，中国官僚体系的建设并没有走向制度化、理性化，其动员式、非正式化的运作特征大大削弱了对国家代理人的整合能力。组织整合的困境使得国家代理人——地方政府在权力规模不断扩张的同时，加剧了权力运行的失范。这种权力运行的失范，使得市场主体难以通过地方政府获得维护市场和产权的可信承诺，进而使得市场主体倾向于寻求庇护关系而非平等的协作关系，如此近一步加剧了地方政府权力扩张中的廉政风险。

二　经济改革、权力制约与腐败控制

现有研究成果主要从经济和政治两个方面，对中国转型期的腐败高发予以理论分析。这些研究为我们理解"双高现象"提供了重要的思路，同时也为我们寻求如何遏制腐败滋生与蔓延提供了参考。立足于上述成因分析，现有研究也从经济与政治两个层面对如何控制腐败问题进行了探索。

（一）经济改革与腐败控制

从经济层面来看，现有研究主要从两个方面入手：一是从腐败的供给侧入手，减少政府对市场的干预，将地方政府干预经济的范围限定在公共利益上，让市场在资源配置中发挥决定性作用。具体包括：第一，取消政府的经济垄断权，打破行业垄断，实现生产要素配置的市场化。[1][2] 政府在资源配置中的主导地位是诱发腐败的重要原因。地方政府通过直接控制土地、矿产、国有垄断企业、地方融资平台等关键资源，极大地强化了地方官员的权力规模和集中度，而健全的控权机制和问责

---

[1]　倪星：《腐败与反腐败的多学科研究比较》，《湖北行政学院学报》2004 年第 4 期。

[2]　庄德水、李成言：《国有资源配置市场化与反腐败：一种制度分析视角》，《学习与实践》2007 年第 11 期。

体系的缺失使得这种资源配置方式不仅降低了经济效率，而且滋生了严重腐败。[1] 因此，大力推进市场化改革，实现市场在资源配置中的主导地位，将有助于减少腐败。例如，在公共资源配置方面，要进一步完善招投标制度；凡是公共工程、政府采购、土地开发等工作，都必须建立严格的市场招投标制度。第二，推进国有企业改革，加速民营化进程，实现自由竞争。[2] 一些研究已经证明，市场发展与腐败活动存在负相关关系，充分的市场竞争有助于减少腐败。[3] 因此，大力培育市场，建立平等竞争的市场经济新秩序，则有助于发挥竞争对寻租活动的抑制作用，减少腐败。[4] 第三，充分发挥各种行业协会和中介组织在市场活动中的作用，最大限度地避免政府同市场发生直接利益关系。[5] 第四，减少行政干预和行政审批，铲除寻租活动的基础。[6] 腐败产生的重要根源是寻租环境的存在，而寻租环境的形成则源于行政权力对经济活动的干预。二是从腐败的需求侧入手，通过调整完善公务员的保障体系，降低公务员的腐败需求。例如，学术界广泛讨论的"高薪养廉""廉洁年金"等措施，通过提高公务员的收入水平和退出成本来实现公务员的"不想腐"。通过借助政企关系的优化调整，建立民营企业家的自查自纠机制，来抑制民营企业家对腐败的需求。

　　总体来看，经济腐败的根源是职权经济与产权经济并存所产生的结构漏洞和利益冲突。所谓职权经济，是指权力是依附在职位上的，亦即

---

[1]　陈国权、陈永杰：《第三区域的集权治理及其高廉政风险》，工作论文，2016 年。

[2]　倪星：《腐败与反腐败的多学科研究比较》，《湖北行政学院学报》2004 年第 4 期。

[3]　Ades，A. & Di Tella，R.，"National Champions and Corruption：Some UnpleasantInterventionist Arithmetic"，*The Economic Journal*，Vol. 107，No. 443，1997，pp. 1023 - 1042.

[4]　吴敬琏：《确立平等竞争的市场经济新秩序　消除普遍腐败的根源》，《马克思主义与现实》1993 年第 3 期。

[5]　李景治：《反腐之道：管住权力与规范市场》，《探索》2014 年第 1 期。

[6]　吴敬琏：《中国腐败的治理》，《战略与管理》2003 年第 2 期。

资源的控制能力与职位级别成正比。产权经济是指权力依附于财产。①
而腐败的产生正是源于职权经济利用职位权力所控制的资源所形成的寻
租环境。"一些人不是通过创造财富，而是想办法通过收买有职权的人，
收买控制资源人手中的权力来获得资源。"因此，中国市场化改革的核心
是从职权经济转向产权经济，未来改革的方向是进一步缩小职权经济的
范围以减少政府手中控制的资源。②

（二）权力制约与腐败控制

从政治层面来看，权力制约与监督体系的完善，被认为是控制腐败
的制度基础。具体而言，现有研究成果指出，建立健全权力制约与监督
体系，需要把握好以下几方面。

第一，建立健全权力制约与监督体系，关键在于建立利益冲突防控
机制，实现权力与利益相分离。庄德水认为应侧重从利益一方来压缩腐
败空间并阻断以权谋私通道，划清合理利益与不合理利益的界限，规避
"一把手"不正当利益关系对权力行使的干扰，建立权力与利益相分离的
有效机制。③ 具体包括四个方面：一是要创新公务员行政伦理教育制度；
二是要创新财产申报制度；三是要创新利益回避制度，特别要切断送礼
请吃中的利益关系、公务员任职中的血亲姻亲关系及公务员与所处理的
公务之间的金钱利益关系；四是加强对公务员的兼职限制和辞职退休后
的从业限制等。④ 公婷、任建明认为需要建立一套完整的制度体系来有
效防止利益冲突。他们认为，这套制度体系可以分解为五个基本要素：
规定、申报、公开、监督、问责。"规定"是指有关防止利益冲突的原则
和行为准则的集合。"申报"是指对于利益冲突行为的报告及其责任的规

---

① 张维迎：《从职权经济到产权经济》，《经济观察报》2011 年第 3 期。

② 张维迎：《市场的逻辑与中国的变革》，《探索与争鸣》2011 年第 2 期。

③ 庄德水：《防止利益冲突视角下的廉政风险防控机制创新研究》，《中共天津市委党
校学报》2013 年第 2 期。

④ 庄德水：《利益冲突视角下的腐败与反腐败》，《广东行政学院学报》2009 年第 6 期。

定。例如，一些国家通常规定行为主体本人负有及时、主动报告的责任，不报告或不及时报告就要承担责任。"公开"是指对有关的利益冲突申报事项以适当的方式、在适当的范围内向社会公开。"监督"是指承担监督职责的机构对利益冲突行为进行审查，或者由公众对利益冲突行为进行监督。"问责"是指根据行为的性质和情节，对发生了利益冲突行为的主体进行处理。不同性质和情节的利益冲突行为，处理方式应当不同。①

　　第二，建立健全权力制约监督体系，目标在于实现权力结构从集权到制约的转型。陈国权、黄振威认为权力结构有两种基本形态：制约结构和集权结构。制约结构是指权力与权力之间相互制约，是不同权力主体之间通过彼此钳制的关系形成权力之间的相互约束。分权是制约的前提，只有在权力分解之后，才可能形成不同权力之间的钳制。集权结构则恰好相反，权力在横向层级上向个人集中，在纵向关系上，下级向上级集中，其对集中的权力缺乏有效制约。他们认为权力结构的转型需要通过权力运行方式的切实转变来实现，具体包括三个方面：首先，应从强调权力过程的运行效率转向注重结果的社会效益；其次，权力运行应从以执权者为中心转向以公民为中心；最后，权力运行过程应从以集权管理为主转向以分权管理为主。② 陈国权、陈永杰提出通过实现权力法治化，建立国家廉政治理体系来实现腐败治理。他们认为权力法治化的本质是对国家权力的限制，具体包括：通过建立突出控权优先性的良法来实现良法控权；通过市民社会的多元权利来实现多元控权；通过区分制约与监督的控权逻辑来实现分类控权。林尚立认为未来反腐需要建立政党领导下的多元行动中心反腐败体系，在当前阶段需要健全完善党内民主制度，从优化党内的权力配置、健全党内的各项制度、强化党内的

---

① 公婷、任建明：《利益冲突管理的理论与实践》，《中国行政管理》2012 年第 10 期。
② 陈国权、黄振威：《论权力结构的转型：从集权到制约》，《经济社会体制比较》2011 年第 3 期。

监督体系等方面来有效规范党内的权力运行和干部行为。① 何增科进一步认为需要建立、完善纵向和横向的权力问责机制，来解决权力监督制约的闭合性问题。② 具体来说包括两个方面：首先，从纵向制约来看，一是发展直接民主，加强公共权力委托人对代理人的控制力度。实行政务公开，改善公共权力委托人和代理人之间信息不对称状况；二是培育发展公民社会，加强公民社会对国家政权的制衡，通过自由的、竞争性的选举，建立起社会对国家的强有力的纵向问责机制；三是围绕"职能"重新梳理政府、市场和社会的各自定位，明确划定政府职能、市场职能与社会职能之间的界限，各自履行应有的职能。其次，从横向制约来看，通过对政权机关内部实行分权制衡，实现各种权力的彼此分离和相互制约，从而防止一权独大、不受制约而被滥用。例如，改革权力过分集中的领导体制和决策体制，努力遏止"一把手腐败"。③

第三，建立健全权力制约与监督体系，必须重视不同制约方式之间的互补关系，发挥制度控权的协同效应。一般而言，权力制约监督的具体方式，可大致划分为四类。

（1）以权力制约权力。权力制约权力模式的核心是分权，使不同权力机构之间形成一种监督与被监督或相互监督的关系。西方现代宪政体制将国家职能与权力分配给不同部门，并使各部门之间的权力相互平衡和制约，即三权分立。但在中国的政治实践中，三权分立的权力制约框架无法忽视中国共产党这一中国最重要的公共权力体系。陈国权、谷志军据此认为，立法、行政与司法权力三分背后还有着更深层次的逻辑，那就是基于专业化分工的决策、执行与监督权力三分。他们认为决策、

---

① 林尚立：《以政党为中心：中国反腐败体系的建构及其基本框架》，《中共中央党校学报》2009 年第 4 期。

② 何增科：《建构现代国家廉政制度体系——有效惩治和预防腐败的体制机制问题研究》，《马克思主义与现实》2009 年第 3 期。

③ 何增科：《论构筑反腐败的制度平台》，《北京行政学院学报》2001 年第 6 期。

执行与监督三分的内在逻辑是：三事分工→三职分定→三责分置→三权分立。这一逻辑揭示出，建立决策权、执行权与监督权既相互制约又相互协调的逻辑具有普适性，中国也应该根据这个逻辑设计适合中国的政治体制，建立中国特色的权力制约监督体制。①

　　（2）以责任制约权力。权力关系本质上是一种责任关系。公共权力是为实现和维护公共利益而设定的，它的存在本身就意味着一种责任。陈国权指出责任政府是一种理想的政府形态，责任政府与其他形态政府的根本区别在于责任政府是一个以责任为本位的政府，从而在根本上颠覆了传统政府以权力为本位的逻辑，实现了责任对权力行使的限制。② 张成福认为责任政府意味着一套对政府的控制机制，并提倡将政府责任细分为"道德责任""政治责任""行政责任""诉讼责任"和"侵权赔偿责任"五个方面进行研究。责任制约权力在中国的政治实践中已引起了充分重视。2009年，中共中央政治局会议审议并通过《关于实行党政领导干部问责的暂行规定》，标志着我国党政领导干部问责正式步入法制化的轨道，而2016年中共中央政治局会议审议并通过的《中国共产党问责条例》对问责对象、问责情形、问责主体、问责方式等作出了明确说明，进一步强化和完善了党内问责制度建设。责任制约权力的工具是问责。所谓问责包含两个基本含义：负责（answerability），这主要是指"公共官员有义务告知和解释他们正在做什么"；强制（enforcement），这主要是指"问责机构有能力对违反他们的公共职责的权力使用者施加惩罚"③。这一定义包含了三种防止滥用公共权力的基本方式：监督，即权力的使用者有义务以一种透明的方式使用权力；辩护，即权力的使用者必须对其行动提供说明和解释；强

---

　　①　陈国权、谷志军：《决策、执行与监督三分的内在逻辑》，《浙江社会科学》2012年第4期。

　　②　陈国权：《责任政府：从权力本位到责任本位》，浙江大学出版社2009年版。

　　③　Schedler, A., "Conceptualizing Accountability", in Scheldler, A., Diamond, L. & Plattner, M. Eds., *The Self-restraining State*, Boulder: Lynne Rienner, 1999, pp. 13-28.

制，即权力的使用者将受到潜在的惩罚的约束。①

此外，国内其他学者对中国的问责制度的框架、问责的程序机制、问责制度存在的问题和对策进行了研究。例如，通过对我国问责制度的文本分析，陈国权系统地概括了我国问责制度的基本框架，包括：问责的法律依据和法理渊源—问责原则—问责对象—问责发起—问责启动—问责内容—问责主体—问责的责任划分和责任标准—问责程序—问责制度的追究方式—问责制度的问责救济—问责制度的补充性规定。② 陈国权总结了当前我国问责制度的八个问题：一是政府权责不清；二是问责法律缺失；三是问责主体缺位，体现在问责启动层面，主要局限在行政机关内部的同体问责，缺乏异体问责主体及时、有效的介入；四是问责客体模糊；五是问责范围不明；六是问责程序不完善，主要体现在问责程序缺乏法定操作性，处理过程不透明；七是问责文化缺乏；八是政务不公开透明。针对这些问题，作者总结了完善党政问责制度的八条基本路径：一是明确划分权责；二是健全问责法制；三是推进问责主体多元化；四是促进问责客体明晰化；五是扩大问责范围；六是规范问责程序；七是塑造问责文化；八是推进政务信息公开。③

（3）以权利制约权力。"权利控权的本义是以公民权利来制约国家权力，其内在机制是通过市民社会的多元权利对国家权力的分享和制衡来实现对国家权力的制约。"④ 权利制约权力包含被动和主动两个机制。从被动机制来看，通过宪法和相关法律，公民的权利，例如财产权、隐私权、人身自由权等得以承认和保障，这意味着这些受到保障

①　马骏：《政治问责研究：新的进展》，《公共行政评论》2009 年第 4 期。
②　陈国权：《责任政府：从权力本位到责任本位》，浙江大学出版社 2009 年版。
③　陈国权等：《权力制约监督论》，浙江大学出版社 2013 年版。
④　陈国权、陈永杰：《基于权力法治的廉政治理体系研究》，《经济社会体制比较》2015 年第 5 期。

的公民权利为政府权力的行使设置了一条边界，政府权力不能逾越这个界限而侵犯公民的权利，如此公民权利的承认和保障事实上制约了政府权力的滥用。从主动机制来看，市民社会的发育和成长逐渐形成了高度分化、利益诉求强烈的社会结构，传统的以国家为中心的单极治理结构已难以应对社会的复杂性，这就使得国家"被迫"让渡一部分权力给社会，通过社会自治来弥补国家治理的不足。同时，多元化和自主化发展的社会组织一方面要求政府减少干预而维护其自治权；另一方面，它们开始通过谈判和讨价还价参与到政府的决策中来，这在一定程度上避免了政府的决策专断。社会组织和权利的多元化构筑了一个以权力分离和制衡为标志的多元政治体制，提供了能有效保护少数人权利、抑制等级体系和权力支配的互控机制。总体来看，以权利制约权力，体现了国家权力对于社会权利的从属性，因而也是对权利制约权力的最终保障。

（4）以法律制约权力。法律控权包括两种具体方式：一是实体（法）控权；二是程序（法）控权。实体控权主要着眼于控制授予政府权力的范围，注重事前和事后控权。程序控权是对权力运行各环节包括权力授予、权力行使、权力制约和监督的规制，它侧重于事中控制。程序控权是相对于实体控权的一种理论构想和实践范式。相对于实体控权，程序控权具有能动性、补遗性和独立性三个特点。① 从能动性来看，实体控权往往或侧重事前控制，如注重政府权力的范围和限度，将政府权力限制在尽可能狭窄的范围和尽可能没有自由裁量的限度，或事后补救、惩罚，如罢免、弹劾、违宪审查等，是一种消极被动的控权模式；而程序控权通过公开、规范权力的运行过程，使得权力运行中出现的问题容易被及时发现并予以纠正，将权力运行可能造成的危害限制在萌芽状态。从补遗性来看，传统的实体控权模式是建立在权力界分和权力法定的基

---

① 汪进元、汪新胜：《程序控权论》，《法学评论》2004 年第 4 期。

础之上。换言之，权力界分是权力控制的前提要件。然而从现实来看，权力边界的精确划分存在着实际困难，因此，以权力界分为前提的实体控权模式便陷入了一定困境。而程序控权不是以权力界分为前提条件，而是侧重于对某项权力运行过程的控制，例如规定做出决定的过程、方式和方法等。从独立性来看，虽然相对于实体法，程序法仅具有工具性和附随性，但程序控权是一种综合体制内权力之间的相互制约以及体制外权利制约权力的多维控权模式，因此程序控权是对实体控权的重要补充，具有完整性和独立性。

三　现有研究的局限性

总体来看，现有研究对中国转型期的腐败现象予以高度关注，并从经济、政治层面进行了理论探索，试图发现高廉政风险的生成机理及治理路径。这些研究成果具有十分重要的启发意义，但仍然存在诸多局限性，主要体现在以下五个方面。

第一，尽管诸多研究都强调，理解腐败必须将其置于具体情境中，考察政府治理模式与廉政风险之间的相互关系，然而，对于政府行为的演变逻辑及其制度动力，仍然缺乏足够深入的剖析。造成这种结果的原因大致可以归为两个方面。其一，大量研究未能及时关注当前政府治理的新变化，理论解释仍然停留在 20 世纪七八十年代的相关分析框架之中。事实上，正如黄宗智所言，早期的企业家型政府理论、地方性国家统合主义理论、地方政府公司化理论虽然有助于理解改革早期基层政府在经济发展中所起到的作用，但它们完全不能说明后来的县、市和省级地方政府在 20 世纪 90 年代中期以后的招商引资中所发挥的作用。① 其

---

① 黄宗智：《中国经济是怎样如此快速发展的？——五种巧合的交汇》，《开放时代》2015 年第 3 期。

二，已有对地方政府角色和行为的研究，主要是用来解释中国的经济增长，而较少探讨这种角色和行为究竟对廉政风险产生了哪些影响以及是如何产生这些影响的。总之，只有系统把握地方政府的行为特征和内在逻辑，才能更深刻地理解市场化进程中廉政风险没有得到有效遏制的原因，才能提出具有针对性、根本性的有效对策。

第二，尽管推进权力法治化已经成为反腐败研究者的共识，然而对于现实中种种法治缺失的现象却始终未能给予系统的制度性解释。事实上，中国在国家层面出台的关于规范公务员权力行为、防止其贪污受贿的法律、法规至少有 28 部，① 这还不包括地方政府依据这些法律法规制定的配套制度。问题是，这些法律法规往往在贪腐行为面前"失灵"，"有法不依，执法不严，违法不究"是中国法治实践当中的一个突出现象。那么这种现象是如何产生的？背后又反映了地方政府何种治理逻辑？这种治理逻辑又会对廉政风险产生哪些影响？对这些问题的回答有助于从法治的角度来解释廉政风险产生的原因，进而建立和完善中国的法律控权体系，推进法治中国的实践。

第三，尽管大量研究认为，过分集权是导致腐败蔓延的根本原因，但这些研究成果对于为何以及如何导致过分集权，尚缺少足够细致深刻的微观解释。事实上，这需要借鉴人类学的研究方法，关注公共权力的日常实践，并对权力进行微观层面的过程分析。政府官员的权力集中是如何实现的、存在哪些激励因素，又借助了哪些组织策略、实现了什么样的目的等问题对于深化理解廉政风险的产生和扩散，具有非常重要的价值。但是，现有研究主要还停留在对权力结构的静态分析上，尚未深入考察在地方政府治理过程中，权力到底是如何运行的，又如何导致了廉政风险。

第四，尽管人们越来越重视问责在控权中的关键角色，但目前研究

---

① 中国新闻网：国新办发表《中国的反腐败和廉政建设》白皮书（全文），http：//www.chinanews.com/gn/2010/12-29/2755127.shtml。

中对于问责的探讨，尚未能立足于权力分工，对不同类型的权力予以针对性的问责设计。比如，权力可以分为决策权、执行权和监督权，这三种类型的权力具有不同的主体及运行方式，相应的问责设计也不可能采用相同的标准和方式。因此，必须系统探讨权力的类型特征，进而对其进行分类问责，构建全面而又具体的问责体系。

第五，尽管许多研究指出当前中国腐败变得日益复杂和隐蔽，尤其是呈现集团化、系统化的趋势，然而对于这种腐败演变的内在机理，尚未做出深入的解释。腐败与反腐败，是一个不断博弈的过程。随着中国反腐败力度的加大、廉政制度的日益完善，腐败的形式和内容也在发生着变化。针对当前腐败行为的集团化趋势，不仅需要深刻反思我国政府权力与资源的配置方式，同时还要对反腐败制度进行改造和完善。比如，腐败往往是由受贿者和行贿者共同完成的。如果单从受贿方的角度提出控权策略，其实不仅滋生了行贿者的腐败动机，还会导致腐败的扩散。

第三节　本书的分析框架

一　体制嵌入性：权力分析的逻辑起点

权力分析实际上是一种关系分析，不仅需要分析其特征、形态，还要重点分析这种关系是如何形成的。要理解权力关系何以形成，势必要将其置于具体环境之中。人的行动是被他生存其中的（正式或非正式的）制度所刺激、鼓励、指引和限定的，"行为"是现时各种制度、社会关系（结构）复杂作用的"产物"。① 与此同时，由于能动性的存在，行动者

---

① 张静：《基层政权：乡村制度诸问题》，浙江人民出版社 2000 年版，第 11 页。

在运用权力的过程中，也在不断地重塑着结构环境。在安东尼·吉登斯看来，结构无非是行动者在跨时空互动中所使用的规则和资源，他们在使用这些规则和资源展开行动的过程中维持原有的结构或再生产出新的结构。① 由此可知，个体行为是嵌入在社会结构中的，社会结构影响个体行为，而个体行为又能够形塑社会结构。

因此，权力分析的逻辑起点是权力的嵌入性。正如格兰诺维特所认为的，嵌入性强调结构对个体行动者的约束，也重视个体行动者的能动作用。② 具体而言，应该包含两个层面：首先，分析特定权力结构和过程所嵌入的政治体制、社会结构环境，只有将视角转移到权力结构和过程所嵌入的外部环境，才能够更好地理解权力结构和过程内在逻辑。其次，分析权力主体的行为策略，权力行动者面对外部制度结构的约束，会采取何种行为策略？是遵守、拒绝还是变通？主体能动性对权力关系又会产生哪些影响？

在西方民主国家，最为典型的是以政治机构——议会、政府、法院——为分解依据，将权力三分为立法权、行政权与司法权。西方国家的三权分立是建立在宪政框架下的相互制约的封闭链条。这三种权力置于宪法之下，权力之间的相互制约，难以形成集权体制。

但在中国，由于政治体制的特殊性，这一分析框架存在诸多争议和局限。首先，我国是由中国共产党领导的、事实上一党执政的国家，执政党对行政、司法、立法具有深刻的影响，可以说中华人民共和国成立以来的行政、司法、立法体系都是在中国共产党的领导下建立起来的；其次，中国的政务体系是由执政党与国家机关共同构成的党政体制，党政体制作为一个有机的政务大系统，又包含了执政党系统、国家系统两

① 安东尼·吉登斯：《社会的构成》，生活·读书·新知三联书店 1998 年版。

② Granovetter M., "Economic Action and Social Structure: The Problem of Embeddedness", *American Journal of Sociology*, Vol. 91, No. 3, 1999, pp. 481-510.

个亚系统，而行使立法权的人大、行使行政权的政府和行使司法权的司法机关则属于国家系统。换言之，执政党系统可以通过作用于国家系统来影响这三种权力，然而西方国家的三权分立则预示着执政党系统的运转应该遵循三权分立的内在逻辑，无法对三权之间的作用机制产生影响。因此，这种"嵌套式"的政治系统决定了无法借用西方国家平行循环式的分权制衡框架来分析。

二　决策、执行与监督：基于权力功能的分析

虽然由于中西国家的政治结构不同，不能将中国的权力结构简单地划分为行政权、立法权和司法权，但任何一种政治系统都存在如何有效地解决决策、执行和监督"三事分工"的问题。分工是提高人类活动效率的基本途径，也是官僚科层制的核心原则。政府活动的多样化、复杂化使得政治分工成为必要，因此，按照政治分工的效率原则可以将政府管理过程分为决策、执行与监督三种不同的活动环节。

政治组织及其人员从事任何一项政务活动都需要设定相应的职能，于是决策、执行与监督三事分工就发展到决策职能、执行职能与监督职能的三职分定。将政府的职能按决策、执行与监督三项基本活动进行组织化分离，适应政府管理专业化和专门化的特点，有利于政府更有效、更准确地承担职能，是决策、执行与监督三分的关键环节。而政府职能的分化必然需要制度化的岗位和具体的个人来落实相应的责任，所以政府组织的建设应该以责任为目标，根据政府履责的需要决定政府权力的配置，以责任勘定政府权力的约束边界，按照履责的要求建构组织机构和配备人员编制。决策责任、执行责任与监督责任的三责分置就成为决策、执行与监督三分的核心要素。再进一步，责任与权力对立统一，缺一不可。因此，更好地履行责任的重要条件是保障公职人员具有相应的权力。换言之，决策、执行与监督的三责分置要求决策权、执行权与监督权的三权分立，决策权、

执行权与监督权的分立与制衡是政府责任分置的逻辑延伸。如此，决策权、执行权与监督权的三权分立就成为决策、执行与监督三分的逻辑结果。

概言之，决策活动、执行活动与监督活动的三事分工是决策、执行与监督三分的逻辑起点；决策职能、执行职能与监督职能的三职分定是决策、执行与监督三分的关键环节；决策责任、执行责任与监督责任的三责分置是决策、执行与监督三分的核心要素；决策权、执行权与监督权的三权分立是决策、执行与监督三分的逻辑结果。这种权力划分不仅体现了官僚科层制专业化分工的特点，而且三种权力互相连接与嵌套，构成了权力结构和运行过程的完整链条。因此，权力分析便进一步具体为对决策权、执行权和监督权三权的配置关系和实际运行过程的分析。

三　结构与过程：权力系统分析的双重视角

对权力关系展开系统分析，不仅需要将其置于体制环境之中，关注其决策、执行与监督的功能维度，还需要结合结构和过程的两重视角，来对其进行静态和动态的理解。结构分析关注权力关系的形态表征及其背后的力量关系，而过程分析则关注权力运行的实际过程及其微观机制。结构分析与过程分析，彼此相互影响，难以割裂，共同呈现现实权力的复杂性。

（一）权力结构分析

罗伯特·达尔认为，权力并不是指个人所拥有的什么，而是人与人之间的一种关系，是一个行动者对另一个行动者的强制性控制。[①] 因此，权力结构是指权力的组织体系、权力的配置和各权力主体之间的相互关

---

① Dahl，R. A.，"Decision-making in a Democracy：The Supreme Court as National Policy-maker"，*Journal of Public Law*，Vol. 6，No. 2，1957，pp. 279-295.

系。权力结构有两种基本形态：制约结构与集权结构①。两者在权力主体间的地位、权力行使的方向、权力运用的方式上都存在明显的差异（参见表0-1）。

表 0-1　　　　　　　　权力制约结构与集权结构的比较②

	制约结构	集权结构
权力运行的前提	分权	集权
权力主体间地位	平等	隶属
权力运行的方向	双向	单向
权力运用的方式	法制化	人治化

结构形态是权力结构分析的结果而非关键。换言之，权力结构分析的关键不是"权力到底属于谁"的问题，而是权力结构的形成过程。③ 在此过程中，一个重要的分析因素是权力主体所嵌入的制度背景，这种制度背景可以通过政策环境、组织结构、人事安排和职责权限等来加以具体分析，进而解释权力结构形成的过程。这种分析有助于解释权力结构形成的结构性原因，但这种分析是一种静态分析，无法发现和分析权力的实际运作过程。④ 事实上，权力结构的分析离不开权力格局中参与者的行动分析，因为"虽然结构为行动者提供了行动的边界和规则，但行动者在行动中所生成的能动性又会在某种程度

---

① 陈国权、黄振威：《论权力结构的转型：从集权到制约》，《经济社会体制比较》2011年第3期。

② 同上。

③ 何艳玲：《街区组织与街区事件——后单位制时期中国街区权力结构分析框架的建立》，《中山大学学报》（社会科学版）2007年第4期。

④ 周雪光：《从"黄宗羲定律"到帝国的逻辑：中国国家治理逻辑的历史线索》，《开放时代》2014年第4期。

上调整甚至重构结构"①。因此，需要在特定的事件中观察权力格局中行动者的行为特征、策略和逻辑，即通过对权力过程的分析，来观察权力行动者与权力结构之间的互动，进一步理解权力结构形成的机制。

（二）权力过程分析

权力的过程分析侧重于权力运作的实际过程。在方法论上，就是利用"过程—事件"的分析策略，②通过深度的个案研究，发现关键事件，以此来描述、分析权力运作过程，进而掌握其"机制—技术—逻辑"。所谓机制是指逻辑发挥作用的方式，比如，在收购订购粮的案例中，通过对那些权力非正式运作机制的分析，我们可以看到那些非正式的因素是如何在正式权力的行使中发挥作用的；③技术是指实践状态中那些行动者在行动中所使用的技术和策略，对这些技术和策略的强调，主要是为了凸显实践活动中的主体性因素；逻辑是最终的分析结果，即这种权力运作机制为何产生、何以产生、影响如何。④以腐败为例，权力过程分析就是要分析腐败背后的权力运行特征，由哪些因素支撑或制约，权力主体通过何种策略来规避制约和监督以达到公权私用的目的，这种权力运行方式反映了中国官僚体系运作的逻辑。

总体而言，本书建构了权力分析的理论框架，以此解释中国转型期高廉政风险的成因并提出相应的对策建议。具体而言，以体制嵌入性为

---

① 何艳玲：《街区组织与街区事件——后单位制时期中国街区权力结构分析框架的建立》，《中山大学学报》（社会科学版）2007 年第 4 期。

② 孙立平：《"过程—事件分析"与对当代中国农村社会生活的洞察》，载王汉生、杨善华《农村基层政权运行与村民自治》，中国社会科学出版社 2001 年版。

③ 孙立平：《"软硬兼施"：正式权力非正式运作的过程分析——华北 B 镇收粮的个案研究》，《现代化与社会转型》，北京大学出版社 2005 年版。

④ 谢立中：《结构—制度分析，还是过程—事件分析？——从多元话语分析的视角看》，《中国农业大学学报》（社会科学版）2007 年第 4 期。

逻辑起点，以决策、执行和监督为功能分析维度，通过"结构—过程"的双重视角，审视公共权力的分配关系及其运行模式，从中揭示廉政风险之根源所在。

第四节　研究思路与分析方法

一　研究思路与内容安排

按照从现象到本质、从成因解析到制度设计的思路，本书内容安排如下。

本书导论从高经济增长和高廉政风险并存这一"双高现象"入手，指出问题本质在于权力结构与运行机制的非法治化，进而明确本项研究的核心目的，即厘清当前腐败滋生的系统性成因，解析中国权力非法治化的制度根源，并寻求推动权力转型与法治建设的现实路径。

第一、二章聚焦于地方政府法治悖论的体制性根源。其中，第一章揭示了经济所有制基础、国家发展战略以及公共品生产需求对政府行为模式的深刻影响。在公有制基础之上、在"以经济建设为中心"战略之下，地方政府面对大规模公共品生产的压力，往往选择以效率优先为发展战略、以政府经营为发展方式。这种行为模式使我国获得了持续的经济高速增长，但对法治建设的相对忽视则使地方政府逐渐形成了高廉政风险的政治生态。第二章则立足上述经验分析，从中归纳出地方政府治理的三重逻辑，即政治逻辑、经济逻辑与法治逻辑，并以此对法治悖论的产生予以阐释。在三重治理逻辑下，由于政治、经济逻辑往往优先于法治逻辑，地方政府屡屡突破法律的约束。比如，地方政府及其官员常常对现有法律选择性执行，造成普遍的选择性执法局面，进而导致市场的非法治化竞争。

第三、四、五章聚焦于权力现象的系统分析，不仅从结构和过程双重视角深入探讨了权力法治化难题，还立足权责平衡原则，分别对决策权、执行权与监督权的问责设计进行了论述。具体而言，第三章从权力结构视角出发，对权力结构的内涵与形态进行了梳理，并着力探讨了分权制衡作为权力结构法治化的理性形态，包括国家权力与社会权利之间，决策权、执行权、监督权之间的制衡关系，以及权力结构失衡的制度根源。第四章从权力过程视角出发，阐释了权力过程的法治原则、非法治化的表征及其成因，并结合案例探讨了创新程序法治的路径。第五章是对政治问责体系的探讨，就决策、执行、监督的权责问题分别进行了详细论述，强调问责设计的闭合循环。

第六、七、八章聚焦于当前中国腐败的典型现象，并剖析其成因与逻辑，为反腐败法治化建设提供具体思路。其中，第六章关注第三区域，包括开发区、新城、新区等，对其治理模式和腐败现象展开了论述，深入挖掘了政企统合的组织逻辑及其廉政风险。第七章针对集体腐败现象展开，对集体腐败的内涵与类型，社会嵌入性与策略过程，以及制度性成因进行了具体论述。第八章则剖析了另外一种典型的腐败现象，即家庭式腐败。这是亲情与公权相结合的产物，实际上反映的是法治与亲情之间的冲突。该章从社会文化、政治资源、法治环境等方面，对家庭式腐败的成因进行了多维度的分析，并寻求勘定亲情与公权之边界的路径。

第九章对法治反腐的价值、逻辑与体系进行了系统论述，着力剖析了当前反腐败制度与策略的不足，并提供了建构国家廉政治理体系的基本思路。该章详细剖析了权力法治与廉政治理之间的内在关联性，进而对当前廉政制度的有效性进行了分析，同时还提出了集约式反腐败策略，并着力分析其价值和路径。

二　研究方法与数据收集

（一）研究方法

（1）比较制度分析。青木昌彦（Aoki Masahiko）提出的比较制度分析（CIA）[①] 是制度分析的重要方法。比较制度分析包括两个研究角度：比较分析和制度分析。其中比较分析包括两个方面：一是同一空间下的历时研究，即将同一空间下不同时期的制度、行为进行比较分析；二是不同空间下的共时研究，即对同一时间内不同空间的制度、行为进行比较分析。制度分析也有两种含义。制度分析的第一种含义，指用"制度"来解释其他社会现象，例如用制度来解释经济增长，或用制度环境解释人的行为和组织现象等；制度分析的第二种含义是用其他因素来解释制度，例如解释一项制度的形成与变迁。本研究借鉴比较制度分析（CIA）研究方法，从比较分析和制度分析两个维度展开研究。

第一，地方政府权力结构和过程的历时比较及制度分析。改革开放以来，随着国家政治经济制度的改革，地方政府行为发生着显著的变化，例如在经济发展方式从经营企业到经营辖区，在政企关系上从全面控制到服务保障，在内部横向权力结构上从相对分权到更加集权等，这些变化的背后是地方政府权力结构和运行方式的演变。那么，为什么会产生这些变化，这些变化说明了什么？进一步，如何从制度的角度来解释地方政府的这些行为变化和内在逻辑？因此，本研究通过历时比较分析和制度分析来比较和解释地方政府行为产生的变化、制度基础和内在逻辑，进而从宏观上探讨市场化进程中高廉政风险产生的制度原因。

第二，地方政府权力结构和过程的共时比较及制度分析。例如，

---

① ［日］青木昌彦：《比较制度分析》，周黎安译，远东出版社 2001 年版。

对第三区域治理过程中权力结构和过程的分析是本书的重要组成部分；以开发区、新区等为核心的第三区域在中国经济发展过程中发挥着重要作用，其建成和规划面积已接近现有城市的总面积，但第三区域治理过程中的权力结构和过程与传统的党政体系下的行政区具有明显的不同，第三区域普遍采用政企统合的治理模式。第三区域为什么会采用这种治理模式？换言之，什么因素形塑了这种治理模式（制度）？基于此，本书通过共时比较与制度分析的方法，将第三区域的治理模式、权力结构和过程与传统的党政管理体制进行比较分析，分析其权力结构和过程的异同，并进一步探讨这种治理模式对高廉政风险的影响。

（2）案例研究方法。案例研究是社会科学的重要研究形式。布洛维认为个案研究旨在通过对个案的拓展研究实现理论重构，即通过理论引导介入的方式将处境性知识构造成社会过程，并将社会过程置于更广泛的背景中，进而能够借由个案对既有宏观理论进行反思，以实现对既有理论的重新诠释和构建。① 在个案研究中，研究人员需要借助分析性的扩大化推理，将个案上升为理论，因而选择典型案例非常重要。王宁认为所谓个案的典型性是指集中体现了某一类别的现象的重要特征。② 例如，本书将第三区域作为案例进行分析，其原因在于第三区域采用了地方政府在经济发展中较为普遍的治理模式——政企统合治理。这一模式是中国市场化进程中地方政府渗透市场、配置资源、发展经济的典型模式，同时也反映了地方政府权力结构和过程的特征及演变。案例研究的优势在于能够更好地揭示关系和过程。权力过程是一个复杂的政治过程，只有通过细致的案例研究，才能够对于其中的权力、利益和冲突予以揭示。案例研究侧重权力的过程分析，即通过对案例中的关键事件和权力

---

① Michael Burawoy, "The Extended Case Method", *Sociological Theory*, No. 1, 1998, pp. 4-30.

② 王宁：《代表性还是典型性？——个案的属性与个案研究方法的逻辑基础》，《社会学研究》2002 年第 5 期。

过程的详尽描述，达到对权力"实"的分析。本研究采用归纳式的案例研究，主要回答三个问题：一是中国地方政府权力结构和过程的总体特征是什么；二是中国地方政府的治理遵循什么样的逻辑。具体来说，当地方政府面临经济发展、社会稳定、法治和廉洁等多重目标冲突时，地方政府官员的选择逻辑是什么；三是以第三区域为分析对象，具体分析其政企统合治理模式的特征、演变、权力结构和过程，在经验上提供进一步支持。

（3）文本分析法。文本分析法是一种对文字材料进行深度解读，从中发现社会行为或现象的基本特征、类型与机理的方法。[①] 文本分析是社会科学研究中的重要方法。即通过查阅现有的法律法规、档案纪要、年鉴、新闻报道、研究报告、政策文件、网络资料等，发现问题和规律，进而寻求对某一问题和现象的理解。文本分析是研究前期的理论准备，同时也是研究过程中收集相关信息的重要手段。文本分析在本研究中的应用主要包括两个方面：一是通过法律、政策、制度的分析，来描述、分析和理解中国地方政府的权力结构和过程，例如通过重大决策制度、人事任免制度来了解决策权的基本运行过程；二是通过对既有研究文献的整理以及国家相关政策的梳理，分析第三区域"统合治理"模式产生的制度基础、组织结构、权力结构、演变过程与基本的运作过程。

（二）资料搜集

本研究的资料搜集主要通过两种方式：一是通过文本搜集，整理相关档案、政策文件以及学术文献；二是通过田野调查，具体通过参与式观察、深度访谈和问卷调查的方式，掌握一手资料（见表0-2）。

---

① Schreier，M.，*Qualitative Content Analysis in Practice*，Sage Publications Ltd.，2012.

表 0－2   资料搜集的方法和用途

资料搜集方法	资料来源	操作方法	资料用途
文本搜集	网络、档案资料	（1）整理相关年鉴，工作报告，工作日志，会议记录，案例资料；（2）编码分析	地方政府的行为特征，制度基础，权力结构和过程，腐败特征、趋势等
	政策文件		
	学术文献	评述	腐败研究的相关理论，权力结构和过程相关理论，政企统合治理相关理论
田野调查	参与式观察	对开发区和项目平台公司的实际运行过程体验、观察和记录	掌握政企统合治理模式的实际运作过程，具体包括：上下级之间的互动关系；考核方式和应对策略；领导班子和工作人员的身份属性、心理认知；日常事务和重点项目的决策、执行、监督的流程和特征；与传统的党政管理体制相比，在决策—执行—监督方面有何不同，有哪些特征等
	深度访谈	对决策、执行和监督部门进行结构化和半结构化的访谈	
	问卷调查	简单随机抽样和分层抽样	

第一章

公有制、效率优先与廉政风险

改革开放以来，在"以经济建设为中心"以及"效率优先"发展战略的指导下，地方政府在经济建设方面表现出惊人的实践能力，进而取得了巨大的发展成就，但与此同时，也滋生出了严重的腐败问题。本章关注经济所有制基础、国家发展战略以及公共品生产需求对政府行为模式的深刻影响。在公有制的经济基础之上、"以经济建设为中心"的国家发展战略之下，地方政府面对大规模公共品生产的压力，往往选择以效率优先为发展战略、以政府经营为发展方式，使我国获得了持续的经济高速增长，而这个过程中地方政府追求效率优先导致对廉政治理与法治建设的相对忽视，以及应对权力集权化的相应廉政风险防控机制的相对滞后，使地方政府逐渐形成了高廉政风险的政治生态。

第一节　公有制基础上的政府经营

一　中国政治与经济发展的公有制基础

任何一个社会形态都存在着多种多样的经济制度，它们之间既相互关联，又相互制约，一起构成社会的经济制度体系。马克思主义认为经济制度就是人类社会发展到一定阶段上生产关系的总和，马克思在其《〈政治经济学批判〉序言》中论述道："人们在自己生活的社会生产中发生一定的、必然的、不以他们的意志为转移的关系，即同他们的物质生产力的一定发展阶段相适合的生产关系。这些生产关系的总和构成社会的经济结构，即有法律的和政治的上层建筑竖立其上并有一定的社会意识形式与之相适应的现实基础。物质生活的生产方式制约着整个社会生活、政治生活和精神生活的过程。不是人们的意识决定人们的存在，相反，是人们的社会存在决定人们的意识。社会的物质生产力发展到一定阶段，便同它们一直在其中运动的现存生产关系或财产关系发生矛盾。于是，这些关系便由生产力的发展形式变成生产力的桎梏。那时社会革命的时代就到来了。随着经济基础的变更，全部庞大的上层建筑也或慢或快地发生变革。"① 这段话阐明了一个社会的生产关系的总和构成该社会的经济制度，一个社会的经济制度是上层建筑借以建立起来的经济基础，并制约着政治法律制度和社会意识形态。

马克思主义经典作家阐明了经济基础决定上层建筑这一基本原理，由生产关系总和构成的经济制度是一个社会的经济基础。所有制关系是最基本的生产关系，生产关系的全部内容也就是所有制形式或财产形式的全部内容。因此，所有制在经济制度体系中居于最基本的层次，对其他经济制度要素有着决定性的影响，是区分不同的社会经济制度性质的根本标志。产权制度和资源配置方式为所有制提供法律形式和实现方式，规定经济主体在经济活动中拥有的行为权利，处理生产关系中的责、权、利规则。

新中国成立以来，我国在对基本经济制度的理论认识和政治决策上经历了从单一公有制与高度集中的计划经济体制到公有制为主体、多种

---

① 《马克思恩格斯选集》（第 2 卷），人民出版社 1995 年版，第 32—33 页。

所有制经济共同发展的社会主义市场经济制度的变迁历程。之所以建立这样的社会主义初级阶段的基本经济制度，一方面在于中国作为社会主义国家必须坚持以公有制为社会主义经济制度的基础；另一方面在于中国处于并将长期处于社会主义初级阶段，需要发展非公有制经济以弥补公有制经济发展的不足。党的十八届三中全会通过的《中共中央关于全面深化改革若干重大问题的决定》重新强调了："公有制为主体、多种所有制经济共同发展的基本经济制度，是中国特色社会主义制度的重要支柱，也是社会主义市场经济体制的根基。"自新中国成立以来，公有制经济在经济发展过程中一直占据着主体地位，党的十五大报告明确了公有制经济的范围："公有制经济不仅包括国有经济和集体经济，还包括混合所有制经济中的国有成分和集体成分。"理解我国的公有制制度，对认识我国的经济增长和地方政府行为具有重要意义。

公有制是相对于私有制来说的一种所有制形式，二者往往以物质生产要素的所有权进行界定和区分。公有制，顾名思义指生产资料归全民所有，但在现实情境中全民是无法集体决策行使生产资料所有权的，国家的存在也正是基于一种"合约"关系而行使公民赋予的权力，因此由生产资料所有权而派生出的占有权由国家行使，国家是实际上的生产资料的所有者。在公有制的权力体系中，所有权是基础，由所有权派生出的占有权、经营权、管理权、收益和处置权等，都由所有权主体选举出来的、代表其利益的公共机构行使，[①] 而这个公共机构，就是我们所熟知的政府。

在我国，公有制为主体，包括了起主导作用的国有经济和作为公有制重要组成部分的集体经济，也包括了混合所有制经济如股份制中的国有经济和集体经济。公有制的主体地位，既包括对量的规定，也包括对

---

① 刘永佶：《公有制经济新论：主体、性质、目的、原则、机制》，《中国特色社会主义研究》2004 年第 3 期。

质的规定。公有制的资产和新增加值，应在国民经济的总资产和新增加值总量中占优势，国有经济要在经济社会发展中起主导作用。截至 2012 年，中国三次产业经营性总资产约为 487.53 万亿元，其中公有制经济的资产规模是 258.39 万亿元，占 53%，① 虽然随着民营经济的快速发展，公有制经济所占的比重略有下降趋势，但其在我国经济制度和经济发展现实中的主体地位仍然没有改变。原因在于公有制的资产不仅包含了经营性资产，还包括了资源性资产。随着市场经济的发展，虽然公有制经营性资产在社会总资产中的比重略有下降，但资源性资产作为社会资产不可分割的一部分一直囊括在公有制的范围之内。资源性资产是通过人类劳动得到某种开发利用的自然资源的总称，主要包括农业用地、建设用地、水源和已探明的矿产资源可采储量等，它们直接成为劳动资料或劳动对象，是生产资料的重要组成部分。在我国，政府支配和管辖着大量的资源性资产，包括森林、湖泊、矿产、耕地等。对于矿产等资源，国家通过建立国有企业的形式，对矿产资源进行有规划的开采和经营，并且对其进行资源的保护，防止过度开采；对于土地资源，土地是人们安身立命之本，土地的使用权由国家以各种形式予以配置。在农村，农民从集体获得相应耕地或宅基地的使用权；在城市，情况则更为复杂，土地有工业建设、商业开发、房屋居住等多种用途，地方政府以土地使用权出让的形式，来配置城市土地的使用。土地公有是公有制经济体系中与人们联系最紧密也是与政府利益最攸关的内容，对新中国成立以来我国的社会形态、发展模式产生着深远的影响。

　　学界已普遍认可，在中国的经济发展过程中，政府在其间起到了巨大的作用，这也是除了单一制国家威权体制之外，我国在发展模式上与西方世界的最大不同。与西方政府在经济发展过程中作为界定产权、宏

---

① 裴长洪：《中国公有制主体地位的量化估算及其发展趋势》，《中国社会科学》2014 年第 1 期。

观调控的角色有所不同，中国政府无疑承担了更多的角色和功能。而以公有制为主体的基本经济制度，既是赋予政府更多角色的来源，也是政府得以承担更多功能的基石。

二 土地公有制与政府经营条件

公有制的主体地位是我国基本经济制度的内容，土地公有则是我国公有制的典型表征。土地是国计民生的基础，粮食生产、房屋道路、工业建设等方方面面都离不开土地。长期封建社会对百姓的压迫，使近代革命者自革命伊始，就有着打破土地私有弊端、实现"耕者有其田"的愿望。我国现有土地公有制度的思想价值体系继承于马列主义经典作家的思想论述，并经由孙中山、毛泽东等革命家的革命实践探索发展，伴随着新中国的成立最终成形并不断完善，体现于我国现行的土地公有制度。

土地公有是马列主义经典作家所设想的社会主义社会理想前景，土地公有制替代私有制被认为是社会主义经济发展最有利的基本前提。马克思和恩格斯认为劳动生产资料公有可以使社会劳动因为合作和组织而取得更高的效用，土地转向公有制的变化是社会发展的必然性，是社会生产力发展的必然要求。[①] 我国近代革命的先驱孙中山在领导革命过程中提出了"平均地权"的思想，平均地权是三民主义思想体系的重要内容，即以田税替代地租，通过地租的转化以确立"土地国有"的思想。毛泽东在新民主主义革命过程中便将其土地国有的思想付诸实施，在解放区通过土地革命推翻地主阶级，使土地真正归农民所有；新中国成立后又逐步建立起农村土地的集体所有制。新中国成立以来，我国的土地改革大致经历了以下历程。

---

① 《马克思恩格斯全集》（第 20 卷），人民出版社 1971 年版，第 305—308 页。

新中国成立初期，废除封建地主的土地所有，建立农民的土地所有制。新中国成立后国家开始着手进行各个方面的改革，1950年国家颁布《中华人民共和国土地改革法》，没收地主阶级土地，废除封建剥削的土地制度，摧毁封建制度的经济基础，将土地分配给少地无地的农民。通过土地改革，新政权在获取广泛的群众基础和执政合法性的同时，也极大地解放了生产力，调动了农村生产的积极性，为今后的进一步改革奠定了基础。

20世纪50年代后期，土地的农民个体所有制变更为集体所有制。意识到个体农业分散经营与大规模集体农业相比存在的劣势之后，50年代后期我国开始尝试将分散的个体化农业生产整合为集体生产。1953年开始进行的社会主义三大改造，对农业的改造就是将土地的农民所有制改变为集体所有制，将土地收归集体，建立人民公社。这一时期国家把土地分为两种形式，即我们目前所沿用的全民所有和集体所有，除农村集体耕种的土地外，其他土地都为国家所有，使得我国土地现今分为农村用地和城市用地两种用途。1956年三大改造的基本完成标志着我国的土地公有制正式确立。人民公社化运动的集体生产为我国农业基础设施建设的发展做出了很大贡献，但过于强调集中生产而忽略的差异化的竞争机制导致了农民普遍的生产积极性下降和商业经济发展的滞后，在一定程度上制约了生产力的进一步提高和现代化建设的开启。

改革开放前后，随着小岗村农民家庭承包制的试验获得了成功，全国范围内掀起了土地改革的浪潮，家庭联产承包责任制成为新的土地制度。在家庭联产承包责任制下，土地仍然归集体所有，但由家庭分散经营。在家庭联产承包责任制下，产权制度虽然是模糊的，但带来了生产力的极大突破和经济的极大发展，不仅解决了大部分地区的农民温饱问题，而且乡镇企业的建立和发展也带领农民走上了致富的道路。乡镇企业的蓬勃发展为民营经济的繁荣奠定了基础，也成为改革开放后我国经济高速增长的助力。此后，我国的土地公有制度沿用着这一时期所奠定的基本规则，并随着现代化的发展不断完善和创新。2008年党的十七届三中全会《中共中央关于推进农村改革发展若干重大问题的决定》提出："按照依法自愿有偿原则，允许农民流转土地承包经营权，发展多种形式的适度规模经营"，在公有制的基本前提之下，我国的土地制度还在随着社会的发展与革新不断进行新的改革与创新。

我国的土地制度包括土地的全民所有制和土地的集体所有制两部分内容。城市土地归国家所有，实际的经营、管理由相应的地方政府负责；农村土地归农民集体所有，农村集体经济组织行使相应的经营、管理权。除此之外，任何个人和组织对土地只能拥有使用权，并且不能随意更改土地用途。农村的集体土地在城市化、工业建设过程中需要更改土地用途的，则需要国家对农村集体土地进行征收并改变土地性质，进而才能够变更土地用途。我国的城市化进程也正是通过这种方式，将农村土地变更为城市土地，实现城市向农村的扩张。在土地使用权的配置上，1988年修订的《土地管理法》规定"国家依法实行国有土地有偿使用制度"，"国有土地和集体所有的土地使用权可以依法转让"，并在随后几年逐步完善形成了以招标、拍卖、挂牌为主的国有土地出让方式。

土地的有偿使用和出让制度使地方政府成为事实上的土地产权拥有者，土地出让金也成为一项新的政府收入。随着各地城市化建设的快速演进和房产市场的迅速崛起，土地出让价格在大中型城市一路飙升。与用来耕种相比，土地在城市中被出让用以工商业用途显然能发挥出更大的经济价值，也会为地方政府带来更多的收入，因而城市区域在过去几十年间不断向农村扩张，农村集体土地不断变更为城市用地，土地出让收入就成为地方政府非常重要的收入来源，并且成为地方政府能动性支出的财源保障。

一方面，地方政府享有了绝大部分的土地出让收入。通常情况下，地方政府负责地方土地出让和管理，土地出让金也由地方政府收取，但地方政府不能全权享有土地出让带来的收入，中央政府制定了相应的土地出让收入分享政策，土地出让金的一部分需要上缴中央政府。然而，现实情况中，在信息不对称情况下拥有信息优势的地方政府同中央政府展开持续不断的博弈，瞒报、少报、漏报成为普遍现象。在土地出让金的分成比例上，由于央地之间的不断博弈，也在不断调整。土地出让金由最初的中央政府收取40％，地方政府保留60％，演变为中央政府几乎不收取地方土地出让金，地方政府享有了绝大部分的土地出让收入。随着大中型城市土地拍卖的价格不断创出新高，土地出让金收入已经成为地方政府收入的重要来源，从数量上看甚至媲美税收收入，形成许多地方政府赖以生存的"土地财政"。

　　另一方面，土地出让金缺乏严格监管，成为地方政府随意性支出的主要来源。地方政府不仅在土地收入上截留了绝大部分的土地出让金，并且在实际运用和管理上并未能按照法律法规要求将土地出让收入纳入地方财政，自然更加缺乏对土地出让收入的预算、审批、决算和审计。土地出让金成为地方政府名副其实的"小金库"，甚至上级政府也无法知晓地方政府土地出让收入的具体数额，无法通过财政约束限制地方政府的支出。国家规定土地出让金只能用于城市建设和农业建设等具体项目，但现实中地方政府总是能想出各种办法使土地出让金游离于监管之外，并且土地出让金收与不收、收多或收少也全凭地方政府做主。在商业房地产领域，政府抬高地价是房地产价格过高的重要原因；而在工业建设领域，为了招商引资，地方政府甚至违规以极低地价甚至零地价将土地使用权出让给部分企业。土地出让金不仅支撑了许多地方的基础设施建设，并且为各类隐性支出、随意性支出如大搞形象工程等，提供了资金支持。

　　地方政府拥有了土地资产并逐步发现了土地的盈利能力之后，对土地资产的经营便顺理成章。掌握土地资产并能够通过出让土地使用权获得资金这一区别于西方国家地方政府的特点，使我国地方政府一方面能够承担比西方国家更复杂的角色并发挥更多的作用；另一方面，拥有土地资产的地方政府成为与企业类似的经营者，政府拥有了自身的利益追求，也拥有了可以通过经营资产盈利的能力。这使地方政府除了维护社会稳定发展、提供公共服务的目标愿景之外，其执政目标更加多元化和复杂化。

第二节　效率优先战略与政府权力扩张

中国作为地域广阔的统一多民族国家，区域发展的差异性和制度规则的统一性并存，在此情形下形成的中央—地方关系也极为复杂和特殊。地方政府是国家政策的具体落实者和法律法规的执行者，是国家权威在地方的代理者；同时地方政府也是地方利益的代表，争取和维护地方利益、推动地方发展也是地方政府义不容辞的责任。地方政府的双重身份使得它在中央与地方的关系中扮演着非常重要的角色，既在某些方面严格遵守着中央政府的指令，也在很多方面与中央政府展开博弈甚至违背中央政策。为了实现国家的一体化发展，中央政府不断采用经济激励和政治控制相结合的手段，使国家发展的战略能够贯穿到地方政府的每个层级，从而达到国家整体发展的目的。地方政府作为土地资产的经营者，实现土地的保值增值自然也是政府的重要任务之一。在经济发展中，中央政府总揽国家发展战略、施行宏观调控，地方政府更多地负责具体的经济增长任务的落实。地方政府是否进行土地的经营、如何对土地进行经营除了地方发展的需要之外，还与中央—地方关系及国家发展战略有关。

一　执行差距与效率优先战略

中央政府通过经济激励和政治控制，实现中央向地方的制度传递。

自发性制度变迁和制度传递是一个国家或地区制度获得的两种不同路径，有学者从增长极理论中得到启发，认为不同层次的制度之间存在"制度势差"，使制度在不同的地区之间发生制度传递。① 对于中央政策的统一性和地方发展的差异性并存的中国来说，很难用单纯的制度变迁或制度传递来概括整个国家的制度进程。同中央政府处于"行为联邦"模式下的地方政府，其制度变迁也受到来自中央的强制性因素和来自地方的诱致性因素的双重影响。在改革开放早期，中央政府对地方制度的建构作用是巨大的，这种制度建构与其说是由中央发起的强制性制度变迁，不如说是由中央到地方的制度传递更为贴切。

经济增长是国家发展长期以来的重要任务，中央政府通过将经济目标制度化、并利用中央权威传递到地方政府的制度传递过程，实现权力的释放和地方活力的激发，进而获得经济增长。表1—1反映了1978年以来中央政府围绕经济建设，在相关领域进行的制度改革过程。从表中可以明显看出，1978年以来的中央改革大致经历了三个阶段。

第一阶段：1978—1993年。在经历了新中国成立初期的百废待兴、三年困难时期的萧条和"文化大革命"的动乱之后，1978年12月召开的党的第十一届三中全会决定把工作重心转移到以经济建设为中心上来，拉开了改革开放的序幕。在经济领域，经济体制逐步从"计划经济为主，市场调节为辅"转变为建设"有计划的商品经济"，初步建立了国家金融体制和"划分收支，分级包干"的财政包干制度，赋予地方政府更大的经济自主权。在土地和住房上，逐步建立"土地集体所有，家庭承包经营，长期稳定承包权，鼓励合法流转"的农村土地制度，并逐步探索和推行住房商品化的城镇住房改革，解放了土地的生产力，"以地兴企"之风蔚起。这一时期中央—地方关系的突出特点表现在中央向地方放权上，在财政和国有企业管理等经济领域，中央向地方放权。1980年邓小平作

---

① 侯广辉：《浅论制度的传递性》，《经济前沿》2001年第6期。

了《党和国家领导体制的改革》的报告，指出权力过于集中、家长制是我国政治生活中的主要弊端，强调权力不宜过分集中，要求在政治上充分发扬人民民主，政治领域的分权改革拉开序幕。

第二阶段：1994—2008 年。1993 年十四届三中全会后，针对当时国内"平均主义"的弊端，中央提出了"效率优先，兼顾公平"的原则，明确提出建立和完善社会主义市场经济体制，并同时进行金融体制改革和分税制改革。在土地和住房上，随着 1998 年土地征用制度和农村建设用地制度的明确，地方政府垄断了土地一级市场的供应，同时国家全面停止城镇住房实物分配，实行住房分配货币化，使得地方房地产业迅速发展起来，形成"以地生财"局面。这一时期的中央—地方权力关系，主要表现为与改革初期分权让利潮流相左的"再集权"，中央政府感受到了分权带来的中央财政紧张和地方权力过大的问题，逐渐将财权和重要经济部门管理权限收归中央，以应对逐渐出现的"地方主义"现象。

表 1—1　　　　　　　　　　　　　中央经济体制改革的基本阶段

年份	1978—1993 年	1994—1998 年	1999—2005 年	2005—2008 年	2008 年至今
经济目的	以经济建设为中心	效率优先，兼顾公平		更加注重社会公平	
经济体制改革	"计划经济为主"到"有计划的商品经济"	建立和完善社会主义市场经济体制		转变经济发展方式	
财税体制改革	财政包干	分税制		逐步建立公共财政体系	
金融体制改革	金融体制初步建立	金融体制改革	金融领域市场化改革		
政府机构改革	国务院"精简—膨胀—精简"的机构改革	国务院—中央部门—地方政府机构精简			大部制改革
央地权力关系	政治分权化、向地方政府放权	"再集权"，部门垂直化管理	选择性分（集）权		
土地改革	逐步建立"土地集体所有，家庭承包经营"的农村土地制度	土地征用制度和农村建设用地制度改革			
住房改革	逐步探索和推行住房商品化的城镇住房改革	停止住房实物分配，实行分配货币化		加强房地产宏观调控	

第三阶段：2008 年至今。2008 年前后，我国进入新的发展时期，重大的体制建构性的改革已经基本完成，改革进入"精细化"和"纠错"阶段。中央政府已经意识到过于强调 GDP 增长的经济发展模式存在许多弊端。2007 年党的十七大提出"转变经济发展方式，实现又好又快发展"，在"效率优先，兼顾公平"之后，提出应"更加注重社会公平"，并致力于建立公共财政体系、实行金融领域市场化改革、加强房地产宏观调控等改革措施。在中央—地方权力关系上，不再是单一的趋向集权或分权，而是根据经济和社会发展的需要有选择性地进行集权或分权改革。虽然"以经济建设为中心""效率优先"已经不再是中央政府的经济策略，但是经济发展仍然是政府工作的重点领域。

从以上演变历程可以看出，中央政府向地方政府的制度传递，是经济逻辑和政治逻辑共同作用的结果，促进经济快速发展的经济目的使得经济逻辑成为中央—地方制度变革的主线，多数改革都是基于促进经济发展的目的而进行的。但当这种经济的放权产生副作用，造成地方权力过大、影响中央权威时，政治逻辑就反过来占主导地位。1994 年的各项"再集权"改革，就是中央政府对经济逻辑主导下引致的中央财政紧张、地方权力过大问题的一次较为集中的权力上收，而在整个改革发展的过程中，政治逻辑和经济逻辑的此消彼长是贯穿始终的。但令人惊讶的是，在 1994 年的分税制改革之后，中国经济仍保持了持续的高速增长。已有研究普遍认为中国经济突破西方增长理论桎梏的激励元素在于中国经济增长的源泉来自地方政府，在分税制改革带来财权上收、事权下放局面后，关于地方政府如何保持经济发展的持续动力，研究者们得出的结论普遍与中国独特的中央—地方关系有关。许成钢称这种关系为分权式的威权体制；郑永年用"中国的行为联邦制"来概括这种关系，通过权力关系和激励机制在行为层面的"模糊"运作，解释地方政府改革和经济发展的持续动力；① 周黎安基于官员晋升激励的视角，提出了中国地方官员的"晋升锦标赛模式"②，通过晋升激励导致的地方官员对经济绩效的追逐，解释地方经济指标持续增长和地方保护主义系列现象；张五常观察到中国经济制度的重点是地区之间的激烈竞争，地方政府竞争是破解中国之谜的关键所在，③ 这表现在中央—地方权力关系上，是中央—地方权力边界的动态性和模糊性，一边是中央政府的主动放权或收权，另一边是地方政府向中央要权、争权甚至自我扩充权力。

这种中央—地方关系模式显露出地方政府对中央政策的响应存在很强的"执行差距"。一直以来，从中央到地方事实上存在一个"经济增长管理"体系，地方政府控制着地方市场的资源配置，中央政府则"计划"着经济增长的预期目标，依据赶超战略、就业需求、宏观经济形势等制订出具体的经济增长目标。中共十二大制订了从1981年到20世纪末争取工农业总产值翻两番的战略目标，十五大又进一步提出了在建党一百年时全面建成小康社会、在新中国成立一百年时基本建成社会主义现代化国家的"两个一百年"奋斗目标，这些战略目标转化成可操作性实施方案的办法便是制定GDP增长指标，而具体的经济增长指标，就成为地方官员任期内必须完成的硬约束。在这种经济增长管理体系下，中央政府将经济增长的目的以量化的GDP指标形式纳入地方官员的政绩考核，而这种GDP考核在地方的"执行差距"下形成了地方政府对经济效率理解的扭曲、对制度外收入的无限汲取和地方间的非良性竞争。经济效率的本意为在一定的经济成本上所能获得的经济效益，由微观层面的技术效率、宏观的经济运行效率和资源配置效率构成，是投入—产出意义上的效率，也是任何时期的经济形态应该追求的效率目标。然而在将经济增长以量化的GDP增长

---

① 郑永年：《中国的"行为联邦制"》，东方出版社2013年版。
② 周黎安：《中国地方官员的晋升锦标赛模式研究》，《经济研究》2007年第7期。
③ 张五常：《中国的经济制度》，中信出版社2009年版，第143页。

指标的形式由中央政府层层下达的过程中，对经济效率的追求就变成了地方政府对量化的指标的追求，即以时间为衡量的产值取向的效率。因此地方政府理解下的实际经济责任演变为在以快速工业化、城市化推进国家现代化进程的过程中，对 GDP 增长速率的追求。但是在中央向地方制度传递的过程中，中央政府的制度设计并不是一直都向有利于地方 GDP 增长的方向发展的，1994 年后形成的中央与地方"财权上收、事权下放、人事任命权集中"的权力关系，约束和限制了地方政府进行经济建设的能动性和发挥空间，使得在发展经济的过程中制度与现实出现了矛盾，财权上收使得地方政府缺少动员、开展大规模经济建设所需的资金，有限的且受中央严格管控的预算内收入无法满足地方政府快速 GDP 增长的需求，1994—2003 年中央财政自给平均系数高达 1.524，而地方财政仅为 0.6。在这种情况下分散管理并且很多情况下缺乏法规约束的预算外收入成为地方政府扩充财源的途径。据统计，1982—1992 年，地方预算外收入年均增长速度达到 30.36%，远远超过了地方预算内收入平均 18.93% 的增长速度，[1] 近一半公共财政收入游离于预算之外。地方政府对预算外收入的强烈汲取必然会引致政府执政重心的微妙变化，牵动一系列经济后果和行为现象。而除了对财政收入的积极寻求之外，基于 GDP 考核的干部晋升机制使地方政府间还围绕 GDP 增长展开激烈竞争。地方政府间竞争是改革开放以来横向府际关系的最大特点，也被认为是中国持续经济增长的推动力，这种竞争现象的产生不仅来自考核压力以及改革的推动，还有资源退出机制的推动。亚当·斯密就分析过"土地是不能移动的，而资本则容易移动"，资本的所有者对一个地区的制度供给不满意，就会迁往其他地区，从而促进政区竞争机制的形成。[2] 只不过亚当·斯密所指在竞争中获取资

①　李学文、卢新海、张蔚文：《地方政府与预算外收入：中国经济增长模式问题》，《世界经济》2012 年第 8 期。

②　[英] 亚当·斯密：《国民财富的性质和原因的研究（下卷）》，郭大力、王亚南译，商务印书馆 1974 年版，第 408 页。

本进驻的关键是提供对产权的有效保护，而在我国地方政府的竞争中则采用了更多非制度化和非法治化的做法，使地方政府间的竞争更大程度上成为非良性竞争。长期的非良性竞争对地方政府执政逻辑和政治生态的影响也是巨大的。

总而言之，中央政府向地方政府的制度传递是政治逻辑和经济逻辑共同作用的结果，在自上而下的"效率优先"发展战略之下，存在"执行差距"的地方政府面临着自上而下的制度传递。受来自横向的竞争激励和内生的地方自主性的共同影响，地方政府往往采取唯 GDP 增长的发展模式，这是改革开放以来，特别是 20 世纪 90 年代末以来地方政府制度变迁的主要逻辑。

二　增长诉求下的政府公司化

政府投资是地方政府实现 GDP 快速增长的重要手段，土地经营使地方政府实现了投资—经营—GDP 增长的效率循环。宏观经济学中，消费、投资和净出口是传统公认的拉动 GDP 的"三驾马车"。地方政府要对地方 GDP 增长有所作为，其中刺激居民消费、提高贸易顺差需要宏观经济环境的改善、居民收入的提高相配合，地方政府难以实现主导和控制，唯有投资是政府能够掌握主动权并实现 GDP 快速增长的部分。大量研究表明，中国经济主要靠要素累积尤其是高投资推动增长，1979—2008 年，资本积累的平均增长率为 10%，对 GDP 增长的贡献率高达 70.4%，而固定资产投资又占据了投资的绝大部分。内生增长理论认为，在实现资本积累方面政府公共投资所发挥的作用是消费性公共支出无法替代的，公共资本投资对经济增长有显著的正效应，且政府预算外支出对 GDP 的正向影响效应要明显大于预算内其他公共支出的影响效应，说明预算内资金有限且用途受中央政府严格管控，地方政府主要依靠预算外资金开展投资。因此，如何在中央的财政约束下获取超额预算外收入、在地方横向竞争中争取更多企业性投资、在地方发展和服务提升的要求下，投资基础设施建设和区域开发是地方政府统筹谋划的重要问题。而我国特定的经济基础——土地公有制，为地方政府提供了同时实现这三个目标的条件，塑造了地方政府依靠土地经营实现经济增长的发展模式。

地方政府对土地开发的垄断权为其获取了超额预算外收入，使其有资金开展大规模的基础设施和城市建设，形成了近年来地方政府依靠土地经营实现经济增长的发展模式。政府对土地的大规模系统性经营始于1998年，随着《土地管理法》的修订以及住房分配改革的同步推进，土地的价值被极大地开发。土地被用来耕作种植、兴工办厂、建造住宅、商业开发的价值是不同的，政府从中获取的税收和其对GDP的贡献也不同，因此，土地有很大的价值开发的空间。如张五常所指出的，"一个发展中国家，决定土地使用的权力最重要。没有土地就没有什么可以发展，土地得到有效率的运用，其他皆次要。如果竞争下土地的租值上升，经济是在增长"。在1998年以后，土地的"效率利用"便成了GDP增长的关键，土地也从实体资本的运作转向更高级的金融资本领域。图1—1描绘了地方政府的土地经营模式。

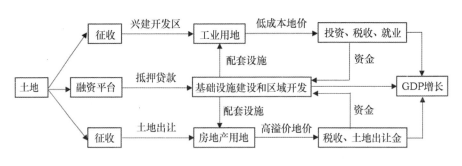

图1—1 地方政府的土地经营模式

土地被作为工业用地进行开发是起步较早的一种土地利用方式，自20世纪80年代初国家设立经济技术开发区的试点取得成功之后，地方政府便意识到开发区对经济增长的拉动作用，随之90年代中国进入大规模开发时期，地方性开发区的数量也呈现出爆发式增长。至2003年全国各类开发区的规划面积已达3.6万平方千米，超过了当时我国现有城镇的建设用地面积；就个案而言，以江苏省为例，截至2011年年底，江苏省国家级高新区的管辖范围达1238.6平方公里，是国家核准面积（61.64平方公里）的20倍。在经济成就上，以浙江省为例，2012年全省65个国家级和省级经济技术开发区实际利用外资占比全省49.6%，进出口总额占比全省47%，规模以上工业总产值占比全省50%，财政总收入占比全省28.4%，固定资产投资占比全省33.3%。在开发区内，权力与资本在地方政府的主导下实现空间集聚，使各类开发区成为我国经济发展的增长极。在地方开发区"遍地开花"的情形下，现代资本摆脱空间约束的特性和"资源退出机制"，使得地方政府在开发区招商引资方面面临着激烈的横向竞争，因此地方政府在以低成本将农地转换为工业用地、兴建开发区之后，往往违规采用远低于国家规定低价甚至是零成本的土地租金吸引企业和资本入驻，实现高额投资、就业增加和后续税收的共赢，而获取的税收收入又可进一步投入政府基础设施建设等投资项目中去，最终实现带动GDP增长的目的。

房地产的快速发展是在1998年全国房改工作会议宣布全面停止住房实物分配、实行住房分配货币化改革之后。"攒钱买房"成为中国城镇居民生活的重要议题，房价也随着房地产业的蓬勃发展而迅速上涨。高房价的背后，很大程度上是土地出让的高地价带来的水涨船高。一方面通过"招拍挂"所得的土地出让收入主要纳入预算外收入归地方政府所有，成为地方政府开展投资建设的重要资金来源；另一方面相较于资本的流动性，有住房需求的城镇居民则存在相对稳定性，且随着大量农村人口不断涌入城市，城市的住房需求也在不断扩大。在房地产领域形成区域性"卖方市场"的地方政府，便有积极性通过区位控制、环境配套设施控制等，提升土地溢价率，以较低的土地开发成本获得高溢价的土地收入。在财政部发布的 2013 年财政收支情况中，2013 年的国有土地使用权出让收入高达 4.1 万多亿元，占地方公共财政、政府性基金两类收入总和的 35％，此外，来自土地、房地产、建筑业的税收收入达 2.5 万亿元，接近国内增值税的税收贡献。

地方政府土地经营的具体举措就是土地的资本化利用和地方政府投融资平台的兴起。自 1998 年金融领域市场化改革之后，银行脱离地方政府行政区划体系，地方政府不再能直接从银行获得投资，也无法直接向银行借贷，只能通过建立投融资平台，将国有土地注入投融资平台，以土地抵押获得银行贷款，用以基础设施项目建设。在 2009 年中国人民银行和中国银行业监督管理委员会联合发布文件，肯定和鼓励地方政府组建投融资平台之后，地方政府投融资平台数量和规模飞速发展起来。地方政府的重大基础设施建设项目、区域开发项目等，从土地抵押、银行借贷到项目建设，很多都是通过投融资平台公司完成的，投融资平台承担了部分地方政府经济增长的任务，地方政府为其投融资平台的债务风险提供担保。在国家统计局发布的 2012 年全国固定资本形成中，政府部门支出为 25744.2 亿元，占固定资本形成总额的 10.65％。地方政府对基础设施的投资建设，不仅仅出于拉动经济增长的目的，同时也是履行服务地方发展的公共职能，完善的基础设施和良好的区域开发还能作为工业区、房地产的配套措施，起到提升地价、吸引投资的作用，进一步为地方政府争取更多财税收入。

由此可见，在地方政府的经济增长过程中，围绕土地的经营包含了"以地兴企"的开发区建设、"以地生财"的房地产开发和"以地套现"的基础设施投资建设三个主要部分。通过土地经营形成的开发区和房地产业作为地方政府的两个经济增长极，促进地方政府财政收入的增加；财政收入和土地贴现获取的资金进一步投资于大规模基础设施建设，在获得 GDP 增长的同时能够作为配套设施助力房地产和开发区资产价值的提升，进一步增加政府财政收入，逐渐形成了一种类似于"土地贴现—

资产增值—税收增加—政府投资"的增长模式。地方政府对于土地经营的热衷使政府不仅仅是提供公共服务的组织，更成为类似于公司的经营机构，以最大限度获取土地增值利益为其目标之一，使公司化运作成为近年来地方政府的重要特征。地方政府在向公司化运作转变的过程中，政治机制、行政机制与公司化经营机制联结成为地方政府权力运行模式的主要特征，并在外部资源汲取能力和内部资源整合能力两方面实现了权力的扩张。投融资平台公司成为地方政府汲取外部资源的有效载体，投融资平台不仅通过地方政府土地资产注入获取银行机构抵押贷款，也往往承担着整个区域开发和建设项目的具体运作，以组建项目主管部门，集中财务、人事、管理等权力的方式，突破传统公共部门规章和程序的限制，获得高效率的开发成效。虽然投融资平台公司进行项目开发的过程看似是企业行为，但其战略决策、经营方式、抵押担保、债务偿付等都依归于其所属的地方政府，事实上是地方政府的经营行为。在公司化运作的地方政府中，政府官员如同企业管理人一样以效率为导向追求收益最大化，虽然在一定程度上规避了科层体制的官僚作风、创新了土地经营的技术手段、获得了企业式的高效率，但将"公司化"的经济逻辑运用到政府的管理之中，必然会挤压政府社会管理和公共服务职能的有效发挥，使地方政府选择性忽略一些经济增长以外的政府责任。

公司化的增长模式和经营逻辑是地方政府在长期的中央压力、横向激励和地方发展动力的磨合中进行行为调整的结果，"当宏观经济环境发生改变时，占主导地位的一方推动着制度朝有利于自身的方向发生变革，原制度框架内的各其他主体会相应调整自己的经济行为模式"[1]。在整个中国大环境中，占主导地位的制度变革推动方多为中央政府，地方政府根据中央的制度框架调整自身的经济行为模式；而在地方的区域性环境中，地方政

① 杨帅、温铁军：《经济波动、财税体制变迁与土地资源资本化——对中国改革开放以来"三次圈地"相关问题的实证分析》，《管理世界》2010 年第 4 期。

府又是占主导地位的制度变革推动者，影响着区域内其他主体的经济行为。长期以来的这种双重角色，必然对地方政府的发展思维、增长模式、管理方式和权力结构产生形塑作用，推动着地方政府的制度变迁。

第三节　公共品生产与集权化管理

我国城市之间公共品供给水平差异化特征显著，这种差异性难以简单地从资源禀赋和区位因素方面得到解释。所谓公共品，特指由政府供给的公共品，不包括由社会组织供给的公共品与企业履行社会责任供给的公共品。公共品具有狭义与广义之分，狭义的公共品必须兼具非排他性和非竞争性，而广义公共品则只需具有非竞争性。这里采用广义概念，既包括物化的各种城市基础设施等，也包括各种非物化的公共服务，如教育、医疗、文化、安全和社会秩序等。

对国内众多城市的横向比较发现，公共品供给充足的城市，普遍有一个集权而有作为的领导；而对多个城市的历史纵向比较发现，公共品供给充足的时期，同样具有类似的情况。基于这种观察，我们把政府公共品供给行为分解为两种行为：公共品生产管理和公共品分配管理。公共品生产与分配的分解并不是绝对的前后关系，在公共品生产前也可能决定分配方案。例如城市地铁的建造过程是公共品的生产，地铁路线设计却包含着公共品的分配，而地铁路线设计在建造之前就已完成。政府公共品生产追求效率，效率来自科学，由于科学首先被精英掌握，政府公共品生产追求效率会导致管理权向精英集中，科学行政管理模式具有合理性。而政府公共品分配追求公平，强调正义，由于民主是实现公平正义的基础，政府公共品分配过程更适用民主行政模式。由此可见，地方政府管理中的民主行政是有限度的，"民主是个好东西"，但民主行政的适用有边界。

一　公共品生产的效率导向与科学行政

公共品生产的关键问题是效率，因此，对公共品生产考察的基本变量是投入与产出。产出包括公共品的数量与质量。投入包括财政、国有土地等物化公共资源，也包括行政人力资源投入。效率的提升是一个科学问题，公共品生产的高效率依靠政府科学行政。科学行政是以科学、协调、合作和投入—产出效率最大化为导向的行政行为。科学行政的关键是实现决策的科学化，正如西蒙所言"管理就是决策"。由于管理科学总是被一部分精英率先掌握，科学行政必然强调精英管理，从而排斥民主管理的决策主体多元化，导致权力的集中化。同时，科学行政追求效率的逻辑排斥非专业人员的影响，不会像民主行政那样重视政务的公开性与公众参与性。

地方政府公共品生产的目标是效率最大化，因此在公共品生产过程中科学行政具有合理性，这与企业是非常相似的。根据科斯对企业性质的解释，企业通过科层组织以指令化的内部交易形式替代市场主体间的对等交易，从而达到节约交易成本的目的，[①] 因此，企业生产采取集权化管理符合市场竞争的规律。尽管针对企业规模急剧扩大或经营项目多元化，当代管理学广泛支持企业分权化改革，但这种对分权的倡导并不否认企业整体上集权管理的重要性。西蒙认为，一定程度的集权化对于保证组织在协调、专业技能和职责安排方面的优势是必不可少的，但过度集权会导致上级决策成本升高，[②] 在这层意义上，西蒙主张在管理的非核心领域进行分权改革。正如科斯指出的那样，"随着被组织的交易的

---

① 〔美〕罗纳德·哈里·科斯：《企业、市场与法律》，盛洪、陈郁译，上海人民出版社2009年版，第43页。

② 〔美〕赫伯特·西蒙：《管理行为》，詹正茂译，机械工业出版社2004年版，第280页。

空间分布、交易的差异性和相关价格变化的可能性增加，组织成本和失误带来的亏损似乎也会增加"①。这就意味着，企业权威支配资源交易也有其边界，当集中控制规模过大，内部交易导致边际成本高于市场交易时，企业的扩张应当停止。第二次世界大战以后，"集中控制下的分权"成为流行于全世界的企业组织模式，尤其被大企业广泛采用。② 这也印证了企业管理中集权为主导、分权为补充的合理性。

公共品生产管理最关键的是决策，尤其是顶层重大决策。决策的科学性由精英管理模式保证，排斥非专业人士参与决策制定。决策的时效性意味着即使是科学的决策也必须在特定、有限的时间内做出并实施才能实现其效果，一旦决策时间过长而滞后于外部环境变化，那么决策将带来组织的效率损失，面对瞬息万变的竞争性外部环境，决策体制必然是专家集权化的，从而保证决策不会因难以达成共识而造成组织效率低下。总之，如西蒙所言："权威的一个极端重要的职能就是获得高度理性和效力的决策。"③ 我们也发现，全球最成功的企业基本上是采取精英集权决策模式的，这正是因为精英集权化管理在保证决策高度理性和效力两个维度上使企业的效率达到最大化。

西蒙指出，集权化的一个优势是保证组织内部协调性，他将组织协调具体划分为两个层面：程序协调与业务协调。④ 程序协调是对组织成员活动及职权范围通过权威进行控制，业务协调是对组织业务内容进行控制。精英集权化管理提高决策效率的路径是将专业化优势通过权威实现，而提高协调效率的路径则是依靠权威达成程序与业务的稳定化，进

---

① ［美］罗纳德·哈里·科斯：《企业、市场与法律》，盛洪、陈郁译，上海人民出版社2009年版，第44—45页。

② 樊峰宇：《公司政治》，中国纺织出版社2009年版，第86页。

③ ［美］赫伯特·西蒙：《管理行为》，詹正茂译，机械工业出版社2004年版，第163页。

④ 同上书，第165页。

而节省内部执行环节的交易成本，这种交易成本可能是部门之间和职员之间的不合作，也可能是体制性障碍导致的浪费等非物化资源的无效率情况。由于集权化组织的顶层管理者具有信息整体性优势，所以能克服各部门间信息不对称所造成的协调困难与效率损失。因此，阿克洛夫认为，由于信息不对称的存在，"尽管集权本身有许多负面影响，但是，一定程度的集权可以保证经济的健康发展"[1]。

改革开放以来，中央将大量事权下放到地方，纵向行政体制形成一套逐级发包模式，而政府间激烈的横向竞争又将逐级发包的考核指标层层放大。如唐斯所言，"面对变化迅速的外部环境的官僚组织……能够迅速地改变他们的行为"[2]，在比赛中对上级指令与对手行动做出快速反应，而各级地方政府倾向于调整内部权力结构以便具备强大的组织动员与资源动员能力，这一特征在公共品生产领域尤为显著。以基础设施建设为代表的公共品生产具有资金密集和生产周期长的特点，在地方政府权力结构的制度化约束尚不清晰的背景下，地方领导人为了在任期内既完成纵向发包任务又实现横向竞争胜出，集权化管理便成为理性选择的必然结果。

首先，发展任务是促成组织内部集权化趋势的外部压力。我国的城镇化进程对地方公共品需求日益增长，据估计，今后我国"城镇化率仍将以年均提高 1 个百分点左右的速度推进，在 2020 年城镇化率达到 60%左右"[3]。这就意味着年均将有近 1000 万农村人口落户城镇，由此带来的对以基础设施、教育和医疗为代表的公共品新增需求相当可观，而原有

---

① Akerlof, G. A., "The Market for Lemons: Quality, Uncertainty and Market Mechanism", *Quarterly Journal of Economics*, Vol. 84, No. 3, 1970, pp. 488-500.

② ［美］安东尼·唐斯：《官僚制内幕》，郭小聪译，中国人民大学出版社 2006 年版，第 221 页。

③ 简新华、黄锟：《中国城镇化水平和速度的实证分析与前景预测》，《经济研究》2010 年第 3 期。

基本公共品也面临承载压力与更新升级的问题，这些任务在行政逐级发包体制下成为地方政府财政的主要负担。上级考核的日常化以及"一票否决"制的使用，[①] 使下级地方政府在硬性指标上要不遗余力地完成任务，这对地方政府的快速反应能力是极高的考验。

　　同时，各级地方政府也被赋予较大的自由裁量空间。例如在地级市层面，"市委领导下的市政府仍然是实质上的财政资源审批者或最终资源分配者"[②]。如周雪光指出的那样，在我国行政管理体制中，"对政府行为拥有主要决策权的通常是各级政府机构中的第一把手"[③]。而资源管理上的安排则进一步将这种集权化的可能性放大。地方政府实行属地管理制，在属地范围内，"行政领导对于其下属成员行为具有超强的控制力和影响力，因后者不能轻易摆脱属地关系"[④]。除了行政领导对人事的权威地位外，属地内重要的资源也由其负责管理，"行政审批、土地征用、贷款担保、各项优惠等均掌握在地方政府的手中"[⑤]。地方政府在竞争压力与自主空间的双重激励下，面对环境变动必然产生适应性组织结构调整，最显而易见的结果就是地方政府像经营企业一样经营辖区[⑥][⑦][⑧]，这是地方政府在对各方

　　① 曾明、任昌裕：《政绩晋升效应与地方财政民生支出——一个案例研究》，《公共管理学报》2012 年第 3 期。

　　② 於莉：《省会城市预算过程中党政首长的作用与影响——基于三个省会城市的研究》，《公共管理学报》2007 年第 1 期。

　　③ 周雪光：《"逆向软预算约束"：一个政府行为的组织分析》，《中国社会科学》2005 年第 2 期。

　　④ 陈潭、刘兴云：《锦标赛体制、晋升博弈与地方剧场政治》，《公共管理学报》2011 年第 2 期。

　　⑤ 周黎安：《中国地方官员的晋升锦标赛模式研究》，《经济研究》2007 年第 7 期。

　　⑥ 杨善华、苏红：《从"代理型政权经营者"到"谋利型政权经营者"——向市场经济转型背景下的乡镇政权》，《社会学研究》2002 年第 1 期。

　　⑦ 曹正汉、史晋川：《中国地方政府应对市场化改革的策略：抓住经济发展的主动权》，《社会学研究》2009 年第 4 期。

　　⑧ 叶贵仁：《乡镇经济增长模式之转变：以 T 镇为个案》，《公共管理学报》2007 年第 3 期。

利益综合考量后的理性选择，而这一模式带来的正向结果就是为本地公共事业、民生工程、城市化建设和经济社会发展提供必要的资金保障，并像公司一样运用强大的权威与动员能力进行公共品生产。

可见，在我国工业化和城市化进程中，地方政府承载着以土地开发为主的地方公共资源保值增值的责任。地方政府的竞争性发展模式对党政机关构成巨大压力。在政治责任与竞争压力的双重力量驱动下，地方政府往往将追求效率设定为首要目标，又具体表现为对 GDP 这一经济综合指标的倚重。在这样的历史背景下，地方政府在公共品生产领域自然推崇科学管理，决策权力向精英集中，科学行政成为地方政府公共品生产管理的主导性模式。

二 公共品分配的公正导向与民主行政

对政府公共品的分配，首要的原则是公正。因此，政府应该遵循与公共品生产管理不同的行政逻辑，坚持分配的公正性。公正性包含两方面的含义：公平和正义。公平是对分配结果的评价，而正义是对分配过程的评价。公共品分配的过程追求正义，也就是要遵循分配程序的正当性。正当程序的设计要保障分配结果的公平性。为了实现公共品分配的公正性，政府应遵循民主政治的逻辑进行民主行政。民主行政强调公民参与公共事务的权利，与科学行政以效率为导向不同，民主行政以平等和公正为导向。民主的根本目标是保障多数人利益，所以民主的基本规则是少数服从多数，政府公共品的分配适用民主管理，正是因为公共品分配所要求的保障多数人利益的目标与民主精神相吻合。表决制是民主的基本方式，这种方式是将决策分散到每个表决者，从而使表决者能保护自己的权益。公共品是全社会共同创造的物质财富的产物，因而全体社会成员都有权利获取或享用公共品。这就要求国家权力向社会成员分权，使每个社会成员拥有对公共品分配方案的表达权，从而切实保证实然权利与应然权利相匹配。公共品分配上的民主管理可以使政府在充分保障公民权利中享有对公共品的分配权,保障政府公共品分配的公正性。

民主行政需要建立相关的政府权力运行机制。首先,政府分配公共品的权力必须在阳光下运作,接受公众的监督,而民主化的公共品分配管理是民众监督公共权力的最优方式。其次,政府分配公共品的权力运行机制要符合民主决策的内在逻辑,使多数人的意见得到充分表达。公共品的普惠性特征决定了它与社会公众的利益息息相关,因此只有民主管理才能最大限度地维护社会公众的整体利益。在政治生活中,只有权力才能保障权利,公共利益的普惠性须由公民权利的普遍性来保障,民主行政在根本上要保障公民对公共服务的诉求能进入政府的决策过程,并能公平公正地得到实现。

公共品分配结果的公平性则取决于分配程序的正义性。只有在程序环节按民主原则决策,接受民众监督,才能保证结果符合公意。如卢梭所言:"每个人在投票时都说出了自己对这个问题的意见,于是从票数的计算里就可以得出公意的宣告。"① 如果程序上由公开透明转为暗箱操作,即使结果表面上符合公平,这种结果也是一种充满不确定性的短期公平,因其立足于外在权力的恩惠而不具有可持续性。

三 城市化、公共品供给与政府集权化

我国地方政府在城市化过程中集权化现象明显,其内在逻辑是地方政府作为土地资源的经营者,为实现公共品生产效率的最大化而逐渐转向企业式集权化管理。这有助于提升政府在公共产品生产管理中的决策效率和协调效率。而地方政府之间的竞争则成为促成集权化管理的外部

---

① 〔法〕让·雅克·卢梭:《社会契约论》,何兆武译,商务印书馆 2003 年版,第 136 页。

作用力。集权化管理模式的合理性限于公共品生产领域，而在公共品分配领域，地方政府应实现民主化管理。集权化管理与民主化管理无绝对优劣之分，仅仅由于价值导向和组织功能不同，各有其适用的不同领域。

改革开放以来，我国公共品供给取得了非常显著的成效，包括城市基础设施建设、风景名胜区建设，尤其是开发区的建设。这些地区在公共品生产为主要矛盾阶段，普遍存在比较集权的管委会体制，以追求科学行政为主要特征；但公共品生产建设基本完成之后，公共品分配问题成为主要矛盾的情况下，又纷纷从集权的管委会体制转向有一定制约的政权体制，逐渐强调民主行政。

我国各类开发区在开发初期几乎都采取管委会的管理体制。开发区管委会是上级政府的派出机构，开发区还设有党工委，也是上级党委的派出机构。管委会体制与政权体制相比明显更为集权。在开发区，政府管委会与党的工委普遍合署办公，人员互相兼职。在管委会体制中，不设人大、政协等具有一定制约监督功能的机构。党工委一般也不设党委会，党的集体领导体制被弱化。管委会体制是非常集权的一种管理体制。这种体制在开发区的广泛运用以及开发区的迅速发展，说明了它存在的合理性。其合理性正如以上的理论分析，开发区政府在公共品生产为主的阶段、在生产效率为主要矛盾的情况下，运用集权化的管理体制有其合理性。

开发区建设初期，政府的主要任务是提供企业发展的基础条件如通路、通电、通水等，进行产业规划和招商引资。这些工作的基本特征是科学性和竞争性。根据本研究，在这种情况下，政府权力向精英集权对保障效率来说具有优越性。但大规模公共品生产任务基本完成、产业格局基本形成之后，公共品的分配问题就会凸显出来，民主行政的优越性就会逐步显示。于是，管委会体制向相对有制约监督和民主分权的政权体制转变就有发展的必要性。上海浦东就是典型的案例。1993年浦东新区正式成立，管理机构为上海市委市政府的派出机构党工委和管委会。

这一时期，浦东管委会的行政级别为副省级，下设仅 10 个职能机构，同期浦西各区政府的行政级别为地级，一般设 50 个职能机构，这意味着，浦东新区管委会以 1/5 的机构和更高的行政级别管理着远大于老市区的区域。机构精简与级别提升必然导致管委会和各职能机构的权力扩张，在以公共品生产为目标导向的时期，这一行政体制绩效显著，在"东事东办，新事新办"的方针之下，浦东的开发建设均由管委会统一领导，极大地提高了办事效率，为 20 世纪 90 年代浦东的快速发展提供了组织保障。

随着基础设施建设等公共品生产的基本完成，浦东发展的主要矛盾转向公共品的公正分配。面对高端国际金融贸易机构、多种市场主体和多层次的城市市民对公共品的不同诉求，如何平衡各种需求、化解各种矛盾就成为突出的公共问题。开发区内社会管理任务激增，管委会体制的弊端不断加剧。2000 年上海浦东新区建立党委和人民政府，撤销原先的管委会体制，新区财政改革重点转到支出方面。从 2003 年开始，新区所有区级部门预算均上报人大会议审议，有效提高了部门预算透明度和民主理财水平。上海浦东新区建立初期，政府的主要任务是城市基础设施建设和产业布局，相对而言集权体制更能保障工作效率。但经过近十年的发展之后，上海浦东产业格局基本形成，同时也从生产性的开发区发展成为都市生活区。公共品的分配问题渐渐凸显，公民的诉求和社会的矛盾增多。在这种情况下，上海浦东建立党委和人民政府，区域管理体制从管委会体制转向政权体制。目前，国内有越来越多的开发区在基础建设基本完成之后转变为行政区，建立政权体制，或者采用人民政府与管委会合署的方式，实行"两块牌子一套班子"。

制度没有绝对的优劣之分，制度的合理性要在特定的环境中进行评判。人们容易犯的一个错误是脱离特定的环境颂扬某种制度，忽视制度基于环境的相对性。在政府公共品分配环节，民主行政有其合理性。但长期的政治实践表明，民主行政在公共品生产环节难以保障效率。集权在当代政治生活中被广泛诟病，这与当代西方发达国家政治生活面临公共利益的分配这一核心问题有关。我国还是发展中国家，政府公共品的供给还远远不能满足经济发展和人民生活的要求，公共品的生产问题比分配问题更为突出。而且，我国实行土地国有制度，地方政府承载着有效开发利用土地和充分供给与工业化、城市化相适应的公共品的重任。因此，保障公共品的生产效率依然是政府优先选择的目标，于是，在政府公共品生产管理领域，行政权力向管理精英集中有其合理性。

第四节　经营型政府与高廉政风险

政府公司化经营是在"效率优先"的执政理念和 GDP 考核的背景下产生的。GDP 考核引发了地方政府的投资驱动，中央—地方的财税关系又使地方政府不得不寻求更多的制度外收入用以投资建设。地方政府不得不像经营企业一样进行政府经营，以期获得更多的公共建设资金。同时这种经营行为也为地方政府带来了一定程度上的"良性循环"，地方经济发展越好，不仅地方官员晋升机会越大，从地方民众中获取的"政治合法性"也越高，地方政府在充足的财力和"政治合法性"之下就具备了更高的执政能力，能够按照自己的意愿实现执政目标，尤其是经济进一步发展的目标。因此，无论从哪个方面来说，地方政府都具备充足的经营动力，从而促进地方发展，而长期的经营模式必然会带来地方政府治理结构的变迁。

一　经营导向下的政府治理变迁

在经营导向下，地方政府治理呈现出多重变迁，主要体现在发展思维、增长模式、管理方式以及权力结构四个方面。

（1）发展思维：发展型地方主义的诞生。自 20 世纪 90 年代开始，就有学者从发展型国家理论中得到启发，研究地方政府的发展现象。张静提出地方政府的"政权经营者"理论，概括农村地方政权利用对土地和公共资产的管理者身份，参与市场经营活动并开展横向竞争和纵向博弈的现象；① 郑永年认为 20 世纪 80 年代以来中央经济和行政的分权使地方政府具有了独立的行为目标和行为模式，直接导致了"发展型地方主义"（developmental localism）的兴起；② 类似的还有"代理型地方发展主义"③"地方企业家型政府"④ 等理论概括。发展型地方主义的诞生，是地方政府在以效率为优先的经营思维下的发展结果，既是对贯穿中央制度传递过程中的经济逻辑的执行，也是对 1994 年中央以收权为代表的政治逻辑的变通；执行的结果是发展型地方主义"实质上是高层政府政策目标优先次序的反映"，变通的结果是地方政府"选择性地履行有利于地方财政收益最大化的政府职能"，最终塑造的是"以推动经济发展为主要目标，以长期担当经济发展的主体力量为主要方式，以经济增长作为政治合法性主要来源的政府模式"⑤。在这种效率优先的思维之下，经济增长成为地方政府发展的第一要务，社会发展中的许多其他价值处于次要甚至被忽略的地位；同时，在地方利益最大化的取向下经济增长的方向也走向了一种"区域竞次"（race to bottom）的发展模式。"区域竞次"描述的是 20 世纪 90 年代我国地方政府为招商引资而进行的地区竞争模式，存在同质性的各地方政府以充足的土地供应竞争相对紧缺的外商资

①　张静：《基层政权：乡村制度诸问题》，浙江人民出版社 2000 年版。

②　郑永年等：《论中央—地方关系：中国制度转型的一个轴心问题》，《当代中国研究》1994 年第 6 期。

③　彭勃：《社会冲突困局与地方发展主义》，《经济社会体制比较》2009 年第 2 期。

④　张汉：《"地方发展型政府"抑或"地方企业家型政府"？——对中国地方政企关系与地方政府行为模式的研究述评》，《公共行政评论》2014 年第 3 期。

⑤　郁建兴、高翔：《地方发展型政府的行为逻辑及制度基础》，《中国社会科学》2012 年第 5 期。

本，在此类竞争中获胜的关键不是像亚当·斯密所指的提供有效的产权保护，而是以更加廉价的土地、优惠的税收、完善的配套设施和低廉的劳动力价格争取外资，这种无止境的"竞次"使地方政府的神经绷紧在招商引资带来的经济增长上，经济思维占据了地方政府执政逻辑的主要部分。在一些地区，政府将招商引资的任务以考核的形式分摊到下属部门，各职能部门的公职人员大多数时间奔波在招商引资的任务中，公共服务的本职工作则被忽略了，长此以往必然带来一系列社会问题。

（2）增长模式：高度的土地依赖性。我国公有制下的土地制度为地方政府提供了一个在有限的财政支配权范围内取得财税增收和经济增长的捷径，使各地方政府不约而同地形成了以土地为中心的经济增长模式。地方政府的经济增长极，无论是房地产、开发区还是基础设施建设投资，都源于对土地价值的挖掘，形成了高度依赖土地的经济增长模式。《中国经济周刊》、中国经济研究院曾联合研究并发布中国 23 个省份对土地财政的依赖度及其排名，结果显示，浙江、天津 2/3 的债务要靠土地出让收入偿还，最少的省份也有 1/5 债务需靠卖地偿还。[①] 这种集聚性的土地开发区域，有着不断扩充边界的趋势，大量的征地使我国农村集体土地不断减少，据中国国土资源公报统计，1996—2004 年年均减少耕地94.88 万公顷，其中建设占用 18.4 万公顷。大量农民在被动城市化的过程中由于城市适应性不足导致自我认同的缺失，而逐渐沦为城市边缘弱势群体，引发大量社会问题。目前我国群体性上访事件中 60% 与土地有关，土地纠纷上访占上访总量的 40%，其中征地补偿纠纷占到土地纠纷

---

① 参见刘炳德《哪个省更依赖土地财政？本刊首次发布 23 个省份"土地财政依赖度"排名报告》，《中国经济周刊》2014 年第 14 期。其中，土地财政依赖度，即"土地偿债在政府负有偿还责任债务中占比"的数值，其计算方法为：由"承诺以土地出让收入偿还的各级地方政府债务"的总额（即分子），除以"省市县三级政府负有偿还责任债务余额"（即分母）得出。

的 84.7%①。

（3）管理方式：项目化运作的兴起。分税制改革之后，中央政府利用攫取之手（财权上收）和援助之手（财政转移支付）的灵活运作，实现了对地方的灵活控制。而中央政府的转移支付多以专项资金的形式下拨，地方政府则需要通过申请项目的方式获得转移支付，即财政转移支付采用项目制的方式在行政层级体制之外灵活处理，项目制已经成为一种新的国家治理体制，治理目标专项化、权责运作条线化、程序规范技术化是其主要特征。项目制将企业式的管理方式移植到政府社会建设和社会管理之中，以组建项目主管部门，集中财务、人事、管理等权力的方式，突破传统科层体制的限制，获得有效率的治理。目前而言，除了中央政府转移支付多以项目制的方式给予地方政府之外，地方政府在许多地方事务的管理上，都呈现出项目化的特征。随着土地开发经营成为地方政府实现经济增长的工作重心，地方政府追求高效率的土地增值，成立集多项职能为一体的临时性派出机构，以项目化的形式对基础建设项目以及功能区、旅游区、开发区等区域开发项目进行集中开发，如某项目建设领导小组、某开发区管委会等。这种项目化的管理方式是经济逻辑占据地方政府行动思维的集中体现，使地方政府带有"公司化"的特征，政府官员如同企业管理者一样以效率为导向追求收益最大化，必然会挤压政府社会管理和公共服务职能的有效发挥，使地方政府选择性地忽略一些经济增长以外的政府责任。

（4）权力结构：统合式集权结构的扩散。依靠土地经营的发展模式是地方政府在自上而下的压力、来自横向的竞争激励和地方自主性三者张力的作用下演变而来，在其朝向项目化、公司化发展的过程中，必然会带来地方政府权力结构的调整，并体现在土地开发较为集中的区域。"统合治理"就是对地方政府开发经营中"行政—政治—公司"三位一体

---

① 数据来源于刘守英《现行土地制度的五个不可持续》，《半月谈》2013 年第 19 期。

的权力结构变迁现象的概括，① 地方政府利用公司化平台实施经营性运作，将政治机制、行政机制与公司化经营机制联结成为地方政府权力运行模式。其中政治机制与行政机制的联结表现为党政合一的管委会体制。以开发区为例，开发区在建区时的变革式管理模式，表现为在纵向上作为上级政府的派出机构，其实际权力超越了传统的层级制政府权力；横向上从传统的党政分开模式变革为管委会党政合一的高度集权模式。管委会在横向上和纵向上的相对集权为开发区建设的迅速反应提供了组织基础。行政机制与企业机制的联结则表现在地方政府依靠企业融资平台，以土地抵押获得贷款，以房地产收益补充基础公共设施建设，进行企业化模式的运作上。分税制改革后不仅央地关系上经历了"再集权"的过程，以"统合治理"和"项目制"为代表的地方权力变迁也体现出了渐趋集权化的特征，政府权力纵向跨层级授权、横向跨部门整合，政府组织向灵活的机构设置、严格的绩效管理发展。统合式集权结构从典型的政府开发经营领域到非典型的其他政府管理领域扩散，逐渐塑造着地方政府新的权力结构模式，其中地方党政"一把手"的集权化在近年来表现得尤为显著。

二　地方政府经营与高廉政风险

近年来，地方政府官员腐败高发频发，不仅仅由于地方政府覆盖范围广、政府公职人员基数大，同时也与地方政府的地位、职能、结构以及制度环境有密切关系。特别是，地方政府的腐败形势呈现出两种显著趋势。

一是群体性腐败日益增多，"窝案"迭起。从最高人民检察院历年工作报告中公布的 1998—2014 年各类贪污贿赂、渎职犯罪立案人数和立案案件数的变化来看，平均每起立案案件的涉案人数呈显著增长趋势；从党的十

---

① 折晓叶：《县域政府治理模式的新变化》，《中国社会科学》2014 年第 1 期。

八大以来查处省部级官员腐败案件的公开报道来看，许多省部级腐败官员显现出群体化特征，且省部级官员腐败中几乎没有"一人腐败"的案例。

二是腐败在"一把手"群体和某些职能部门中呈现出多发性、关联性、系统性特征。在中央纪委监察部官方网站通报的重大腐败案件中，地方党政"一把手"所占的比例惊人且腐败的"部门化"特征明显。具体到个案而言，太原市、昆明市、茂名市连续三任市委书记，义乌市连续三任建设局局长，太康县连续三任国土资源局局长均涉案，这些县市在地理上跨越西北和东南、在经济上跨越贫困和富裕，却都呈现出了腐败向地方"一把手"和资源建设部门集中的关联性特征。

若将地方政府官员的腐败归因于官员个人道德自律的缺失，显然难以解释改革开放以来日益呈现的"系统性"的腐败发展状况。从另一个角度来说，对于身处"一把手"领导岗位和经济管理、资源建设等职能部门的官员来说，对腐败风险的担忧已成为除完成岗位职责和实现政治绩效之外的第三重压力，更有许多官员坦言党政"一把手"和经济管理、资源建设等职能部门面临腐败的"更大可能性"。而这种腐败的"更大可能性"，我们称之为高廉政风险。

高廉政风险是对廉政风险的进一步理论拓展。廉政风险，即实施公共权力的主体在履行职责过程中以权谋私的可能性。依墨菲定律而言，只要存在发生事故的原因，事故就一定会发生。因而只要国家公职人员拥有权力，就潜在着廉政风险，则只要条件具备，腐败就会发生。在已有研究中，人们已经关注到廉政风险中的制度和环境因素，普遍将廉政风险分为人为风险和制度风险，人为风险成因于价值观的紊乱、贪欲的膨胀和道德的沦丧，制度风险的产生是由于现代制度转型的断裂、制度供给滞后和制度权威不足等方面。

高廉政风险不仅指明腐败发生的可能性高，也意味着制度性因素成为引发廉政风险的重要原因，这使得高廉政风险与"系统性腐败"成为一个硬币的两面，高廉政风险寓意腐败现象易发的廉政状态，而系统性腐败则意味着腐败现象多发的廉政现实。理解系统性腐败，有助于我们更好地认识高廉政风险。在已有研究中，汪丁丁认为系统性腐败是"只有靠了腐败润滑剂才可能正常提供公共服务的系统化的权力寻租行为"[1]，胡鞍钢认为集团性腐败、行业性腐败、单位性腐败是典型的系统性腐败；[2] 胡象明认为系统性腐败是由于腐败主体之间存在着盘根错节的利益关系，形成了一种相对严密的利益网络，其腐败行为也相互关联，即呈现出系统性特征；[3] 杨春学认为系统性腐败是制度安排存在根本性缺陷的表征。[4] 我们认为，系统性腐败的发生除了由腐败分子的个人主观原因所致之外，所在政治系统的制度环境是诱发腐败的重要原因，腐败在某些领域或组织内部呈现出多发性、关联性特征，且腐败的发生机制、运作方式有一定的固定模式。高廉政风险是系统性腐败的成因，系统性腐败是高廉政风险失控的结果。目前高廉政风险已普遍成为地方政府的政治生态，在一些地方也已演变呈现出系统性腐败特征。

　　自改革开放以来，我国一直处于制度不断健全、法律和监管不断完善的发展进程中，党和政府打击腐败的力度也在不断加大，然而各方事实均显示腐败情况并没有显著减少，且呈现出集团化、部门化的系统性腐败特征。腐败作为政治权力和上层建筑的附庸，是政治和经济相互作用的产物。经济的持续高速增长，制度的演化和变迁，必然对廉政风险的变化和腐败形态的发展产生深刻影响。对我国来说，"以经济建设为中心""效率优先"的发展战略、博弈下的中央—地方关系、地方政府的经营化变迁，在其负面作用放大时都会对廉政风险的状况和腐败形态产生影响，而当廉政风险处于较高程度时，系统性腐败很容易产生，系统性腐败不仅会破坏党和政府的执政基础与合法性权威，同时还会进一步制

---

① 汪丁丁：《记住"未来"》，社会科学文献出版社 2001 年版，第 195 页。

② 胡鞍钢：《腐败造成了多少经济损失》，《中国改革》2002 年第 5 期。

③ 胡象明：《系统性腐败的现实逻辑》，《国家治理》2015 年第 13 期。

④ 杨春学：《中国经济模式与腐败问题》，《经济学动态》2011 年第 2 期。

约经济的可持续发展。

地方政府的经营化，是在国家"以经济建设为中心"的经济发展过程中，地方政府逐渐强化的行为特征。正是众多的地方政府通过对土地等公有资产的经营，为政府投资提供源源不断的财力支持，驱动着 GDP 的迅速增长。而地方政府经营化所带来的治理模式的变迁，同时也深刻地改变着地方政府的治理思维、管理方式和权力结构，这些改变必然会在某种程度上打破原有的系统平衡。经济机制率先产生变革，则新的稳态需要政治机制和法制机制的跟进。倘若地方政府以经济逻辑一意孤行，引致的便是经济高速增长下的发展失衡。高经济增长和高廉政风险这一"双高现象"，便是发展失衡的一种体现。在地方政府积极寻求经济增长的过程中，经济发展的思维走在了前面，而廉政的严格治理不能与之兼得；效率导向的权力结构和运行机制的调整率先发生，而规避廉政风险的制度机制则没有相应跟进。在经济增长的压力与激励下，为了顺应这种变迁，作为政府合法性和正当性重要基础的廉洁维度被搁置于相对次要的位置，腐败的防控机制也未能及时健全完善。地方政府的高廉政风险就产生于引致经济增长的权力调整和制度变迁的过程之中，这种调整和变迁深刻影响着国家廉政治理的思维、结构和路径，使其在政府经济活动的快速变革中难以遏制腐败朝向系统性的演变，形成普遍的高廉政风险。具体而言，包括以下三方面。

（一）治理思维：效率优先下的廉政退让

"效率优先"的发展战略使地方政府逐渐将市场交易中的"成本—收益"理念直接运用于政府管理。按照科斯的交易成本和产权理论，企业的目的是以尽可能低的交易成本获取尽可能高的收益，而政府的追求则应是降低社会成本以实现资源的更加有效配置。在我国的公有制背景下，政府主导着土地的变更用途及买卖，使政府在某种程度上也成为产权的拥有者，具备了企业的"性质"，即可以通过产权经营获取利润。在国家确立以经济建设为中心的发展战略之后，地方政府围绕土地的开发与经营就是这种"企业性质"的集中体现,并在长期的经济建设实践中形成了效率优先的经营逻辑。以"成本—收益"来衡量政府行为的交易思维不仅仅停留在资源开发领域,也影响着地方政府在各项工作领域中的思维逻辑,并贯穿于面向中央政府、职能部门、辖区企业管理的政府行为中,当经济效益同廉政建设发生冲突时,廉政建设便时常被搁置于相对次要的位置。政府廉政治理思维上的"效率优先"而引致的廉政建设的退让,是地方政府高廉政风险产生的原因之一。

地方政府与中央政府总是进行着在中央政府可以容忍的极限内寻求地方利益最大化的博弈。中央政府对地方政府的监管受监管成本的影响,往往只能通过刚性的指标体系和结果的宏观呈现来约束和评判,而难以对地方政府的具体行为进行有效的监控,形成类似"政治—行政承包制"的政府间委托代理机制。①在"政治—行政承包制"下,中央政府更多关注的是地方经济建设的成果,而相对较少深究达成经济成果所采取的手段和其过程中地方官员行为的合法性;而地方官员也突破了过去的单纯执行者角色,不再是被动地履行中央交派的任务,在地方利益考量和个人利益索求上有了更大的自主性,在完成经济增长业绩的过程中为自身谋利甚至为整个部门谋利的行为就有了很大的"安全空间"。对地方政府的上下级政府间来说,随着1984年干部管理体制由过去的各级干部下管两级改为下管一级,地方各级党政主要领导获得了任命其下属的权力,挑选得力的下属贯彻自己的行政意志成为领导选拔干部的重心,而协助领导实现经济增长目标构成了干部行政意志的主要部分。有些地方甚至出现了"经济要上,廉政要让"的论调。一些领导认为腐败在经济发展中存在一定的积极作用,在体制不健全、官僚主义对经济发展造成阻碍的时期,腐败等非正常途径可以成为突破这些障碍的手段。当官员能力

---

① 何显明:《市场化进程中的地方政府角色及其行为逻辑——基于地方政府自主性的视角》,《浙江大学学报》(人文社会科学版)2007年第6期。

与官员腐败并存、经济发展同廉政建设之间产生冲突时，廉政建设往往需为经济发展让路，廉洁的价值处于相对次要的位置。一些能力突出、经济建设业绩显著的地方官员，他们的腐败行为即使被察觉，也往往因其对地方经济增长的贡献和"不可或缺"的角色而得到纵容。于是就形成了整体上廉政执法执纪的宽松环境，为腐败的滋长提供了机会。

这种廉政建设为经济发展让路的思维，不仅体现在地方党政领导的执政理念中，在党和国家执法执纪职能部门——纪检监察系统中——也是如此。例如在最高人民检察院1992—1998年的年度工作报告中，"紧紧围绕为社会主义经济建设服务的指导思想"等语句频现，强调检察工作要为经济建设服务，对改革开放和经济发展中出现的问题，坚持的原则是"看出发点对发展生产力是否有利，看效果是支持改革推动经济发展，还是阻碍改革破坏经济发展"；对于案件的查处要"将经济交往中必要的应酬与行贿受贿区别开来，将企业为促进经营购销业务所采取的奖励措施与贿赂区别开来，将由于政策法律衔接不够、因执行政策而引发的有悖于法律规定的行为与经济犯罪区别开来，将不正之风与犯罪行为区别开来"①。执法执纪部门的工作本应只服从于国家法律、党的纪律，以监督党和国家干部的廉洁守法、惩处腐败违法违纪行为作为工作的基本原则，但加以为经济建设服务的任务之后，就影响了其执法执纪的刚性，对一些轻微腐败的纵容使许多地方官员逐渐"放开手脚"，积少成多、积小为大，进而形成普遍性的、严重的腐败现象。

地方政府在"效率优先"的战略下，不仅像企业一样经营资产、追求效益，还使政府与企业的关系发生了微妙变化。政府的角色本应是公共服务的提供者、市场秩序的维护者和惩治违法犯罪的执法者，经营思维使政府倾向于用收益来衡量对企业服务的提供、政策的供给和违法的

---

① 杜宝国、陈财旺：《适应市场经济发展正确履行检察职能》，《中外法学》1993年第3期。

惩罚等，出现诸如选择性为给政府或官员个人带来更大利益的企业服务、以选择性执法方式包庇相关企业等。例如，在城市房地产开发中，某个房产项目能否获取较大收益不仅仅取决于建设质量、营销手段等，更重要的是房产的区位、周边配套以及所处环境。而所处区位、周边配套及环境恰恰是由政府来决定的，因而游说政府甚至俘获政府官员，成为房地产商在开发房产过程中经常采取的措施。对于政府来说，抬高地价、获取高额的土地收益，就能将此收益进一步应用于基础设施建设，获得GDP 的高速增长；而在这个过程中的土地征收、土地出让、土地行政审批、项目投资等各个环节，都有官员个人谋利的空间和机会，政府与企业间的经济交易就很容易达成，而房地产行业也成为腐败的高发之地，近年来查获的官员腐败案件，大多与房地产开发有关。可谓地方政府的经济交易思维主导着政府行为并影响了官员个人行为，引致政治系统的高廉政风险。

（二）治理结构：权力集中下的约束失效

在地方政府的经营化运作中，快速有效的决策至关重要，理性而有效的决策达成离不开决策者的权威。正如西蒙所言，"权威的一个极端重要的职能就是获得高度理性和效力的决策"①，反观成功的企业基本上都是采取精英集权决策模式，正是因为精英集权化管理在保证决策高度理性和效力两个维度上使企业的效率达到最大化。因而改革至今地方政府的权力体系并未像改革初期所预期的那样走向分权的道路，相反却在很大程度上走向了"再集权"。经营化的政府在对内权力集中的同时对外权力扩张，地方政府的经营化运作普遍造就了权力向地方"一把手"集中，这些地方"一把手"不仅是地方党委、政府的负责人，同时也是城市建设的"总规划师"和"总经济师"，拥有地方发展和城市建设的极大决策

---

① ［美］赫伯特·西蒙：《管理行为》，詹正茂译，机械工业出版社 2004 年版，第 163页。

权力。因腐败而落马的市委书记、县委书记，往往都曾大搞城市建设，获得了不错的经济增长业绩。正是因为逐渐集中而膨胀的权力在现有的权力约束机制下无法得到有效的监督，权力的非规范化运用成为普遍时，高廉政风险即产生。

在"一把手"集权的权力结构中，横向权力结构上权力向"一把手"集中，纵向权力结构上向上级政府集中。但在监督机制上，往往权力的拥有者本身就是监督者，既掌握着巨大的经济权力，又担负着监督责任，如同在比赛中既是运动员同时又是裁判员一样，监督的可信度自然也就下降了。例如纪委的监督，过去纪委一直受同级党委的直接领导，查办案件需同级党委的批准，这不仅使纪委的监督查处工作易受党委领导的左右，也使对同级党委的监督难以进行。就政府预算的监督来说，预算监督的法定主体是人大，但对于预算监督的内容、范围、程序和方法的规定仍然过于笼统，可操作性不强。① 不仅如此，由于预算内收入受法律法规严格管控且无法满足地方政府发展经济的需求，对于大规模的工程建设、区域开发所依赖的政府投资，大多数来源于政府的预算外收入。预算外收入虽然也受上级政府管制，但由于资金的分配和使用跨越各级政府各个部门的分散管理方式，难以进行有效的约束和控制。地方政府经济增长的投资驱动使地方政府有汲取预算外收入的强烈动力，虽然这些收入也为填补预算不足、开展大规模建设项目提供了必要支持，但由于缺乏规范的征收、管理和监督机制，很容易造成腐败问题。这也是工程建设领域腐败高发的原因。在地方政府发展思维普遍转向发展型地方主义、权力结构普遍走向统合式集权结构的形势下，高廉政风险与统合式集权结构下权力约束机制的失效密切相关。

---

① 卢大鹏：《走出政府机构改革困局——地方政府与中央政府的博弈分析与启示》，《中国行政管理》2008 年第 7 期。

（三）治理路径：惩治导向下的防控缺失

地方政府经营化的治理模式，使地方官员在进行土地经营、投资建设的过程中，存在着大量腐败机会，而对应的廉政治理路径，仍然以对腐败官员的惩治为主，缺乏从根本上遏制腐败再生的防控机制。与其他国家不同，中国地方政府的独特之处在于政府掌握土地，对土地的经营已成为地方政府的重要经济行为。土地公有制为地方政府提供了一个利用土地经营所得推动城市建设的路径，公共工程、审批和采购是任何体制下都容易产生腐败的三个领域，而公共工程在所有国家都为地方官员的腐败行为提供了机会。在中国，不仅仅是公共工程，大量的开发建设都靠地方政府来完成，地方政府成为城市建设的经济主体，自然同市场主体存在着紧密联系。改革开放以来，总体上中国的资本是稀缺的，而各地政府的土地供给是充裕的，"用脚投票"的资本给地方政府带来很大的压力，于是各地为了更好地招商引资展开了非常激烈的竞争，采取各种措施亲商、爱商、护商，为了获取更多资本而与企业家建立密切联系，这种现象完全与现代市场经济的原则相悖。项目投资如火如荼展开，其中的廉政风险也随之升高，因为这中间各种的管理费、打通关系费、拆迁费等都可截留为项目资金。在地方官员不断受到来自市场主体中行贿者的合谋诱惑而产生腐败行为时，纪检监察机关通常出于策略偏好选择严惩受贿者，而对腐败事件中的行贿者以及负有廉政责任的上级领导缺少问责及防控措施。对行贿者的纵容，会导致市场中存在大量行贿者试图侵害公职人员的廉洁性，使廉政建设过多依赖于公职人员的道德自律。对廉政领导责任的忽视，使负有廉政责任的上级领导会在晋升机制的挤压下把更多的精力投入经济建设领域而忽视其应该对组织成员的廉政状态进行管制的责任。因而在现有的廉政建设路径中，关注对腐败行为的惩治，而缺乏对腐败犯罪各类责任主体进行全面责任追究的防控机制，是当下地方政府高廉政风险难以遏止的因素之一。

除此之外，按照传统的思维，加强监督被认为是防控腐败发生的有效机制，而另一面——权力的制约就被忽视了。我国传统控权制度一直沿袭"强监督—弱制约"的模式，重视上级对下级、中央对地方的权力监控而忽视横向及上下级权力主体之间的权力制约。具体表现为横向权力结构上权力向"一把手"集中，纵向权力结构上权力向上级政府集中。这种强监督—弱制约的控权模式使制约制度的功能被削弱，同时监督制度的固有缺陷被放大。监督机制依靠监督者履责，但多元复杂的目标或外界的压力都可能使监督者难以恪尽职守，如果缺少制约机制的配合，当监督者与被监督者达成合谋，或是在我国还存在的监督者同时也是经济权力拥有者的状态下，腐败的预防机制也就失效了，高廉政风险随之产生。

　　总体而言，中央政府"以经济建设为中心""效率优先，兼顾公平"的发展战略，深刻影响着地方政府的治理逻辑，经济责任的下移和配套权力的部分上收，更是带给地方政府极大的发展压力。土地公有制为地方政府提供了通过土地经营实现经济增长的途径，追求土地经营效率又造就了政府的公司化运作和权力结构走向集权的地方治理变迁。而这个过程中地方政府廉政治理思维中廉洁价值对效率价值的退让，廉政治理结构上权力约束机制的失效，以及廉政治理路径上对单向惩治的依赖和防控机制的缺失，使地方政府逐渐形成了高廉政风险的政治生态。自2008年以后，中央政府便意识到了唯GDP的发展模式带来的问题，并提出了转变发展模式、更加注重社会公平等一系列改革措施。如今，中国的经济发展已进入新常态时期，不再单纯以GDP增速论英雄，也意识到了腐败蔓延的严重问题，开始着力推动反腐败进程。经济的新常态需要相应的政治改革与之呼应，而在任何情况下政治改革都不能顾此失彼，在现阶段，经济发展仍然是国家建设的重心，效率性和科学性的要求使得在经济建设领域管理权力向精英集中有其必然性；而高廉政风险的治理与防控同样刻不容缓。兼顾经济发展与廉政建设，是现阶段应采取的正确态度。在此情形下的反腐败策略，更加需要的是系统的治理思维、科学的治理结构和合理的治理路径。

第二章

法治悖论与系统性腐败

腐败是"政治之癌"，其顽固性和破坏性给经济和社会的发展带来了巨大的危害。从近年来查处的腐败案件来看，腐败在我国已经达到了十分严重的程度，并且呈现出群体性、组织化的发展趋势和系统性腐败的特征。系统性腐败的存在和蔓延是与法治的缺失密切相关的。法治的缺失在我国主要表现为地方政府的法治悖论现象，即地方政府既是法治建设的关键力量，同时也是破坏法治建设的关键主体。这一悖论现象的产生，源于地方政府治理中存在的三重逻辑，即政治逻辑、经济逻辑与法治逻辑。地方政府在治理过程中遵循政治逻辑和经济逻辑优先于遵循法治逻辑。在三重治理逻辑下，地方政府或是出于完成政治任务的需要，或是为了实现经济发展的目标，抑或是为了谋取官员个人私利，屡屡突破法律的约束、破坏法治的建设。一方面，地方政府及其官员常常对现有法律选择性执行，造成普遍的选择性执法局面，进而导致市场的非法治化竞争和系统性腐败。另一方面，由于法律滞后性的客观存在，地方政府的许多制度创新对现行法律构成挑战，创新与法治间的紧张关系扩大了政治系统内部的高廉政风险。法治的缺失使得政治系统的运行缺乏法治化的制度环境，从而成为系统性腐败发生的重要诱因。

第一节　地方政府的法治悖论与三重治理逻辑

一　地方政府治理中的法治悖论现象

对于转型时期的当代中国，法治作为社会"稳定器"的作用日益彰显。法治建设是实现国家治理体系和治理能力现代化的重要内容和关键目标。党的十五大首次提出"依法治国"的基本方略，将建设社会主义法治国家作为实现社会主义现代化的重要目标。党的十八大又提出了建设"法治中国"的战略目标，明确了法治国家、法治政府、法治社会一体推进的法治建设格局。在地方层面，各级地方政府作为区域内的治理主体，为推动法治建设贡献了重要力量。地方政府在宪法和法律的框架内起草和制定地方性法规、颁布地方性的行政命令，这些法规和行政指令作为宪法和法律的重要补充，健全和完善了市场和社会的法制环境，有力地维护了地方经济社会发展的有序进行。

然而，在现实生活中，我们常常看到地方政府还表现出与上述法治建设"积极推动者"的角色相对立的形象：地方政府在治理的过程中广泛存在着大量有法不依、执法不严、违法不究的行为，对法治造成了较大的破坏。在经济建设领域，地方政府非法转让土地、破坏耕地、未经批准占地、非法批地和低价出让土地等违反《土地管理法》的行为屡见不鲜。有学者统计了 1999—2005 年中国土地违法的情况，发现地方政府作为违法主体（其他违法主体主要为企事业单位和个人）的涉案面积平均占到了总涉案面积的 31.3%，其中涉及耕地的面积占比更是高达 47.6%,[1] 政府涉土违法

---

[1]　梁若冰：《财政分权下的晋升激励、部门利益与土地违法》,《经济学（季刊）》2010 年第 1 期。

行为十分严重。在社会管理领域，一些地方政府在维稳工作中粗暴执法，频繁动用国家专政工具甚至勾结黑恶势力，采取诸如殴打、拘留、罚款、劳教、判刑、连坐以至于公然在北京雇用私人保安公司开设"黑监狱"等手段压制上访群众，严重侵犯了他们的各种合法权益，甚至造成上访群众人身和精神的巨大伤害。[①] 地方政府在维稳工作中采取的非法律手段往往不仅无法解决社会公众的合理诉求，还直接冲击着正常的法治秩序，违背了法治的基本要求和准则。

上述基于对地方政府治理行为长期观察的事实呈现了一个地方政府与法治之间的矛盾关系，即地方政府既是推动法治建设的关键力量，又是破坏法治建设的主要主体。我们把这样一个矛盾的现象称为地方政府的法治悖论。显然，在地方政府建设法治和破坏法治的这一对矛盾关系中，矛盾的焦点在于后者。那么，为什么会存在地方政府的法治悖论？地方政府如何、为何以及何以实施这些破坏法治的行为？这与地方政府的三重治理逻辑密切相关。

二　地方政府治理的三重逻辑及其矛盾

所谓治理逻辑，是指地方政府围绕治理目标形成的包含一系列正式或非正式制度的行为准则。地方政府在治理过程中存在着政治、经济、法治等领域的多元目标，围绕不同目标的实现会形成地方政府不同的行动逻辑，主要包括政治逻辑、经济逻辑与法治逻辑。

权力具有自我膨胀的天性。权力的这一天性体现在作为公权力合法拥有者的政府之上，则表现为后者对于政治权力巩固和扩张以及实现权力收益最大化的强烈需求。实现这一政治目标是政权主体赖以生存和维

---

① 唐皇凤：《"中国式"维稳：困境与超越》，《武汉大学学报》（哲学社会科学版）2012年第 5 期。

系的基础和前提，因此政治目标在政治组织中的地位是首要的。单一制国家中，地方政府的角色主要是中央政权在地方的代表，地方政府首要的治理目标也是和中央政权保持一致的，即维系政权的存在和保持政治的稳定。在中国，中国共产党是中国特色社会主义事业的领导核心，共产党的长期执政是中央和地方各级政府的首要政治目标，也是建设社会主义事业的根本保证。在长期的革命和建设实践中，党在应对来自内外的挑战中逐步确立了以下级服从上级、全党服从中央为主要内容的民主集中制的基本组织原则，形成了一系列维护社会稳定的理论、方法和制度（如邓小平关于"稳定压倒一切"的论断，维稳不力一票否决的官员考核制度等）。这些准则共同构成了地方政府政治逻辑的主要内容。

"经济基础决定上层建筑"，这是马克思主义政治经济学的基本观点。政治文明作为"上层建筑"的重要组成部分，其实现程度依赖于经济发展的水平高低。因此，政权稳定的政治目标的实现，必须以良好的社会经济发展水平为基础。发展经济因而成为地方政府重要的治理目标。十一届三中全会以后，党中央做出了全党工作转向以经济建设为中心的决策，经济发展逐步取代政治斗争成为国民生活的主要内容。党的十五大又进一步提出了"两个一百年"的奋斗目标，即在建党一百年时全面建成小康社会，在新中国成立一百年时基本建成社会主义现代化国家。这一系列经济发展目标的确立进而转化为中央对地方政府以 GDP 增长率为主要指标的考核压力，使得地方政府在治理过程中普遍遵循以"发展是硬道理""以经济建设为中心"以及"效率优先兼顾公平"等为主要内容的经济发展逻辑。这些地方政府的行为准则，或见于党和政府发布的正式文件及其领导人发表的公开谈话，或实际内化于地方政府的政策施行之中，以正式或非正式的形式对政府的治理行为产生重要影响。

政府政治目标的实现除了依赖良好的经济基础外，还需要良好的法治环境。这是由于，一方面，法治是政治文明的基石，是民主政治的保障。法治意味着公权力的掌握者必须按照正当的合法程序的原则来行使权力，它既可保障多数人的民主权利，又能保障少数人的权利免遭多数人的侵犯。① 另一方面，法治以国家暴力机关为后盾表现出强制性，能够有效打击违法犯罪活动，从而有力地维护市场经济秩序和国家长治久安。基于此，推动法治建设是地方政府治理的又一重要目标。在我国，政府法治目标的实现主要表现为"依法治国"的基本方略。它要求政府的各项行为必须遵守"有法必依、执法必严、违法必究"的法治逻辑。在法治逻辑下，政府行政权的获得要有宪法和法律的依据，要依法（包括实体法和程序法）实施行政行为，要与建设廉洁政府、服务政府、高效政府联系起来，要有权必有责，任何违法行为都要受到追究。②

　　政府需要遵循不同的逻辑实现不同的目标，问题是上述三重治理逻辑不仅存在内在的统一性，也存在内在的矛盾性。法治目标要求地方政府的治理活动必须依循依法行政的法治逻辑，做到有法可依、有法必依、执法必严、违法必究。但地方政府追求的不仅仅是法治目标，因此也不会仅仅按照法治逻辑来办事。对于地方政府来说，政治逻辑永远是第一位的，只有经济问题或法治问题演变成为政治问题的情况下，经济逻辑或法治逻辑才成为主导性的治理逻辑。总体而言，地方政府的治理活动同时受到法治逻辑、经济逻辑与政治逻辑三重逻辑的影响，三者既具有互补性，又存在矛盾冲突。

　　地方政府治理中的法治悖论现象，正是上述三重逻辑之间产生矛盾冲突的结果。或者更具体地说，在我国现实政治活动中，一旦法治逻辑与经济逻辑发生矛盾冲突，经济逻辑会优先于法治逻辑；一旦法治逻辑与政治逻辑发生矛盾冲突，政治逻辑优先于法治逻辑。这种治理逻辑的优先顺序选择根植于我国国家发展的根本战略。

---

　　① 何士青：《论政治文明与法治建设》，《政治与法律》2003 年第 3 期。
　　② 姜明安：《论法治国家、法治政府、法治社会建设的相互关系》，《法学杂志》2013年第 6 期。

（一）经济逻辑与法治逻辑之间的矛盾

改革开放以后，政治斗争逐渐从人们的生产和生活中淡出，而能否改善国民经济发展的凋敝局面、有效提升人民的生活水平，成为党执政合法性的重大政治问题。"以经济建设为中心"反映了党领导人民改变贫穷与落后现状的迫切希望，也促使经济逻辑上升为政府治理的主导逻辑。政府按照经济逻辑来办事，常常与法治逻辑产生摩擦和冲突，其结果往往是对法治逻辑的背离，以牺牲法治为代价。政府大量的土地违法行为就是经济逻辑与法治逻辑相冲突的集中和典型表现。

所谓政府土地违法，是指政府作为主体所实施的违背《土地管理法》等法律以及中央的行政命令等违法违规行为，主要包括违法买卖和转让土地、破坏耕地、未经批准占地、非法批地和低价出让土地等。近年来，地方政府特别是县、市政府主导的违法违规行为屡禁不止，土地违法的问题十分严重。仅 2013 年，地方政府在土地利用和管理方面就存在 2.38 万个问题，涉及土地面积 20.12 万公顷。其中主要包括部分地方政府执行耕地保护制度不够严格，违法违规办理土地审批手续，征地补偿安置政策落实不到位导致侵害被征地农民合法权益，违规出让土地，违规利用土地抵押融资融债，以及地方政府涉地职能部门履行职责不到位等六类问题。[①] 本书选取了某市土地违法的案例，通过分析其违法问题的表现及其整改肃查的情况，探讨地方政府土地违法行为何以可能，并试图揭示其背后经济逻辑与法治逻辑冲突的深层次原因。

2014 年 4—6 月，国家土地督察机构对全国 56 个市（州、盟、区、县）土地利用和管理情况开展了监督检查，发现一些地区的土地违法违规问题比较突出。[②] 比如，浙江省某市存在着较为严重的土地违法违规

---

①　国土资源部网站：《国家土地督察公告（第 7 号）》（http：//www.mlr.gov.cn/xwdt/jrxw/201403/t20140321_1308491.htm）。

②　国土资源部网站：《国家土地督察公告（第 9 号）》（http：//www.mlr.gov.cn/zwgk/zytz/201409/t20140926_1331162.htm）。

问题，主要集中在土地违规抵押融资、耕地占补平衡落实不到位、土地出让收入等逾期未征收到位以及违规改变土地用途四个方面。（1）土地违规抵押融资。自 2011 年至 2014 年 4 月，该市及所辖的有关区县政府在未履行土地出让等程序、未缴纳土地出让收入的情况下，通过会议纪要和抄告单的形式要求相关部门将 494 宗、2.4 万亩土地违规登记给该市城市建设发展总公司等 74 家国有公司用于抵押融资。土地督察发现，已抵押 364 宗、面积 1.98 万亩、金额 445.06 亿元，涉及集体土地 49 宗、面积 3288.6 亩、金额 59.56 亿元。其中，该市下辖 A 县政府 2013 年 1 月批准将 79.5 亩集体农用地登记给某铁路投资有限公司，设定土地使用权为出让商住用地；同月，某铁路投资有限公司以该宗土地向当地银行抵押贷款 1.03 亿元。（2）耕地占补平衡落实不到位。在 2013 年验收或用于补充耕地的土地整治项目中，有 24 个项目新增耕地的部分地块在立项前为耕地，涉及面积 1647.9 亩；有 97 个项目验收的新增耕地实际为林地、养殖水面等农用地，涉及面积 1.08 万亩。此外，有 18 宗划拨土地未按规定缴纳耕地开垦费等相关费用，涉及金额 1119.75 万元。（3）土地出让收入等逾期未征收到位。截至 2014 年 4 月，该市存在 8.35 亿元土地出让收入、5365.65 万元土地划拨款未按规定征收到位。其中，B 县出让给某旅游发展有限公司的 79.65 亩商业用地，欠缴土地出让收入 4160万元。（4）违规改变土地用途。A 县某生态园开发建设有限公司从 2009年 8 月起，擅自改变省政府批准的旅游用地用途，开发建设高尔夫球场和房地产项目，涉及土地 2049.34 亩。截至 2014 年 4 月已基本建成 18洞高尔夫球场、18 栋独栋别墅和 53 栋联排别墅。A 县政府未经浙江省政府同意，擅自批准旅游用地改为住宅用地并出让土地 386.25 亩。

　　上述案例为我们大致呈现了当前地方政府土地违法现象的概貌。从此案例中我们至少可以总结出关于地方政府土地违法的动机、行为与结果三个方面的结论。从动机上来看，获得城市建设的融资和财政收入是地方政府土地违法的重要动机。政府并非市场主体，不能直接从事生产经营活

动。但地方政府可以利用其控制的国有企业（如某城市建设发展总公司）
通过抵押土地的方式获得巨额融资，从而进行投资和建设活动。此外，A
县之所以要违规将旅游用地改为住宅用地，是因为改为住宅用地后所获得
的土地出让金能够为当地带来可观的财政收入。由此看来，土地背后蕴含
着的大量经济利益是地方政府从事违法行为的重要动机。从行为上看，地
方政府的土地违法行为之所以能够屡屡"得手"，是因为地方政府常常利
用其掌握的行政审批权和自由裁量权绕开法律的限制和约束。"会议纪要"
和"抄告单"等都属于政府内部的行政指令，其效力显然无法与法律相提
并论。但这些政府内部的行政运作程序却屡屡将法律的权威架空，行政权
力非法治化的破坏性可见一斑。从结果上来看，地方政府的土地违法行为
违背了国家耕地保护政策，侵害了市场主体和民众的权益。该市各区县政
府违法侵占了大量的农用耕地，违背了国家耕地保护政策。从全国范围来
看，侵占耕地是地方政府土地违法行为的普遍特征，严重违反了中央政府
18 亿亩耕地红线的政策，威胁着国家的战略安全。此外，该市在整改过
程中采取撤销已批准的划拨用地、终止已签署的用地协议等手段，实际上
是一种"二次违法"行为，给企业造成了巨大的利益损失。

　　尽管上述某市的土地违法是一个个案，但其展示出来的地方政府在
违法案件中的利益动机和角色形象是普遍的。在经济逻辑的驱使下，发
展经济是地方政府治理的首要任务。土地所蕴藏的巨大经济价值为地方
政府发展经济提供了重要资源，于是地方政府逐渐表现出"以地生财"[①]
的谋利行为。然而作为一种重要的生产资料，土地的稀缺性决定了其使
用和流转都有着国家法律和政策的严格规定。地方政府大量的关于土地
的违法行为让我们看到，当"以地生财"的谋利行为与法律制度发生冲
突时，地方政府往往背离了法治逻辑的要求，经济逻辑超越法治逻辑主

---

　　① 周飞舟：《生财有道：土地开发与转让中的政府与农民》，《社会学研究》2007 年第
1 期。

要地影响着地方政府的行为预期。显然，仅仅是一个"以地生财"的动机还不足以促使地方政府公然违背法律的规定，那么地方政府土地违法究竟何以能为？经济逻辑优先于法治逻辑是如何实现的？结合该市个案以及全国范围内的案例考察，我们认为，地方政府之所以能够冲破法律的束缚和中央的管控，源自多方面条件或因素的组合，包括公司化的组织模式、GDP考核下的晋升激励以及官员之间的合谋行为等。

第一，地方政府公司化的治理结构为政府土地违法行为提供了组织基础。土地等生产资料是公有的，公有资源、资产的保值和增值的责任主体事实上在地方政府，因而地方政府客观上承载着土地等公有生产资料经营的责任。这一经济制度决定了我国地方政府不仅是一个公共服务组织，同时又是一个经营性组织。我国的经济发展，不仅取决于市场的力量，还取决于政府的经营活动，这正是我国地方政府经营行为大量存在的根源。为了适应作为投资主体的角色，地方政府逐渐发展出诸如城市发展投资公司等公司化运作的组织，这些公司既具有政府组织的本质，同时又拥有企业组织的管理权限和运行机制。公司化模式的运用为政府的经营行为提供了组织基础，解决了其市场主体的身份问题。在这一模式下，政府通过其控制的投资公司和自己手中掌握的行政权力极大地增强了对土地资源的优化配置能力，从而为其可能实施的土地违法行为提供了组织化的基础保障。

第二，GDP考核下的晋升激励为官员违法行为提供了动力条件。经济逻辑的主导地位导致地方政府治理"唯GDP主义"盛行，地方政府一切工件围绕经济建设这一中心工作，官员面对的来自GDP考核的压力高于法制、公平等其他指标的考核，从而深刻影响了政府官员的行为导向，表现为官员以GDP增长率为核心的政绩追求。对于官员来说，发展经济和依法行政的关系类似于管理双因素理论中的激励因素和保健因素，官员遵循法治逻辑不会犯错误，但无法证明自己的能力与业绩；官员遵循经济逻辑才能出政绩，才能展现能力。一般来说，地方政府及其官员往往能从土地违法中获益。通过直接或间接的土地违法活动，地方政府官员可以将农地转为工商业用途，从而实现发展地方 GDP 的目标，并进而使其在政绩考核和政治晋升上获得优势。[①] GDP 的刚性考核以及客观上存在的晋升锦标赛，使得经济逻辑主导地方政府的治理选择，官员为了发展经济而往往置法律于不顾，导致地方政府普遍的选择性执法甚至违法行政。

第三，官员间的合谋为地方政府土地违法提供了风险规避的渠道。对于地方政府的土地违法行为，不仅《土地管理法》等法律有着明确的防范和惩治规定，在政治体制内部中央政府也为地方政府划定了政策红线。在这种情况下，地方政府实施土地违法行为面临着来自法律惩戒和权威体制惩罚的巨大成本，那么地方政府究竟是通过何种渠道去规避这一风险的呢？官员间的合谋行为是对这一问题的一个合理解释。由于信息不对称，中央政府需要依赖地方官员监管本辖区的土地违法行为，但各级地方官员均面临发展辖区经济的共同目标，下级地方官员通过合谋更容易实现土地违法供给，发展辖区经济，上级地方官员放松监管以降低下级地方官员被查处的可能性，最小化违法成本的同时实现发展辖区经济的目标，从而合谋成为一个均衡。[②] 官员间的合谋为地方政府土地违法行为有效规避了风险，在高收益、低成本的预期下，地方政府"铤而走险"就显得不足为奇了。

地方政府土地违法的现象提供了一个观察经济逻辑与法治逻辑间矛盾冲突的样本。以经济建设为中心的经济逻辑形塑了地方政府集权化的治理结构，从而对法治的分权原则构成了挑战。在 GDP 考核压力下，经济建设对于官员行为的硬约束远远超出法治建设对于官员行为的软约束，使得地方政府的治理活动常常以牺牲法治换取经济的发展。集权的治理

[①]　梁若冰：《财政分权下的晋升激励、部门利益与土地违法》，《经济学》（季刊）2010年第 1 期。

[②]　张莉、徐现祥、王贤彬：《官员合谋与土地违法》，《世界经济》2011 年第 3 期。

体制与经济指标的刚性考核共同推动地方政府的治理活动依循经济逻辑优先于依循法治逻辑，因而造成了对法治的破坏。

（二）政治逻辑与法治逻辑之间的矛盾

就中国而言，中国共产党在政治体制中处于绝对的权威地位，全国服从党中央的权威。最近中央明确提出"增强政治意识、大局意识、核心意识、看齐意识"，可以说是对我国权威体制的阐释。在中国权威体制中，央地关系无疑是最主要的权力关系之一，而中央权威的维系和强化又是央地关系中的核心内容。地方政府的主要官员是由上级党委选拔或任命的，下级官员对上级负责，并最终对中央负责。在这种体制下，服从上级领导，维护中央权威优先于其他形式的约束，这也是地方政府政治逻辑的核心内容。

由此而来的结果是，在实现政治目标的过程中，地方政府官员如果遇到法律的约束，往往会更加顾及政治目标的实现，即使可能违背法律规范，与法治逻辑发生冲突。在政治逻辑主导的体制下，地方政府官员如果不能圆满完成政治目标，是非常容易遭受权威体制的政治处罚的。但是，如果地方政府官员圆满地完成了政治目标，哪怕超越了法律的界限，由于目标实现与上级政治目标相容，分担了上级组织的政治责任，上级组织往往会对下级违法现象比较宽容。因而地方政府的政治逻辑本质上与法治逻辑具有一定的不兼容性。不兼容的结果就是地方政府在其治理活动中以政策代替法律，以上级要求代替法律规定，从而造成对法治的破坏。这种破坏性在地方政府维稳工作中表现得十分突出。

"维稳"是一项有着中国特色、被提升到治国安邦层面、带有极强政治色彩的重要工作。它的主要内容包括两个方面：一是维护国家基本政治制度和政治秩序的稳定；二是化解社会矛盾和利益冲突，实现安定团结的政治社会局面。[①] 邓小平同志曾多次指出稳定工作的重要

①　容志、陈奇星：《"稳定政治"：中国维稳困境的政治学思考》，《政治学研究》2011年第 5 期。

性，强调"中国的问题，压倒一切的是需要稳定。没有稳定的环境，什么都搞不成，已经取得的成果也会失掉"①。维稳由此成为地方各级政府在治理过程中的一项重要政治任务。在"稳定压倒一切""维稳是第一责任"的政治背景下，地方政府面临着来自权威体制内部的巨大压力。上级常常以各种责任追究手段将压力层层传递给下级政府，与压力同时被传递的，还有种种处置各类社会问题的资源和权力。为了维稳，即便地方政府的一些行为违背了法律的原则和要求，上级也会给予谅解甚至是默许。

地方政府非法治化维稳的现象揭示了权威体制下政治逻辑与法治逻辑之间的深刻矛盾。地方政府在维稳过程中遵循政治逻辑优先于遵循法治逻辑，在其实际治理活动中则表现为对法治的无视与破坏。而地方政府之所以有能力这样做，是由多方面原因促成的。

从宏观上来看，法治权威体系基础和结构薄弱，无法对政治权威体系形成稳定的约束。所谓权威，就是指"能让他人产生基于信赖而自发服从的力量"②。而权威体系则是指基于上述力量所形成的一种秩序和制度。政治权威是建立在政治权力基础之上的，而法律权威则来源于法律的强制力。政治权威是具有垄断性和排他性的，在现代国家中，政治权威又主要表现为政党的权威。由于法律的约束是强制和刚性的，立法、监督和司法等一整套法制体系是需要独立运作的，这就建立了另一套权威体系，对政治权威体系构成了严重的挑战。在我国，这两套权威体系的运作现实是，政治权威体系以强大的政党为基础，以军队等国家暴力机关为后盾，有对社会高度稳定的支配结构和支配能力。而法治权威体系在其形成过程中，一方面，由于人治传统相较于法治传统在更长的历

---

① 《邓小平文选》（第三卷），人民出版社 1993 年版，第 284 页。

② 季卫东：《论中国的法治方式——社会多元化与权威体系的重构》，《交大法学》2013 年第 4 期。

史时期内支配着中国社会，法治的文化根基相对薄弱；另一方面，当下的法治建设进程中还存在着诸如法律制度不够健全，立法体系不够完善，特别是司法机关的独立性难以得到有效保证等诸多现实困境。这就导致我国法治权威体系的基础和结构十分薄弱，无法对政治权威体系形成稳定的、有效的约束和制衡。因此，当地方政府为了实现权威体制的政治目标而采取一些违背法律规定的手段时，法治权威体系既无法对公权力进行及时限制，也无法对公民私权力形成有效保护。

从微观上来看，压力型体制下维稳不力"一票否决"的考核制度形成了对地方政府及其官员的负向激励。压力型体制①是中国权威体制的一个基本特征，中央政府通过种种考核手段将压力向地方政府层层传导从而实现其治理目标，而稳定又是中央政府最为重要的治理目标之一，维稳不力"一票否决"考核手段的普遍使用使得地方政府及其官员承担着来自权威体制上层的巨大压力。2009年颁布的《关于实行党政领导干部问责制的暂行规定》第五条明确规定，发生群体性事件处置不力应当对领导干部严肃问责。在这样的负向激励下，地方政府及其官员高度重视维稳并往往不顾法律的约束。这一行动逻辑具体在组织层面，表现为地方政府组织化的调控手段。地方政府通过其掌握的人事控制权，一方面在政府系统内部设立权威性的维稳工作综合协调机构和工作机构，如成立各级维稳工作领导小组和维稳办；另一方面不断强化原有机构的维稳功能并提升其政治地位，各级党委政法委和社会管理综合治理委员会及综治办充当了"统揽全局、协调各方"的核心作用，以实现体制内资源的集中与动员。地方政府除依靠武警、警察、民兵这些压制性力量，还大量设置"维稳中心""维稳工作站""应急管理办公室"等组织机构，由地方重要领导亲自担任负责人，并

---

① 荣敬本等：《从压力型体制向民主合作体制的转变》，中央编译出版社1998年版。

雇用相当数量的专职人员进行维稳工作。① 这样一种组织化的调控手段使得地方政府在维稳工作中具备了强大的资源集聚和行动能力。在个人层面上，政府官员从理性经济人的角度出发思考自己的行为：如果依法依章办事有可能导致"出事"进而导致自身受到惩罚甚至"丢官"，那么理性的选择则是用尽一切即便有可能是违法的手段，只要能保证"不出事"，就可以获得巨大的收益。由此，法治逻辑与政治逻辑对于地方政府及其官员的约束力显著的不对等，法治逻辑形成一种软约束，而政治逻辑则表现为一种硬约束。

政治逻辑与法治逻辑的矛盾与冲突不仅体现在地方政府维稳工作中，也广泛存在于地方政府的治理过程中。解决这一问题要从根本上依赖于法治建设的不断完善，在全社会逐步强化树立宪法和法律的权威，将政府的权力运行纳入法治化的轨道，把公权力"关进制度的笼子里"。

政治逻辑、经济逻辑与法治逻辑同时存在并共同影响着地方政府的治理活动。由于不同情况下地方政府的重点目标不同，主导性的治理逻辑也会不同。三重治理逻辑具有统一性，也存在矛盾性。在政治矛盾突出的情况下会特别强调政治逻辑，并可能不顾经济逻辑与法治逻辑，从而导致经济发展与法治建设受到影响。经济逻辑通过形塑地方政府集权化的治理结构，破坏了法治建设的分权基础；与此同时官员为了追求经济发展的政绩而屡屡突破法律的限制，并且通过"合谋"的行为规避违法风险，进一步加剧了地方政府对法治建设的破坏。这些现象的共同作用，导致了地方政府法治悖论的形成：地方政府既是建设法治的关键力量，又是破坏法治的主要主体。

---

① 唐皇凤：《"中国式"维稳：困境与超越》，《武汉大学学报》（哲学社会科学版）2012 年第 5 期。

第二节 选择性执法、非法治化竞争
与系统性腐败

从近几年我国的腐败案件来看，腐败现象呈现出从个体的"偶发性"腐败向群发性、组织性腐败转变的趋势，① 表现出"系统性腐败"特征。系统性取意于科学实验中的"系统误差"，意指某些结果的产生无关于单个变量素质，而是来源于系统自身的某类固定原因。所谓系统性腐败，是指腐败的发生除了由腐败分子的个人主观原因所致之外，所在政治系统的制度环境成为诱发腐败的重要原因。系统性腐败具体表现为：（1）腐败在某些领域或组织内部呈现出多发性、关联性特征；（2）腐败案件之间存在共同的制度性原因，与所在政治系统的制度缺陷有关；（3）腐败的发生机制、运作方式具有一定的固定模式。系统性腐败形式多样，伴生于我国经济体制改革和社会转型过程，并嵌入以政府为代表的经济管理主体和以企业为代表的市场主体间错综复杂的关系之内。

腐败表现出"系统性"特征，与地方政府长期以来形成的经济管理行为模式密不可分。选择性执法是地方政府在经济管理过程中的普遍现象，其所衍生的非法治化竞争与系统性腐败的蔓延存在密切关联。

一 选择性执法的特征与成因

选择性执法研究的早期成果多集中于美国行政执法情境，多与警察

---

① 例如，中国社会科学院在 2011 年发布的首部《反腐倡廉蓝皮书》中就指出目前腐败主体从个体向集团化蔓延、窝案串案较严重，在 2014 年发布的第四部《反腐倡廉蓝皮书》中更是主张关注"塌方式、系统性腐败"。

执法及打击犯罪有关，意指公职人员在有效约束权力的基础上对具体事件做出行动或不行动的选择的自由裁量权。① 拓展到经济领域，La Porta，Allen 等认为选择性执法的产生与通常新兴市场中法律法规不完善有关，② Becker 和 Stigler 将成本收益模型引入执法中，探讨最优执法的情境。③ 这种意义上的选择性执法，它的主体和研究的关注点都是作为执法者的个体，从而由此引发的腐败问题也多为出于执法者个人道德原因而产生的腐败。国内学者将选择性执法同政府或行政机关的行为联系起来，戴治勇将政府的选择性执法行为描述为"什么时候严格执行哪部法律，采取什么执法手段，什么时候放松哪部法律的执行，什么时候执行哪个具体的案件，采取什么执法手段，什么时候对哪个案件执行特别对待的视具体情况而定的执法方式"④，具体表现为在我国法律法规体系基本建立之时，实际的执法行为却没有严格依据法律法规，时宽时严。在中国现阶段政府仍然拥有强大的经济社会管理权力之下，不仅仅是由立法机关制定的法律，政府出台的规章、政策等常常具有类似法律的效用。此外，政府管制作为发展中国家转型时期应对法律不完备、提高效率的补充，一旦发生管制权力外溢就容易造成腐败的后果。因此探讨地方政府的选择性执法行为，需囊括地方政府对法律、法规、政策的选择性执行和管制的随意性执行，以对中国的特定现象做出更合理的解释。

　　基于这样的界定，学界对于地方政府选择性执法行为的成因研究主要分为三类：（1）从法律角度出发，认为法律本身的滞后性、不完备性

---

① K. C. Davis，*Discretionary Justice：A Preliminary Inquiry*，University of Illinois Press，1971.

② R. La Porta，F. Lopez-de-Silone，& A. Shleifer et al.，"Law and Finance"，*Journal of Political Economy*，Vol. 106，No. 6，1998，pp. 1113-1155.

③ G. S. Becker & G. J. Stigler，"Law Enforcement，Malfeasance，and Compensation of Enforcers"，*The Journal of Legal Studies*，Vol. 3，No. 1，1974，pp. 1-18.

④ 戴治勇：《选择性执法》，《法学研究》2008 年第 4 期。

以及赋予监管机构的剩余执法权力使得作为执法主体的政府得以主动、灵活地实现其执法目标；① （2）从央地关系以及政府执政的制度环境进行解释，认为地方政府执政环境中制度的不确定性及长期以来形成的非制度化执政模式，使地方政府带有自主性的变通执政行为得以强化；② （3）从执法成本收益角度出发，分析政府采取不同执法策略以实现降低成本、获取经济利益、官员晋升等目标。③

对于选择性执法引致腐败的原因，多数学者运用寻租理论、博弈理论分析后认为是政府对微观经济活动的干预、执法体制的混乱与不透明、执法权力缺少制约和监督，令执法者有机会以权谋私产生腐败。也有学者从权力本身的性质出发，认为行政权力的手段性、独立性、一元性、时效性和膨胀性特点是导致腐败的重要原因，具有制度的结构性根源。④ 还有学者从政企关系的角度，探究腐败的发生机制。例如从政府视角，用"政府俘获"理论解释地方政府突破法律法规为某些企业谋取额外利益的行为；⑤

---

①　相关研究成果参见：K. Pistor, C. Xu, "Incomplete Law", *Journal of International Law and Politics*, Vol. 35, No. 4, 2003, pp. 931-1013；许成钢《法律、执法与金融监管——介绍"法律的不完备性"理论》，《经济社会体制比较》2001 年第 5 期；王名扬《美国行政法》，中国法制出版社 2005 年版；盛学军《政府监管权的法律地位》，《社会科学研究》2006 年第 1 期；陈冬华、章铁生、李翔《法律环境、政府管制与隐性契约》，《经济研究》2008 年第 3 期。

②　相关研究成果参见：郑永年《中国的"行为联邦制"》，东方出版社 2013 年版；周雪光《权威体制与有效治理：当代中国国家治理的制度逻辑》，《开放时代》2011 年第 10 期；张静《反应性理政》，《经济社会体制比较》2010 年第 6 期；丁煌、杨代福《政策网络、博弈与政策执行：以我国房价宏观调控政策为例》，《学海》2008 年第 6 期。

③　相关研究成果参见：G. Montinola, Y. Qian & B. R. Weingast, "Federalism, Chinese Style: The Political Basis for Economic Success in China", *World Politics*, Vol. 48, No. 10, 1995, pp. 50-81；戴治勇《选择性执法》，《法学研究》2008 年第 4 期；周黎安《中国地方官员的晋升锦标赛模式研究》，《经济研究》2007 年第 7 期。

④　郭夏娟：《行政腐败与伦理责任》，《浙江社会科学》2003 年第 3 期。

⑤　相关研究成果参见：乔尔·S. 赫尔曼《转型经济中对抗政府俘获和行政腐败的策略》，《经济社会体制比较》（双月刊）2009 年第 2 期；李琼、徐彬《利益集团的政府俘获、行政腐败与高行政成本》，《四川师范大学学报》（社会科学版）2011 年第 3 期。

从企业视角，研究公司治理中政府的角色及其影响;① 从政企互动视角，用交换理论分析我国政府与企业的交换模式。② 已有研究的局限之处在于其多集中于对政府或企业单方动机与行为的研究上，而缺少解释选择性执法与腐败之间的内在关联以及由此导致的腐败的系统性原因。本书在已有研究的基础上，将观察的视角集中于地方政府的执法行为，认为选择性执法是地方政府基于地方或个人利益而对国家的法律、法规、政策做出的选择性执法行为。地方政府选择性执法为官员设租和企业寻租提供了有利空间，两者相长以致在经济社会运行的隐性层面产生了系统性腐败现象，在显性层面形成了非法治化竞争局面。

地方政府选择性执法具有以下特点：（1）此类选择性执法行为超越了自由裁量的法律授权范围，很大程度上是对法律法规的扭曲和违背；（2）执法的选择性可以体现在对执法对象、执法内容、执法程度的选择上；（3）从结果来看，尽管地方政府的选择性执法行为在一定的区域和时期内可能对经济发展、社会繁荣起到积极作用，但从全局和长远的发展来看，必然对国家整体利益和长远发展造成损害。选择性执法在税务、工商、环保等具备实际执法权的各级部门中已成为普遍现象，并且在不同的地方政府之间也表现出了相似性。将这种具有普遍性的现象归结为是由地方官员个人贪婪动机所致是不客观的，其中必然有某些"系统性"的原因，使得地方政府之间、同一组织部门的不同层级之间，不约而同地采取了选择性执法行为。

探究地方政府选择性执法的"系统性"成因，就需要从地方政府所

---

① 相关研究成果参见：陈冬华《地方政府、公司治理与补贴收入——来自我国证券市场的经验证据》，《财经研究》2003 年第 9 期；谭劲松、郑国坚《产权安排、治理机制、政企关系与企业效率——以"科龙"和"美的"为例》，《管理世界》（月刊）2004 年第 2 期。

② 相关研究成果参见：金太军、袁建军《政府与企业的交换模式及其演变规律——观察腐败深层机制的微观视角》，《中国社会科学》2011 年第 1 期；曹伟《经济转型中的政企耦合——基于温州模式的历史考察与困境研究》，博士学位论文，浙江大学，2013 年。

处的外部环境和组织内部寻找原因。组织学强调组织内部及组织与环境之间的相互作用和动态变迁对组织行为影响的重要性。对地方政府来说，外部环境的主要影响来源于制度环境，制度环境通过影响组织目标和官员个人目标，从而影响地方政府的行为模式。对于地方政府选择性执法行为的制度环境因素，学界的多项研究已得出普遍一致的结论，在法律层面，法律的滞后性、行政自由裁量权力边界的模糊性以及单一制国家的法律统一性和地区之间差异性的矛盾，使得地方政府的能动性受到法律框架的约束；在制度层面，以经济绩效为重心的官员考核晋升制度以及财税分权制度，使得地方政府的经济行为得以强化。这些制度环境因素通过影响地方政府和官员个人目标，进而影响其行为。地方政府既是中央政府的地方代理人，又是地方利益的代表者，这一双重身份决定了地方政府的价值目标具有多元性。同时，地方官员作为地方公共利益的具体代理人，又有着个人的利益和需求。自泰勒提出科学管理理论以来，组织与个人的关系便一直是组织理论探讨的重点，人们也逐渐摒弃了经济学模型中强调理性经济人追求个人利益最大化和政治学模型中强调公共人完全基于公共利益的价值取向两种极端模式，开始认可西蒙"介于完全理性与完全非理性之间的'有限理性'"管理人理论，组织目标的实现寓于组织成员个人目标的实现之中。因此，地方政府组织目标的实现是嵌入地方官员个人目标实现的过程中的，在实际中表现为地方官员既拥有组织人格又拥有个人人格。探究地方政府的选择性执法行为，应既考虑地方政府作为一个整体的组织动机，也考虑政府官员作为代理人的个人动机。当所在制度环境同时给予了政府组织本身和官员个人选择性执法的动机，选择性执法便表现出"系统性"，即官员的组织人格与个人人格在选择性执法这一行为上能够相容，官员可以摒弃因追求个人目标而带来的作为公共服务者的道德压力，更容易地做出选择性执法行为。

在组织层面，选择性执法是地方政府为维持经济增长而应对执法矛盾的手段。在我国，政府既承担公共服务的职能，又承担公共资源开发利用的经营性职能，现阶段地方政府公共服务的水平很大程度上取决于公共资源尤其是土地的开发经营能力。推动经济增长成为地方政府最重要的任务和使命，在此背景下，政府行使执法职能的过程中难免遇到一些难以调和的矛盾。其一是中央权威与地方利益之间的矛盾。地方政府本身也具有价值取向的双重性，它既是国家在地方的代理人，也是地方利益的最高代表，经济建设业绩成为地方政府向上获得上级政府肯定、向下获取民众支持的关键因素。然而处于"行为联邦"结构中的地方政府，常常需要面对中央权威与地方利益产生冲突的两难困境，难以在兼顾中央权威和地方利益的情况下取得好的经济建设业绩。作为中央政府法律、法规、政策的执行者，严格执行是对地方政府维护中央权威、履行法律责任的要求。但由于单一制国家法律统一性和地区之间差异性的矛盾，严格执法有时会损害地方利益，并对短期的地方经济增长造成阻碍。反过来，我们观察到在地方政府与中央政府的博弈中，地方的经济能力决定了它与中央政府博弈的能力，经济增速的减缓将会减少地方政府同中央政府讨价还价的筹码。在政治责任与竞争压力的双重力量驱动下，地方政府往往将追求效率设定为首要目标。[①] 选择性执法便是地方政府应对此项矛盾的解决方法，对于可能撬动地方利益、削减经济建设业绩的政策规定，地方政府选择以降低标准、缩小范围等方式选择性的执行，以保证地方经济的高速增长。

地方政府执法过程中遇到的另一个重要矛盾是执法成本与社会效益的矛盾。多数情况下，严格执法往往能规范地方经济社会秩序、改善地方市场生态，带来良好的社会效益。但执法同其他活动一样，存在着成本与收益。执法越严格、全面，付出的人力、物力、财力成本就越高昂，成本的付出对地方经济增速的影响可在当下显现；而其收益也就是带来

---

① 陈国权、于洋：《公共品的生产和分配：两种不同的行政逻辑——兼论民主行政的适用性》，《浙江大学学报》（人文社会科学版）2014 年第 4 期。

的社会效益的提升却不一定能在当下显现，往往要经历长期过程才能有所反映。面对执法成本与经济增长，地方政府往往会采取选择性执法。例如关停当地污染企业，对地方环境质量的改善、居民健康的提升都将经历较长时间才能体现出来，但对地方政府税收、GDP 的影响却能够很快反映，此时地方政府便采取放宽污染查处标准、选择性地查处污染严重企业等选择性执法方式，缓和执法成本同社会效益之间的矛盾，保障经济增长。但值得注意的是，地方政府的选择性执法行为，并不能消除这些存在的矛盾，而只是矛盾之下的掩盖策略，虽可能获得眼前利益、表面收益，但透支的却是地方经济社会的长远利益。

在个人层面，地方官员既是"公共人"，又是"经济人"，也是嵌入社会网络中的"社会人"。除了追求个人经济利益之外，地方官员选择性执法行为还受到官员晋升竞争、社会文化传统等因素驱使。在我国现有的官员晋升机制中，官员的升迁由上级政府进行考核和认定，而其业绩的主要体现便是官员带领地方经济发展取得的成果，政府的组织目标和官员的个人目标便是通过政府业绩与官员晋升的强相关实现相容。地方官员在晋升竞争的驱动之下，不惜运用非规范化手段维持经济高速增长，执法过程中对规则的忽视、对法规的突破、对标准的降低等选择性执法行为也就屡见不鲜。此外，在中国传统社会主流儒家思想强调关系和谐性的思想文化影响下，关系与人情成为中国社会生活中的重要隐性规则，许多事情的开展都以亲密的私人关系为前提，"人情是中国人与他人进行交往、建立关系的主要依据和准则，它决定了中国人在与没有血缘联系的他人进行交往互动时所表现出的互惠互利的社会性交换行为以及在人际交往活动中的关系取向"①。政府官员作为社会人不仅要面临为亲情群体服务的义务，还须面对人情义务。当它在执法过程中发现与其具有亲

---

① 李伟民：《论人情——关于中国人社会交往的分析和探讨》，《中山大学学报》（社会科学版）1996 年第 2 期。

情和人情关系的人会波及其中时，官员出于人情的主动考虑或被动地被人情裹挟，往往会"网开一面""睁一只眼闭一只眼"，协助其逃避法律法规给予的责任和制裁，于官员而言便是选择性执法行为。

因此，在制度环境的影响下，无论是出于维持地方经济增长的需要还是满足个人利益的需求，选择性执法成为地方政府及其官员实现组织和个人目标的共同方式。选择性执法为市场中的企业主体寻求区别于其他企业的特殊利益提供了机会，为腐败提供了巨大的空间。可以说，"系统性"选择性执法与系统性腐败密切相关。尽管地方政府本身和官员个人都可能具有选择性执法的动机，但由于政府组织目标是寓于官员个人目标中表达和实现的，因此下文在提到选择性执法行为时，我们认为是地方官员的选择性执法行为。

二 选择性执法下的政企交互模式

选择性执法与腐败之间是交互助推的关系，产生于政府经济建设和经济管理过程中的政企互动之中。官员具有选择性执法的动机，进而接受企业的贿赂才能构成腐败发生的完整链条。在互动关系中，政府与企业的关系是不对等的，无论是社会规则下权力的对比，还是相对资源的分布，政府都处于占有更大力量的一方，控制着信息、权力、制度和地位。[①] 在这种关系下，当企业为达到利益最大化目标需要与政府进行交换时，必须采取方法吸引政府，贿赂便是它们普遍采用的一种方式。杰瑞米·波普总结了贿赂的四种原因：获取稀缺利益、规避损失；利益本身不稀缺，但需要政府官员行使其自由裁量权后才能获得；不是为了具体利益，而是为了利益相关的服务；不让他人分享利益、给他人

---

① 金太军、袁建军：《政府与企业的交换模式及其演变规律——观察腐败深层机制的微观视角》，《中国社会科学》2011 年第 1 期。

造成损失。①政府和市场主体的价值取向不同，政府产生选择性执法行为时的目的、方式不同，企业进行贿赂的原因不同，因而形成了不同的互动模式。腐败产生于偏离法治轨道的非良性政企互动模式之中，而系统性腐败则与形成非良性政企互动模式背后的制度性因素密切相关。制度为地方政府官员提供了"不得不"进行选择性执法的理由，而选择性执法为官员提供了谋利的契机，这样一来官员个人贪腐的目的就隐藏在政府的合理行为之下，使腐败难以察觉、难以根治。根据政府和企业不同的价值取向和行为动机，我们将基于选择性执法的政企互动模式分为"共赢模式""风险模式""保险模式"和"掠夺模式"四种，探讨不同逻辑下地方官员和企业是如何以政府执法权力为交易对象进行权钱交易的，并解释其中系统性腐败的发生机制。

（一）共赢模式

我国一直以来的发展战略是"以经济建设为中心""效率优先"，地方政府逐渐成为承担经济建设责任的主体，与地方所辖企业形成利益共同体是地方政府获取更高经济效益的途径。魏昂德即提出"政府即厂商"②，学界用地方法团化来描述地方政府与企业抱团的现象，"地方法团化是指……各级政府、政党与所辖企业形成的一个类似大企业的利益共同体"③。陈家建指出"中国的经济精英并没有以对政府产生政治压力来获得利益，而是与政府合作形成了法团化的组织结构"，而基层政府"在经济、政治、宗族、文化等联系下与地方社会形成共生关系"④。

---

① ［新西兰］杰瑞米·波普：《制约腐败——建构国家廉政体系》，清华大学公共管理学院廉政研究室译，中国方正出版社 2003 年版。

② A. G. Walder, "Local Governments as Industrial Firms: An Organizational Analysis of China's Transitional Economy", *American Journal of Sociology*, Vol. 101, No. 2, 1995, pp. 263-301.

③ Jean C. Oi, *Rural China Takes off: Institutional Foundations of Economic Reform*, University of California Press, 1999.

④ 陈家建：《法团主义与当代中国社会》，《社会学研究》2010 年第 2 期。

在此情形下，地方政府为实现快速的经济增长和有效的社会管理，往往选择所辖区域内部分企业形成利益共同体，在利益共同体中地方政府与企业自然倾向于互利互惠，当严格执行某项法律法规会对地方企业利益造成损害时，不可避免也会连带损害地方政府利益及地方利益。此时选择性执法便成为地方政府维护利益共同体的理性选择，因此一些纳税大户的违法违规行为就总是能得到地方政府的包庇。例如我国环境保护有关法律规定了企业的排污标准，污染超标的企业需引进治污设备和技术，使污染降低到排放标准后方可排放。而在现实中，引进排污设备进行污染治理将提高生产成本，使该企业生产的产品在市场上失去价格优势、降低经济效益。这对利益共同体内的地方政府意味着经济绩效的损失和税收的减少，地方政府必然不愿损失当前区域利益，而会采用选择性执法，对污染企业的排污行为降低标准查处、选择性查处甚至不予查处，以维护其利益共同体的当前"共同利益"。

在这种情况下的地方政府选择性执法，对地方官员来说既能服务于地方的经济增长指标，也能提升执政绩效，能够在实现组织目标的同时实现个人目标；对属地企业来说，政府执法的低标准甚至有意纵容为企业获得更高额的经济利益提供了便利条件。可以说，这种政企互动模式下的选择性执法行为，形成了地方政府、官员、企业的"共赢"局面，而这种"共赢"是基于局部利益、短期利益之上的狭隘共赢，忽视的是全社会长期的真正福利提升，例如被地方官员纵容的污染企业，往往是在发生重大污染安全事故之后，才能得到一定程度的整治。在"共赢"逻辑之下，与政府形成利益共同体的企业往往深谙政企关系之道，它们会做出努力以维护同政府的结盟关系，向政府官员给予贿赂便成为它们维护关系的重要方式；而在利益共同体之外的企业，也想千方百计寻求同政府结盟，因而也会争相向政府官员行贿，以期进入利益共同体，共享政府选择性执法所带来的优惠。但是，选择性执法之下的企业依然是违法主体，即使是政府有意"放水"，纵容企业偷税漏税、产污排污等，也改变不了企业违反相关法律法规的事实。违法事实使企业家增添了一份不安全感，促使企业积极向政府官员行贿以期通过权钱交易获得政府庇护的默契。对政府官员来说，企业的贿赂作为在其获得政绩的同时附加的经济利益，往往难以依靠自身的意志力和道德约束抵挡，并且官员会产生这是在谋求地方经济增长的"正当"行为过程中的附加利益，而非收受贿赂为企业谋利的想法，此时腐败就很容易发生了。

"共赢"模式描述的是地方经济增长逻辑下地方官员的选择性执法行为及其腐败模式。从行为发生的方向来看，选择性执法和行贿分别都是政府官员和企业双向发生的主动行为；从政企关系的稳定性来看，由于利益共同体的存在，政府和企业建立起较为牢固的政企同盟关系，使得它成为较隐蔽而难以消除的腐败模式；从腐败内生的原因来看，以经济绩效作为衡量地方政绩和官员晋升最主要标准的考核制度，助长了系统性腐败的形成。

（二）风险模式

目前我国市场中企业存在违法行为的现象非常普遍，导致市场上形成了唯利是图、恶性竞争的环境，厂商偷税漏税、偷工减料、制假售假，甚至生产有毒有害产品，对市场秩序和消费者的生命健康造成了破坏和威胁。而这种不良竞争环境的形成与监管机构的执法不力密切关联。当个别企业在利欲熏心之下采取违法方式降低生产经营成本从而获取更多经济利益时，深知自身违法行为的企业必然担心受到政府执法部门的查处。当地方政府在执法过程中发现了企业违法行为并意欲对其进行惩处时，企业有可能对政府官员进行贿赂以寻求免于惩处。即便政府还没有发现企业的违法行为，出于对自身违法行为会受到查处的担忧，企业也可能主动向政府官员行贿，以获安全保障。政府官员若在利益诱惑下接受贿赂从而免于对违法企业的查处，便发生了选择性执法和腐败行为。违法企业获利而不受惩罚，则其他企业若不同样违法经营就会在市场竞争中处于劣势甚至不能生存，于是会迫使其他企业不得不相机而动，采取相似策略。为了获得政府官员"选择性执法"而不予查处的特权，企业便积极向官员行贿，以权钱交易的方式获得政府对企业违法行为的纵容。而受贿官员收贿而得不到惩处，其他执法者也会随之采取相似策略。最终"参与主体的个别理性汇聚成行业整体的非理性"①，即企业普遍违法竞争，并导致相关政府执法部门出现系统性腐败。

在这种情况下，参与交易的企业和政府官员双方都要承担一定的风险。对企业来说，在既有违法事实的前提下，向政府官员行贿并不能保证一定会免于查处，或者一时不被查处并不能保证将来也不被查处，企业面临着即使付出贿金也要受到惩罚的风险；对政府官员来说，滥用执法权力、以权谋私本身也是违法行为，随着法制的渐趋完善和监督的严格趋向，地方官员选择性执法、收受贿金也承担着被纪检监察部门查处的风险。因此将此类基于选择性执法的政企互动和腐败模式称为"风险模式"，参与双方都承担一定的风险，但也获得高风险之下的高收益，对企业来说违法经营获得的是超额利润，对官员来说权钱交易所得的是非法收入。"风险模式"是政企交易腐败中最常见的形式，其行为向度是企业单向进行的，起因于企业对其违法事实的掩盖意图以及政府官员的个人寻利，在产生腐败现象的同时，也扰乱了市场竞争秩序、危害了消费者的合法权益。

（三）保险模式

新经济史学派的代表人物诺思提出用制度来解释经济变迁，而制度的建构则源于人们面对不确定性而做出的反应。我国的经济社会转型置于制度变迁的过程之中，一方面由于制度自身的功能缺陷，另一方面出

---

① 徐浩鸣、康姝丽、徐建中：《中国企业间恶性竞争的耗散结构分析》，《哈尔滨师范大学自然科学学报》2002 年第 6 期。

于适应外部环境变化的需要，制度的不确定性已成为常态。① 在转型期的市场环境中，这种不确定性可以表现为政治不确定性和行政管理的不确定性，例如产权问题就是其中之一。诺思指出有效率的产权结构是经济活力的源泉，而我国处于社会市场经济剧烈转型时期，市场中的产权虽正日渐明晰，但仍存在许多模糊之处。产权的模糊一方面会导致市场机制的扭曲，另一方面使企业家普遍缺乏安全感，政策的些许变化都可能给企业带来经济上的损失甚至制裁，特别是在激烈的市场竞争中，获得成功的途径往往是在合法与非法之间的灰色地带中求新求变，而今日处于"灰色地带"的做法，可能在明天就被界定为违法行为。这种源于制度风险的不安全感无法通过正当的途径消除，使得企业家急于寻求一种保护承诺，以防在制度环境发生变化时遭受损失。此时地方政府便是能够提供保护承诺的重要途径。企业家通过行贿等非正式途径获得政府官员庇护的承诺，以对冲制度不确定性带来的风险，降低不安全感。政府官员接受企业的贿赂，并承诺当政策发生变化影响到企业利益时，政府将免于对该企业的执法，使企业能继续获取远超于贿金的经济利益，或免于制度不确定性带来的损失。

企业与政府的这种交易模式，正如同购买保险一般，企业付出金钱作为"险金"，购买将来某个不确定时间中政府官员对其选择性执法，以保护其利益。这种现象因而称为"保险模式"。对政府官员来说，收受企业的贿赂后并没有立即为其谋取不正当利益，而且如果政策环境一直没有发生对企业不利的变化，官员便也无须在将来利用选择性执法为其谋取不正当利益。企业家通过行贿获得了某种"安全保障"，官员则通过受贿获益，如此一来这种腐败模式受到发现和查处的风险就大大减小，因而地方官员接受这种政企交易贿赂的可能性也就较高。"保险模式"的行

---

① 黄信：《制度不确定性：市场与政府关系的新视角》，《中共中央党校学报》2010年第1期。

为向度同"风险模式"一样，是由企业单向进行的，不同的是企业不一定存在违法行为，所"购买"的政府选择性执法也只是对将来的一个承诺。在这种模式中，经济社会转型时期制度的不确定性是产生系统性腐败的重要原因。

（四）掠夺模式

政府在经济发展或转轨中到底是"扶持之手"还是"掠夺之手"一直是学者争论的焦点，普遍的观点认为，政府往往是此项矛盾的集合体，既有"扶持之手"也有"掠夺之手"。当利益集团的寻租之手同政府的掠夺之手联合，便形成了掠夺型制度。在对我国地方政府掠夺行为的研究中，周雪光提出"逆向软预算约束"用以概括基层政府自上而下向所辖区域中的下属组织和个人索取资源的行为，并认为干部晋升制度和宏观组织制度难以对官员行为施行有效约束是现象产生的渊源；[1] 也有观点认为地方政府掠夺的产生源于强政府—弱社会的格局以及税收体制改革中出现的问题。[2] 当今地方政府摊派攫取资源的现象是存在的，而且部分已转变为制度的形式获得了合法性。例如地方政府向下摊派税费或选择部分企业让其为某些政绩项目出资出力，这对于一些企业来说往往不堪重负。此时一些企业便会通过向政府官员行贿，使政府在摊派时对该企业免于摊派，以付出一定额度的贿金的形式避免政府更大程度的掠夺。而另一种情形，则是政府可能对某些企业选择性地"疏于执法"，但也可能对部分企业选择性地"过度执法"，使这些企业成为执法天平下的受害者。为避免成为选择性执法下过度执法的对象，部分企业即使没有任何违法行为，也不得不向政府官员贿赂，以避免更多的利益损失。

在地方政府强硬索取下，企业不得不向官员行贿以避免遭受更大程

---

[1] 周雪光：《"逆向软预算约束"：一个政府行为的组织分析》，《中国社会科学》2005年第2期。

[2] 赵奉军：《转轨经济中的掠夺之手》，《当代财经》2003年第6期。

度的掠夺，因此而产生的腐败称为"掠夺模式"。"掠夺模式"的行为向度是由地方官员选择性执法到企业行贿单向进行的，它起因于地方政府的掠夺或者过度执法，企业在相机权衡之下采取行贿交易，寻求躲避。这种腐败逻辑的产生，既有制度层面的原因，也不乏官员贪婪的因素，在近年查获的腐败案件中，官员肆无忌惮地向下属企业索贿的现象屡见不鲜，"掠夺"模式成为政府官员利用选择性执法进行腐败的又一重要现象。而制度变迁过程中地方政府面临的财权与事权之间的矛盾与张力是从中产生系统性腐败的原因。

表 2—1　　　　　　　　　基于选择性执法的政企互动模式

	共赢模式	风险模式	保险模式	掠夺模式
成因	以经济绩效为主要目标的考核制度，促使地方政府和企业形成利益共同体	官员的个人寻租行为得不到有效制约，执法权力的行使得不到有效监督	社会转型期制度不确定性和政策多变对市场主体带来的不安全感	政府为解决制度变迁的矛盾和张力，对企业进行的掠夺和费用摊派
动力	地方政府维持经济增长的压力；企业对经济效益的追求	违法企业希望获取免遭法律惩罚的特权	不稳定的制度环境下，企业防范可能的制度风险	地方政府的掠夺；企业减少利益损失
路径	地方政府(官员) —选择性执法↓ ↑行贿— 企业	企业 →行贿→ 地方政府(官员) →选择性执法→ 企业	企业 →行贿→ 地方政府(官员) →选择性执法(未来)→ 企业	地方政府(官员) →选择性执法→ 企业 →行贿→ 地方政府(官员)

从"共赢模式""风险模式""保险模式"和"掠夺模式"四种不同的政企交互模式来看，不同之处在于政府和企业的行为发生向度不同、互动逻辑不同、形成原因不同，但它们的共同之处在于都是以地方政府的执法权力为交易对象，在政企互动过程中形成的都是偏离了法治轨道

的非良性政企关系（见表 2—1）。

三　非法治化竞争与系统性腐败

所谓非法治化竞争，是指竞争缺乏法治基础、参与竞争各方利益得不到法治保障的竞争状态，具体表现为竞争规则不明晰或得不到严格遵守，发生冲突与争议时得不到公正有效的仲裁。经济活动中的非法治化竞争，体现在当下市场主体普遍的非市场行为上。非市场行为并非与生俱来带有贬义色彩，有研究表明转型经济中虽然市场机制发挥一定作用，但是企业的发展在很大程度上仍然依赖于非市场体系获取资源。[①] 在管理学领域，市场行为与非市场行为都是企业战略管理的研究内容，无论是企业游说政府部门或行业协会的非市场行为还是采取区域低成本生产的市场行为都是提升企业绩效的方式。[②] 公共管理学界重点研究了企业非市场行为中的政治行为，认为政治关联是一种产权保护的法律替代机制，为使民营企业获得产权保护以减少来自地方政府的合法伤害；[③] 张维迎、马捷则分析了国有企业恶性竞争的产权基础为其所有权与经营权分离的事实。[④] 政府对市场的强行政干预是企业采取非市场行为的主要原因，行政机构通过直接干预市场配置机制、影响消费者决策而影响

---

①　T. J. Quasney, "Competitive Interaction: A Study of Market, Nonmarket and Integrated Competitive Behavior", *Doctoral Dissertation*, University of Maryland, College Park, 2003.

②　M. W. Peng & P. S. Heath, "The Growth of the Firm in Planned Economies in Transition: Institutions, Organizations, and Strategic Choice", *Academy of Management Review*, Vol. 21, No. 2, 1996, pp. 492-528.

③　相关研究成果参见白重恩、路江涌、陶志刚《中国私营企业银行贷款的经验研究》，《经济学（季刊）》2005 年第 3 期；胡旭阳《民营企业家的政治身份与民营企业的融资便利——以浙江省民营百强企业为例》，《管理世界》2006 年第 5 期；陈敏菊《企业与政府的博弈：民营企业政治化》，《乡镇经济》2006 年第 6 期。

④　张维迎、马捷：《恶性竞争的产权基础》，《经济研究》1999 年第 6 期。

市场均衡、干扰厂商决策从而影响市场均衡这三种规制方式介入市场，① 也通过对行政性资源配置权力的强化和对行政审批的控制等政府逆市场（anti-market）行为的强化，影响着企业生产性活动和非生产性活动的相对收益。② 企业的非市场行为在经济转型时期的市场体系中产生了重要作用，但其合法性的界限十分模糊，超越了一定的界限则很容易演变为群体性的不正当竞争行为，即形成市场层面的非法治化竞争局面。在非法治化竞争环境之下，企业等市场主体不是通过价格与质量优势等市场竞争手段来获取市场份额，而是通过与社会权力或政治权力的博弈或合谋，获取政府管制下的稀缺资源，来赢得竞争优势。③ 造成的结果是扰乱市场秩序、增加市场壁垒、破坏统一市场的形成，伴随并发的腐败问题。

选择性执法导致的非法治化竞争可主要分为两类：其一是行政垄断导致的区域性市场分割与地方间恶性竞争，其二是执法腐败下企业的普遍非法治化竞争与非制度化生存。前者是政企交易腐败的"共赢模式"长期积累的结果，是宏观层面区域间的非法治化竞争，主要表现为地方保护主义措施；后者是政企交易腐败的"风险模式"下的必然结果，是微观层面企业个体的不良竞争环境，主要表现为对冲突和争议采取不公正的仲裁。

宏观层面上，行政垄断导致区域性市场分割与地方间恶性竞争。行政垄断是指"政府为保护本部门或本地区所属企业的利益，通过法律、行政法规或规定的形式，维护这些企业的市场垄断地位，阻止竞争市场形成的

---

① ［美］丹尼尔·F. 史普博：《管制与市场》，余晖等译，格致出版社 2008 年版。

② 吴敬琏、黄少卿：《权与利的博弈——转型时期的制度环境与企业家行为》，《品牌》2006 年第 8 期。

③ 陈国权、徐碧波：《法治缺失下的制度风险与非市场竞争》，《社会科学战线》2005 年第 3 期。

行为"①。行政垄断的产生源于在地方经济指标、官员晋升的考核机制下，地方政府对地方利益的追逐。地方政府在与地方企业形成利益共同体并依靠政府的执法权力，运用选择性执法获取地方经济绩效、官员政绩、企业利益与官员私利的稳固"共赢模式"下，更倾向于维护区域内的利益共同体。由于地区间缺乏合理、明确并得到共同遵守的竞争规则，地方政府通常通过限制外地企业产品进入、包庇和保护本地企业低质产品等方式，使本地企业免于更大市场范围的公平竞争，从而获取本地市场垄断地位。在这种情形下，企业不是通过质量与价格的优势、技术升级、结构调整与战略转型来获得经营利润，而是热衷于利益共同体中政企关系的维护。在这种情形下，与此相关的政府部门就极易陷入系统性腐败。

微观层面上，选择性执法背景下的企业陷入非法治化的竞争，贿赂政府官员就成为企业非制度化生存的普遍行为。"非制度化生存是指一个人、一个企业甚至一个行业，如果完全遵守规则就不能生存，而只能靠违反或破坏规则才能生存。为了有所盈利，破坏规则就成为唯一选择。"②地方政府官员作为市场秩序的监管者和公平正义的维护者，若不能在市场竞争中保持公平和中立、不能对市场冲突进行公正有效的仲裁，而是利用选择性执法获取个人利益，使政企关系建立在"风险模式"下，执法便会失去其维持市场良性竞争秩序的作用。在企业竞争理论的研究中，有学者用"进攻"（action）与"回应"（response）模式来总结企业竞争性的行动，③"进攻"是先动企业采取竞争行动获取限制对手的竞争优势，而"回应"则是后动企业采取行动，降低来自先动企业的影响，

---

① 过勇、胡鞍钢：《行政垄断、寻租与腐败——转型经济的腐败机理分析》，《经济社会体制比较》2003 年第 2 期。

② 孙立平：《走向积极的社会管理》，《社会学研究》2011 年第 4 期。

③ M. J. Chen & D. C. Hambrick，"Speed, Stealth, and Selective Attack: How Small Firms Differ from Large Firms in Competitive Behavior"，*Academy of Management Journal*，Vol. 38，No. 2，1995，pp. 453–482.

减少竞争对手的威胁。对于"风险模式"下企业个体的非法治化竞争行为来说，先动企业采取"进攻"，一方面以违法行为获取竞争优势，另一方面向政府官员行贿获取选择性执法的庇护；后动企业为避免在竞争中处于劣势，也纷纷采取相似策略进行"回应"，如此造成了市场中企业完全遵守规则就不能生存、不违法就不能盈利的局面。于是企业争相贿赂官员，用非法治化竞争手段获取政府执法特权及稀缺资源，导致企业行贿的普遍化与相关政府部门的系统性腐败。

国际货币基金组织的研究将转型经济的腐败主要分为国家捕获（state capture）和行政性腐败（administrative corruption），[①] 而行政性腐败就是通过向政府官员提供报酬以扭曲法律、规则和规章的执行。随着国家法律法规的完善和政策制定的科学化，腐败的重灾区将更多地出现在行政执法环节。本书通过对地方政府执法过程中选择性执法现象的观察，分析总结了选择性执法引致腐败的四种政企互动模式，从中可以看出，地方官员做出选择性执法行为不仅仅出于权力寻租的欲望，也有为了实现地方经济增长的动力；企业向政府官员行贿，也不仅仅为了对违法行为寻求庇护或获取垄断资源，也体现了企业家对生存环境的不安全感和对制度不确定性的担忧。从成因来看，对"共赢模式"来说，在于以经济绩效作为衡量地方政绩和官员晋升的最主要标准的考核制度，它也是造成地方区域间恶性竞争、破坏统一市场形成的主要原因；对"风险模式"来说，在于官员的个人寻租行为得不到有效制约、执法权力的行使得不到有效监督；对"保险模式"来说，多起因于社会转型时期制度的不确定性和政策的多变给市场主体带来的不安全感；而对"掠夺模式"来说，其根源则更多地在于制度变迁过程中的矛盾与张力，地方政府在面临这些矛盾与张力时无法寻求更合理的化解途径。系统性腐败

---

① G. T. Abed & H. R. Davoodi, *Corruption，Structural Reforms，and Economic Performance in the Transition Economies*，IMF Working Paper，2000，pp. 1-48.

现象和非法治化竞争局面的形成，是参与主体的个体性因素与制度环境的系统性因素共同作用的结果，既有经济利益的纠缠，也有制度现实的无奈。

要遏制系统性腐败现象，建立法治化市场竞争，需改变地方政府选择性执法现状，让执法者公平执法、透明执法、严格执法，营造公平透明的市场竞争环境。这不仅需依靠法的科学性，也需要与之相匹配的制度环境，法超前或落后于制度现实，都会给现实的执法带来困境。只有从制度层面加以优化，使政府无须利用选择性执法达成政府目标、企业无须寻求政府的选择性执法来增强竞争安全感，才能从根本上遏制非法治化竞争与系统性腐败。

第三章

权力结构法治化与权力制约监督

作为政治制度的深层架构，权力结构的模式及其演变，直接关系到政治发展的路径与走向。分权制衡是权力结构法治化的核心要义，它意味着国家与社会之间，决策权、执行权、监督权之间，都达成了相互制衡的状态。然而，就目前的中国而言，权力结构却存在着双重失衡。在国家与社会的关系上，由于市场竞争对政治权威的依赖、政府组织的适应性变革以及社会组织化的条件缺失，彼此存在权力失衡；而在政治系统内部，由于民主集中制在政治实践中的扭曲、监督权在权威与政绩诉求下的消解，决策权、执行权与监督权之间也存在着严重的失衡。这些权力失衡问题，实际上都成为腐败滋生和扩散的肇端。权力结构的法治化转型，是当前中国转型与发展对政治体制改革的必然诉求。结合西方法治经验与中国国情，渐进平衡的自主型进路是权力结构法治化转型的现实路径，而实现廉政制度与社会发展的良性互动，则是法治化转型的关键。

第一节　权力结构的内涵及其形态

所谓权力结构，本质上是一种由不同权力主体相互联系而形成的、相对稳定的关系模式。各种政治主体（国家、社会、公民、政党、组织等）之间的关系构成了权力结构的具体内容。它是特定利益关系及行为模式的制度化，是权力运行机制的基础和载体。因而，权力结构是政治秩序的核心架构，不同的权力结构往往会塑造出不同的政治制度，进而形成不同的权力运行模式。

权力结构中的权力配置、拥有支配性权力的政治主体数量以及主体间权力关系的不同，将形成不同的权力结构类型，如单极、双极、三极、多极、科层以及网络型等权力结构类型。分析框架的选择基于研究问题的需要，本项研究主要探讨权力控制与廉政问题，由于权力滥用与集权的紧密关系，我们将权力结构归纳为集权结构和制约结构两种基本类型。制约结构是以分权为基础，"权力与权力之间相互制约，是不同权力主体之间通过彼此钳制的关系形成权力之间的相互约束"的结构。而集权结构同制约结构相反，它在"横向层级上向某个个人集中，在纵向关系上，下级向上级集中，并且对集中的权力缺乏有效的制约"①。

（1）**单极权力结构**。在这种权力结构类型下，唯一的权力主体垄断所有的政治权力，支配其他组织和人员，使其服从威权主义命令的结构模式。韦伯所提出的克里斯玛式的超凡魅力支配类型就是单极权力结构的体现。君主专制、独裁制甚至大权独揽的"一把手"体制都属于这种

---

① 陈国权、黄振威：《论权力结构的转型：从集权到制约》，《经济社会体制比较》2011 年第 3 期。

类型。由于权力集中在单一的政治主体手中，法治与制约监督等控权和分权制度不是尚未建立就是付之阙如。

（2）**双极权力结构**。两个主要的政治主体分别拥有各自领域内绝对权力的政治结构。在这一结构下，两种不同类型的权力分别掌握在两个主要的政治主体手中，两者的权力由于属于不同领域因此呈现彼此并行、对峙和此消彼长的特点。欧洲中世纪王权与教权之间，就是典型的双极权力结构。双极权力结构内部建立了初步的分权机制，但这种分权往往并不是建立在法治和制度化的基础上，而是基于双方政治力量、权力大小的大致相当而形成的。由于时间的推移，两个主要权力主体之间的力量对比会出现变化，因此其经常表现为过渡型权力结构。同时，由于只存在两个主要的政治主体，彼此之间一旦实现妥协，这种权力制约就会受到极大的削弱，进而导致合谋。

（3）**三极权力结构**。它依据不同的职能和责任将权力划分为三个部分，分别由三个权力主体履行。西方立法、行政、司法三权分立的国家体制是典型的三极权力结构。近代西方国家由于自由、民主等理念的盛行，在权力结构的设计上否定了专制集权，确立了人民主权和不同权力之间分权制衡和法治的原则。在法治的基础上将政治权力分解为三个互相制约平衡的部分，由此形成一种较为稳定的权力结构。同时，中国也尝试建立基于决策权、执行权、监督权既相互制约又相互协调的具有中国特色的权力结构和运行机制。由于各政治主体之间形成了分权与制衡的结构，对权力效率会有所损失，但权力滥用的风险相对大幅降低。

（4）**多极权力结构**。这种结构表明主要政治权力掌握在若干不同的政治主体手中，这些政治主体通常都能够对政治过程施加不同的影响。这种结构多为现代政治转型后的产物。政治主体从国家、政府和政党等少数参与者扩大到广大的利益集团、社会群体、公民组织，权力从少数精英垄断转向各种不同的集团，同时权力运行机制也从单向度的"支配—服从"转向相互影响的多元互动模式。美国政治学家罗伯特·达尔将这种多极权力结构归纳为多元主义民主，用以形容西方政治领域中出现的政治权力多极化现象。多极权力结构建立在三极权力结构的基础之上，是对三极权力结构的进一步发展，在高度制度化的多极结构下，各种政治参与主体拥有广泛的权利，政治参与增加，分权与制约进一步加强，拥有广泛的"否决点"，但政治效率进一步降低。

（5）**网络型权力结构**。在此结构形态之下，每种权力主体都处于法治关系的互动网络之中。在这种结构下各种权力存在明确的边界，没有一个政治主体能够垄断所有权力或某类权力。各种权力主体之间的互动以制度为基础，排除了暴力和非正式渠道的使用，权力结构之间的关系呈现出犬牙交错的网络化特征。这是一种理想化的权力结构，目前现实的政治实践中尚没有真正形成这样的权力结构。有学者认为在网络型这种理想的权力结构形态下，将实现高度的法治、分权与制衡，因此可能将权力滥用的风险最小化。

（6）**科层权力结构**。这是同网络结构相对的概念，在诸种权力结构形态中较为特殊。科层制结构通常是工具理性发展到极致的产物，是一架完美的官僚行政机器，并以等级制、去人格化、专业化、职业化、文牍主义为特征。科层制结构一旦建立，就难以摧毁从而成为难以逃脱的"铁笼"[①]。尤其是，科层权力结构是一种具有很强韧性与适应性的权力安排模式，它既可以独立存在，也可以依附于前述的单极、双极、三极、多极等权力结构而存在，从而呈现出一种复合型的组合结构。在这一结构中不同政治权力之间的关系呈现明显的层级关系，通常权力集中于科层结构的顶部。权力大小从科层顶部向底部逐级递减，顶层垄断了主要权力并对底层具有强大的支配能力，权力运行方向也呈现出从顶部到底

---

① ［德］马克斯·韦伯：《经济与社会》，阎克文译，上海人民出版社 2010 年版。

部的单向度特征。其典型模型就是"金字塔"形或"宝塔"形的权力结构。现代民主政体下通常广泛采用了科层制为政府组织结构安排，这种权力结构在世界范围内的政府组织、非政府组织和企业中都得到过广泛采用。但科层制结构形态下权力过于集中、缺乏制约监督，同时科层制中广泛存在的委托—代理关系也由于权力不对等、信息不对称等缺陷，使科层权力结构同样面临权力滥用的风险和威胁。

上述分析表明，双极、三极、多极以及网络型权力结构具有两个以上的、处于相互制约平衡的权力主体，因而可以归属于制约结构，而单极权力结构和科层权力结构则主要由单一政治主体垄断权力、建立"命令—服从"的支配体系，因而属于集权结构。在集权结构形态下，权力滥用的腐败风险远高于其在制约结构形态中的水平，如不加以管控、疏导和遏制，这种风险会不断积累并最终导致系统性腐败的爆发。将各种权力结构形态置于大历史的尺度中考察，可以发现公共机构变迁和发展的本质就是随着经济社会和文化观念的发展，权力结构不断变迁、发展以适应和实现政治共同体目标的过程。

第二节　分权制衡：法治化的权力结构

权力结构的法治化，意味着法治在权力关系中具有至上的权威性，呈现出一种相对稳定的法治秩序。这种法治秩序的根本特征，在于分权制衡。具体到国家权力而言，分权制衡实际上包含了两个基本层面：一是外部层面，主要关注的是国家和社会之间的权力关系；二是内部层面，包括政治系统内部的决策权、执行权、监督权之间的相互关系。当然，这两个层面在现实中是无法截然分开的，实际上构成了一个整体。

一　国家权力与社会权利之间的相互制衡

现代国家的法治模式主要有英国"法的统治"社会优位型的法治模式、德国"法治国"式的国家优位型法治模式以及社会优位型与国家优位型趋同的当代法治模式等。① 尽管不同国家间的法治模式存在不同，但其核心内涵却是高度一致的，那就是国家权力与社会权利应当形成一种平衡的、良性互动的状态。权力结构外部层面的法治化是在法律至上的前提下形成国家与社会活动的规范，进而建立对公共权力的限制和社会权利的保障，即分别实现权力法治和权利法治的状态，对公共权力进行控制，对公民权利进行维护，防止权力暴政和掠夺公共财富的可能性，使公共权力和公民权利之间实现分权、制约和平衡的配置。

在缺乏法治的状态下，国家与社会的互动过程中通常充斥着暴力和威压。国家与社会的互动行为在缺乏规则约束的情况下，往往会演变为你死我活、胜者通吃的零和博弈。但法治规则的引入，为国家权力与社会权利之间的互动提供了权威性的规范，从而能够改变双方的行为方式，实现国家与社会的共赢。权力结构的法治原则要求宪法和法律相对于所有政治行为主体具有绝对的至上性和优先性，要求在权力结构中实现"法律至上"和"权在法下"的法治状态。国家和社会之间互动的政治行为必须符合一定的规则和秩序，并符合人的理性和科学理论的要求，这种对政治秩序的规范就是法治。"法律至上"是法治化权力结构的观念价值基础，法律至上观念的缺失必然会导致法治权力结构的根基不稳，进而动摇分权制约机制。因此在法治权力结构下拥有国家权力和社会权利的政治主体应当普遍接受并服从"法律至上"的观念。

在国家权力与社会权利的互动中法律至上性还体现在"法外无权"

---

① 马长山：《国家、市民社会与法治》，商务印书馆 2002 年版。

上，无论是国家权力还是社会权利都应来自法律的确认与授予。法律的确认同意和授予是权力正当性的唯一来源。对于法治下的国家权力和社会权利而言，其具体实现机制又是不同的。对于公共权力而言，法律的至上性体现在"法无授权即禁止"，即公共权力不能作用于宪法和法律没有规定授权的领域。对于社会权利而言，其权利行使应当符合"法无禁止即可为"，公民个人和社会组织在追求各自目标的过程中不受不当干预的保障。法治中这种法律至上的分类治理安排反映了法治对公共权力的控制和对社会权利的保障。此外法律的至上性和权威性还体现在，一旦公共权力或社会权利违反了这种"法外无权"的原则将会受到法律的制裁和惩罚。任何政治主体的行为只要逾越法定的界限就会被视为不正当的权力，从而失去法律的保障，其必然要受到法律的惩处和政治的问责。从这个角度上讲，法律至上是有法律制裁和惩罚作为正当性和强制性保障的，强制制裁是法治区别于其他控权安排的显著特点和优势。

权力结构的法治化，在消极意义上意味着对国家公共权力的制约、控制，而在积极意义上则意味着国家公共权力对社会和公民权利的保障。

（一）国家权力法治

就国家权力法治而言，法治控权的基本方式是公共权力的来源法治化，公共权力的分权、限权和问责。现代法治一般依靠制定宪法的方式来约束国家权力，这也意味着国家权力应当在宪法之下进行一定程度的分权，使之形成彼此之间相互合作又相互制约同时又互不隶属的权力结构。因此，法治化的权力结构必须具有分权和制衡的机制。政治权力的公共性、强制性和暴力性决定了其既具有实现公共事务善治的潜力，也具有造成腐败和暴政的风险。鉴于权力的风险和危害要实现科学的权力结构就必须对其进行分权、制衡和监督。

此外，最为重要的是权力法治还需要建构国家政治责任体系及其相应的权力问责纠错的制度安排。构建政治责任体系既是向法治权力结构转型的根本途径，也是权力法治在控权领域的关键性制度安排。基于权力法治的责任体系要求依据公共事务和公共权力的科学配置，以公共事务的分工产生公共组织的相应职能，再依据公共职能产生公共责任体系，最后基于责任体系产生公共权力体系。政治责任体系应从权力本位转向责任本位，确立基于责任本位的权力体系，从而在根本上颠覆传统型的权责关系。在现实的实践中，政治责任体系对权力结构重构的主要形式是政府问责制的确立和实行。一旦权力所有者的行为、政策违反其职权所规定之责任就应当对其进行权力问责，从而对权力失范进行纠错。问责制的关键在于对党政一把手的责任追究和问责，遏制领导干部特别是一把手的权力滥用。① 权力法治的责任体系不仅表明政府中各个部门、层级和官员个人的责任是有限的，而且他们各自的权力也是有限的，一旦权力的行使越出相应的责任就出现权力滥用的行为。政府及其领导官员应负有相应的责任，承担追责、问责的后果和代价。

因此，通过宪法和法律确认权力来源的法治化，通过分权与有限的机制将权力结构从横向上与纵向上进行分权与制衡，通过明确、规范权力结构各部分的有限性和责任性，建构国家政治责任体系，克服政治权力的风险性与危害性，从而发挥国家权力法治的优势，实现法治控权和公共事务的善治。

（二）社会权利法治

社会权利法治是法治作用于国家与社会关系的另一个重要方面。它以用法治的规范促使公共权力保障公民个人和公民社会的正当权利为前提，规范社会权利的行使并制约公共权力，以此来实现权利控权的目标。

首先，公民和社会的正当权利应当受到国家的尊重、保障并获得有效运用。现代国家之所以选择法治，并限制、规范公共权力，其目的就是为了保障公民权利不被非法侵犯和剥夺。个人所享有的人权和公民权同时也成为国家权力的依归和正当性来源。公民的正当权利包括法律权

---

① 陈国权：《责任政府：从权力本位到责任本位》，浙江大学出版社 2009 年版。

利、政治权利和社会权利,都应受到宪法和国家制度的保障。其中公民的政治权利——选举权、被选举权、监督权、言论出版结社自由权等对遏制公共权力的滥用、私用具有不可或缺的重要作用,它们能有效改变传统的、单一的、自上而下式的监督体制。在社会权利法治的状态下,社会公众有权对政府及其公职人员的政策和行为进行监督。此外,社会权利对国家权力的制约需要高度的公民精神和法治理念,这种社会中的公民精神和法治理念通过各种政治参与渠道向国家权力表达自身的合法诉求,形成强大的公共舆论,进而对权力结构内部的决策权、执行权、监督权的运行产生引导作用。

其次,社会权利法治要求以社会权利平衡和制约国家权力。社会权利通过宪法和法律的形式得到确认与规范,在法治化的权力结构下社会权利对国家权力的制约和监督并不是通过"以暴制暴"的暴力方式来实现的,而是通过运用正当权利以非暴力的、和平的公民政治参与、通过构筑公共舆论监督的方式来实现的。政治国家作为市民社会的异化产物,必然要将其权力重新还给社会,由发展成熟的公民社会重新行使自我治理的职能。实践表明,在"利维坦式"的国有化和市场经济私有化之间,社会组织能够承担自我组织和自我治理的功能。因此,在社会权利法治的状态下,社会能够更加积极主动地通过自主治理来实现公共事务的善治。由此,社会权利法治通过社会权利对国家权力的分权,将本属于社会的职能还给社会,从而遏制了国家权力的无限扩张和滥用,更多地采取多元治理的现代方式来治理公共事务。同时,多元化和自主化发展的社会组织一方面要求政府尽少干预而维护其自治权,社会权利的扩展还成为有效制约国家权力的方式。社会权利的扩展、公民身份的张扬和治理方式的多元化建构了一个分权制衡的政治体系,提供了能最大限度限制权力滥用、保障社会权利的治理模式。

最后,社会权利法治还要求以社会权利构筑国家权力的边界。在法治的权力结构下,国家权力应该有清晰的、不可逾越的边界,国家权力之外是社会权利的自治领域。哈耶克就指出，法治的目的在于为个人自由提供制度性保障，其所信赖的手段则是权力分立，意指有限政府，防止权力无限的、为既得利益集团服务的、为多数人的暴政所把持的代议制民主政府。① 这意味着法治国家的政府是有限政府，不仅其政府权力、职能是有限的，而且政府公共权力的行使还须向社会公众负责。以社会权利划定国家权力的有限性，其意义是双重的。国家权力的边界同时也是公共服务的边界。国家公共权力只能在权力的边界范围内行使，公共产品和服务也只能在公权力的边界范围内提供。在边界之外的社会自治领域，公民和社会组织可以依据自身意志参与市场活动寻求、追逐自身权利的实现。国家不能强迫公民接受统一的公共品和服务，社会也不能将本属于自身的诉求和责任推卸给国家。

由此，社会权利法治基于国家权力保障社会权利，促使公民个人和社会组织发挥公民精神和法治理念，积极运用公民权利，通过参与公共事务的治理和监督公共权力的形式，构筑社会公共舆论，以形成社会公共领域自治的方式，划定国家权力的边界，从而有效遏制国家权力的肆意扩张和滥用。

二　决策权、执行权与监督权的相互制衡

权力结构的法治化，不仅需要国家与社会之间的分权制衡，还需要实现政治系统内部决策权、执行权、监督权之间的相互制衡。而理解此三权之制衡关系，则必须厘清决策、执行与监督三分的内在逻辑。②

论及权力结构的内在分解，西方三权分立思想显然最为人所熟知，

---

① ［英］哈耶克：《法律、立法与自由》，邓正来译，中国大百科全书出版社 2000 年版。

② 陈国权等：《权力制约监督论》，浙江大学出版社 2013 年版。

亦即将权力分解为立法权、行政权与司法权，以实现彼此之间的制衡。但是，我们必须认识到，立法、行政与司法之三权分立，只是权力结构内部制衡的一种形式，扎根于西方特定的历史条件与社会文化环境。如果将此分析框架套用于中国，则不可避免会遭遇不适之困境。事实上，透过立法、行政与司法三分之具象，其更为深层的逻辑，则是建立在专业化分工基础上的决策权、执行权与监督权之间的制衡关系。

对于决策权、执行权与监督权之三分逻辑，可表述如下：首先，社会分工是使一切社会活动达到预定目标的基本途径以及提高社会活动效率的基本手段。社会活动越复杂，分工就越细密；社会组织化程度越高，分工就越严格。决策、执行与监督是任何管理的三项基本活动，组织行为的专业化分离是社会分工在组织管理领域的反映，有利于管理水平的提高。任何政治组织都需要实行决策活动、执行活动与监督活动的三事分工，决策、执行与监督三事分工是使复杂政务活动提高效率、实行科学管理的必然要求。其次，由于政治组织及其人员从事任何一项政务活动都需要设定相应的职能，决策、执行与监督三事分工就发展为决策职能、执行职能与监督职能的三职分定。将政府的职能按决策、执行与监督三项基本活动进行组织化分离，适应政府管理专业化和专门化的特点，有利于政府更有效、更准确地承担职能。再次，政府职能的分化必然需要制度化的岗位和具体的个人来落实相应的责任，所以政府组织的建设应该以责任为目标，根据政府履责的需要决定政府权力的配置，以责任勘定政府权力的约束边界，按照履责的要求建构组织机构和配备人员编制。因此，决策责任、执行责任与监督责任的三责分置就成为决策、执行与监督三分的核心要素。最后，政府责任的履行需要相应的权力。从责权一致的关系出发，政府应保障公职人员在履行责任时有相应的权力为工具，从而决策、执行与监督的三责分置要求决策权、执行权与监督权的三权分立，决策权、执行权与监督权的分立与制衡是政府责任分置的逻辑延伸。于是，决策权、执行权与监督权的三权分立就成为决策、执行与监督三分的逻辑结果。

综上所述，决策、执行与监督三分的内在逻辑是清晰而明确的：社会分工是使一切社会活动达到预定目标的基本途径和提高管理效率的基本手段，任何政治组织都需要实行决策活动、执行活动与监督活动的三事分工；政治组织从事任何一项政务活动都需要设定相应的职能，于是从三事分工发展到决策职能、执行职能与监督职能的三职分定；组织职能的分化需要相应的制度化岗位和具体的个人来承担责任，进而从三职分定发展到决策责任、执行责任与监督责任的三责分置；政治组织及人员履行责任必须配置相应的权力为手段，因此从三职分定发展到决策权、执行权与监督权的三权分立。这一逻辑是对立法、行政与司法三分逻辑的发展和超越。由此可知，尽管西方立法、行政与司法之三权分立思想并不适合于中国，但其背后所蕴含的决策权、执行权与监督权既相互制约又相互协调的逻辑却可以作为推动中国的政治体制改革的参考思路。

第三节　权力结构的双重失衡及其成因

分权制衡作为权力结构的法治状态，是人类社会孜孜以求的理想目标。但是，在现实政治中，权力结构的失衡却往往长期存在，某些时期甚至还会趋于严重。认识权力失衡的表现及其根源，从而把握其演进规律，是推动权力结构法治化的必然前提。就失衡表现而言，可以分为两个方面：一是外部失衡，表现为国家与社会之权力关系所存在的失衡性，二是内部失衡，表现为政治系统内部，亦即决策、执行与监督中的权力失衡。就中国而言，这两种权力失衡均存在且相互强化，共同导致了公共权力的异化与腐败。因此，必须从外部和内部两个层面，分别对权力失衡进行论述，揭示其存在与演变的动力与条件，从而为寻求权力结构的法治化提供指导。

一　国家与社会关系中的权力失衡

法治的要义在于调解政府与社会之间的矛盾，遏制政府权力的专横和腐败，从而维护社会的民主自由和正当利益。法治的本质是权力的较量，没有高度的民主，社会就缺乏足够的力量来制衡政府权力，也就无法真正建立有限政府。法治是建立有限政府的基础，它的实现程度取决于政府力量与社会力量的势力均衡。① 权力结构的外部失衡，其核心就是国家与社会之间的权力不对称，通常表现为国家权力过于强大，进而吞噬社会权利。在这种情况下，社会权利难以成为国家权力的制衡力量，法治的互动规则也不易建立，进而政府很容易演变为对社会的"掠夺之手"②。

回顾西方法治的发展历程，可以发现，市民社会与政治国家互动发展关系的变化，决定了法治的走向和模式。③ 一方面，西方独特的历史文化条件导致了中世纪中后期市民社会的发育与形成，使得市民社会与政治国家之间逐渐产生分离，并使得其权利主张能够得到有效伸张，进而构成与国家权力相互抗衡的局势。在这种情况下，理性规则在互动过程中不断被认识和挖掘，逐渐形成一定的共识基础，权力、权利以及义务都被纳入法律框架，以明晰它们彼此之间的关系。另一方面，伴随着市民社会的形成与扩张，自由理性精神逐渐被激发，自由、公平以及秩序等成为社会民众的共同追求，也深深地影响着西方法律的传统精神。在这些价值诉求下，国家权力行使受到更为严格的合法性拷问，使得政

---

① 陈国权：《论法治与有限政府》，《浙江大学学报》（人文社会科学版）2002 年第 2期。

② ［美］安德烈·施莱弗：《掠夺之手——政府病及其治疗》，赵红军译，中信出版社2004 年版。

③ 马长山：《市民社会与政治国家：法治的基础和界限》，《法学研究》2001 年第 3 期。

治统治者不得不收敛其恣意的态度，以获得社会认同。由此可见，市民社会的扩张及其多元权利要求，不仅在力量层面分解着国家权力，抑制着国家权力的专断，更在价值上削弱着集权的合法性，维护分权化的政治秩序。"市民社会在很大意义上并非一种外在于政治权力的领域；而毋宁是深深地穿透于这种权力的一种力量，是权力处于分立、分散的状态。"① 国家与社会之间的互动与均衡，塑造了彼此的行为模式，使得法律作为共同规则得到遵守。法制史学家程汉大在总结英国宪政时曾明确指出，英国宪政传统得以形成的根本原因，在于国家和社会的适度紧张关系与相对均衡结构。② 这种力量均衡给予法律之精神与实践以生长空间，不至于受到严重地扭曲或破坏。

然而，就中国历史而言，更多呈现的是一部"国家公权强大、社会自治缺失的历史"③。封建王朝时期皇权与宗法制度的高度结合推动国家权力向社会渗透，产生了一种家国一体化的治理格局；国民党时期所推行的"保甲制度"，很大程度上成为国民政府巩固其对基层社会之控制力的工具。即便在新中国成立以后，尽管在共产党领导下，在破除封建思想与制度桎梏上取得了巨大进步，但形成的是一个高度动员型的政治化社会。国家公权借助各种制度渠道、以各种组织形式，比如人民公社化，以运动的方式将全社会动员起来，以完成政治导向型的建设任务。④ 在这种政府管理模式下，社会力量被政治需要所分解，原有的社会单元实际上被改造成了国家控制的组织工具，用来执行某些功能。显然，此时的社会，其自治几乎被完全抑制，更毋庸提对国家权力的制衡。改革开

---

① ［加］查尔斯·泰勒：《市民社会的模式》，冯青虎译，载邓正来、亚历山大《国家与市民社会》，中央编译出版社 1999 年版，第 29 页。

② 程汉大：《英国宪政传统的历史成因》，《法制与社会发展》2005 年第 1 期。

③ 周安平：《社会自治与国家公权》，《法学》2002 年第 5 期。

④ 褚添有：《政治导向型政府管理——1949 年至 1978 年中国政府管理模式研究》，《公共管理学报》2008 年第 1 期。

放以来，中国在反思中挣脱计划体制的束缚，在摸索中推进市场化改革，开始了国家治理的新阶段。伴随着市场经济改革的深化，社会的发育与扩张，"总体性社会"趋于瓦解，代替它的是一种诉求多元化的现代社会。① 但是，尽管如此，政府主导型的发展模式没有出现明显的松动，市场与社会仍缺乏足够的自主性，"强国家—弱社会"特征依旧明显。

具体而言，可以从以下三个方面对当前中国"强国家—弱社会"的成因进行剖析。首先，市场竞争对政治权威的依赖性。中国的渐进式改革，其实质就是在政治体制基本不变的前提下以增量形式进行市场化改革。它保证了制度的连贯性和互补性，给予了中国经济转型发展较为稳定的政治环境，但这种失衡性转轨也造就了嵌入在权威结构中的中国初级市场经济。政治权力并不是外在于市场的，政府既是市场规则的制定者，也是市场经济行动的参与者。② 凭借对资源的高度垄断性，政府可以通过各种市场规则的创设，从其所管辖企业的产权控制和剩余分享中获益。从某种程度上说，初期中国市场规则的制定，实质上是一个政府在寻求使自身利益最大化的外部规则的过程。③ 但在激烈的外部规则竞争下，政府自身利益往往难以有效实现，因而政府会迅速寻求新的外部规则，外在表现即政策的不稳定性。加之政府知识的局限性与强势利益集团的影响，中国初级市场充满了制度不确定性，作为市场主体的企业依靠市场信号难以实现稳定可靠的经营预期，进而难以自主建立起市场竞争优势。因而，在嵌入权威结构的市场里，企业为了规避制度风险，只能依托于政府权力，与政府建立起某种合谋，从而获得某种非市场竞

---

① 孙立平、王汉生、王思斌等：《改革以来中国社会结构的变迁》，《中国社会科学》1994 年第 2 期。

② Walder A. G. , "Local Governments as Industrial Firms: An Organizational Analysis of China's Transitional Economy", *American Journal of Sociology*, Vol. 101, No. 2, 1995, pp. 263-301.

③ 周业安：《中国制度变迁的演进论解释》，《经济研究》2000 年第 5 期。

争优势。① 而这必然导致市场主体对政治权威的高度依赖，进而也为政治权力主体控制市场资源、谋取不正当利益提供了机会。

其次，政府组织模式的适应性变革。面对日渐成长的市场和社会，中国政府也在积极主动地变革自身的组织模式，以实现对资源的控制、人才的吸纳，从而保证其意志的执行、领导地位的巩固。改革初期，地方政府通过"统合主义"的思路，对当地企业和社会施加深度而直接的干预，将地方组织成为一个适合公司化经营的舞台。② 伴随着工业化进程的加快以及财税体制的改革，地方政府又纷纷展开了大量"圈地"运动，通过建立开发区、产业园区等各种形式，以"招商引资""城市现代化"等诸种名义，在吸引外来投资发展地区经济的同时，也为自身在晋升竞赛中获得竞争优势。③ 正如曹正汉、史晋川所言，中国地方政府的控制力在市场化改革中并没有明显弱化，只是转变了组织方式，从以往的"经营企业"走向了"经营辖区"，本质上仍然是抓住经济发展的主动权。④ 而对于经济发展中不断涌现的社会诉求，政府也在尽可能地通过组织模式的更新，来予以有效地回应。为了有效控制各式各类的社会组织，中国政府采取了一种"分类控制体系"，亦即根据社会组织的挑战能力和提供的公共物品，对不同的社会组织采取不同的控制策略。⑤ 借助分类控制，中国政府实现对社会力量的全面控制，并通过控制策略间的

---

① 陈国权、徐碧波：《法治缺失下的制度风险与非市场竞争》，《社会科学战线》2005年第3期。

② Jean Oi，*Rural China Takes Off：Institutional Foundations of Economics Reform*，Berkeley：University of California Press，1995.

③ 杨帅、温铁军：《经济波动、财税体制变迁与土地资源资本化——对中国改革开放以来"三次圈地"相关问题的实证分析》，《管理世界》2010年第4期。

④ 曹正汉、史晋川：《中国地方政府应对市场化改革的策略：抓住经济发展的主动权——理论假说与案例研究》，《社会学研究》2009年第4期。

⑤ 康晓光、韩恒：《分类控制：当前中国大陆国家与社会关系研究》，《社会学研究》2005年第6期。

转换获得所需的适应能力。

最后，社会自我组织化的条件缺失。从社会层面来看国家—社会关系，社会自我组织化无疑是最为关键的内容：社会能否有效自我组织起来，决定着它抗衡国家权力的能力。一个缺乏共识、如散沙般的社会，充满的只是私利之间的斗争，无法凝聚力量共同约束国家行为，更无法推动国家与社会关系的民主化、法治化转型。市民社会存在的意义，就是要超越私人社会的局限，以其有组织的政治实体来集中和表达社会的共同意志和公共利益，从而扩大社会的平等与自由，限制国家强权的恣意妄为。① 然而，就目前而言，社会自我组织化还存在着诸多的条件缺失，主要体现在以下几方面。第一，由于对政府资源存在高度依赖，使得社会自主性难以有效发挥。正如前文所述，由于政府权威对市场与社会资源存在强大的控制能力，因此，市民社会势必依赖于政府的资源供给以实现自我成长。伴随国家治理规模的不断扩张，官僚势力正渗透到社会的每个角落，而所到之处，必汲取社会资源以供养自身，导致对社会、对政府的进一步依赖。第二，缺乏有效的制度性渠道以及法律规范，以保障社会力量的自我组织化。基于对城市中产阶层市民组织化维权过程的考察，陈映芳指出，市民组织化表达行动和社会发育的制度瓶颈，主要来源于对市民自主组织的政治、法律限制。② 第三，人情社会的束缚与公共理性的不足。要强化社会自我组织化，不仅需要增强其力量，更需要的是形成一种以公共理性为指导的力量。中国传统社会往往以各种人情关系为纽带，按照亲疏远近来选择不同的行为标准。显然，这是与现代社会的公共理性相矛盾的，而公共理性是形成法治社会的重要基础。③ 必须深刻反思人情社会，培育公共理性，从而实现以理性规则和

---

① 郭道晖：《公民权与公民社会》，《法学研究》2006 年第 1 期。

② 陈映芳：《行动力与制度限制：都市运动中的中产阶层》，《社会学研究》2006 年第 4 期。

③ 江必新、王红霞：《法治社会建设论纲》，《中国社会科学》2014 年第 1 期。

公共精神为价值核心的社会组织化。

二　决策、执行与监督中的权力失衡

权力结构的失衡，不仅存在于国家与社会关系之中，也存在于政治系统内部，表现为决策、执行、监督三个权力子系统之间的失衡。党政高度一体化，使得决策权高度集中，执行权依附于高层权力，而监督权则被弱化甚至边缘化。在这种情况下，政治过程中所呈现出来的，就是所谓的"一把手"现象：党政一把手权力往往凌驾于党纪国法之上，形成地方性、区域性的专断权力，任意干预公共机构中的决策、执行、监督事务，干预纪检司法领域，导致腐败问题的滋生和泛滥。党的十八大以来，大量腐败案件被查处，其中"一把手腐败"就占有很高的比例。有学者整理了从 2000 年到 2014 年 3 月底公布的厅局级官员腐败案例，共包括 367 名厅局级以上官员，而其中担任或曾经担任"一把手"职务的有 219 人，约占 60%。[①]

决策、执行与监督中所存在的权力失衡，内生于当前中国党政体制及其运作模式。究其根源，我们可以从以下两方面予以论述。

一方面，民主集中制在现实政治实践中的扭曲。民主集中制是中国共产党的组织原则，是党的根本组织制度和领导制度，它要求民主基础上的集中与集中指导下的民主相结合。在一些学者看来，民主集中制作为一种政体，是连接党和国家的桥梁，是党和国家之间内在组织逻辑的反映，甚至可以作为"中国模式"的最好表述。[②] 民主集中制的产生与发展，旨在克服党内家长制或极端民主化的倾向，以保证民主与集中的

---

① 聂辉华、仝志辉：《如何治理"一把手"腐败》，人大国发院年度研究报告，2014 年 7 月（http://nads.ruc.edu.cn/upfile/file/20140724143932_24400.pdf）。

② 杨光斌、乔哲青：《论作为"中国模式"的民主集中制政体》，《政治学研究》2015 年第 6 期。

辩证统一，具体体现在多个层面，包括党员的权利与义务、党员个人与党组织、党的下级组织与上级组织、集体领导与个人分工负责的辩证统一。① 可以看出，在制度设计上，民主集中制是一种党组织权威和党员基本权利相统一的政治机制，有助于实现党内意见的充分表达，有助于推动党组织决策的科学化与民主化。但是，在现实政治实践中，民主集中制却可能会被扭曲，甚至蜕变为个人领导制。从新中国成立后中国政治的发展来看，民主集中制的片面化执行及其带来的对党内民主制的破坏，是我党执政的主要经验教训之一。② 邓小平在反思党内集权问题时，就曾明确指出："在过去一个相当长的时间内，民主集中制没有真正实行，离开民主讲集中，民主太少。"③ 遗憾的是，即便是数十年后的今天，在政治实践中，仍然存在着诸多对民主集中制的片面化执行：党委书记忽视党内意见，独断专行、"拍脑袋"决策的案例屡现报端。那么，是哪些原因导致民主集中制被扭曲呢？从根本上讲，还是党和国家领导制度中存在的弊端所催生。具有"议行合一"色彩的体制，虽然强化了党组织决策和执行的能力，但也带来了党内权力配置的失衡问题。由此而来的，是党内意见和建议无法得到充分表达，党内民主的发展受到束缚。④

　　另一方面，监督权在权威与绩效诉求下的消解。强有力的监督是实现分权制衡必不可少的构成要件。当代中国政治系统内部的监督权，主要是由两个主体来承担，亦即人民代表大会与纪检监察机关。人民代表大会制度的健全与完善，是我国政治民主化发展的重要标志。严格意义上讲，人民代表大会只能对由它产生的国家机关及其组成人员实施监督，

---

　　① 何益忠：《民主集中制之"辩证统一"探析》，《中共党史研究》2014 年第 3 期。

　　② 施雪华、曹胜、汤静容：《新中国政治发展的主要教训与未来走向》，《社会科学研究》2012 年第 1 期。

　　③ 《邓小平文选》（第二卷），人民出版社 1994 年版，第 144 页。

　　④ 参见李永忠《关于改革党委"议行合一"领导体制的思考》，《中国党政干部论坛》2002 年第 1 期；闫德民《党内民主集中制变异现象及其防治》，《中州学刊》2014 年第 9 期。

而不能对非国家机关的政党进行监督。但是，由于中国共产党是执政党，直接参与国家事务的决策与管理，1982年宪法在总结历史经验的基础上，写下了"一切国家机关和武装力量、各政党和各社会团体、各企业事业组织都必须遵守宪法和法律。一切违反宪法和法律的行为，必须予以追究"，从而把政党置于国家的宪法和法律之下。人大作为国家宪法、法律的监督机构，就顺理成章地享有权力对执政党履行宪法和法律的情况施行监督。党要代表人民的利益，更好地领导国家，就应该尊重代表人民意志的法律，并把自己主动置于国家法律之下。由此可见，在我国，人民代表大会应该是最有资格、最有权威对党实施法律监督的机关。[①]而纪检监察机关，则是专门负责党风廉政建设的组织，是我国反腐败体制的重要组成部分。不可否认，改革开放以来，无论是人大制度建设，还是纪检监察体制，都在不断地创新与完善，也取得了诸多进展，强化了对党政机关决策与执行的监督力度。

然而，人民代表大会与纪检监察机关所拥有的监督权，却可能因为政治系统对于权威和绩效的诉求而遭到消解。对于中国执政党而言，在如此剧烈的转型时期，建构执政的权威性，从而维持稳定的政治秩序，无疑是其最为核心的政治目标。权威来自合法性的获得，而就合法性来源来讲，相比于其他，提高执政绩效无疑是最为直接也最为现实的方式。但是，当绩效合法性成为当前中国政治权威的重要支撑，那么随之而来，则是这种诉求的不断放大，进而造成对其他方面的排斥。[②] 正如我们所看到的，人大与纪检监察机关在行使监督职能时，不可避免地会与绩效诉求（比如经济建设）产生一定的矛盾，而此时，监督权则往往只能为了绩效而让道。

[①] 陈国权：《强化人大立法监督：我国政治民主化的现实选择》，《社会科学》2000年第8期。

[②] 徐显明：《绩效合法性的困境及其超越》，《浙江社会科学》2004年第5期。

就人大而言，其享有最高层次的监督权，但实际监督过程中却往往难以发挥，甚至选择"放弃"。按照宪法规定，地方人大有权审查和决定地方的经济建设、文化建设和公共事业建设计划，但与此同时，在地方党委和地方人大常委会党组文件中又通常会规定，地方人大必须在地方党委的领导下才能行使这些权力。此外，尽管地方人大有权讨论和决定本行政区域内的重大事项，但对于何谓重大事项又缺乏明确定义，进而导致此项职权难以落实。以地铁项目建设为例，曹正汉等学者系统研究了地方人大在地方重大事项决策中扮演的角色。结果显示，"在建设地铁的城市中，所有由市人大常委会颁布的《轨道交通管理条例》，或者由市政府制定的《轨道交通管理办法》，均在地铁项目的决策程序上排除了地方人大的参与。也就是说，在地铁项目的决策上，地方法规已在事实上把地方人民代表大会及其常委会的权力消解了"[①]。由此可见，在地方政府经济建设与地方发展的诉求下，地方人大并没有真正发挥出应有的监督效能，而是以一种配合者的角色，甚至通过放弃一定的监督权，来实现地方决策权的一元化。

就纪检监察机关而言，其监督权的消解主要由以下几方面造成。首先，传统的双重领导体制，使得纪检监察机关缺乏足够的独立性。依据《党章》规定，中国共产党的地方各级纪律检查委员会和基层纪律检查委员会在同级党的委员会和上级纪律检查委员会的双重领导下工作。在实际运行过程中，在双重领导体制下，上级纪检监察机构和同级党委的职责不同，彼此所追求的利益和目标也存在差异。当双方目标发生冲突时，因同级党委和政府掌握财政人事权和相关事项的决定权，纪检监察机关难以对同级党委和政府进行严格的纪律检查和行政监察。在这种情况下，只能由上级纪检监察机关来进行督导和查处，但上级纪检监察机关同样属于上级党委政府的一个组成部分，仍然要

① 详情请参见曹正汉、薛斌锋、周杰浙《中国地方分权的政治约束——基于地铁项目审批制度的论证》，《社会学研究》2014 年第 3 期。

接受本级党委政府的领导，因而在本质上中国实行的纪检监察双重领导体制是一种集权结构下的党委领导、上级领导体制。这使得在双重领导体制下纪检监察机关缺乏必要的进行纪律检查和行政监察等廉政治理行为的独立性。

其次，纪检监察机关的任务多元化也阻碍了其监督权的发挥。纪检监察机关的主要任务在于党风廉政建设和反腐败斗争，应当是高度专业化、专职化的监督机构，但在治理实践中，尤其是地方层面，纪检监察机关也往往承担了其他任务，突出表现为"纪检监察为经济建设服务"。在这种导向下，纪检监察人员往往会被抽调到其他部门工作，或由其他部门人员兼职担任，这大大削弱了监督的专业化与独立性。据调查显示，2012 年全国约 61.6％的乡镇配备了专职的纪委书记，但只有 20.7％的乡镇纪委书记没有其他分工，大部分乡镇的纪委书记还分管着 2—3 项其他工作，有的甚至高达 12 项。[①] 可见，在基层政府治理中，纪检监察工作并没有得到足够的重视，监督权在发展的口号下被边缘化了。

最后，纪检监察机关在行使监督权时，运动式反腐的色彩浓厚，制度化程度还不够。运动机制是国家治理中的重要机制，依托于政治系统中的专断权力。官僚组织常规治理存在诸如信息扭曲、繁文缛节等内生困难，且伴随着组织规模的扩张，往往会被不断放大进而造成组织危机。运动型治理就是要借助专断权力，自上而下展开纠偏工作，以保持官僚行为与政治意志的统一性。[②] 在当前纪检监察工作中，往往也是采取运动式的反腐策略，比如各种"清理行动""专项检查"等。尽管运动过程轰轰烈烈，但运动过后往往又死灰复燃。此类运动式反腐策略存在着诸多局限性，包括难以对庇护式腐败网络形成有效打击，存在严重的滞后

---

① 刘诗林、李辉：《双重领导与多任务性：中国乡镇纪检监察组织监督困境的实证研究》，《公共行政评论》2014 年第 3 期。

② 周雪光：《运动型治理机制：中国国家治理的制度逻辑再思考》，《开放时代》2012 年第 9 期。

性，对于造成腐败的结构性再分配机制没有实质性影响等。① 换句话说，运动式反腐败只能治标而不能治本，必须建立制度化反腐的体制机制，才能真正遏制腐败的滋生与蔓延。

第四节　权力结构的法治化转型

随着市场经济的发展、法治的完善，政府集权化管理模式的合理性正在日益丧失。正如托克维尔指出的那样，"在一定的时代和一定的地区，行政集权可能把国家的一切可以使用的力量集结起来，但将损害这些力量的再生。它可能迎来战争的凯旋，但会缩短政权的寿命。因此，它可能对一个人的转瞬即逝的伟大颇有帮助，但却无补于一个民族的持久繁荣"②。市场与社会的多元化发展，各种权利诉求的不断增长，都在呼唤着权力结构的法治化转型。③ 然而，权力结构的法治化转型，必须充分把握法治发展的内在规律以及中国转型期的情境因素，才能找到更为现实的实现路径。

一　权力结构法治化转型的路径选择

法治化转型的核心内容是路径的选择。改革开放三十多年来，中国法治建设取得了许多进展，但其发展模式仍然存在着诸多局限性，尤其体现为本土化不足。有学者曾强调，转型期中国的法治发展，必须从

---

① 李辉：《当代中国腐败治理策略中的"清理"行动：以 H 市纪检监察机构为个案（1981—2004）》，《公共行政评论》2010 年第 2 期。
② ［法］托克维尔：《论美国的民主》（上卷），董果良译，商务印书馆 1988 年版。
③ 陈国权、黄振威：《论权力结构的转型：从集权到制约》，《经济社会体制比较》2011 年第 3 期。

"偏重于学习和借鉴西方法律制度和理论为取向的追仿型法治进路，转向以适应中国具体国情、解决中国实际问题为基本目标，立足于自我发展和自主创新的自主型法治进路"①。

当然，这不是说西方法治经验缺乏借鉴价值，而是强调不能只简单模仿，更需要系统总结其共性特征，把握其内在规律。尽管法治发展并无统一模式，不同国家往往会形成不同的法治道路，但有些基本规律仍是具有普遍意义的。袁曙宏、韩春晖将西方国家法治发展的共同特征概括为以下几方面：第一，法治建设的重心由私法向公法转移；第二，遵循"国家辅助性作用"的原则；第三，国家权力格局趋于均衡；第四，公共行政改革的"服务行政"取向。他们强调，西方法治历程所给予我们的经验主要是如下几点：要坚持法治规律与本国国情的结合、坚持立法引导与政府推进并举、坚持形式法治与实质法治相统一以及坚持理论变革与制度创新相互动。② 上述四条经验总结，无疑对中国法治发展具有重要的启示意义。

就权力结构而言，其法治化转型的目标是达成一种分权制衡的状态。然而，正如前文所述，由于当前中国国家与社会之间的权力失衡，政治系统内部决策、执行、监督中的权力失衡，推动权力结构转型势必是一场阻碍重重的持久战。我们所期望的是一种理性互动下的渐进转型，体现为国家权力边界的逐渐明晰，政治行为的日益理性化以及法治秩序的不断形成，因此，在路径选择上，必须充分考虑转型期的中国国情，秉承互动平衡的精神和务实的策略，来寻求一条循序渐进的发展道路。③

那么，又该如何把握中国转型期法治的国情性因素？学者孙笑侠将

---

① 顾培东：《中国法治的自主型进路》，《法学研究》2010 年第 1 期。

② 袁曙宏、韩春晖：《社会转型时期的法治发展规律研究》，《法学研究》2006 年第 4 期。

③ 马长山：《法治的平衡取向与渐进主义法治道路》，《法学研究》2008 年第 4 期。

其概括为四个方面，分别是时间进程、空间格局、环境背景与动力主体。① 具体而言，可以做如下阐述：第一，时间进程关注的是法治转型的时代特征及其机遇。经济的快速增长、全球化的持续推进，是当前中国法治转型所面临的主要机遇。第二，空间格局关注的是全国范围内法治发展的不平衡性，这就要求必须着眼于地区之间的差异性，不可一刀切，且对于法治发展的先行区域，需要充分发掘其试验意义，从而带动其他地区的法治发展。第三，环境背景主要体现为法治建设与经济、政治、社会、文化有较大程度的分离。这种分离弱化了法治建设的适应性，将对法治秩序的生成造成阻碍。第四，动力主体来自多方面，包括自上而下的政府推动、自下而上的公民参与，以及来自逐渐成长起来的、以法律职业为基础的专业共同体的呼吁与建构。

由上可知，权力结构的法治化转型，是当前中国转型与发展对政治体制改革的必然诉求。结合西方法治经验与中国国情，渐进平衡的自主型进路是当前中国推动权力结构法治化的现实路径。

二　廉政制度与社会发展的良性互动

推动权力结构的法治化转型，无疑是一项系统工程，涉及方方面面的制度改革，其中最为关键的，在于实现廉政制度与社会发展的良性互动，相互支持，彼此强化。尽管为了遏制权力滥用，党和国家都已经出台大量反腐倡廉的纪律、法律法规以及相关制度规定，但这些廉政制度在实际执行中却往往呈现出乏力之态。这种情况的持续存在，廉政制度本身存在不足自然是重要原因，但根本的则是廉政制度缺乏社会的渗透与支持。学者马长山认为，当前法治建设一直是在缺乏社会根基的状态

---

① 孙笑侠：《法治转型及其中国式任务》，《苏州大学学报》（法学版）2014 年第 1 期。

下进行的，因而难以将权力真正关进制度的笼子。① 因此，必须充分重视权力法治的社会基础，为法治秩序的生长提供必要的条件。

实现廉政制度与社会发展的良性互动，需要从以下三方面着力：一是完善廉政制度体系，提升其系统性与包容性。廉政制度体系是反腐败与廉政建设的重要依托，是权力法治化在制度层面的重要体现。在现代国家治理中，廉政制度绝不仅仅是孤立的，而是作为一个体系，彼此之间存在着联动与互补。就当前中国廉政制度建设而言，诸多制度设计尚不健全，不同规则之间缺乏足够的兼容性，导致控权功能不能有效发挥。② 比如，妥善处理党政关系，健全人大以及纪检监察机关的监督职能、提高决策透明度等。此外，完善廉政制度体系，还须增强其包容性，亦即要求现有制度设计能够积极地吸收其他的主体、规则、方式，以优化自身。比如，有学者建议，在民主集中制中引入分权制衡机制，以防止其在实践中被扭曲。③ 2016 年以来，在党中央的领导下，中国开始探索国家监察体制改革。通过设立国家及地方各级监察委员会，有效整合反腐败资源和力量，从而实现党内监督和国家机关监督的有机统一。2018 年 3 月 11 日第十三届全国人民代表大会第一次会议通过的《中华人民共和国宪法修正案》，正式确认了国家及地方各级监察委员会的法律地位。伴随国家监察体制改革的全面深化，中国党风廉政建设与反腐败斗争将进入一个新的阶段。二是增强社会组织的能力。缺乏社会参与，任何廉政制度都不可能真正成为公权力的"笼子"，相反，它们往往会沦为精英集团谋取利益的工具。促进社会发展，深化市场经济改革是关键。市场经济与社会发展是相辅相成的关系，市场化促使同质社会的分解、

---

① 马长山：《"法治中国"建设的问题与出路》，《法制与社会发展》2014 年第 3 期。

② 何增科：《中国目前廉政制度体系总体状况及其有效性评估》，《学习与实践》2009 年第 5 期。

③ 闫德民：《关于在民主集中制中引入分权制衡机制的若干思考》，《中共福建省委党校学报》2012 年第 7 期。

契约文化与权利意识的形成，而市民社会则为市场经济提供良好环境，赋予其公共理性的精神价值。三是建构公民参与廉政治理的制度性渠道。除了廉政制度体系的完善、社会的发展，建构制度性渠道以保障公民参与廉政治理，也是必要条件。当前公民参与的形式多样，既有相对制度化的途径，比如听证等，也有相对非制度化的，比如社会抗争等。近年来，伴随城镇化的快速推进，公共权力对社会生活的干预程度越来越高，也引发了大量的社会矛盾。由于缺乏有效的参与渠道，社会民众往往诉诸群体性事件，以"闹大"思维来表达权利诉求。尽管公民抗争有助于遏制公权力的恣意妄为，但冲突事件的频发无疑对国家治理秩序造成了严峻挑战。因此，必须建立健全公民参与的制度性渠道，吸收公民意愿，进而合理有序地对公权力予以监督。

第四章

权力过程法治化与权力制约监督

　　建设法治国家必须推动权力结构的转型，实现法治权威的至上地位。然而，权力结构的法治化转型，不仅面临力量上的重重阻力，更容易产生价值的分歧与混乱，进而可能威胁到政治秩序。相比较权力结构转型，权力过程的程序法治则可以扮演"软着陆"的重要角色：程序兼有调整功能和理由论证功能，通过法律程序，可以把复杂的应然问题乃至传统权威的问题在一定程度上转换为调整问题进行处理，尽量在技术化、理性化的条件下化解进行适当价值判断的困难。[①] 换句话说，通过权力过程的法治化建设，可以间接地推动政治体制改革，也可以作为一种法治国家建设的迂回路径。

第一节　权力过程的法治化原则

　　就中国而言，政府既是推动法治建设的重要力量，同时也是破坏法

---

　　① 季卫东：《论法制的权威》，《中国法学》2013 年第 1 期。

治的不可忽视的主体。效率与公平、控权与授权、积极行政与消极行政之间始终存在张力，而通过正当、合理的程序设计，在权力过程中实现控权，能在一定程度上缓解以上张力。正如罗尔斯所说的，法治取决于一定形式的正当过程，正当过程又通过程序来体现。① 权力过程的法治化，需要通过程序设计的正当化和合理化来树立程序权威，进而提升权力过程的正当性和合法性。

一　从"主体限权"到"过程控权"

孟德斯鸠在《论法的精神》中曾指出："一切有权力的人都容易滥用权力，这是一条万古不易的经验。"② 对于如何实现权力控制，传统的法治观认为，应该通过控制政府权力运行的边界和范围，尽可能压缩其自由裁量空间来抑制腐败滋生，即通过实体法对权力进行控制。但从国外的历史经验中可以看到，自 20 世纪以来，社会、经济、政治、文化均迅速发展，政府面临的新挑战和新问题日益增多，政府职能也随之日渐扩张，政府对自由裁量的需求随之不断增强。简单地控制政府权力行使的边界已经不能适应社会、经济发展的需要。"严格的、僵硬的限权、控权会把政府为'善'的手脚束缚住，使政府无法面对现代社会、经济事务进行管理，无法维护现代社会、经济运行的必要秩序，无法保护消费者和各种弱势群体的权益，无法保护人类可持续发展所需要的生活、生态环境。"③

权力可以作恶，也可以行善，它只是人类实现有序发展的工具。从西方国家控权的历史看，其对于保障公民权利的本质并未发生改变，但权利的重心已从单纯的"自由权本位"发展为"福利权本位"。由此，现

---

① John Rawls, *A Theory of Justice*, The Belknap Press of Harvard University Press, 1971, p. 239.

② ［法］孟德斯鸠：《论法的精神》，张雁深译，商务印书馆 1997 年版，第 154—156 页。

③ 姜明安：《法治思维与新行政法》，北京大学出版社 2013 年版，第 402 页。

代法治观的核心理念是促进公权力与私权利的平衡发展，即在制约与控制公共权力的同时保障并促进公民权利实现。在此基础上，现代法治观认为，控权的要义在于对权力过程的规范，即对权力运行方式、手段与依据的重视，而非简单"圈定"政府的行为边界。

对于中国而言，从"主体限权"到"过程控权"的控权思路的拓展有双重意义。其一，与西方其他国家的情况一致，中国也需要政府在多个领域发挥应有的功能与作用，积极行政与自由裁量权的扩张已成为一种不可避免的趋势，单纯的限制权力不符合现实需求，而对权力过程的合理有效控制，体现了对公民权利的保障。其二，"主体限权"是以权力的分配为基础的，通过立法权对行政权的限制、司法权对行政权的审查等方式实现不同权力主体之间的制约与监督，而在中国目前的体制下实现权力结构的转型存在较大难度，而过程控权可以实现权力规制的"软着陆"，是对现有体制缺陷的一种弥合。

二　效率与公平的价值平衡

权力过程法治的核心思想是权力过程的依良法而行善治，善治理念中就包含了对多元主体不同价值利益的整合与提升之意。从西方国家行政过程模式看，传统的行政理论更倾向于追求自由和公正，而现代行政理论更重视在公平与效率的对立与冲突中寻求两者的整合与最优化，强调在行政过程中的不同阶段和环节，从不同的主体角度看，存在着不同的价值目标，因此，不同的阶段和环节所追求的价值侧重点应有所不同，不能千篇一律、一概而论。权力过程法治所追求的正是多元价值之间的优质平衡。

效率与公平作为两个基本的价值维度，是行政过程所追求的价值理念，尽管不同时空背景下，两者的受偏好程度并不完全相同。事实上，效率与公平之间始终存在着张力，围绕两者展开的争论也是广泛而持久的。关于效率与公平的代表观点主要有三种：效率优先论、公平优先论、效率与公平平衡论，其中前两者属于效率、公平冲突论，主要强调两者的不可调和性，效率公平平衡论则强调两者内在的统一性。在行政权行使过程中，同样存在效率与公平的价值冲突。从公正性的角度而言，要求行政过程应该遵循严格细密的程序规则，这就可能使行政活动的效率受到一定的损害；从效率角度看，要求行政过程应该是一个经济、便捷的过程，反映在程序法上则是要求简易、快速、灵活及拥有一定的自由裁量权。

但在现代社会中，社会主体的价值需求往往呈现多元化，片面强调效率或者公平都是不可取的。有学者认为，效率与公平之间的冲突虽然确实一直存在，但这种冲突并不意味着彼此绝对的排斥，恰恰相反，两者存在内在的联系。① 效率与公平兼顾与平衡的模式"可以维护公民对行政机关的信任和良好的关系，减少与行政机关之间的摩擦，又可能最大限度地提高行政效率"②。因而，在效率与公平中寻求一种平衡可以成为一种现实的选择。

效率与公平之间的冲突与张力一直是一个存在争论的问题。1993 年我国确立"效率优先，兼顾公平"的分配原则，到中共十六届五中全会调整为"效率优先，更加注重公平"，反映了我国政府行政价值理念的变化。其背后是我国社会基本矛盾的深刻变化。改革开放以来，政府承担着经济发展的重大任务，在以 GDP 为主要考核指标的锦标赛体制下，不少地方政府出现为"效率优先"而破坏法制，进而滋生权力过程非法治化的现象。在权力过程法治化进程中将效率与公平平衡兼顾作为一种新的价值取向有利于法治中国目标的实现，符合权力与权利之间的利益平衡需要。

效率与公平之间的平衡，其实质就是对公权力进行控制与对公民权

---

① 王锡锌：《论行政过程中效率与公正的平衡》，《政法论坛》（中国政法大学学报）1995 年第 3 期。

② 王名扬：《英国行政法》，中国政法大学出版社 1987 年版，第 152 页。

利进行保障之间的相对平衡。对于如何实现两者的平衡，孙笑侠认为，"行政权力与公民权利的所谓'平衡'，从根本上说是要通过权力控制方能实现相对的平衡"①。进而，他又提出，要从不同层面出发，对行政权加以综合性的控制，而过程控制就是一种综合性的控权方式，而把诉讼程序中的抗辩机制移植到行政程序中来，能增进行政行为的正当性。"因为通过相对人对行政权力的抗辩，以保持行政权力与相对人权利的平衡、增进行政效率与公民自由的关系的协调、促使形式合理性与实质合理性的结合。这也正是过程性控制的优点所在。"② 对于权力过程法治而言，在不同的行政环节，效率和公平价值的权重应有所不同，如在重大行政决策等重要环节，公平价值应受到更多的重视；而其他一些常规的生产性的行政过程，效率价值应受到更多的重视。

三　运行程序的正当性考量

权力过程法治是法治行政理念的关键组成部分，它是对依法行政理念的拓展和深化。一般而言，依法行政原则主要强调行政机关及其工作人员的行政行为依照法律法规行事，而不考虑法律法规本身的性质、内容是否具有正当性、合理性。因此，依法行政更多的是一种"形式法治"，这种"形式法治"容易被滥用，乃至出现违背法治民主精神的权力异化现象。正如王锡锌教授所指出的："行政活动'依法'进行是否必然获得'合法性'，依赖两个条件：第一，行政所依之'法'具有内在的民主正当性；第二，行政的内容局限于对法律指令的执行。不幸的是，这两个前提条件与当代'行政国'的现实恰好构成巨大的反差。"③ 在中国

---

① 孙笑侠：《论法律对行政的综合化控制——从传统法治理论到当代行政法的理论基础》，《比较法研究》1999年第3期。
② 同上。
③ 王锡锌：《行政法治的逻辑及其当代命题》，《法学论坛》2011年第2期。

的行政情境中，同样存在以上两个困境。传统法治的"法律的统治"之理念已经转变为"规章的统治"之现实。因而，行政法规和规章本身就存在合法性困境。此外，目标导向的行政在行政目标确立、行政手段的选择上拥有大量的自主权，从而模糊了行政行为自身的合法性。

　　行政过程的民主化、科学化程序机制的构建正是在现实情境中探求新的行政合法化的一种实践。程序控权机制的主要特点在于："从行政行为过程着眼，侧重于行政程序的合理设计，行政主体的适用技术是在正当程序下以行政决定为特征的，权力的理由是通过相对人的介入和行政主体共同证成的，通过合理的程序来实现控制行政权力的目的。"① 如构建专家论证、公民参与和政府决定相结合的行政决策机制，就是对提升行政合法化的一项有益尝试。一方面，通过专家论证可以提升行政过程的科学化，增强行政结果的理性化。通过社会精英的力量，利用专家的专业技术提供行政政策、行政决定所必需的信息，可以避免公共资源的浪费。另一方面，引入公民参与可以提升行政过程的民主化，增加行政结果的可接受性。"公民参与有利于行政相对人对行政政策、行政决定的理解，从而有助于消除行政政策、行政决定在执行中的障碍，保证行政政策、行政决定的顺利贯彻与执行。"② 无论是以理性化促进合法化，还是以民主化促进合法化，都是程序对现有体制、法律缺陷的弥合作用。

四　行政程序的双向性建构

　　权力过程是指权力主体为了达到权力目的所需执行的一系列互相联系的行为和活动，这些行为和活动在时间上相互联结、在空间上环环相扣。本书研究的权力主体主要指公权力主体，在我国包括党委与国家机

---

　　① 笑侠：《论新一代行政法治》，《外国法译评》1996年第2期。
　　② 姜明安：《公民参与与行政法治》，《中国法学》2004年第2期。

关，出于行文的方便常用广义上的政府指称。

权力过程是一个抽象的概念，既包括公权力主体之间的互动行为，也包括权力主体与公权力相对人的互动行为。当这些活动方法、步骤及其环节用法律法规形式固定下来，则被称为行政程序。无论有无客观必要，权力主体都必须按顺序通过这些环节。权力主体之间的互动过程所遵照的规则称为内部行政程序，权力主体与公权力相对人互动过程所遵照的规则称为外部行政程序。因而，权力过程的控制，可以通过以下两条关键路径实现：一是通过内部程序的合理设计，实现权力制约权力；二是通过外部程序的科学设计，实现权利制约权力。前者称为内部行政程序控制，后者称为外部行政程序控制。

现代行政控权理念主张平衡控权，这一理念放入中国权力过程法治的实践框架中，应重视以下两个层面的探索：其一是注重内部行政程序控权中的权力平衡，尤其是实现中央政府与地方政府内部行政过程的法治化。就现状而言，中央政府与地方政府间的程序建设仍严重缺位，而这种缺位带来了许多显性与隐性的问题。① 尤其是在政府投资项目审批、中央财政转移支付、国家级开发区设置、中央对地方行政区划的调整变更、中央对地方行政机构设置和编制的批准、中央对地方改革创新权的准予等领域程序制度缺乏的情况下，往往容易出现"跑部钱进"等腐败现象。从立法层面看，当前中央政府与地方政府的关系表现为一种单向的"上对下"的制约方式，"中央政府与地方政府之间缺乏一种双向的法律约束机制，客观上导致了中央与地方关系的不确定性。地方政府随着自身利益强化以及经济实力的逐步增强，在无法通过法律途径来实现中央与地方的利益沟通与权力调整协商的情况下，往往借助于一些非制度

---

① 薛刚凌：《中央地方间程序制度研究》，行政法学研究会 2009 年年会论文。

性途径展开与中央的讨价还价式博弈"①。其二是完善外部行政程序控权机制，使权利制约权力成为规制行政权正当行使的新的生长点。20 世纪 90 年代以来，随着行政法学的发展，《行政许可法》《行政复议法》《行政处罚法》《行政诉讼法》等行政法律法规体系逐步健全，行政公开制度、听证制度、说明理由制度、回避制度、告知制度、时效制度、救济制度等现代行政程序制度逐步完善。这为以外部行政程序为载体实现权利制约权力的控权机制带来了可能性。在权力过程法治理念下，正逐步实现内部行政程序与外部行政程序机制的双向构建。

第二节　权力过程的非法治化及其成因

权力过程法治的前提是依法行政，一切国家行政机关必须遵守宪法和法律，一切违反宪法和法律的行为，必须予以追究。但依法行政并不必然意味着法治行政，目前国内涌现出不少权力过程的非法治化现象，即政府在行使公权力的过程中超越法定权限和程序，使其行为不受制约和控制的状态。例如，人事任用过程中的"程序空转"现象、预算分配过程中的"名实分离"现象等，因此，对权力过程非法治化现象产生机理的探究，必须结合权力过程的关联因子进行分析。

首先，任何权力过程的发生都嵌入在特定的情境中，政治、经济、文化等都对权力过程有着重要影响。权力主体通过对所在情境的感知和判断行使权力，不同的情境下，权力主体所产生的权力过程可能会有所不同。从心理学的视角看，个体与环境之间存在互动，两者之间并非孤立，个体的行为是个体与环境交互作用的结果。权力的主体是政府，作

---

① 张芳、张艳、宦吉娥：《法治框架下我国中央与地方关系之解读》，《武汉大学学报》（哲学社会科学版）2012 年第 1 期。

为一个组织，其与环境的互动更加复杂，因而，权力过程是权力主体与外在情境交互作用的复杂产物。

其次，权力过程与权力结构相互依存、相互配合，权力的运行是权力结构成为现实的动态过程，权力结构是产生权力运行的手段，它决定了权力运行的方向、方式、顺序和结果。[①] 权力结构与权力运行过程犹如骨骼与血肉的关系，血肉生长基于骨骼的结构，而骨架的活动又依赖于血肉的力量。不同类型的权力结构会产生不同的权力过程与运行方式。

最后，权力目的是权力主体试图通过权力过程实现的目标。与权力目的相对应的一个词是权力结果，权力目的是一种应然状态，而权力结果是一种实然状态。因此，权力结果与权力目的之间往往存在一些偏差。权力主体通过对两者的偏离程度的感知，调适情境、调整权力结构、转变权力过程，尽可能减少两者的差距。对于任何一个权力主体而言，获得合法性与有效性是两种不同的执政战略逻辑，但合法性与有效性之间又紧密相关，因而实现合法性与有效性的互动是权力主体所追求的权力目标。

权力过程是一个复杂的动态过程，权力过程的发生不是独立的，而是权力体系内部相互关联的各要素之间的互动。而在这些关联要素中，制度情境、权力结构、权力目的等要素与权力过程的关系最为紧密，因此，本书将结合这几个要素，对权力过程非法治化的产生机理进行分析。

一　经济增长诉求下的法律软约束

新中国成立以来，中央政府一直面临着"威权体制与有效治理"[②]之间的矛盾，而党的十一届三中全会确立了以经济建设为中心的战略目

---

① 柴中达主编：《政府管理创新研究》，中国国际文化出版社 2008 年版，第 218 页。

② 周雪光：《权威体制与有效治理：当代中国国家治理的制度逻辑》，《开放时代》2011 年第 10 期。

标，实现了"威权体制与有效治理"之间矛盾的灵巧转化："在有效性中积累合法性，即在保证政治对经济和社会发展有效作用的前提下，顺势而动，积极推进政治建设和发展，推进民主化进程。"[1] 然而，在"有效性中积累合法性"的发展思维，使得经济发展与法治建设之间存在内在的张力。梅耶和罗文认为，各种制度规则对组织的要求可能是相互冲突的或者是相互竞争的，在特定领域内，为了维护组织的权威性，彼此竞争的方案往往被组织所采用。[2] 结果，当组织为了获得外部的支持和稳定性而把各种不相容的结构要素吸纳到组织中时，组织就会存在结构上的矛盾，这就是制度环境对于组织的非协调约束的来源。[3] 经济发展强调效率与创新，而法治则更多地强调稳定与可预测性，两者价值原则上的冲突导致组织行为的非协调性。对于地方政府而言，这一组张力在两种不同的激励机制下演化为"法律软约束"与"经济硬约束"失衡的制度情境。

党的十一届三中全会确立了"以经济建设为中心"的基本路线，提出了二十年实现 GDP 总量翻两番的经济建设目标，这意味着每年 GDP 增长率至少达到 7.18%。党的十三大、十五大又分别提出"三步走战略""新三步走战略"使经济目标进一步具体化，党的十六大、十七大、十八大继承十五大的"两个一百年"的奋斗目标，坚持发展仍是硬道理，坚持新形势下的"一个中心"的发展思路。每五年制定一次的国民经济和社会发展规划纲要也一再强调经济保增长的重要性。由此可见，十一届三中全会以来，中央政府将经济建设作为执政兴国的第一要务，将经济

---

①　林尚立：《在有效性中积累合法性：中国政治发展的路径选择》，《复旦学报》（社会科学版）2009 年第 2 期。

②　Meyer & Rowan, "Institutionalized Organizations: Formal Structure as Myth and Ceremony", *American Journal of Sociology*, Vol. 83, No. 2, 1977, pp. 340-363.

③　田凯：《组织外形化：非协调约束下的组织运作——一个研究中国慈善组织与政府关系的理论框架》，《社会学研究》2004 年第 4 期。

发展速度与其有效治理程度紧密挂钩。

"有效性积累合法性"的发展思维，暗含了中央对于法治建设目标与经济建设目标的不同优先排序，而这种发展逻辑通过不同的考核机制、责任追究机制得到固化和加强。从考核机制层面看，相比于经济指标考核的刚性，长久以来，中央政府对地方政府的法治建设目标考核则为一种"软指标"，直到十八届四中全会才提出"把法治建设成效作为衡量各级领导班子和领导干部工作实绩重要内容、纳入政绩考核指标体系"。从责任追究机制层面看，中央政府对于地方政府的违法行为往往采取运动式的纠偏与人格化的处置。当经济发展与法治建设之间出现冲突时，地方政府就处于非协调的制度情境中，法律的"软约束"，使经济建设逻辑优先于法治建设，但因中央政府保留事后追究权，所以地方政府在权力过程的形式上遵从法律约束。法律建设目标与经济建设目标之间的失衡，导致了"效率优先，兼顾法治"的权力过程。

二　政治集权化对程序控权的消解

权力过程与权力结构之间互相关联，效率优先的权力过程需要依托相应的权力结构。相比较分权，集权的权力结构与效率原则更相匹配，而与法治原则相悖。与此同时，集权的权力结构又进一步固化了"效率优先，兼顾法治"的权力过程。要理解中国的权力结构，需要重点厘清中央政府与地方政府之间的权力关系。

（一）纵向权力集中于中央

为了推动经济发展，中央政府将经济权下放给地方政府，激活了地方政府经济发展的积极性。同时，中央政府又将财政权、人事权等关键性权力掌握在自己的手中，以控制和调整地方政府的行为，实现权力目标。

一方面，为了实现经济发展的总目标，中央政府在经济上向地方政府大规模放权，并且形成了以 GDP 为主的考核机制，鼓励和促进地方政府发展经济。许多学者认为，以 GDP 为主的考核机制造就了中国经济三十年来的"增长奇迹"，同时也重塑了各级政府的行为逻辑。如周黎安认为，从 20 世纪 80 年代开始的地方官员之间围绕 GDP 增长而进行的"晋升锦标赛"模式是理解政府激励与增长的关键线索之一。[①] 周飞舟认为，每级地方政府为了在"晋升锦标赛"中胜出，将地区经济指标向下分解、"层层加码"[②]。由于"晋升锦标赛"有一种"赢者通吃""零和博弈"的特征，各级地方政府领导为了获得稀缺的晋升机会，格外重视地方经济的发展以证明自己的能力。

另一方面，中央政府又提出"依法治国""法治中国"等法治建设的目标，"要求各级国家行政机关切实做到有法可依、有法必依、执法必严、违法必究"。中央政府对法治的重视与积极推进也是对晋升锦标赛体制所引发的地方保护主义、选择性执法、重复建设等权力过程失范现象的一个积极回应。当地方政府的行为过度偏离和失控时，就有可能侵害中央政府的权威和合法性。因此，在鼓励和促进各级政府快速发展经济的同时又必须规制其权力行使过程，避免社会矛盾激化，保持政局稳定。但长久以来，由于法治建设只是作为政绩考核的"软指标"，地方政府缺乏法治建设的内在动力。由此可见，地方政府对于经济发展目标与法治建设目标的厚此薄彼与中央政府所采用的激励导向的不同密切相关。经济建设与法治建设双重目标的失衡发展，是现有激励机制以及激励强度不同的必然结果。

（二）横向权力集中于"一把手"

一方面，在经济锦标赛体制下，政府行为逻辑呈现出经济发展优先的特征，而经济发展又依赖于政府部门运行效率的提升，而集权的权力结构又是提升运行效率的一种路径。分权的逻辑是将权力分散于不同政

---

① 周黎安：《中国地方官员的晋升锦标赛模式研究》，《经济研究》2007 年第 7 期。
② 周飞舟：《锦标赛体制》，《社会学研究》2009 年第 3 期。

府部门，使它们之间既相互依赖又相互制约。尽管分权能有效制约权力滥用，但在某种程度上也会因相互掣肘而削减权力运行的效率。正如伍德罗·威尔逊曾指出的，"（美国）联邦政府从目前组成情况来看，由于权力分散，所以没有力量；由于权威太多，所以行动不够敏捷；由于程序繁多，所以运转不灵；由于职责不清，领导不力，所以效率不高"[①]。在效率优先的国家发展战略下，我国的权力结构与权力过程设计是优先服务于效率的，以防范权力滥用为主要目标的分权体制没有得到充分的重视。另外，地方政府层面普遍采用的"一把手考核制"又进一步促进了地方政府权力向"一把手"集中的趋势，这也是组织管理中强调的"权责一致"原则下的必然逻辑。在锦标赛体制下，集权化的权力结构与经济效率导向的运行目标互相匹配，成为地方政府青睐的策略选择。

另一方面，集权的权力结构在缺乏制约的情境下，通常会便于权力的非法治化运作。地方政府的权力主要集中于"一把手"，同时地方人大在决策中虽具有审议权，但却很难发挥实质的制约作用。因为现有法律体系缺乏合作决策权运行的完备制度基础，党和人大权力的界定与互动尚在一定程度上有赖于制度外领导人个人的因素，各决策权力主体间重职能分工、轻权力制约，权力结构因缺乏主体间有效的制约而难以达到持续的平衡。[②] 在地方政府层面，集权而又缺乏横向制约的权力结构，为非正式权力的制度化运作提供了便利条件。在党政领导干部的人事选拔、财政预算的资金分配等过程中往往可以看到"党政一把手"利用职务权威突破权力过程的法治化程序，使非制度化运作成为地方政府的实际运行规则。近年来，"一把手腐败"现象高频曝光，而这些腐败的"一把手"往往集财权、人权、事权等于一身。

---

① ［美］伍德罗·威尔逊：《国会政体：美国政治研究》，熊希龄、吕德本译，商务印书馆 1986 年版，第 176 页。

② 陈国权、周盛：《我国人大决策权的变迁与决策权的制约监督》，《浙江大学学报》（人文社会科学版）2011 年第 5 期。

由于中国当前高度集权的权力结构，使得程序控权难以发挥功效。"程序制度的发达是以其自治为条件的，而程序的自治必须以分权为基础，程序的分化意味着权力的分立。集权体制下虽然也有程序的存在，但很难通过分化而发展，程序只是权力的附庸和工具。"① 因此，中国当下的程序控权更多的是自上而下的内部行政程序控制，横向部门之间的内部程序制约以及通过外部行政程序实现权利对权力的制约存在较多难处。

三　传统文化与法治行政的冲突性

从组织学的视角看，组织绩效、组织成员的行为受组织文化的影响。在政府组织中，其组织成员的行为同样受行政文化的影响。尽管随着时代的巨变，我国政府组织的服务理念、组织结构等都发生了巨大变革，但传统的行政文化依然残留于现代政府组织中，仍将以旧组织结构体制上的惯性和旧体制中人员思维的定式，导致旧体制在其消失后依然运行，继续发挥着一定的影响，成为政府组织权力过程的一种非正式规则。尽管并非所有的传统行政文化都于现代政府体制无益，但传统行政文化的不少要素与现代政府的法治理念相悖，导致了权力过程的非法治化。

（一）"关系"主义

中国传统社会是以关系为纽带的人情社会，推己及人，公私之间没有明确的界限。正如费孝通先生所指出的，中国传统社会结构是一种"差序格局"，以己为中心，像石子投入水中，和别人所有联系成的社会关系，不像团体中的分子一般大家都在一个平面上，而是像水的波纹一般，一圈圈推出去，越推越远，也越推越薄。② 这种差序格局又以血缘、亲缘、地缘等为纽带，形成人情社会与关系社会的多个同心圆。这种人

---

① 蒋秋明：《程序正义与法治》，《学海》1998 年第 6 期。
② 费孝通：《乡土中国生育制度》，北京大学出版社 2003 年版，第 27 页。

情文化和关系文化同样渗透在现代公共行政组织中，依然表现出很强的"黏性"，使公与私的界限模糊不清。国家只不过是从自己这个中心推出去的社会势力里的一圈而已。社会关系是逐渐从一个又一个的人推出去的，是私人联系的增加，社会范围是一根根私人联系所构成的网络。在中国传统社会，血缘、地缘是最为基础的两个分配原则，财产的继承按照血缘关系，生产和消费以家庭为单位，合作主体局限于家庭内部以及邻里之间。按照学者孙立平的观点：这种基础上形成了血缘关系和地缘关系的权威性，形成了个人对血缘关系和地缘关系的依赖与效忠。①

公共权力的关系化运作具有灵活性强、交易成本低等优点，因而在处理公共行政组织内部的问题或者社会治理问题时，关系成了一种能够有效解决问题的资本。从一定层面上说，公共权力的关系化运作，不只是因为路径依赖与文化惯性，也内含一种中国式的理性选择。这也从一定层面上解释了为何关系网络能长久嵌入在体制内部。国内外一些学者对公共权力的关系化运作现象进行了深入研究，他们认为，权力的关系化运作是中国非正式制度的一种重要形式，在一定程度上对正式制度进行补充。Carr 等国外学者认为中国人的关系网络作为一种社会结构和非正式制度安排，是人们在法律制度无法充分覆盖的环境下为了降低经济生活中的不确定性而寻求的一种替代性解决办法。② 马骏等学者认为，权力的关系化运作能降低组织内部的交易成本，非正式制度作为一种润滑剂，能在一定程度上减少各部门之间因分工造成的摩擦，避免各自为政的局面，反而有利于组织效率的提高。③ 欧阳静等人通过对基层政府的考察，发现基层政府在开展权力活动时，完全使用正式制度并非最佳路径，也并不总是有效，而权力

---

① 孙立平：《"关系"、社会关系与社会结构》，《社会学研究》1995 年第 5 期。

② Carr, J. L., J. T. Canda, "Potential Economics of Symbols, Clan Names, and Religion", *The Journal of Legal Studies*, Vol. 12, No. 1, 1983, pp. 135-156.

③ 马骏、侯一麟：《中国省级预算中的非正式制度：一个交易费用理论框架》，《经济研究》2004 年第 10 期。

的关系化运作却能取得难以意料的结果。面对乡村社会，一些重要而敏感的问题的解决，往往要采取非正式的方式或随机处理的弹性手段，[①] 这种灵活性是程式化的科层制所缺乏的。

在现代公共行政组织中，关系社会、差序格局的影响力依然很大，权力过程的关系化过度运作容易导致权力的非法治化，使非正式的关系凌驾于正式制度。有学者认为，在计划经济时代，关系社会被压制在社会层面，难以渗透到政治行政领域，随着市场经济的发展，在规范的制度渠道和合法市场渠道中获利日益困难，传统的差序化关系就成为利益追逐者可资利用的有效社会资源，从而使差序化关系出现了异化，从个人扩展到组织、从家庭扩展到单位、从市场扩展到官场，[②] 这不仅破坏了公共行政组织内部的公平、理性，也扭曲了社会大众的心理。从政府组织内部看，地方政府的主要领导者，即"党政一把手"在压力型考核与锦标赛体制下，往往借助其个人的职务权威来协调各个部门的关系，在资源的配置和调用方面发挥更大的作用，而个体领导也会自觉或不自觉地借机树立自己的权威，而树立权威的常用手段就是频繁地使用非正式规则，扮演非组织角色来增强个人的重要性。[③] 权力过程的关系化运作，容易滋生官场中的裙带关系、任人唯亲、小团体现象等问题。从政府与社会的关系看，权力的关系化运作扭曲了社会大众的心理，削弱了正式规则的合法性。

尽管权力的关系化运作具有灵活性强、可降低组织内部交易成本等优势，但从另一个层面看，关系具有随意性强、因人而变的特点，地方政府内部过多地运用非正式制度，会导致权力过程的人格化倾向，进而

---

① 欧阳静：《运作于压力型科层制与乡土社会之间的乡镇政权——以桔镇为研究对象》，《社会》2009 年第 5 期。

② 巩建华、曹树明：《差序格局的文化影响与关系社会的破坏作用——兼论西方公共治理理论在中国实施的困境》，《江淮论坛》2007 年第 4 期。

③ ［美］安东尼·唐斯：《官僚制内幕》，郭小聪等译，中国人民大学出版社 2006 年版，第 66—67 页。

降低组织的制度化程度，使权力运行得不到有效制约。从长远来看，政府权力行使过程过度依赖于非正式制度，会出现非正式制度部分甚至完全架空正式制度的局面，使正式制度的功能退化，进而影响正式制度的合法性。这与中央政府的"有效性积累合法性"的目标有所偏离，与法治政府构建的目标也相去甚远。

（二）官本位思想

官本位意识是中国传统文化的遗留产物，它与中国两千多年的封建皇权紧密相关。官本位文化强调以下四点：一是公共权力的运行以"官"的利益和意志为最根本的出发点和落脚点；二是严格的上下层级制度，下级唯上级马首是瞻，上级对下级拥有绝对的权力；三是以是否为官、官职大小、官阶高低为标尺，或参照官阶级别来衡量个人的社会地位和人生价值；四是在此基础上形成的敬官、畏官的社会心理。长久以来，官本位思想作为传统文化的主导思想，对整个官僚体制乃至整个社会的影响都非常大，在现代政府权力过程中也不免暴露出不少"人治"思维。官本位行政文化对于现代公共行政组织的负面影响可以从两个层面进行分析。

从官本位行政文化对政府组织内部影响看，官本位文化建立在人格不平等的基础上，上下级之间不只是职位分工不同、职权大小不同，而是更强调自上而下的权威意识。与自上而下的人事权相结合，这种权威意识得到进一步强化，削弱了专业分工的价值，滋生出"跑官要官"等用人腐败现象。此外，官本位行政文化也导致行政体系内部的监督乏力。由于人事提拔权掌握在上级手中，下级对上级的监督缺乏动力。下级监督上级，不仅自己的仕途会受影响，甚至容易遭受上级的打击报复。

从官本位行政文化对社会的影响看，主要表现在行政决策与行政执法过程中。行政决策过程表现出浓厚的家长作风，"党政一把手"的"决策一言堂"现象较为普遍。一方面，政府领导者有追求个人政绩的需求，往往会滥用手中的权力为个人的晋升谋利。另一方面，由于领导者个人缺乏相应的专业知识，对当地情况、社会公众的需求不甚了解等因素，其个人做出的决策往往缺乏科学性，容易导致劳民伤财的"政绩工程""形象工程"等公共资源浪费问题。在行政执法过程中，行政机关人员的自由裁量权的滥用、选择性执法、行政不作为、行政效率低下等也受官本位行政文化的影响。

官本位行政文化与现代政府的法治、民主理念格格不入，有悖现代政府的公共服务理念。曝光的腐败官员案件中，不少官员有"有权不用、过期作废"的意识，还有部分官员认为利用职权谋取私利是应该的。这些腐败心理是官本位意识的折射。在这种官本位意识的支配下，行政机关工作人员的行为容易产生扭曲，并导致政府权力过程的非法治化。

四　程序规范设计存在的内在缺陷

"程序控权"是制度控权的一种形式，其重点是强调权力运行过程的正当性，其目的是防止权力异化与腐败。威廉·道格拉斯曾指出："权利法案的大多数规定都是程序性条款，这一事实决不是无意义的。正是程序决定了法治与恣意的人治之间的基本区别。"程序主义倾向者约翰·罗尔斯认为"只有公正的法治秩序是正义的基本要求，而法治取决于一定形式的正当过程，正当过程又主要通过程序来体现"[1]。罗尔斯曾引用分粥案例，充分说明了严密、科学、合理的程序设计是实现廉洁与效率双重目标的重要路径。与之相反，如果程序设计缺乏严密性、科学性、合理性，则容易使公权力的运行过程出现异化。一个典型的案例是公共选择学派提出的"投票悖论"，有经验的政治家通过议程的操纵，改变投票的先后顺序，可以获得其意图达到的结果。由此可见，程序能否达到规范权力运行过程的目的，还与其自身的严密性、科学性、合理性密切相关。

---

① John Rawls, *A Theory of Justice*, The Belknap Press of Harvard University Press, 1971, p. 239.

权力过程的非法治化现象的滋生与正式程序设计的内在缺陷不可分割。默顿认为，当规范体系自相矛盾会导致社会失范。朱力将规范体系的自相矛盾问题概括为规范结构脆性，即指规范的品质不好，或不同规范之间存在矛盾，而使规范系统带病运行，不能发挥功能。① 同样地，在政府权力过程中，存在大量非正式规则凌驾于正式规则之上的现象，表明正式规则内部存在缺陷，难以发挥实质性的规制政府权力过程的功能。权力运行程序的内在缺陷主要表现在以下几个层面。

第一，程序规范之间缺乏内在的统一性。尽管国内行政程序数量不少，不同地区、不同部门都制定了权力运行的程序规范，但单行法律法规居多。单行法规之间有可能互相矛盾，比如采购程序规范就缺乏内在的统一性。我国既有政府采购法又有招投标法，两部法律属于同一位阶，在采购事项上规定的不统一容易导致适用上的冲突。例如，《政府采购法》和《招投标法》两部法律的主管机关、信息披露制度、质疑程序、投诉程序、法律责任等内容均不统一。再如，《政府采购法》规定，政府采购进行招标投标的，适用《招投标法》；而采购通过竞争性谈判、单一来源采购、询价等非招标投标交易形式的则适用《政府采购法》。但《招投标法》规定，只要使用国有资金、涉及公用事业与社会公共利益的，都必须进行招投标。这两部法律在招投标事宜界定上存在明显的冲突与差异。多头立法导致规范之间缺乏内在的合力，甚至出现自相矛盾的规定，这些为权力的非法治化运行提供了制度条件。

第二，程序规范的设立缺乏内在正当性。根据贝勒斯的观点，程序正义问题至少发生在三种不同的语境：集体决定；解决两者或多者之间的冲突；对个人施加负担或赋予利益的决定。② 在公共行政领域，程序

---

① 朱力：《规范结构脆性——对劣质规范的探讨》，《社会学研究》2006年第9期。
② ［美］贝勒斯：《程序正义——向个人的分配》，邓海平译，高等教育出版社2005年版，第2—3页。

正义问题主要是在第一种与第三种语境中，第二种属于行政司法行为。行政决策，尤其是重大行政决策属于第一种语境；行政许可、行政处罚、行政强制等则属于第三种语境。现代的正当程序不仅包括告知、说明理由、听取申辩、回避等程序性制度内容，而且越来越重视公开、透明、公众参与等程序。要保证程序的正当性，关键在于防止程序自由裁量权的滥用。在行政审批领域，现有的法律法规对于行政审批条件和标准的规定往往较为模糊，在缺乏可操作性的同时，也给了行政机关较大的自由裁量空间。因而，行政审批领域往往成为权力滥用、权力寻租的重灾区。此外，行政审查标准的信息公开不够彻底，一是具体的行政审查标准仍由行政机关掌握，相对人往往无从知晓；二是行政审批涉及多个部门，不同部门单独公布审批标准和审批事项，对于相对人而言，审批信息往往呈现碎片化。

第三，程序规范缺乏科学性与严密性。科学的程序规范不仅能够规制权力过程，还能提升行政效率。但在实际操作过程中，如涉及多个部门的合作，程序规范就有可能十分复杂和烦琐，立法者与执法者之间的分离，往往容易使程序规范脱离实际、缺乏可操作性。比如，企业工业用地的审批流程十分复杂，涉及国土、环保、住建、规划、卫生、气象等多个部门（如图4-1所示）。按照某市工业用地的常规审批流程，从企业提交用地申请至开工建设约需480天。对于重大投资项目，无论是企业还是政府都有快速实现项目立项、审批的强大动力，但鉴于审批流程的约束，政府不得不在流程之外寻求变通方案，如重大投资项目"先上马，后审批"，通过"一把手""批条子""打招呼"等非正式制度的方式加以变通。而私下操作与变通往往容易滋生权力的非法治化运行。一些行政机关人员对程序的漏洞最为熟悉，往往利用程序漏洞谋取私利。如拆迁过程中曝光的多个腐败案件中，有不少涉案人员利用多年从事房产登记工作的丰富经验，了解国家政策，借城市建设拆迁的时机，利用程序漏洞，进行有计划的犯罪，方式十分隐蔽、专业。

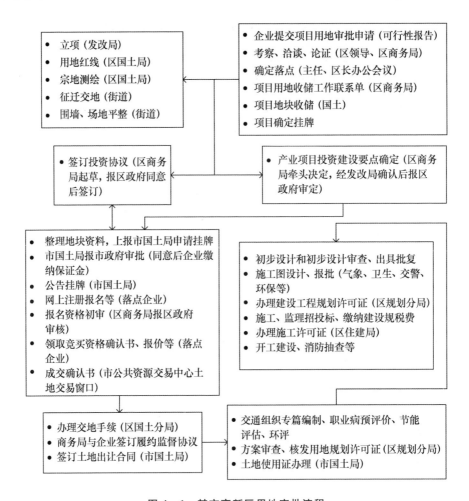

图 4—1 某市高新区用地审批流程

第三节 权力过程中的"名实分离"

名实分离现象是权力过程非法治化较为典型的现象，结合案例对此现象进行深度剖析，有助于理解权力过程非法治化的产生机理。名与实是一对哲学概念，"名"有名义、名称的意思，"实"则是客观存在物的意思。

名与实的关系主要有三方面：一是"名"与"实"相互对应，二是"名"与"实"相互偏离和飞离，三是飞离了具体事物的"名"又生产出新的"实"。① 本书所指的"名"是指地方政府权力运作的名义过程，"实"是指地方政府权力运行的实际过程。因而，权力过程的名实分离现象，是指名义上地方政府的所有行为都符合明文程序规定，但实质上则另有一套潜在的运行规则，潜在的权力过程部分或完全架空明文规定，且往往在手段或目的上具有不合法性。名实分离的权力运行过程因其外在形式的合法律性，往往被用于掩盖公权力行使过程中的恣意化和非法治化。

名实分离现象与正式制度、非正式制度是两对紧密相关的概念，两者的关系主要表现在以下两个层面：一方面，政府权力过程的名与实的分离与转化往往嵌入在正式制度与非正式制度当中。正式制度与非正式制度互相交织的关系隐含着地方政府权力过程中的名义过程（名）与实际过程（实）之间的共生、分离和相互转化。正式制度与非正式制度是名实现象依存的制度环境，权力过程的名与实是一种政府行为，正式制度与政府行为的名义过程、非正式制度与政府行为的实际过程并非一一对应的关系。非正式制度转化为正式制度往往是一个缓慢的过程，而名与实之间的行为转化则可以迅速实现。周雪光、冯仕政等人对中央与地方政府权力配置的名实分离现象和名实转化机制进行了研究。他们认为，在正常机制下，中央政府与地方政府之间通过缓慢的、周而复始的收放权来不断调整权力边界。在权力下放过程中，中央政府权威经历了"以名代实"、地方政府权威经历了"由名到实"的演变过程。② 当正常机制难以调和制度冲突和组织危机时，中央政府可能会采用自上而下的"运

---

① 朱炳祥：《名实关系论》，《上海大学学报》（社会科学版）2000 年第 1 期。
② 周雪光：《从黄宗羲定律到帝国的逻辑——中国国家治理逻辑的历史线索》，《开放时代》2014 年第 4 期。

动式治理机制",迅速实现权力的名实转化。① 另一方面,当名实之间的分离达到一定程度时,会推动非正式制度转变为正式制度,进而形成新的名与实。费孝通先生在《乡土中国》中描述乡土社会的变迁过程时写道:"在长老权力下,传统的形式不准反对的,但是只要表面上承认这种形式,内容却可以经注释而改变。注释的变动方式可以引起名实之间发生极大的分离。名实之间的距离跟着社会变迁速率而增加。"②

名实分离现象的产生与制度环境的变化紧密相关。名实分离现象往往是在不破坏现有制度情境下,组织行为者对变化的外部环境的一种适应和组织行为的调整过程。但当名实分离的程度足够大时,名实现象之间会发生转化,进而推动非正式的行为规则转变为正式的行为规则。

一　名实分离的技术手段

名实分离现象普遍存在于政府权力运行过程中。在政策执行层面,文本形态的公共政策转化为现实形态的政策目标过程中就充斥着大量的名实分离现象。政策执行过程中的名实分离的实现路径主要基于以下三种方式。

第一,非法治化变通。刘世定、孙立平等人提出,"政策变通是在制度的运作中,执行者在未得到制度决定者的正式准许、未通过改变制度的正式程序的情况下,自行作出改变原制度中的某些部分的决策,从而推行一套经过改变的制度安排这样一种行为或运作方式"③。庄垂生从政策变通的手段为视角将其归结为四种形式:自定义性政策变通、调整性

① 冯仕政:《中国国家运动的形成与变异:基于政体的整体性解释》,《开放时代》2011 年第 1 期。
② 费孝通:《乡土中国》,生活·读书·新知三联书店 1985 年版,第 82 页。
③ 制度与结构变迁研究课题组:《作为制度运作和制度变迁方式的变通》,《中国社会科学季刊(香港)》1997 年第 21 期。

政策变通、选择性政策变通和歪曲性政策变通。① 刘世定、孙立平等人则从变迁的操作形式上将政策变通作了分类：重新定义政策概念边界、调整制度安排的组合结构、利用制度约束的空白点、打政策的"擦边球"等。② 陈振明根据政策形式与政策精神的不同契合度，将变通行为归结为三种类型："求神似，去形似""不求神似，只求形似""既不求神似，也不求形似"，其中只有第一种是有利于政策目标实现的变通，而其他两种则被视为对政策的歪曲。③

第二，政府间的共谋行为。艾云等人认为，下级政府借助日常工作所形成的社会关系网络，通过"造假""收买""陪同"等非正式制度运作来应对上级政府的考核与检查，④ 削弱了上级政府对下级政府政策执行的监督效果。周雪光⑤、赵树凯⑥等人的研究表明，基层政府间通过"共谋行为"来共同应对上级政府的考察。

第三，非正式行为的制度化运作。孙立平、郭于华⑦、尹利民⑧、欧阳静⑨等人认为，组织行动者在组织中通常会扮演组织行为角色和非组

---

① 庄垂生：《政策变通的理论：概念、问题与分析框架》，《理论探讨》2000 年第 6 期。

② 制度与结构变迁研究课题组：《作为制度运作和制度变迁方式的变通》，《中国社会科学季刊（香港）》1997 年第 21 期。

③ 陈振明：《政策科学》，中国人民大学出版社 1998 年版。

④ 艾云：《上下级政府间"考核检查"与"应对"过程的组织学分析——以 A 县"计划生育"年终考核为例》，《社会》2011 年第 3 期。

⑤ 周雪光：《基层政府间的"共谋现象"——一个政府行为的制度逻辑》，《开放时代》2009 年第 12 期。

⑥ 赵树凯：《乡镇政府的应酬生活——10 省（区）20 个乡镇的调查》，《中国改革》2005 年第 7 期。

⑦ 孙立平、郭于华：《"软硬兼施"：正式权力非正式运作的过程分析——华北 B 镇收粮的个案研究》，《清华社会学评论（第 1 辑）》2000 年。

⑧ 尹利民：《逆科层化：软约束条件下基层政府的信访治理与组织运作——基于基层政府行为的组织学分析》，《学习与实践》2014 年第 5 期。

⑨ 欧阳静：《运作于压力型科层制与乡土社会之间的乡镇政权——以桔镇为研究对象》，《社会》2009 年第 5 期。

织行为角色。组织行动者通常会使用非组织行为角色来实现组织目标，而这一过程往往是依赖于人格化的权力过程，且最终容易导致权力结果的非可控性。

二 名实分离的现实表征

表征一：预算资金分配中的名与实

一般而言，在正式制度层面上，地方政府的预算申请遵循"两上两下"的操作程序。一是在地方政府内部，二是在地方政府和立法机构之间。支出机构向财政部提交预算申请（一上），财政部门下达预算控制数（一下）；支出部门在控制数额内修改预算后再次提交预算申请（二上），财政部门将整合后的预算申请递交政府首脑会议，一般包括地方政府常务会议和地方党委常委会议，财政部门根据地方政府常务会议修改预算申请，然后递交给地方人大预算委员会进行初审，并根据反馈意见进行修改，最后交由地方人大会议进行审议，批复正式预算文件（二下）。从以上的正式制度的程序看，地方预算过程的参与者之间存在几组制约关系：支出部门与财政部门，财政部门与政府常务会议，政府常务会议与人大会议。

在晋升锦标赛压力下，每一个层级的地方政府都面临着拉动 GDP 的激烈竞争。公共支出作为促动 GDP 增长的重要内容，受到不同部门的争夺。因此从实际运行状况看，地方政府预算过程遵从另一套规则（如图 4—2 所示），且更加复杂。政府领导高层预算分配权高度集中，预算分配中非正式制度起着十分重要的有时甚至是主导的作用。要理解预算资金配置的真实过程，需要从预算参与者的真实角色与作用加以把握。

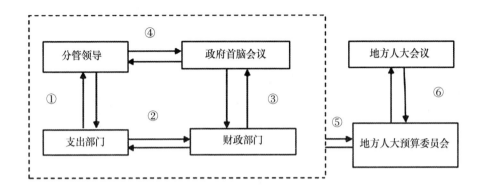

图 4—2　中国地方政府预算资金分配的实际程序

注：带圈数字表示流程顺序。

第一，党政一把手的决定性作用。"在地方政府预算过程中，没有任何一个参与者能像党政首长那样完全有能力去影响预算过程、决策、参与者间关系甚至改革。在 A、B、C 三市，对于预算资金的分配来说，市委书记和市长的作用和影响几乎可以用'决定性的'这个词来表达。"①苟燕楠等人对多个市的调查结果表明，近三分之一的预算决策依然保持集权模式。②

第二，分管领导之间的制约与平衡。分管领导是预算资源支配过程中的重要角色，但在正式制度中并没有相应的规定。一方面，由于分管不同的领域，不同分管领导为了争取更多资源，往往通过非正式制度的运作影响预算资金配置：（1）直接通过"批条子"的方式要求财政部门为他们所分管部门的某个项目提供资金；（2）利用他们手中的政策制定权在政府办公会议上制定某个政策，然后要求财政部门提供资金；（3）利用私人关系游说党委书记、行政首长或者分管财经的领导为他们所分管

---

①　於莉：《省会城市预算过程的政治：基于中国三个省会城市的研究》，《公共行政评论》2009 年第 3 期。

②　苟燕楠、王逸帅：《中国市级政府预算管理制度改革——一种预算生态框架的实证分析》，《当代财经》2006 年第 10 期。

部门的某个项目提供资金。① 分管领导之间的权力制衡对项目最终立项起决定性作用。另一方面，分管领导对于其管辖领域内的不同部门的资金配置，也存在并不完全根据项目的不合理性。周燕指出，上级分管领导与下级部门领导的关系与信任对于部门项目的立项起着十分关键的作用。②

第三，财政部门的象征性控制作用。一方面，由于政府高层领导，尤其是党政首长掌握预算的分配权，下级部门在预算申请时，就会绕过财政部门，直接取得分管领导或者党政首长认可，然后再向财政部门提出书面申请。取得上级认可后，下级部门向财政部门的申请就基本是走程序与走过场了。领导人"批条子"的现象，严重弱化了财政部门预算控制权的行使。另一方面，由于预算过程与政策过程相脱离，两上两下的预算程序对于政策制定没有完全的约束力。"在 A 省和 B 省，即使在财政部门下达控制数之后，省政府仍然会召开经济工作会议，制定新的政策。这不仅对正常的预算编制过程产生了干扰，而且也进一步弱化了预算过程的约束力。进一步地，即使在预算执行过程中，省委和省政府仍然会制定新的政策，并要求各个职能部门执行这些政策，要求财政部门安排相应的资金。"③

第四，地方人大的悬空式审议监督。地方人大作为地方财政分配过程的制约力量，其发挥的作用往往很有限。地方政府预算中，依然表现出行政主导的倾向。正如於莉的研究表明的，"被媒体认为人大监督动真格的 B 市，所有被问及人大作用的被访者均委婉地表达了人大实际无力

---

① 马骏、侯一麟：《中国省级预算中的非正式制度：一个交易费用理论框架》，《经济研究》2004 年第 10 期。

② 周燕：《中国省级政府投资中的正式与非正式制度比较——以 A 省为例》，《武汉大学学报》（哲学社会科学版）2006 年第 6 期。

③ 马骏、侯一麟：《中国省级预算中的政策过程与预算过程：来自两省的调查》，《经济社会体制比较》2005 年第 5 期。

左右预算过程的观点"①。地方党政首长是地方预算过程中实际的财政资源申请的审批或最终资源配置者。人大预算审议权、监督权的实质化关键还在获得当地党委的支持。②

"跑部钱进""政绩工程""拍脑袋工程"等公共财政资源配置过程中的不良现象饱受诟病。在地方人大预算审议权、监督权难以产生实质性作用的制度环境下，预算过程的理性化、法治化的美好愿望难以实现。

针对地方党政首长在决策中的决定性作用这一现实，为防止其决策中的权力滥用，中央政府围绕重大行政决策程序法治化颁布了多个文件。2004年，国务院印发《全面推进依法行政实施纲要》，提出建设法治政府的目标之一是"建立科学化、民主化、规范化的行政决策机制"，依法行政的基本要求是"合法行政、合理行政、程序正当"等。2008年，国务院又颁布了《加强市县政府依法行政的决定》，要求市县政府完善行政决策机制，对于重大行政决策，需建立健全听取意见制度、听证制度、合法性审查制度、集体决定制度、实施情况后评价制度、责任追究制度。2010年，国务院颁布的《加强法治政府建设的意见》提出"加强行政决策程序建设，健全重大行政决策规则，推进行政决策的科学化、民主化、法治化"，并将"公众参与、专家论证、风险评估、合法性审查和集体讨论决定作为重大决策的必经程序"。从省级层面的文本看，截至2015年年底，除了个别省份，全国各省份都制定了相关的法规和规范性文件，市县级层面也有许多地方政府制定了相关规范性文件。这表明地方政府对于中央政府法治目标的积极响应，但深入分析文本，会发现中央政府要求的必经程序地方政府都在规定中体现，但这些文本基本照抄照搬了国务院关于加强法治政府建设的意见，未结合自身实际情况制定，可操

---

① 於莉：《省会城市预算过程中党政首长的作用与影响——基于中国三个省会城市的研究》，《公共管理学报》2007年第1期。

② 林慕华：《重塑人大的预算权力——基于某省的调研》，《公共行政评论》2008年第4期。

作性不强，难以发挥应有的作用。

程序被视为一种角色分派的体系，程序参加者在角色就位之后，各司其职，相互之间既配合又牵制，恣意的余地自然受到压缩。[①] 但在预算资金的配置过程中，固有的程序并未发挥应有的效力，"得其形而不得其神"的名实分离现象实质上反映的是权力运行过程的合法性缺陷。权力过程的法治缺失会使权力过程的合理性难以得到保障，进而引发腐败、公贿等权力异化问题。

表征二：干部选拔任用中的名与实

"用人腐败"被认为是最大的腐败，不仅毁坏党内政治生态、影响国家经济建设和社会发展，更是影响党和政府的公信力和合法性的问题。尽管"用人腐败"问题受到高度重视，但仍表现出屡禁不止的态势。仅2008—2010 年，全国共查处违规违纪选人用人案件 1.07 多万起。[②] "用人腐败"具体表现为"任人唯亲""跑官卖官""拉票贿选""卖官鬻爵""带病提拔"等现象。这些"用人腐败"案件的发生在一定程度上反映了官员选拔任用过程的失调。

要探究用人机制运行失调的原因，必须结合现实情况对《党政领导干部选拔任用工作条例》进行考察。2014 年，中共中央对《党政领导干部选拔任用工作条例》进行了修改。此前，2002 年印发的《党政领导干部选拔任用工作条例》（简称《条例》）是党政领导干部选拔任用工作的主要的指导性文件。因此，2002 年版的《条例》是本书重点分析的文本对象。通过对《条例》的研究以及现实的观察，发现以下两个重要问题：一是用人机制的设计本身存在一些缺失，部分导致用人权力运行中无章可循、软性约束；二是用人机制的文本规范与现实运行之间的"貌合神

---

① 季卫东：《法律程序的意义》，中国法制出版社 2012 年版，第 26 页。

② 《中央严查 12 起买官卖官大案》，新浪网（http://news.sina.com.cn/c/sd/2010-11-19/112821499609.shtml）。

离"，即形式上"走程序"，实质上"走过场"，这主要是非正式制度的冲击所造成的。具体而言，党政领导干部的选拔任用过程的非法治化主要由以下几个因素导致。

（一）"一把手"专权

根据《条例》，党政领导干部选拔任用需经过"民主推荐—组织考察—协商讨论—组织决定"四个主要环节。每一个环节都有比较详细、严密的程序规定，包括每个环节参与的人员、每个环节的施行方法等。但在实际运行中却容易产生一些问题，比如在民主推荐之前，党委书记可能就有意向人选，那么就会在民主推荐之前用各种暗示、明示的方式表明自己的"意中人"，其他党委成员往往为了明哲保身不会公然提出反对意见。有些地方在用人上甚至出现了"一把手说了算"的现象，违背集体讨论决定的规定。比如，在黑龙江省绥化市的马德卖官案中，据当地政府人士称，在人事任免、推荐过程中，名义上需要通过市委常委会，但往往就是马德一锤定音。[①] 按照马德的话来解释就是："现在选拔干部，都是要感谢党感谢组织，但落实到一个地方，书记就成了党和组织的代表。因此感谢党感谢组织就变成感谢书记，书记最终拥有人事决定权。"在"用人腐败"的典型案件中，都体现了地方党委书记在用人机制中的过度集权又缺乏有效制约和监督，导致了官员选拔过程中的非法治化，从而畸生出"形式上走程序，实质上走过场"的现象。

（二）程序设计的内在缺陷

党政领导干部选拔程序十分复杂（如图 4—3 所示），但依然存在诸多不严密之处，而程序的内在缺陷往往容易被熟知规则的人利用，进而滋生"用人腐败"问题。民主推荐是党内民主的重要一环。一些学者的

---

① 《全国最大卖官案调查》，中国新闻周刊（http://news.qq.com/a/20050407/000528_1.htm）。

研究表明，民主推荐一方面能提升选人用人过程的公平性以及削弱地方党委在选人用人上的影响力；但另一方面，民主推荐环节的引入也改变了"局中人"的行为策略。[1] 民主推荐包括投票推荐和个别谈话推荐，民主推荐应经过以下程序：（1）召开推荐会，公布推荐职务、任职条件、推荐范围，提供干部名册，提出有关要求；（2）填写推荐票，进行个别谈话；（3）对不同职务层次人员的推荐分别统计，综合分析；（4）向上级党委汇报推荐情况。尽管这些程序的设计增进了选人机制的科学性，但同时也存在不少问题。

第一，在民主推荐必经环节之外，制定有利于党委意图实现的规则。在实际运行过程中，有些地方党委为了使候选人票数更加集中，在民主推荐会之前，上级党委与空缺部门领导之间就已沟通形成提名名单。对于提名人数与岗位空缺人数之间的差额比例并没有做出相关规定，由此，为了确保地方党委的"意中人"能够在民主推荐环节脱颖而出，有可能形成一种在"少数人中间选用少数人"的局面。此外，还有可能在提名环节就会设置一些"陪跑人员"。[2] 为此，在初选人员推荐时，就要解决两个与之相关的重要问题：一是候选者的推荐标准，二是候选者的考核方式。对于选拔标准，在《条例》中主要体现在以下几处：一是在选拔必须坚持的原则中，表述为"任人唯贤、德才兼备"以及"群众公认、注重实绩"；二是对党政领导干部应具备的基本条件的规定，主要体现在《条例》的第六条中，包括政治信念、工作作风、工作能力等，这些条款相对抽象和含糊，是一种"软性"要求；三是提拔担任党政领导职务应具备的资格，包括任职年限、任职经历、文化程度、党龄要求等，这些规定相对"刚性"。但另一方面，对于候

---

① Qing Jie Zeng, "Democratic Procedures in CCP's Cadre Selection Process: Implementation and Consequences", *The China Quarterly*, Vol. 225, No. 3, 2016, pp. 73-99.

② Ibid. .

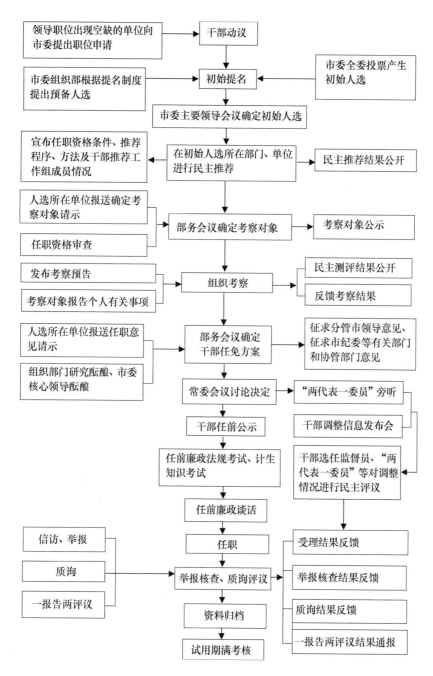

图 4-3　×市党政领导干部人事任用程序

选者工作能力、工作绩效的衡量本身就缺乏系统的规定，这给予地方选拔任用人员时很大的自由度。

第二，民主推荐环节中的拉票、贿选问题。对于被提名的候选人，其有可能的行动策略则是在民主推荐会之前通过各种方式拉票甚至贿选。典型的一个案例是四川省南充市的贿选案件。2011 年 10 月 19 日在南充市委五届一次全会前，时任仪陇县县委书记的杨建华用公款 80 万元，自己出面或安排下属，向部分有可能成为市委委员的人员送钱拉票，通过拉票贿选当选市委常委。根据进一步调查，在南充市干部民主推荐会中涉案人员共 477 人，其中组织送钱拉票的 16 人，帮助送钱拉票的 227 人，接受拉票贿款的 230 人，涉案金额高达 1671.9 万元。①

第三，《条例》的模糊性规定影响了民主推荐的科学性。民主推荐中规定"对不同职务层次人员的推荐分别统计，综合分析"，但不同职务层次人员的票额比重并未说明，对于个别谈话与投票之间的各自重要性也未做出具体规定。《条例》对此的解释是，"确定考察对象时，应当把民主推荐结果作为重要依据之一，同时防止简单地以票取人"。那么，这种重要依据到底在实际选人用人中占多大比重、处于什么地位？此外，《条例》规定考察对象人数应大于拟任人数，缺乏具体的比例，如果这个比例过小，很有可能使考察沦为形式，没有实质性的作用。但恰恰是在考察环节，考察组人员能够有机会与领导层以外的人员接触并了解真实情况。

（三）监督机制、责任追究机制的软约束

《条例》规定"党委（党组）及其组织（人事）部门在干部选拔任用工作中，必须严格执行本条例，自觉接受组织监督和群众监督"。但在干部的民主推荐等环节的公开性十分有限，群众监督缺乏有效途径。2010

---

① 《四川南充贿选案件涉及 477 人涉案金额 1671 万元》，人民网，2015 年 9 月 16 日（http://politics.people.com.cn/n/2015/0916/c70731-27589601.html）。

年的《党政领导干部选拔任用责任追究办法》规定，党委（党组）及纪检监察机关、组织人事部门是党政领导干部选拔任用工作实行责任追究的主体。组织的这种自体监督的有效性，则容易陷入"既当裁判员，又当运动员"的尴尬处境。

三　名实分离的价值考量

行政合法性与行政合理性是政府行政行为的两大基本准则，也是政府行为追求的两个基本目标。在法治社会，合法性原则应该是主要原则，合理性原则是补充原则，合理性原则必须以合法性原则为前提，合理应是合法范围内的合理。对于地方政府权力过程中的名实并存现象也需要从合理性、合法性两个维度进行衡量。

从合理性层面看，由于地方政府内外部组织情境的非协调约束，多元价值之间、目标与手段之间、规范体系内部本身都存在矛盾，名实并存的权力过程事实上是处理效率与法治之间冲突的有效路径。在形式上遵从法治原则有助于维护法律的权威，在实质上遵从效率原则有助于治理的有效性的积累。地方政府通过"打擦边球""钻制度空白点"等方式变通执行上级的任务，既可能有利于组织目标的实现，也有可能是偏离组织目标的。

从合法性层面看，形式上地方政府的名义行为符合法律法规，遵循了依法行政的原则。但事实上，有不少政府行为往往借用合理性之名，掩盖其违法之实。权力过程中的非正式规则凌驾于正式规则之上，很容易导致权力的非法治化。"一切有权力的人都易滥用权力"[①]，在权力不受刚性约束时更易滋生腐败。比如，党政领导干部选拔任用过程中的"形式上走程序，实质上走过场"的名实分离现象往往与用人腐败现象紧

---

① ［法］孟德斯鸠：《论法的精神》，商务印书馆 1997 年版，第 154—156 页。

密关联。名实分离下的法定程序往往非但没有规制政府权力过程，反而成为其行为失范甚至"合法腐败"的保护伞。这种不良的名实分离行为形式上的合法性最终会破坏政治体系的合法性。

第四节　程序控权的路径探索

权力过程的法治原则应贯穿于权力行使的整个过程，对于行政机关而言，行政主体的任何一项特定的管理职能，即便是某一具体事件的处理，仅靠一个行政行为是不可能的，需要具有关联性、承接性的一系列行为，每一特定的行政行为都是这一行为系列中的组成部分，这些行为之间前后环环相扣，展现了权力行为的动态发展过程。但是，权力过程法治是以效率与公平的平衡为价值取向的，因而，权力过程法治的重点应落在权力过程的关键环节与步骤的权力制约和控制上。事实上，无论是外部行政程序的再造，还是内部行政程序的优化，中国对于权力过程法治化的推进都是遵循这一思路。

一　外部行政程序控权的创新实践

外部行政程序控权的核心思想是借力外部行政程序的再设计实现权利制约权力。1999 年，国务院颁布《全面推进依法行政的决定》，其中对于行政权法制化的建设主要聚焦于行政执法环节。2004 年，国务院又发布《全面推进依法行政实施纲要》，其中对于行政权的控制与制约，已从行政执法环节延伸至行政决策环节。此后，国务院于 2008 年、2010 年与 2015 年分别出台了《关于加强市县政府依法行政的决定》《关于加强法治政府建设的意见》《法治政府建设实施纲要（2015—2020 年）》，这些文件对行政决策程序的优化不断提出更深层的要求，但其核心思想是强调行政决策的科学化、民主化与法治化。其中，科学化是以专家咨询论证机制作为载体，其目的是通过专家的理性提高行政决策的质量；民主化是以普通公众的参与机制为载体，其目的是体现行政决策中的民意，提高行政决定的可接受性。科学化与民主化的程序设计最终都落实在权力过程的合理化、正当化中。沿着理性化、民主化促进行政过程正当化的思路，地方政府在法治创新实践中聚焦于程序的优化与再造做了如下探索。

（一）公民参与程序的设计

近年来，有不少地方政府在行政决策程序中加入公民参与环节，希望通过公众的直接参与，一是完善行政决策的民主正当性，解决代议政治中的"民主赤字"问题；二是通过参与来促成理性决定的形成；三是获得合法性。正如哈贝马斯所指出的，"实在法不再从更高等级道德法获得其合法性，而仅仅从推定的理性意见与意志形成的程序中获得合法性"[①]。根据程序功能进行细分，公民参与可以分为三种，即以资讯提供和资政为主的参与、以权利利益防卫为主的参与、促成判断形成功能为主的参与。[②] 在现实操作中，公民参与型程序的功能往往是混合的，尤其是前两者的功能更是密不可分。以国内参与式预算的地方创新实践为例，不同地区对于公民参与程序的主要功能定位略有不同。比如，上海市惠南镇设置公民参与程序，主要是为了获取决策信息，了解当地公民的项目需求，合理安排预算资金；温岭市泽国镇设置的预算恳谈程序，在正式的预算会议之前增加了质辩环节，公民与地方人大、地方政府之间有一个互动沟通的过程，这样的程序设计主要是为了提高政府预算行为的合法性以及项目的可接受性。同时，通过公民的参与可加强政府的

[①]　［德］哈贝马斯：《在事实与规范之间》，童世骏译，生活·读书·新知三联书店2003年版，第458页。

[②]　朱新力、唐明良：《行政法基础理论改革的基本图谱——"合法性"与"最佳性"二维结构的展开路径》，法律出版社2013年版，第128—129页。

信息公开度，减少行政过程"暗箱操作"的可能性，使政府权力过程得到有效的制约与监督。

（二）专家参与程序的引入

相对于普通公民的参与，在专业性较强的领域内，设置专家参与程序更有利于行政决策的理性化。正如有学者指出的，"在技术领域，过多的大众参与虽然能够在一定程度上促进行政规则正当性，但其耗费大量行政资源，无助于知识的合理运用"[①]。专家参与论证、咨询等环节的引入，有以下几点功能：一是决策正当化功能，公共政策的正当性与合理性应以专家的专业知识、技术作为支撑，避免"屁股决定脑袋"现象的发生；二是风险预防功能，专家参与决策的制度设计，正是为不同的认知、理性与价值进行政治对话提供了一个场域，有助于化解政策争议、控制决策风险；三是利益平衡功能，在现代行政过程中，存在多元主体之间的利益分化，利用专家的知识理性，有助于信息释放，克服决策中的信息不对称问题；四是民主控权功能，专家参与行政决策为行政决策权的行使设置了一道程序控权机制。在各地陆续出台的地方政府重大行政决策程序中，都可见专家参与论证的程序设计。国内目前已有诸多城市在重大行政决策、行政立法等领域设置了专家论证、专家评估等程序，这无疑有利于行政过程法治化与民主化。尽管专家参与的咨询建议并不具有法律约束力，但对行政机关会产生巨大的政治与道德压力。典型个案是，城镇新医药卫生体系改革过程中，尽管专家内部直接建议不成功，但其通过向媒体公开研究成果，从而激发社会舆论，对政府产生舆论压力，最后才启动政策。[②] 因而，专家联动社会公众，仍然可以对行政权进行某种程度的制约。

---

① 王锡锌、章永乐：《专家、大众与知识的运用——行政规则制定过程的一个分析框架》，《中国社会科学》2003 年第 3 期。

② 朱旭峰：《中国社会政策变迁中的专家参与模式研究》，《中国社会科学》2011 年第 2 期。

不可否认，当前行政过程中对于公众参与、专家参与机制的建设还不成熟，在未来有诸多可以进一步优化的空间。但公众参与、专家参与等程序的引入在促进法治行政、防止权力滥用、推动决策理性化、民主化等层面已彰显活力。

二　内部行政程序控权的优化探索

在当下中国的政治与法律情境中，司法机关、权力机关对于行政权的规制存在较大难度，而行政自我规制一直是行政法治的一股重要力量。比如，在重大行政决策程序中，除了要在外部增加专家论证、公民参与等环节以实现用权利制约权力外，更为重要的是在内部行政程序之中建立科学、有效的程序，实现权力制约权力乃至自我制约。

目前，有不少地区对行政决策的议事规则作了明确规定，不少地方都设置了重大事项决策主要领导末位表态的程序，这一程序可以避免集体决策过程中出现"一言堂""发言定调"的现象，使集体讨论沦为形式化。如湖南省的重大行政决策程序规定，"行政首长的决定与会议组成人员多数人的意见不一致的，应当说明理由。政府常务会议或者政府全体会议，应当记录重大行政决策方案的讨论情况及决定，对不同意见应当特别载明"。这一规定对于控制"一把手腐败"、追究行政责任具有重要意义。

除了重大行政决策领域的程序优化，在党政领导干部选拔任用领域也有不少创新实践。如有些地区实行"四差额、四推荐、三票决"干部选拔任用方式，通过在不同层面增加推荐次数、票决次数以及扩大差额比例的方式，提升人事选拔的效度。内部行政程序控权的核心要义是通过科学、合理的程序设计使权力过程呈现一种开放式的结构，但又能在程序的"作茧自缚"中实现一个稳定的结果。

第五章

权责平衡与政治问责体系

决策权、执行权与监督权三分是具有中国特色的权力分析框架。决策权、执行权与监督权三分提出的直接依据就是管理过程或权力运行过程的政治分工理论。政府活动的多样化、复杂化使得政治分工成为必要，按照政治分工的效率原则可以将政府管理过程分为决策、执行与监督三种不同的活动环节，决策、执行与监督三分是这三种政务活动分工的必然结果。政治组织及其人员从事任何一项政务活动都需要设定相应的职能，于是决策、执行与监督三事分工就发展为决策职能、执行职能与监督职能的三职分定。政府职能的分离提出了相应的三项责任，即决策责任、执行责任与监督责任。按照权责平衡的要求，有权必有责，而有责就必须有追究责任的机制和方法。因此，针对决策权、执行权和监督权，依据权力与责任一致的原则，就需要建构相应的决策问责、执行问责与监督问责三个问责体制，并进一步形成完善的国家政治责任体系。

第一节　非竞选政治中的决策问责

"管理就是决策"，这是著名管理学家西蒙的重要思想，他强调了决策在管理中极其重要的作用，揭示了有效的管理在根本上基于正确的决策。在政治生活中，决策同样极为重要。但在我国现实政治生活中，对决策失误问题却缺乏有效的问责制度，决策失误无人承担责任成为普遍现象。这显然与问责作为现代民主治理的重要制度和公共管理中的核心理念很不相符。那么，为什么在我国积极倡导民主政治建设的背景下，决策问责却没有受到应有的重视呢？我们研究发现这与我国现行的集体决策体制密切相关。集体决策是我国集体领导体制的重要特征，有其诸多优越性，但集体决策由于难以进行决策问责，也为这一制度留下了很大的缺憾。因此，如何完善集体决策体制的决策问责问题，对于完善我国政治体制具有重要的意义。

在西方现代民主体制中，问责与竞争性选举制度密切相关，选举问责被认为是最基本且最重要的一种问责方式。竞选政治本身就发挥着非常重要的决策问责功能，竞争中党派之间的争辩往往主要围绕政策进行，竞争性选举机制是监督政治领导人对其决策行为负责的制度安排。与西方问责环境明显不同，我国的问责是在非竞争性选举的框架下进行的，这就需要在超越西方经验的基础上探索非竞选政治中的问责何以可能以及如何实现。

一　决策问责的关键地位

任何政府管理活动都可以分为决策、执行与监督三种不同的活动环节，[①]

[①]　陈国权、谷志军：《决策、执行与监督三分的内在逻辑》，《浙江社会科学》2012 年第 4 期。

而决策则是其中的关键环节。在一定意义上说，"中国的决策体制是中国政治体制的中枢系统，也是决定中国发展的关键因素"①。然而，大量事实表明，中国各级政府的决策中均存在着不同程度的决策失误现象，给国家和社会带来了极其巨大的损失。因此，通过什么样的制度机制减少甚至避免决策失误，就成为当前政治体制改革的核心议题之一。

（一）政府决策失误及其代价

政府决策失误是指政府公共决策明显偏离公共资源合理有效配置的现象。新中国成立以来，政府因盲目决策、以权谋私决策等造成的决策失误现象不断发生，给国家带来了巨大的经济损失，也损害了政府的合法性权威。

政府决策失误最直接的表现是造成大量的资金浪费和经济损失。从政府决策失误的典型案例来看，决策失误造成的资金浪费和经济损失巨大。据世界银行估计，中国从"七五"到"九五"，投资决策失误率在30%左右，资金浪费及经济损失为 4000 亿—5000 亿元。② 国家审计署历年的审计工作报告更是明确指出，在重大经济决策方面，部分决策存在决策程序违规、决策失误、决策执行不力、决策未能实现预期目标，造成重大经济损失、国有资产流失等问题。

政府决策失误最集中的表现是因重大项目决策失误所造成的损失。虽然无法准确统计政府决策失误造成的经济损失，但是因决策失误而上马的"政绩工程""形象工程"等损失浪费让人触目惊心，因此也成为近年来政府决策失误较为集中的领域。据中国国际工程咨询公司对 70 个亏损的国家重点项目进行的调查分析，生产能力利用率达 50%以上者只有34 个，生产能力不足 50%者 25 个，约有 10%的项目建成投产后一直处

---

① 周光辉：《当代中国决策体制的形成与变革》，《中国社会科学》2011 年第 3 期。
② 转引自许耀桐《改革和完善政府决策机制研究》，《理论探讨》2008 年第 3 期。

于停产或半停产状态。① 这些数据背后反映出，政府在一些重大项目决策中失误明显、损失巨大。

政府决策失误尤其是重大项目决策失误，必然使社会付出沉重的代价。一方面，政府决策失误可能会贻误甚至阻碍地方的经济社会发展。另一方面，政府决策失误还可能会影响政府的权威以及降低政府的信用。有学者就认为，"政府决策失误最无法挽回的是政府权威、政府信用的逐渐丧失，引发党群、干群信任危机"②。当科学、民主的决策经常被少数决策者尤其是"一把手"的主观意志所替代，而这样的决策又时常出现严重失误甚至引发社会混乱时，各种因素累积叠加起来就会导致不同社会阶层对各个层面决策者的不满，如果这种不满情绪蔓延，就会诱发群体性事件。这样的例子不胜枚举，近年来发生的重大群体性事件，不少与政府的决策失误有关。

（二）决策问责：应对决策失误的责任追究制度

在我国现实政治生活中，因政府决策失误引发的事件不断发生，给我国政治、经济、社会和文化所造成的损失无法估量。而与大量决策失误形成强烈反差的是，很少有对政府决策失误进行相应的责任追究，因此，加强对政府决策失误的问责，不仅是减少决策失误的需要，同时也是推进民主政治进程和责任政府建设的制度选择。

现实生活中，许多人认为决策失误既不是政治问题也不是道德问题，而是工作失误问题，因此，在决策失误造成损失之后，相关责任人往往以"集体决策""非故意""不可控原因"等借口逃避责任追究。这就必然导致公共行政领域决策失误不断发生。然而，现有的法律制度却不足以对决策失误主体施加相应的惩戒和制裁。事实证明，如不建立相应的责任追究机制使决策者为其行为负责，决策失误的顽疾将会愈演愈烈。

---

① 转引自郑泰安、黄泽勇《行政决策问责规制研究》，《理论与改革》2012 年第 5 期。

② 殷耀、黄豁、叶建平：《决策失误的调查报告》，《检察风云》2011 年第 9 期。

因此，要减少或避免决策失误，防止决策权力的滥用，加强对决策失误的问责是一项基本的制度建设。

在西方民主国家，对决策失误的责任追究有着比较成熟的制度设计，尤其在西方竞选政治中，在野党往往会对执政党的决策失误等问题进行监督并将其当作参加竞选的筹码。相比之下，我国由于缺乏竞争性选举制度，在这样的政治生态下如何实现对决策失误的责任追究就显得尤为重要。

然而就目前而言，决策责任追究无论是制度建设还是实践发展都显得相对滞后。有学者研究显示，在我国的问责实践中"针对行政结果进行问责的事件占 68.7％，针对行政执行进行问责的事件占 27.7％，而针对行政决策进行问责的事件只占 3.6％"①。针对这些问题，国务院在2004 年颁布的《全面推进依法行政实施纲要》中明确提出，"要按照'谁决策、谁负责'的原则，建立健全决策责任追究制度，实现决策权和决策责任相统一"。与此同时，党的十六届四中全会通过的《中共中央关于加强党的执政能力建设的决定》中也明确提出"建立决策失误责任追究制度，健全纠错改正机制"。党的十八大报告更明确提出"建立决策问责和纠错制度"。毋庸讳言，只有健全和完善决策问责制度，通过民主和法治的路径建立有效的决策监督制度，实现廉洁决策、法制决策、责任决策、科学决策和公平决策，才能确保我国决策层的先进性和公信力。因此，认真研究决策问责制度，加强对决策权力的监督，实现决策权与决策责任相统一，是一项十分重要和迫切的任务。

二　集体决策下的问责困境

政府决策失误的严重后果和沉重代价亟待对决策失误进行责任追究，

---

① 宋涛：《社会规律属性与行政问责实践检验》，社会科学文献出版社 2010 年版，第165 页。

但现实生活中对决策的问责并没有有效进行，分析我国决策问责在实践中的困境不难发现，这些问题和困难与我国的集体决策体制密切相关。因此，"要深入理解中国的发展变化，就不能仅停留在发展变化所表现出的各种现象上，而要深入决定和影响当代中国发展的决策体制本身"①。只有从决策体制入手才能准确把握决策问责困境形成的原因。

我国的决策体制是我国领导体制的中枢系统和核心要素。根据胡鞍钢的研究，我国领导体制最重要的特征就在于"集体"二字，是集体成员而不是个人、是多个机构而不是一个机构、是集体智慧而不是个人智慧、是集体决策而不是个人决策。② 集体决策可谓我国领导体制的关键和核心。从决策理论和实践看，集体决策较之于个人决策不仅在实现充分信息共享的信息结构方面，而且在实现充分民主决策的决策结构方面都具有明显的优势，因而更具民主性、科学性和效率性。然而，由于决策主体的有限理性以及决策本身的复杂性等因素，集体决策并不能确保决策的正确性。一旦出现决策失误，集体决策的弊端便会显现出来，从而造成决策责任认定和追究的困难。

在集体决策体制中，决策结构、决策方式和决策机制是三个最主要且相互关联的部分。我国现行的决策体制是在民主革命时期党委一元化决策体制基础之上，经历新中国成立、改革开放等六十多年的演变逐渐形成的，其核心是中国共产党在决策体制中的领导地位。在我国决策体制中，共产党与其他决策主体之间的关系是领导关系而非平等关系。而中国共产党的决策实行集体决策模式，集体决策遵循民主集中制原则，民主集中制是实现决策科学化、民主化必不可少的制度保证。改革开放以来，重大事项集体决策已经发展成为一种重要的制度安排，凡属重大决策、重要人事任免、重大项目安排和大额度资金运作（简称"三重一

---

① 周光辉：《当代中国决策体制的形成与变革》，《中国社会科学》2011年第3期。
② 胡鞍钢：《中国集体领导体制》，中国人民大学出版社2013年版，第1页。

大")事项都必须由领导班子集体讨论,并严格按照规则和程序做出决定。

当代中国集体决策体制的形成有其历史合理性。决策实际上就是社会资源和价值的权威性分配过程,决策过程的变迁反映了一个国家政治实际状况的变迁。由于受到历史传统的深刻影响,我国集体决策模式的形成有一个曲折的发展历程,经历了内部集体决策模式的创建、破坏和重建过程。经过长期探索形成的决策模式既可以吸纳各方面的利益相关者参与决策过程以充分发扬民主,又可以通过收集分散信息和广泛协商来达成科学共识。"集体决策的机制安排保障了决策民主和科学,同时参与者范围不断扩大,决策机制的不断完善,决策民主化、科学化的程度也不断提高。"[①]

然而,正如任何事物都具有两面性一样,现有集体决策体制也存在一定的问题。从集体决策理论的角度看,虽然集体决策关注的是拥有共同利益、不同的信息和决策能力的群体成员如何联合起来充分利用群体成员的决策资源做出最佳决策,但是在现实政治生活中,决策过程实际上是决策主体之间以及决策主体与利益群体之间的一种妥协、博弈以及寻求利益平衡的政治过程。[②] 在此过程中,我国集体决策体制存在以下弊端:第一,在决策结构方面,虽然已经初步形成了一元主导、多元参与的决策结构,但是强调纵向决策权力划分、忽视横向决策权力职能分工的格局依然没有得到根本改变。第二,在决策方式方面,虽然能够集思广益、充分协商,但是集体成员在进行决策时往往会更具有极端倾向性,做出的决策会比个人决策具有更大的风险性。第三,在决策机制方面,虽然已经逐步在健全决策程序、加强制度化建设,但是决策程序不

①　鄢一龙、王绍光、胡鞍钢:《中国中央政府决策模式演变——以五年计划编制为例》,《清华大学学报》(哲学社会科学版)2013年第3期。

②　李武、席酉民、成思危:《群体决策过程组织研究述评》,《管理科学学报》2002年第2期。

合理、功能发挥不正常等问题还比较明显。从权责关系的角度讲，集体决策造成了决策权力与责任关系的紧张，换句话说就是决策权责背离倾向。一方面，领导集体的权力是由每个集体成员的权力构成的，因此权力很大；另一方面，领导集体的责任则是由集体承担的，因此责任很难具体落实到个人。于是，如何解决集体决策中的责任认定与责任追究问题就成为我国集体决策体制的一大难点。

集体决策体制在根本上是对个人专制的制约体制，但如何落实集体责任是这一体制面对的一大难题。这种体制不像首长负责制有明确的责任关系，集体决策原则使得决策失误后难以追究责任人的相应责任，名义上的集体负责最后往往导致事实上的集体不负责。

第一，集体决策体制在决策结构上的纵向和横向权力划分不清，造成了决策问责的困难。决策结构既决定着决策方式的安排和决策机制的设计，又从根本上影响着决策权力的运行。中国现行的决策体制是中国共产党领导下的集体决策体制，这就意味着共产党掌握着最高决策权力，而随着分权化改革的不断深入，决策权力在中央与地方之间、不同职能部门之间进行了划分，中央集权程度有所降低。按照权责一致的原则，决策责任之确立必须建基于决策权责关系明确界分的基础之上，因此不同决策主体在拥有决策权力的同时必须负有相应的决策责任。集体决策虽然改变了过去决策权力过于集中的现象，提高了决策的民主性，但是集体决策中的权力划分不清现象同时也影响了决策责任的认定和追究。

第二，集体决策体制在决策方式上的风险倾向和极化倾向，造成了决策问责的困难。在决策过程中，虽然决策主体依靠个人理性进行决策一直是非常重要的决策方式，但是受信息不对称以及有限理性等因素影响，使得仅仅凭借决策者的经验和智慧进行个人决策的方法很难做出正确的决策。因此为了保证决策的正确性，国家不断强化决策科学化的改革力度，强调凡属重大决策都必须经过集体讨论决定。不可否认，集体决策相比个人决策具有信息、知识、资源等多方优势，因此能够提高决策的正确率并具有较强的纠错能力。但心理学的研究发现，在集体决策中，集体成员在群体压力下会存在从众性，容易滋生不负责任的倾向、敢冒更大的风险；同时，集体成员在进行决策时会更具有极化倾向，容易做出比个人决策更加极端的决策。由于集体决策方式更加具有风险性和倾向性，一旦出现决策失误将会造成更大的负面影响，给责任认定和追究带来更大的难度。

第三，集体决策体制在决策机制上的程序不合理和功能不正常，造成了决策问责的困难。我国集体决策体制坚持民主集中制原则，然而在集体决策模式形成的历史过程中却出现过大量违背民主集中制原则的"一言堂"决策，其重要原因在于我们虽然注重民主决策的原则但却忽视了民主决策的程序机制建设。为此，改革开放以来国家在完善决策机制方面做出了相当大的努力，一方面将相互关联的决策步骤或阶段按照一定的次序排列以形成有序的决策流程，另一方面为保障决策程序能够成为具有刚性约束力的规则而加强了决策机制的制度化建设。但总体而言，集体决策体制中决策程序结构不合理、缺少刚性约束力的问题依然存在，不少集体决策的做出并没有遵循制度化的决策程序机制，这就不可避免地导致决策功能发挥的不正常。由于决策程序不合理和功能发挥不正常等问题使得决策主体的责任难以厘清，从而给决策责任追究造成了一定的困难。

三 决策问责的路径思考

政府决策失误的现实与集体决策体制的弊端凸显出决策问责的重要性，可以说如何实现决策问责是责任政府建设的关键。从问责理论的角度讲，问责必须要解决谁对谁问责、对什么问责以及如何问责等问题。与此相对应，实现决策问责的基本思路应该是，以理顺决策权力关系为前提、以明确决策责任划分为基础、以完善决策问责机制为根本。

（一）理顺决策权力关系

理顺决策权力关系是为了解决"谁对谁问责"的问题。从规范意义上说，问责是由授权产生的，人民同意授权的前提是政府必须对其权力行使行为负责，一旦政府的权力行使违背公共权力的公共运用原则，就应该受到权力授予者的问责。就此而言，决策问责中问责主体与问责对象之间问责关系的确立就应该到决策权力关系中去寻找。在此意义上，作为决策问责体系构建的重要组成部分，决策问责关系的合理化在很大程度上依赖于决策权力关系的明晰化。因此，理顺决策权力关系是实现决策问责的前提。

第一，理顺党委系统内的决策权力关系。我国公共管理二元体制决定了两套权力系统并存的权力关系基本格局："一套是居于领导、执政地位的'党'的权力系统；另一套是以全国人大为最高国家权力机关的'政'的权力系统，这一系统包括由人大授权产生的行政系统，即各级人民政府。"[1] 从本质上讲，问责总是与一定的权力关系紧密联系在一起的，不理顺权力关系就难以形成强有力的问责机制。所以，问责作为一种监督机制，其实质就在于委托权对受托权的制约和控制，问责是否有力和有效从根本上来说取决于权力关系是否清晰和合理。在理论上，党内决策权力关系体现的是"党员→代表大会→全委会→常委会"这样依次选举的授权链条；然而在现实中，党内决策权力关系体现的是"书记办公会→常委会→全委会→代表大会→党员"这样一种颠倒的授权链条。[2] 理顺党内决策权力关系，就是要把在实际运行中被颠倒的"倒金字塔"形决策权力结构恢复为"金字塔"形的决策权力结构。

第二，理顺国家机关的决策权力关系。在国家机关权力系统中，存

---

[1]　张贤明：《当代中国问责制度建设及实践的问题与对策》，《政治学研究》2012 年第1 期。

[2]　王贵秀：《党内监督须理顺权力授受关系》（http://news.xinhuanet.com/theory/2007-05/07/content_6056547.htm）。

在着两条权力链条，一条是选民—人代会—政府，另一条是行政系统内部的等级授权。在我国公共管理二元体制中，国家权力系统与党委权力系统同时存在，只不过两者之间并不是简单的并列，而是"党"的权力系统高于并统摄着"政"的权力系统。因此，理顺国家系统内的决策权力关系就需要在厘清党政关系的基础上，理顺政府与人大之间的决策权力关系和政府内部的决策权力关系。有迹象表明，"我国的重大事项正经历着由'党委决策—政府执行'模式向'党委创议—人大审议—政府执行'模式的转型"①，这可以说是厘清党政决策权力关系的积极进步。在此基础上，理顺政府与人大之间的决策权力关系，就需要加强人大的决策权力地位并进一步做实人大；理顺政府内部之间的决策权力关系，就需要明确纵向的中央政府与地方政府间和横向的各级地方政府间的决策权力如何划分。

（二）明确决策责任划分

明确决策责任划分是为了解决"对什么问责"的问题。虽然理顺决策权力关系确立了相应的决策问责关系，但是问责关系的确立只是构建决策问责体系的前提，除此之外还需要回答何种情况下问责的问题。对于决策问责而言，明确决策责任划分的目的在于使责任主体与具体的责任对应起来，如果只是确立了决策责任关系，而决策责任主体应当履行何种责任没有明确或者不同决策责任主体之间在责任划分上存在重叠交叉或模糊不清，那么决策问责就难以操作。因此，明确决策责任划分是实现决策问责的关键。

第一，明确党政之间的决策责任划分。党政关系问题可以说是我国政治体制的根本问题，正确处理党政关系的最终目标是要实现"党政关

---

① 陈国权、周盛：《我国人大决策权的变迁与决策权的制约监督》，《浙江大学学报》（人文社会科学版）2011 年第 5 期。

系规范化"①。从党政之间决策责任划分的角度来看，就是要实现党政之间决策职能关系的规范化，亦即明确执政党和国家机关在决策过程中各自应承担的具体责任。我国党政关系变革的历史经验表明，党政关系规范化不能简单地等同于党政分开，而是党政之间在制度、功能和政治过程上的协调与耦合。② 现阶段在党政关系方面，党政之间的责任划分模糊、职能交叉严重以及组织制度上的差异是影响决策问责顺利推行的重要因素。党政之间职责不分以及组织制度不同，就会导致党政官员之间该问谁的决策责任难以明确，决策问责也就无从谈起。要解决这一问题，就必须正确认识党政之间在职责承担方面的差异，并在此基础上合理划分党政之间的职责权限、明确机构的职能及其工作人员的职责。

第二，明确政府之间的决策责任划分。在明确了党政之间的决策责任划分之后，还需要明确政府内部之间的决策责任划分。如果没有理顺各级政府和政府各部门的职责分工，就会导致职能交叉重叠、责任主体不清的问题，就不能很好地实施决策问责。政府之间的决策责任划分在根本上又涉及政府职能转变问题，能否切实转变政府职能是检验我国政治体制改革是否取得实质性进展和我国问责制能否顺利推行的关键指标之一。而转变政府职能，需要在横向上和纵向上都有所作为，也就说要理顺政府间纵向和横向的责任划分，为构建决策问责体系奠定基础。从这个角度来讲，政府之间的决策责任划分可以分为两个方面，即中央政府与地方政府之间的决策责任划分和政府系统内部各部门之间的决策责任划分。从中央政府与地方政府的关系来看，明确决策责任划分的关键问题是妥善解决层级之间职责划分的法制化问题；从政府系统内部各部门的关系来看，明确决策责任划分的关键在于稳妥推行政府职责体系建设，不仅要明确层级之间的责任，还要确定职能部门之间的责任，形成

---

① 朱光磊、周振超：《党政关系规范化研究》，《政治学研究》2004 年第 3 期。

② 林尚立：《党政关系建设的制度安排》，《学习时报》2002 年 5 月 27 日第 3 版。

一个纵横交织的职责体系。

（三）完善决策问责机制

完善决策问责机制是为了解决"如何问责"的问题。虽然前面所讨论的理顺决策权力关系和明确决策责任划分是构建决策问责体系的两个基础性条件，但是决策问责的实际运行还需要通过具体的制度机制来实现，只有三者之间有机结合才能构建起一套完整的决策问责体系。从根本上说，在理顺决策权力关系和明确决策责任划分的基础上，决策问责的实质性进展最终还要落实到决策问责机制的建立健全上。因此，完善决策问责机制是实现决策问责的根本。

第一，完善党内决策问责机制。党内决策问责主要是针对党的领导机关和党的领导干部决策失误的责任追究。完善党内决策问责机制必须着眼于积极发展党内民主。从这个角度来讲，首先要优化党内民主结构、完善党内决策问责链条，发挥好党代会的作用和党员代表的主体意识，在党内构建起党员通过党代表向党委问责、党委向党的干部问责这样一个完整的问责链条。其次要坚持党管干部原则、改进干部管理方式，由于"中国党管干部体制是形成中国特殊行政问责机制的根本原因，也是影响中国行政问责效果实现的关键因素"[①]，因此完善党内决策问责机制要合理调整选任干部和委任干部之间的比例以及完善干部选拔任用的首提责任制。

第二，完善政治决策问责机制。政治决策问责是要发挥人民代表大会对行政部门和公务人员决策失误的责任追究。当前决策问责实践存在的一个重要问题就在于人大的地位没有得到应有的体现，从而导致问责在推行过程中缺乏外在的压力和制约。因此，亟须强化人大在决策问责

---

① 宋涛：《社会规律属性与行政问责实践检验》，社会科学文献出版社2010年版，第287页。

链条中的作用，加强以人大为主体的"代议问责制"建设。① 就当下现实而言，首先要激活人大对政府决策的质询权，根据现有法律对质询权的规定，可以从改进质询流程和完善质询方式等方面入手完善人大对政府决策失误的问责。其次要增强人大对政府官员的罢免权，从罢免案的实际运作来看，需要将罢免理由从违法犯罪扩展到决策失误问题，以增强人大对政府官员问责的可操作性。

第三，完善行政决策问责机制。行政决策问责主要是针对政府机构及其公务人员决策失误的责任追究。决策问责的进一步突破在很大程度上依赖于深化行政管理体制改革尤其是促进政府职能转变，因此加快行政决策问责机制建设要与以政府职能转变为核心的行政管理体制改革协调一致。具体来说，首先要充分发挥行政首长在行政问责机制中的主导作用，解决好行政首长在行政决策问责机制中的地位，通过强化行政首长负责制来真正实现行政首长对行政决策问责的主导。其次要与绩效评估相结合以加强决策责任评估，在政府责任评估方面，不能满足于行政执行及其效果的评估，而应充分重视对决策的评估，通过绩效评估来优化行政决策问责制。

第二节　执行过程中的绩效问责

决策、执行、监督是三项不同性质的活动，其价值追求与评价标准都不相同，就最关键的价值来看，决策追求合理、执行追求效率、监督追求公正。因此，相对于决策责任和监督责任，执行责任以绩效评价为主要导向。从我国的现行问责机制来看，行政问责对行政无为或者不积极作为的责任认定和追究不充分，强调过错问责，而忽视无为问责。随

---

① 蒋劲松：《代议问责制初论》，《政治学研究》2008 年第 6 期。

着行政不作为现象的严重化，建议启动绩效问责的呼声越来越强烈，不少人提出在政府绩效评估的基础上启动问责，通过绩效评估加强对执行绩效责任的追究，实现从过错问责到无为问责。绩效问责是基于政府绩效评估的问责方式，它基于绩效评估实现对政府及其部门履职责任的激励和约束，就绩效问题追究其相关主体的责任。

事实上，绩效问责一直存在于我国本土化行政科层的运作之中。压力型体制之下，上级政府向下级政府下达任务，并通过指标分解任务，实施量化考核，最后根据结果实施奖惩。① 尽管这种考核结果的使用被认为急功近利、不尽科学，是亟须避免的结果利用的极端方式之一，② 然而，有学者研究发现，在一个相对分权和市场化的行政发包体制中，依托于目标责任制的绩效问责在事实上构成了一种行政执行力的激励机制。③ 结果控制的治理模式赋予地方政府及官员在地方治理上的整体性责任和无限责任，同时官员拥有被明确授予或者被事实默许的高自由裁量权所带来的实际控制权，以及财政预算包干的激励。在激励约束兼容下，以目标责任制为载体的绩效问责实现了上级对下级的控制，并保证了执行的效率和效益。

然而，党的十八大以后，国家治理改革呈现出不断压缩行政自由裁量权、加大权力约束、明确权力和责任清单的特征，这极大地压缩了公共权力非公共运用的自利空间，显著改变了原先的激励结构。当结果控制模式下的无限责任与低自由裁量相遇，在过错问责的高压下，官员就会滋生"多干多错""多做不如少做""少办事少担责"心理，规避任何可能产生不确定性的行为。这就是行政不作为或称为"懒政"发生的结

---

① 渠敬东、周飞舟、应星：《从总体支配到技术治理——基于中国 30 年改革经验的社会学分析》，《中国社会科学》2009 年第 6 期。

② 周志忍：《公共组织绩效评估中国实践的回顾与反思》，《兰州大学学报》（社会科学版）2007 年第 1 期。

③ 周黎安：《行政发包制》，《社会》2014 年第 6 期。

构性原因。

行政不作为是政府管理中普遍存在的现象，西方国家也同样存在。绩效问责无疑是解决行政不作为问题的主要途径之一，一些欧美国家对此有大量的研究与实践。欧美国家对绩效问责的研究兴盛于新公共管理运动时期。20世纪70年代以来，以放松规制、公共服务市场化为特征的新公共管理改革强调结果导向的绩效责任，直接促进了绩效评估的兴起，通过系统化地评价政策和项目的结果，评估被视为实施问责的有效工具。这个观点尤其得到了官方的支持，认为绩效评估提供了一种以顾客满意为基础的市场化问责机制，[①] 且问责的重点由过程发展为结果。然而，也有质疑的声音，认为结果导向的绩效问责机制以牺牲民主问责的代价来强调效率、质量和其他市场价值，[②] 缩小了责任的范围，并把关注的焦点放在达到标准和使顾客满意上，没有反映公共部门多元重叠的责任路径，而且还面临着责任与绩效的兼容性问题。[③] 国外研究已经呈现绩效问责的制度复杂性和多维性。

一 执行问责：从合规控制到结果导向的转变及其困境

第二次世界大战前后，罗斯福新政的实施和凯恩斯主义的兴起使政府职能迅速扩张，政府开支增大，财政负担沉重。行政在政策制定中的影响力和自由裁量权的不断扩张，不仅引发政治控制的强化，而且也凸

① Glynn, J. J. & Murphy, M. P., "Public Management: Failing Accountabilities and Failing Performance Review", *International Journal of Public Sector Management*, Vol. 9, No. 5, 1996, pp. 125-137.

② Behn, R. D., "The New Public Management Paradigm and the Search for Democratic Accountability", *International Public Management Journal*, Vol. 1, No. 2, 1998, pp. 131-164.

③ Halachmi, A., "Performance Measurement, Accountability, and Improved Performance", *Public Performance & Management Review*, Vol. 25, No. 4, 2002, pp. 370-374.

显行政过程和结果公正性的重要，由此主张利益相关者参与政策过程，提升政府对公众需求的回应。在这样的背景下，绩效评估不断强化，并主要集中在监管和控制开支的财政改革上。这一时期创新型的审计、监督和评估机制超越了财政意义上的诚实和正当程序，并进入了更广泛的绩效指标领域，关注经济、效率和金钱的价值。积极发展绩效审计，对受托经济责任履行结果进行独立的监督，这是该时期绩效问责的主要表现形式，典型的是美国的政府会计标准委员会（Governmental Accounting Standards Board，GASB）和政府问责局（Government Accountability Office，GAO）这两个机构所履行的问责职能。同时，在财政压力下，出现责任转移的现象，即把原本归属于联邦政府的责任转移到州和地方政府，希望通过地方政府对公众的贴近性特点来保证政府对公众需求的回应性。通过公共服务市场化创造竞争机制，提高公共服务提供的效率。

这种趋势在 20 世纪 70 年代末开始的普遍经济衰退和公共财政持续赤字的危机下得以延续和强化，并拉开了被冠名为新公共管理运动的政府改革帷幕。分权和公共服务市场化是其中重要的制度安排，它们改变了治理的形式和机制，转移了治理的位置，由此对权威和问责产生了重要的影响。在权力关系的垂直转移方面，与管理上的放权相伴的是政治上减弱高层管理者对决策的影响力，"促使公务员成为管理者而非政策建议者和制定者"[1]，强化行政官僚对政治的服从。同时，引入对报告和责任制度有很高要求的绩效评估系统，作为自上而下的重要控制机制，监督项目进展、资源配置与公共服务，基于合同和绩效的问责机制激励和惩罚高级管理者，并逐步向中层官僚以下渗透。在水平转移方面，政府大量利用私营和准私营部门来实施公共政策，提供公共服务，形成各种"契约的、管制

---

① ［美］B. 盖伊·彼得斯：《官僚政治》，聂露、李姿姿译，中国人民大学出版社 2006 年版，第 258 页。

的、援助的、互惠的互动关系"①。在市场竞争条件下，结果和绩效是确定优胜者的重要依据，如同真正的竞争市场中价格信号这一"看不见的手"。因此，结果导向的绩效问责是权力关系变化后的制度安排，是在政府部分职能市场化和公共服务输出市场化以后所采取的治理方式。

传统意义上，问责有三个基本特征：一是聚焦过程，尤其是对行政规则和程序的遵从；二是等级化，下级组织向上级部门负责；三是出现问题后的责备和惩戒。这三个特征相互支持，构成问责制内在的自洽性。然而，结果管理的改革打破了这种自洽性。

第一，结果归因的困境。结果导向的绩效问责在"行为—绩效（结果）—责任"之间建立了单一的因果链，然而，这一因果链存在断裂的可能。

首先，有限的评估指标不能充分地提炼和代表被评估组织和项目的品质，绩效评估技术处理存在简单化的风险。其次，合规性控制的传统问责机制强调遵从规则和程序，过程是能够被控制的要素，所以，当应该处于管理者控制之下的事物失控时，施以惩戒具有合理性，问责的规则导向和惩戒导向相得益彰。但是，大多数社会问题是多维的和相互关联的，绩效（结果）的实现受到除管理者能控制的因素之外的其他很多因素影响，行为与结果之间很少呈现出直接的线性关系。

因此，没有处理好因果关系的指标体系与对结果负责的惩戒性的问责制度相结合，必然激发组织的抵制行为、策略行为和其他的激励扭曲行为。如发生目标替代，强调容易量化的绩效，而忽视不容易测量的绩效，强调容易展现业绩的指标，而忽视不容易出业绩的指标；② 让问责

---

① ［美］罗伯特·阿格拉诺夫、迈克尔·麦圭尔：《协作性公共管理：地方政府新战略》，李玲玲等译，北京大学出版社 2007 版，序言第 1 页。

② Smith, P., "On the Unintended Consequences of Publishing Performance Data in The Public Sector", *International Journal of Public Administration*, Vol. 18, 1995, pp. 277 - 310.

陷入一种相对随意和不公平的方式之中，常表现为修辞性的严厉问责表达或寻找替罪羊；绩效数据只是让个人承担责任的风险，掩盖而非解决真正的责任问题，这会挫伤管理者的主动精神和创造力。在微弱的因果关系下，结果导向的绩效评估很难以决定性的方式加以使用。[①]

第二，合作治理的挑战。对结果的关注源起分权治理的实践，然而，这种多主体的合作治理格局又反过来对绩效问责提出了新的挑战。一是公权力和私权利的交叉带来责任模糊。权力关系的重新描述模糊了曾经用来定义传统问责关系的清晰的等级关系。二是多主体治理结构加剧结果归因困境。政策和项目的实施越来越呈现出多主体协调有序共同完成的特点，从责任的角度，在这么一个复杂的开放系统中，就会产生鲍文斯（Bovens）指出的"多手的问题"（the problem of many hands）[②]，即不同的组织和个体在很多方面对决策和政策做出了贡献，而且行为所产生的多重效应方向各异，形成叠加，于是，很难判断谁应该单独对由此产生的结果负责。如果依然付之于惩戒性的责任承担和控制，那么必然会进一步放大上文所描述的激励扭曲问题。

第三，结果性质的争议。什么性质的结果？谁需要的结果？谁衡量结果的意义？"由技术进步所导致的不期望的结果及其产生的影响正在扩散并难以得到评估……那些负面的非预期后果是根本无法改善的，因为这些问题的起源以及积累本身就是源于并依赖于这个世界的特定进步。"[③] 于是，标准化的结果测量被纳入政治过程，不是因为通过它们提

---

① Dahler-Larsen，"Evaluation and Public Management"，in A. Ferlie，E.，Lynn，L. & Pollitt，C.（ed.），*The Oxford Handbook of Public Management*，Oxford：Oxford University Press，2005，p. 626.

② Bovens，M.，"Public Accountability"，in Ferlie，E.，Lynn，L. & Pollitt，C.（ed.），*The Oxford Handbook of Public Management*，Oxford：Oxford University Press，2005，p. 189.

③ ［美］全钟燮：《公共行政的社会建构：解释与批判》，孙柏瑛等译，北京大学出版社 2008 年版，第 22 页。

升服务品质，而是因为标准化的活动容易监测和控制，或者提供了控制的表象。这一问题会因为绩效评估的内部化和评估过程的封闭性而进一步凸显，评估所激励的结果不是社会公众对政府治理绩效的期待。

总之，随着社会问题的日益复杂化，政府解决问题的方法也日益复杂化，行政行为与行政绩效之间的关系就越来越难以确定，绩效问责的难度也越来越大。

二　新的公共行政责任观与参与式问责的发展

根据责任的属性（消极/积极）和问责的标准（过程/结果）这两个维度，责任体系可以用四种形态加以呈现（见图5—1）。传统对政府责任的期待强调程序规制，行政官僚在给定的政策范围内工作，遵照一般规则，履行系统维持的功能（象限Ⅰ）。结果导向的责任让政府管理者的"管理"角色更加凸显，关注持续性的绩效提升，寻找降低成本的方法，努力提高生产力。管理者有确定执行的优先排序的权力，但没有责任来建议新的政策或者发起对变化的回应。换言之，责任的重点在于实现既定目标，而不是争论该实现怎样的目标（象限Ⅱ）。然而，经济社会的迅速发展要求政府及时回应，与公众的贴近更要求政府体察来自公众的变化和需求，通过收集信息准确诊断问题，并形成解决问题的方案，这是对有效政府的责任要求（象限Ⅲ）。然而，在网络化和多主体治理趋势下，处于治理结构主导地位的公共权力组织需要发展有序的网络化治理的能力、解释和沟通管理愿景从而解决共识问题的能力、广泛动员和获得支持的能力（象限Ⅳ）。如果说，问题诊断和政策设计的责任重在生产新的政策建议，那么，网络化治理下达成共识的责任更多地体现为让政策付诸实施。

基于上文的分析，可以发现绩效评估一直以不同的方式推动不同形态的执行问责，创设不同的问责工具。评估技术内嵌于科层组织等级化

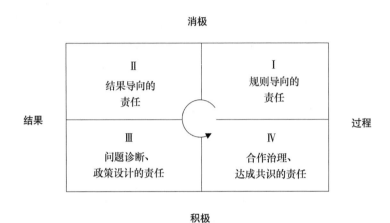

图 5—1　四种形态的责任

的权威结构中，结合预算改革实现财政责任的约束和控制；由于对变化的公共管理环境和治理结构的回应，结果导向的评估兴起并获得发展，成为"新公共管理的核心特征"①，并推动规则导向的问责（象限Ⅰ）发展为结果导向的问责（象限Ⅱ）。那么，在充满不确定的复杂的治理环境下，绩效评估以何种方式服务于象限Ⅲ和象限Ⅳ所代表的当代公共行政的责任观呢？

　　新的责任观具有以下三个关键的特征：第一，积极的责任聚焦。问责不排斥问题的呈现，而是在分析问题的基础上，提出改进政策和项目的建议，并且创造条件，推动项目和政策在面对新问题和新挑战的过程中实现管理创新，提高政策有效性；第二，动态的实施路径。承认项目战略和目标可能会发生的变化，从而注重政策反馈；第三，追溯性的结果导向。收集所有可能的定性和定量的信息来源，展现政策和项目如何

---

　　① Pollitt, C., "Performance Blight and The Tyranny of Light? Accountability in Advanced Performance Measurement Regimes", in Dubnick, M. J. & Frederickson, H. G. (ed.), *Accountable Governance: Problems and Premises*, New York: M. E. Sharpe, Inc., 2011, p. 81.

完成的图景，记录一个相对完整和全面的"绩效故事"。显而易见，这是传统问责制度的自洽性被解构后对结果问责所面临困境的发展。

在这样的要求下，绩效评估需要以开放的路径和参与的方式推进学习、对话和回应新问题的执行责任要求，并形成与传统问责机制不一样的制度结构。如果说，传统意义上的问责关注点在于关注管理失误、避免消极后果以及间歇性的责任追究行为，那么参与式评估实现了一个持续性的动态问责过程，以指标落实前置性的责任指导，就绩效结果开展对话协商，呈现问题与原因，学习经验和教训，鼓励解决问题的创新行为，进而完善政策，提高治理绩效。因此，参与式的绩效评估提供了组织学习机制，创设了实现绩效持续改进的积极问责方式。绩效持续改进的问责视角认为，如果问责制度帮助管理者对服务对象及利益相关者的需求和偏好更具有回应性，能准确地认知问题，激发反思和改进行为，那么，这就是成功的问责制度。[①] 参与导向的绩效问责的关键特征，一方面在于责任追究方式从消极向积极转变；另一方面是绩效评估中的公民参与，即公众参与绩效目标制订、责任审议讨论，甚至责任追究方式的选择和督促。在这个过程中，既由于对惩罚性的弱化，而让责任主体产生安全的预期，最小化他们的防御行为，从而接受来自绩效反馈的教训和利益相关者的对话，又收集和聆听多方的需求，沟通和协调公共活动的价值和利益冲突，形成管理决策的优先排序，并最终推动政策的执行和发展。

三 作为执行问责的绩效问责：基本路径及演进逻辑

绩效评估与绩效问责之间一直有着非常密切的关系，绩效评估是包

---

① 王柳：《理解问责制度的三个视角及其相互关系》，《经济社会体制比较》2016 年第2 期。

含着控制、监督和有效治理的管理网络中的一部分。伴随着治理环境和公共责任属性的变化，绩效评估呈现出从科学管理范式下的合规控制向目标导向的结果控制，再向参与式绩效评估发展的转变过程，表现为目标控制、效率优先的工具理性和参与导向、政策反馈的价值理性这两种发展路径（见图5－2）。

图 5－2　绩效评估的发展路径

实现工具理性的绩效评估往往从投入、过程、产出和结果等方面衡量和讨论政府责任，将结果与事先确定的目标比对，实现对行政执行及其责任的最终判断。由于目标的生成和传递沿着权力的委托代理链而展开，因此，事前确定的目标是评估标准的合法性来源。

实现价值理性的绩效评估认为绩效和品质与人的主观认知相关，而人的主观性是有差异的，所以对绩效的评价首先需要对差异性的价值评价进行交流、沟通、互动、对话，从而获得彼此的理解，就绩效价值评价达成共识。因此，参与式评估不以预先设定的目标和结果标准为前提来进行经济、效率和效益（3E）的测量，而是在决策者、专家和大众的协商过程中，形成责任标准的确立、责任的诊断和定义，以及解决问题的政策设计。理想的参与式绩效评估"有意识地将所有合法的利益相关者的利益纳入一个合作的、对话的质询过程，从而建构背景性的、有意义的知识，并根据这些知识产生个人和组织化的能力，寻找有助于以民主化的方式推动社会变化的行动"①。

因此，绩效问责是一个包含着多种形态的交错建构的制度，不同的问责体系及评估方法之间不是非此即彼的替代，而是在不同的治理环境下相互交织共存。以技术—工具理性为支撑的传统行政体系体现垂直管理、职业专家支配、物化的官僚制、安抚公民以及非此即彼的二元思维模式特征。② 价值中性的绩效评估理念和技术与这种特征的组织体系具有很好的契合度，成为服务于责任控制的管理工具，监督和改进政府管理。但是这种组织体系适用于一种稳定的环境，简单可预测的治理环境使得绩效评估能够代替模糊的目标，为委托人提供监控拥有信息优势的代理人的工具；同时，标准化的绩效评估体系围绕着一系列可管理的绩效指标，并借此达成共识，让评估的结果成为责任追究的依据。

然而，当代的治理以复杂和快速变迁为特征，这意味着以理性设计的目标在执行过程中可能会产生非预期的结果，甚至，从长期来看，会因为对目标的恪守而造成僵化和重复性的错误。治理越复杂，就越不容易使用标准化的绩效管理方法，评估越可能失败或者产生消极的非预期行为。于是，复杂治理中的公共行政诉求分权和多元参与，呼吁回应问题并有效解决问题，只有发展参与导向的绩效评估才能有效化解复杂的当代治理与评估工具之间的张力。

---

① Greene, J., "Participatory Evaluation", in R. Stake (ed.), *Advances in Program Evaluation*, Vol. 3, London: JAI Press, pp. 41-59. See Ferlie, E., Lynne, L. & Pollitt, C. (ed.), *The Oxford Handbook of Public Management*, Oxford: Oxford University Press, p. 633.

② [美] 全钟燮：《公共行政的社会建构：解释与批判》，孙柏瑛等译，北京大学出版社 2008 年版，第 22 页（另见译者前言第 15 页）。

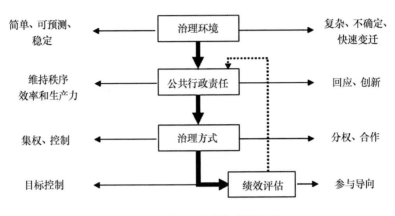

图 5—3　治理复杂性与绩效问责

绩效问责的制度演化的动因在于治理中权威的转移，问责关系包含着不平等的权威关系。在民主政治中，社会是政府权威的最终来源，公民是政治或行政权力的最终制衡，然而公民的角色并不必然如此。在传统的问责模式中，公民是"消极的大众"（passive general）[1]，主要是以选民的身份参与政治，在行政问责中是缺位的；在结果导向的问责模式下，公民的身份则更多的有了顾客和消费者的隐喻；而参与式绩效评估给予了公民在行政过程中的中心角色，公民拥有充分的信息，参与确定政策目标。因此，民主政治中问责制的关键是建立公民与政治机关之间的关系。正是在这个意义上，作为政府行为结果表征的绩效成了问责内容中关键的一部分。

四　实现权力约束与有效执行的绩效问责

推进国家治理体系和治理能力现代化是当代中国全面深化改革的总目标，而政府治理结构也正逐步走向"公平、透明、程序、依法"

---

① 　Weber, E. P., "The Question of Accountability in Historical Perspective", *Administration & Society*, Vol. 31, No. 4, 1999, pp. 451-494.

的现代体制，在这样的背景下，对行政执行责任的期待具有权力约束和有效管理双重目标，既希望通过政府职能转变，建立有限政府和法治政府，用规则和程序来规范官员的行为，以职责界定公权力的边界，又希望不断提升政府治理能力和治理绩效。如果说，传统的事故（事件）问责多聚焦于例外的事件，多基于个案，那么，绩效问责的发展呈现出整体性的政府绩效管理方式的转变。中国地方政府绩效评估不仅要追求科学理性和技术理性，致力于提高管理效率，还要发展政治理性和社会理性，承载建设责任政府和提高政府治理能力的重任。

第一，回归职责导向，建立规则意识，实现底线控制。政府绩效评估需要体现职责本位的要求，建立职责导向和程序导向的问责机制，从无限责任的人格化问责向以职责为依据的有限责任和制度化问责转变。这既是对科层不足的当代中国公共行政走向科层理性的呼吁，也是对当前行政自由裁量不断走向合理空间时官员激励机制缺失的回应。当务之急需要完善绩效管理规划，根据政府及部门法定职责和经济社会发展规划制定绩效管理规划，使绩效目标构成绩效责任评判的标准。通过绩效管理规划，落实职责本位，刚性化政府部门应做之事及其方式，以规则和程序控制行政的自由裁量行为。

第二，注重评估反馈，强化组织学习，实现绩效提升。在弗兰西斯·福山看来，适当的官僚自主性是高质量治理的一个重要特征，对政治系统过度的依附或者完全的官僚自主性都会带来低水平的治理，官僚自主性和治理质量呈现倒"U"形的曲线关系。[1] 因此，如果仅仅通过绩效评估实现权力的约束与控制，可能会影响长期的治理绩效。绩效改进是科学的绩效管理系统的内在要求，建立在绩效评估基础之上的行政问责不能违背绩效评估的制度规定，应该借由绩效评估的回溯、反思、创新的特性，发展促进组织学习的积极责任机制。在组织学习的问责导向

---

[1] ［美］弗兰西斯·福山：《什么是治理？》，郑寰译，共识网，2014年2月27日。

下，问责不仅是一种对抗性的机制，还是发现问题、解决问题的机制，①责任承担的方式指向绩效改进，包括绩效结果公开、绩效整改等，而不是单纯性的惩罚错误或者失败。因此，聚焦于治理绩效持续改进的绩效问责需要重视绩效信息的使用，建立绩效信息沟通讨论的常规程序，创设绩效及问题反思性的规则，形成制度化的评估反馈和政策反馈，并根据反馈强化整改措施，进而优化管理。同时，以绩效评估的开放性创造政策利益相关者的参与机制，扩展评估反馈的信息源，从而促进政策优化，形成什么是值得追求的治理绩效的正确定义和合理取向。

第三节　监督权问责的逻辑与实现

　　党的十八大之后，党和国家加大了对腐败问题的查处力度，党风廉政建设和反腐败斗争压倒性态势已经形成。但从已经查处的腐败案件和贪腐官员来看，纪检监察等监督部门自身也不是净土。据 2015 年 9 月王岐山书记在纪检监察干部监督工作座谈会上介绍，"党的十八大以来，全国纪检监察系统共处分违纪干部 3400 多人，中央纪委机关查处处置 14人"。从权力性质来说，监督者腐败的危害性比一般官员腐败更严重，特别是在监督与制约失衡的权力模式下，腐败的监督者可以利用自身执掌的监督权力来规避、压制甚至迫害反腐败者。由此，带来一个重要的理论和现实问题，即"谁来监督监督者"。对此，实践部门已经做出了回应，中央纪委监察部在 2014 年 4 月增设了纪检监察干部监督室，主要承担与纪检监察内部人员有关的信访举报处理、线索调查和训诫惩处，以强化纪委监察机关的监督责任。然而，学术界对"谁来监督监督者"的

---

① 王柳：《理解问责制度的三个视角及其相互关系》，《经济社会体制比较》2016 年第 2 期。

问题依然缺乏系统而深入的探讨，监督权本身的缺陷以及问责监督者的困难，迫切呼唤我们对"监督权问责"① 问题展开前瞻性的研究。

一　监督权问责：决策、执行、监督三分的内在要求

建立一个对人民负责任的政府是现代国家治理的根本目标，而现实中最大的问题是运用什么样的机制才能实现这个目标。对于这个问题，学者们的普遍共识是建立有效的权力制约监督机制。在政治生活中，权力是政治的本质和核心，有权力才有政治，随之就需要对权力进行制约与监督，以确保权力不被滥用。在两千多年的政治思想史上，政治理论家们一直在努力探索如何保证权力行使受到控制，使权力行使不致摧毁其有意促进的社会价值。从亚里士多德开始，他们就对这一问题进行着持续而广泛的研究，洛克、孟德斯鸠以及美国建国者们更是对此倾注了毕生的关切。② 在现代社会，尽管权力制约监督仍然是政治理论家们思考的核心问题，但是在西方学术界，这一关切以更加具体的形式被重新表述为"问责"问题。③ 实质上，问责的核心问题也是对权力进行监督和约束以防止出现权力滥用和以权谋私等行为。从这个意义上讲，"问责体现的是一种权力关系"④，具体体现为"当 A 有义务告知 B 关于 A 在过

① "监督权问责"是基于政治权力划分为决策权、执行权、监督权而提出的问责类型，对应于决策问责和执行问责，这里重点强调对监督权的问责而非对问责过程的监督，故特用"监督权问责"而非"监督问责"表述，以示区分。

② 陈国权：《西方政治监督理论的发展逻辑》，《国家行政学院学报》2000 年第 3 期。

③ Schedler, A., "Conceptualizing Accountability", in Schedler, A., Diamond, L. & Plattner, M. (ed.), *The Self-restraining State*, Boulder: Lynne Rienner, 1999, pp. 13 - 28.

④ Jenkins, R., "The Role of Political Institutions in Promoting Accountability", In Shah, A. (ed.), *Performance Accountability and Combating Corruption*, Washington, D. C.: World Bank, 2007, p. 137.

去或将来的行动和决定并为它们进行必要的辩护，一旦出现不当行为将受到惩罚时，A 就是对 B 负责的"①。

　　从权力制约监督角度设计有效的问责制度需要明确一个基本前提，即权力的分类，因为"首先是由于有了不同类型的权力，然后才出现了一种权力对另一种权力的制约问题"②。对于权力分类而言，基于不同的历史传统和社会文化环境存在不同的理解。西方国家经典的分类模式是基于政治机构——议会、政府、法院三者之间的分解将权力划分为立法权、行政权和司法权，而且也是基于立法权、行政权、司法权之间的分立而设计相应的权力结构。以这一分析框架剖析西方国家政治体制时无疑有其独特的解释力，但是若简单地依此来探讨中国政治体制则会犯认识上的严重错误，因为这一分析框架没有包含中国共产党这一中国最重要的公共权力体系。实际上，"立法、行政与司法权力三分背后还有着更深层次的逻辑，那就是基于专业化分工的决策、执行与监督权力三分"③。政治领域的分工思想最早是由亚里士多德提出的，他在对政体进行分类的基础上认为一切政体都有三要素，即议事机能、行政机能和审判机能，"倘使三个要素（部分）都有良好的组织，整个政体也将是一个健全的机构"④。西方后世学者大多将这一论述与立法、行政和司法三权分立联系起来，实际上这在某种程度上来说是一种误读。正如恩格斯所言，资产阶级理论家们"以其虔敬的心情把这种分权看作神圣不可侵犯的原则，事实上这种分权只不过是为了简化和监督国家机构而实行日常事务上的分工罢了"⑤。

---

　　① Schedler，A.，"Conceptualizing Accountability"，in Schedler，A.，Diamond，L. & Plattner，M.（ed.），*The Self-restraining State*，Boulder：Lynne Rienner，1999，p. 13.
　　② 张康之：《评政治学的权力制约思路》，《中国人民大学学报》2000 年第 2 期。
　　③ 陈国权、谷志军：《决策、执行与监督三分的内在逻辑》，《浙江社会科学》2012 年第 4 期。
　　④ ［古希腊］亚里士多德：《政治学》，吴寿彭译，商务印书馆 1965 年版，第 218 页。
　　⑤ 《马克思恩格斯选集》（第 2 卷），人民出版社 1995 年版，第 414 页。

在政治过程中，政治分工是权力制约的必要前提，权力制约是权力分化的必然结果，也就是说，权力制约问题是在权力分化的过程中提出来的。政治分工理论认为，任何政府管理过程都可以分为决策、执行与监督三种不同的活动环节，与此相对应，政治权力也可以划分为决策权、执行权与监督权。根据这一具有包容性和可操作性的权力划分方式，问责也可以划分为对决策权的问责、对执行权的问责与对监督权的问责。其中，决策问责是指"政府及其公务人员有义务就其决策行为向问责主体进行责任回应并据此接受决策失责惩罚的行为过程"[1]，侧重于对决策权行使主体的监督；执行问责是指政府及其公务人员有义务就政策执行情况向问责主体进行责任回应并据此承担后果的行为过程，侧重于对执行权行使主体的监督。按照决策权、执行权与监督权三分的要求，还需要设置专门针对监督权的问责机制，以确保政治权力行使受到相应的监控。在此意义上，监督权问责是"确保决策权、执行权、监督权既相互制约又相互协调"的内在要求。

二 监督权问责：内涵与特征

通过对中国知网数据库的检索发现，国内学术界对监督权问责主题的关注始见于 20 世纪 90 年代末期，研究主要集中于对"谁来监督监督者"命题的回应和思考。但遗憾的是，相关研究成果对"监督权问责"概念尚未达成共识，对这一概念的内涵、特征等基本问题也缺乏深入研究，监督权问责仍然是一个有待系统论证的概念。

（一）监督权问责的概念

问责作为一个舶来品，是一个纷繁复杂的、难以捉摸的且颇具争议

---

[1] 谷志军：《决策问责：行政问责的新发展》，载黄卫平、汪永成《当代中国政治研究报告》（第 13 辑），社会科学文献出版社 2015 年版，第 180 页。

的概念。从学者们对问责的不同定义可以看出，问责本质上是一个动态的权力过程。从这个角度来说，世界银行对问责的定义很好地体现出这一要素："问责包括对政府决策前所进行的，类似信息通报和论证的前瞻性行为；在政府行为过程中所进行的，对行政遵纪守法和工作表现所进行的评估；以及在政府行政结束后进行的质询。"① 实际上，这一定义虽然强调了对政府决策和执行及其结果的问责，但是从权力关系的角度理解却并不具有周延性。因为按照政府管理过程的决策、执行与监督三个环节，为了使得问责链条具有闭合性，除了对决策和执行的问责之外，还需要对监督本身进行问责。从这个意义上讲，监督权问责是从监督的角度理解问责的一种特定类型，所对应的是决策问责与执行问责。

从概念上讲，监督本质上是对权力行使主体的监察和督促，其本身又是一个被广泛应用且有着多重含义的概念。基于权力向度的不同，监督可以被分为自上而下的监督、平级之间的监督和自下而上的监督三种类型。对于这三种不同类型的监督，"上级对下级的监督是为了行使管理权，因而具有管理的功能；平等主体之间的监督是为了相互制约，因而具有制衡的功能；下级对上级的监督则是为了提请上级注意自己的行为，具有提示的功能，同时，作为一种民主权利，具有参与管理的功能"②。这就表明，不同类型的监督反映出监督主体之间不同的权力关系，而正是由于监督主体的不同导致了监督功能的差异。基于这样的考量，监督权问责可以被界定为：监督权行使主体就其监督行为向多元监督者进行责任回应并据此接受监督失责惩罚的行为过程。

这一定义包含了防止和纠正监督权力被滥用的四个维度：一是回应性，即监督权行使主体需要主动向内部监督者和社会公众公开相关信息，

① 世界银行专家组：《公共部门的社会问责：理念探讨及模式分析》，宋涛译，中国人民大学出版社 2007 年版，第 12 页。

② 张智辉：《法律监督三辨析》，《中国法学》2003 年第 5 期。

在面对质疑和询问时做出合理的解释；二是强制性，即当监督权行使主体出现监督失责行为时，多元监督者有能力对其施加惩罚；三是多元性，即对监督者的监督不应是固定的单一机构，而是多元化监督力量的联合；四是广泛性，即对于监督权行使主体的权力滥用行为，需要所有监督力量广泛的监察和督促。在"监督监督者"的权力关系中，回应性、强制性、多元性和广泛性等构成了监督权问责的基本要素。除此之外，监督权问责的一个重要特性在于，它是对监督者的再监督，由于监督本身的多样性，监督权主体一方面是监督者，另一方面又可能成为被监督者。对于监督权问责的特征，需要从其与决策问责、执行问责的比较中体现出来。

（二）监督权问责与决策问责、执行问责的区别

既然问责体现的是一种动态的权力关系，因而只有从权力运行的角度才能把握问责的实质，监督权问责与决策问责、执行问责正好构成了以此理解问责的三种类型，反映出决策、执行、监督主客体间的权责关系。因此，从问责主体和客体、权力和责任四个维度，分析监督权问责与决策问责、执行问责之间的区别，可以从中看出监督权问责的特征。

一是问责客体不同。问责客体也称问责对象，从已有的问责法律依据来看，中央和地方层面的制度规范对问责客体的相关规定具有一定的混乱性，问责实践中对问责客体的界定也与相关规定存在一定的脱节情况。造成这一局面的原因在于二元责任主体与一元行政主体之间的矛盾，即按照相关法律的规定，行政主体仅限定于能独立承担责任的行政组织，而在具体问责实践中，责任主体不仅包括行政组织而且还涵盖其公务人员，两者之间的矛盾给责任主体认定带来了困难。为了解决问责客体范围界定的难题，就需要从权力运行的角度对其进行分解。从此意义上讲，决策问责的客体是具有决策权的权力主体，主要是党政"一把手"，执行问责的客体是决策的具体执行者，主要是行政部门执行人员。而监督权问责的客体，则是对决策和执行进行监督的执法人员，主要包括纪检、

监察、司法、审计等部门，这些人员本身就是法定监督者。

二是问责主体不同。问责主体即实施问责的部门和人员，从内容上讲，问责主体可以分为同体主体和异体主体两类。其中，同体主体是指问责主体与客体从属于同一个组织体系，异体主体是指问责主体与客体分属不同的组织体系。[①] 从当前的问责实践来看，主要是在党政组织体系内部进行的，是由上级党政机关及其领导人发起和实施。虽然这种同体问责是必要的，它反映的是政府上下级或同级之间的权力控制关系，但同体问责不可避免地会表现出民主性缺失、公正性不足、公开性缺乏等方面的问题，因而需要异体问责作为必要的补充。实际上，基于不同的问责类型，问责主体的侧重点也是有差异的。

三是权力行使不同。问责主客体间的权力关系，实质上是一个权力的分配和归属问题，意味着不同主客体之间施加控制和影响的可能性。权力的分配决定着哪些主体能够向失责官员问责，而权力的大小则决定着实施问责的程度如何。基于问责主客体关系的不同，问责权力行使方式也存在差别。由于我国权力关系的基本格局是两套权力系统并存，"一套是居于领导、执政地位的'党'的权力系统；另一套是以全国人大为最高国家权力机关的'政'的权力系统，这一系统包括由人大授权产生的行政系统，即各级人民政府"[②]。在这样的权力系统中，重大决策主要由党委通过集体决策的形式产生，各级人民政府主要负责执行。因此，决策问责权的行使主要由党的纪委监督系统发挥实质性作用，执行问责权的行使主要由行政系统内部监督部门以及上级党委负责，都体现出自上而下的单向度权力关系。而监督问责权的行使，除了党委和行政系统内部之外，外部监督主体也是重要的监督力量，由此形成双向互动的多

向度权力关系。

四是责任类型不同。由于问责是对政府及其行政人员失责行为的责任追究，对责任的划分和认定就成为问责的关键环节之一。一般来讲，政府责任被描述为"政府及其公务人员因其公权地位和公职身份而对授权者和法律以及行政法规所承担的责任"[1]。随着政治分工的发展和政府职能的分化，必然需要制度化的岗位和具体的个人来落实相应的责任，并按照履职的要求组织机构和配备人员，但是对于如何划分责任类型却存在着不同观点。根据行政专业化分工和政府职能分定的需要，政府责任可以划分为决策责任、执行责任与监督责任三类。从权责关系的角度讲，决策责任主要是对决策失误或者依法应该及时做出决策但久拖不决造成重大损失、恶劣影响等情形应当承担的责任，执行责任主要是政府组织及其行政人员在执行决策目标的过程中出现失责行为或履职不当应当承担的责任。而监督责任则是法定监督主体对政府决策和执行行为及其结果负有的监督职责。

三 "强监督—弱制约"模式下监督权问责的现状

从权力制约监督的角度讲，问责的核心是对权力进行必要的监控以防止出现权力滥用和以权谋私等行为。然而，由于制约与监督是两种不同的权力关系和控权制度，我国传统上重视上级对下级、中央对地方的权力监控而忽视横向及上下级权力主体之间的权力制约的情况形成了"强监督—弱制约"的模式，使得制约制度的功能被削弱，同时监督制度的固有缺陷被放大。[2] 在这种控权模式下，"谁来监督监督者"的困境表

---

① 陈国权、徐露辉：《责任政府的法治基础与政治构架》，《江海学刊》2005 年第 3 期。

② 陈国权、周鲁耀：《制约与监督：两种不同的权力逻辑》，《浙江大学学报》（人文社会科学版）2013 年第 6 期。

现得更为突出。

第一，监督权的被动性及其问责困境。监督权的被动性是指行使法定监督权的整个过程中只能根据当事人的申请行为和内容进行裁判，而不能主动启动监督程序或擅自变更当事人的请求。托克维尔曾把被动性视为监督权最重要的特征，认为司法监督权"只有在请求它的时候，或用法律的术语来说，只有在它审理案件的时候，它才采取行动……如果它主动出面以法律的检查者自居，那它就有越权之嫌"①。从性质来说，监督权自身不是主动的，监督工作也不是主动生产什么事物的工作，而是为预防和纠正过错行为而开展的活动。监督权的这种被动性被认为是与积极制定各项法律和政策的决策权，以及管理和执行各项行政事务的执行权间重要的区别。由于监督权的被动性，它主要是一种看守性的、否定性的力量，与目标或产出之间只有间接的、微弱的联系，因而对既有监督者的监督只能等发生监督事实并出现监督失责行为时进行，难以直接按照原有监督机构和目标体系的设置来实现责任追究。对被动监督权的监督，往往只能通过继续设置新的监督机关的方式来实现，这样不仅会导致监督机构的不断膨胀，而且也无法提升对监督权行使的直接监控效能。

第二，监督权的从属性及其问责困境。监督权的从属性是指监督权在特定的权力结构中与决策权、执行权不是平等的相互制约和协调关系，而是在监督意志的表达方面处于依从和附属地位。在政府组织架构中，监督部门的任务性质决定了该部门对法律授予的政治权力危害以及具备的干扰与危害能力最小。司法监督部门"既无强制又无意志，而只有判断；而且为实施其判断亦需借助于行政部门的力量"②，因而监督权是三

---

① ［法］托克维尔：《论美国的民主》（上卷），董果良译，商务印书馆1988年版，第110—111页。

② ［美］汉密尔顿、杰伊、麦迪逊：《联邦党人文集》，程逢如、在汉、舒逊译，商务印书馆1980年版，第391页。

权中最弱的一个，容易成为其他两种权力的附属。具体而言，由于缺乏结构意义上的上下级权力分配，监督权容易成为上级权力在下级权力结构中的延伸，纵向与横向分权的不同步也容易导致监督权与其他权力主体间无法实现均衡。由于监督权的从属性，监督制度的控制措施更多的是针对掌权者而非权力本身展开，上级对下级的监督和同级之间的监督也都表现出依靠监督者个人权威而非制度安排，下级对上级的监督则形同虚设，使得监督职能处于进退两难的境地。对从属监督权的监督，监督者的主观意志在其中发挥了重要作用，监督的可选择性决定了监督问责的可规避性，从而只能依赖上级部门和领导通过运动式方式强力推动。

第三，监督权的分散性及其问责困境。监督权的分散性是指基于对决策权和执行权进行监督的需要而分散设置监督机构，导致监督职能的分散而难以形成监督合力。从机构设置上讲，中国的监督机构可以说是非常多的，自上而下、从中央到地方，党的系统有一套、政府系统有一套。虽然有如此多的监督机构，但是当前政府的监督主要依靠党的监督系统以及政府内部上级对下级的监督。专司监督的权力被分割成"由检察机关行使的法律监督权、由隶属于行政机关监察部门行使的行政检察权、由隶属于总理的审计部门行使的审计权"①，这种监督权的分散配置客观上也导致了监督职能的分散，使得原本就相对弱小的专门监督部门更加无法发挥应有的监督效能。由于监督权的分散性，监督不仅存在虚监、弱监、漏监等难题，而且还存在效力递减的问题，虽然上级对直接下级拥有绝对的权威，但是假如有多个监督权力关系叠加，那么对于间接上下级的权力影响势必会急剧削弱。对分散监督权的监督，除了依靠党委部门强力推动之外，难以整合现有机构形成监督合力，分散出击无疑抑制了监督机构为追求目标而实施全面、连续监控的能力，而且也提

---

① 曹呈宏：《"监督"考》，《华东政法大学学报》2008 年第 5 期。

高了监督监督者的成本。

第四，监督权的事后性及其问责困境。监督权的事后性是指权力滥用的性质、范围及其影响等只能在权力运用之后才能得到呈现，从而导致监督权行使是一种事后行为。基于公共权力委托代理关系，权力代理主体可以拥有完整事权，只有在违背委托意图时，才会受到制裁。也就是说，"监督主体并不直接干涉正常的权力运行过程，监督权的运行处于一种蛰伏的状态；多数情况下只有在违规行为或者不利后果发生后才会从蛰伏状态启动为积极追责状态"①，其重心在于对违法、违规行为事后的纠正与惩罚。对于监督者而言，最为经济有效的做法就是进行事后监督，而不是对权力运行过程进行全面的检查和督促。由于监督的事后性，权力监督不可避免成为"救火式"的惩罚和纠错行为，更多地体现出被动出击、消极应付的特点，这样虽然也可以制止甚至纠正某些权力滥用行为，但是对于那些已经造成的损害结果却于事无补。对于事后监督权的监督，依赖事后监督主体和被监督对象的双重信息，这种信息的不对称性和滞后性使得监督权行使主体可以通过操控这些信息来规避事后监督，由此很难在监督者的努力与成果之间建立因果联系。

四　通过监督权问责实现问责链条的闭合循环

建立健全决策权、执行权、监督权既相互制约又相互协调的权力结构和运行机制，"不仅具有推动市场形态转型、政治文明发展、社会组织建设和伦理道德进步的重要功能，而且具有遏制腐败现象蔓延、改善市场竞争环境、健全责任政治制度和提高党的执政能力的现实意义"②。但

---

① 陈国权、周鲁耀：《制约与监督：两种不同的权力逻辑》，《浙江大学学报》（人文社会科学版）2013 年第 6 期。

② 陈国权、曹伟：《权力制约监督的制度功能与现实意义》，《社会科学战线》2011 年第 9 期。

在这样的权力结构模式之中，由于监督权具有非生产性质、是一种纠错的权力、有着难以管理的性质、需要广泛的社会条件的支持等原因，而被认为是一种具有内在贫困性的权力。① 监督权的内在贫困性，不仅带来监督权在权力结构中的失衡，导致监督存在弱监、虚监、漏监等问题，而且也带来监督者滥用权力的风险，导致管理和监督监督权的困难。为此，需要按照决策权、执行权、监督权既相互制约又相互协调的要求，通过建构对监督权的问责机制实现问责链条的闭合循环。

一方面，通过落实纪委的监督责任强化内部问责。针对当前制约与监督两种不同权力逻辑下监督控权的局限性，以及监督系统内部"党政权力监督体系强而社会权力监督体系弱、执政党对国家政权监督强而党内监督弱"② 的现状，对于监督者的内部监督和问责，当前可行的方式是落实纪检监察干部监督室的再监督职责。具体来讲，各级纪委在监督权问责方面：一是协助党委健全责任分解、检查监督、倒查追责机制，开展对监督主体的责任制考核、强化责任追究；二是督促和监察各监督部门落实惩治和预防腐败工作、明确相应的监督责任，加强督促指导、促使监督权的行使依规合法；三是开展对纪律执行情况的监督检查，强化党员干部的组织意识和纪律观念，对监督者自身的腐败进行执纪问责。同时，还要建立监察、检察、审计等监督部门之间的相互制约与协调机制，通过互相监督减少监督权主体自身的权力滥用和以权谋私等行为。

另一方面，通过完善人民监督员制度强化外部问责。虽然落实纪委的监督责任对于监督者的内部监督有其存在的必要性和价值，但从世界各国的经验来看，从根本上解决"谁来监督监督者"的难题，还得依靠社会公众的外部监督。在这方面，我国从 2003 年开始就探索出了人民监

　　① 韩志明：《监督权的制度逻辑、内在贫困和建构维度》，《华东经济管理》2010 年第 3 期。

　　② 何增科：《试析我国现行权力监督存在的问题及原因》，《学习与探索》2008 年第 4 期。

督员制度并自 2010 年开始得到全面推行。然而，从这些年的实际运行来看，人民监督员制度还存在权力属性的错位、民意代表性的先天不足、检察机关的过当主导、监督效力的刚性缺失等缺陷，其监督效果并不明显。① 为此，应该改革和完善现有的人民监督员制度：一是扩大监督范围，将监督扩展到检察机关之外的其他监督机构，并将监督内容扩展到检察机关自侦案件之外的普通案件；二是提升监督效力，赋予人民监督员制度相应的司法强制力，让人民监督员直接介入司法监督过程。切实将人民监督员制度由内部监督转变为外部监督，是落实监督权问责的努力方向。

---

① 陈卫东：《人民监督员制度的困境与出路》，《政法论坛》2012 年第 4 期。

第六章

第三区域政企统合治理
与高廉政风险

　　第三区域，是指以开发区、新城、新区、功能区为典型的治理区域。这类区域实行特殊化的治理形态：在治理环境上，往往起步于城市边缘区或农村地区，市政基础配套设施缺乏；在治理任务上，以开发土地以及其他资源、吸引国内外投资、发展地方经济产业为主；在治理模式上，设立"管委会"作为政府派出机构以统筹区域管理，并成立开发投资公司以辅助经营；在治理结果上，实现了从乡村社会向都市社会的快速转变，建构起了地方经济社会发展的新城市空间。因此，第三区域在治理形态上显著区别于传统的城市治理和农村治理，形成了我国区域治理中的第三类区域。

　　作为我国改革的先行区，第三区域接轨国内外市场，形成了相对更为完善的产业环境，吸引投资与技术，并取得了令人惊叹的经济增长绩效，已经成为带动我国经济发展与城市化进程的关键引擎。与此同时，在第三区域治理显著地呈现出集权化：作为上级党委的派出机构党工委和上级政府的派出机构管委会普遍采取合署办公，形成党政合一管委会体制，并与开发投资公司高度统合，"两（多）块牌子、一套班子"。这不仅使得纵向权力向上级领导集中，还让横向权力包括企业经营权，向党政一把手集中。

这种制度安排无疑悖逆了改革开放初设立的政治分权化、政企分开的改革构想。邓小平在1980年所作的《关于党和国家领导制度的改革》的报告，可以说是我国政治体制改革的纲领性文献，该文强调党和国家领导制度改革的核心之一，就是权力不宜过分集中，克服家长制问题。同时，中央多次出台文件，强调要推进政企分开，杜绝官员在企业兼职，遏制政府对市场的过分干预。可事实却是，在地方政府实践中，即便到了市场化改革已经较为深入的今天，这种党政企集权化运作模式，仍然是新设开发区、新城、新区和功能区等第三区域的首选治理方案。派出管委会、注册投资公司，已经成为地方政府建设第三区域的惯行模式。

我们用"政企统合"来概念化"管委会＋投资公司"① 这种政府与企业统合的治理模式，这种治理模式在本质上是一种政府组织，但兼具企业组织的管理和运行方式，其核心特征是突破了党政分开、政企分开的分权化改革，形成了再集权的特征，这一特征主要体现为党、政、企的高度统合，由此实现了各项决策权力以及各种治理资源向上级地方政府及其管委会集中。本项研究之所以深入考察第三区域的治理实践，是因为第三区域的权力结构非常具有典型性，是我国集权体制的典型代表。本章聚焦于第三区域政企统合模式下的权力结构，具体问题主要包括：第三区域集权结构是如何形成的？其基本特征及其组织基础是什么？这种集权结构形成和扩散的内在逻辑是什么？这种集权结构形成廉政风险的内在机制是什么？期待通过对第三区域治理模式背后权力演变逻辑的揭示，理解地方政府治理集权化的经济基础及其高廉政风险。

---

① 在第三区域，上级党委派出党工委，上级政府派出管委会，两者普遍合署办公。为了表述的方便，本书统称为管委会。

第一节　地方政府经营与第三区域建设

改革开放以来，中国地方政府在地区经济增长中始终扮演着关键角色。正如周黎安所言，"那种寻求一切可能的来源进行投资、推动地方经济的发展的热情在世界范围内也是罕见的"①。伴随着政治经济社会体制的变迁，地方政府的经营策略也在发生着变化，而第三区域的扩张与蔓延，则是地方政府经营策略转变下的产物。

一　地方政府经营策略的演变

地方政府的经营策略呈现出如下变化：从初期的扶持和发展本地企业，以"公司化经营"的方式获取税收利益；到分税制改革后转向重点发展开发区，通过开发区模式整合土地资源与企业资本；再到 2000 年以后越来越重视"经营城市"，利用对国有土地资源的运作获取高额回报用于发展建设。尽管地方政府的经济发展策略不断调整转换，但政府权力对市场和社会资源的控制与整合始终没有变化。政府权力相对于市场和社会的优势地位与"政治集权—经济分权"结构下的地方政府统筹资源发展经济的自主权力相结合，使得当前中国地方政府治理具有鲜明的"统合性"特征。

对地方政府而言，对更大目标的实现依赖于更多权力的获得。这种权力的增加主要来源于"政治集权—经济分权"结构下中央政府对经济发展权力的下放。政府的经济权力主要包括三种方式：税收、借贷以及

---

① 周黎安：《中国地方官员的晋升锦标赛模式研究》，《经济研究》2007 年第 7 期。

发行货币。① 对我国地方政府而言，这三种权力都难以直接实现。如何突破既有制度的限制，将发展经济的内在驱动具体表现为对各类资源的实际控制能力，成为地方政府谋求经济绩效的通行做法。改革开放初期，地方政府的应对策略是通过发展地方国有企业，进而获得更多的税收分成以及分享企业利润剩余；随着分税制改革、现代企业制度完善以及民营经济发展的冲击，地方政府开始从经营企业转向经营土地，通过设立政府性融资平台公司的方式绕过《预算法》对地方政府借贷的限制。

根据地方政府经济权力的不同获取方式，又可以大致分为两个主要阶段。

第一阶段：基层政府对企业的经营时期。地方政府对企业的经营行为是在改革开放初期，中央在人事、财政、经济管理等各个方面向地方进行权力下放的大背景下形成的。② 1994 年之前中央—地方的财政包干制将地方政府变成了有明确的自身利益的行动主体，对促使地方政府大力兴办企业、扩大地方投资规模等方面发挥了突出的作用。③ 戴慕珍（JeanC. Oi）等学者在 20 世纪 90 年代初开始观察到改革开放初期地方政

---

① ［英］肯尼思·E. 博尔丁：《权力的三张面孔》，经济科学出版社 2012 年版，第139—140 页。

② 值得注意的是，由于中国各地区发展的不平衡性，以及改革开放后地方在发展经济上获得了较大的自主权，地方政府的"经营性"现象在全国各个省市表现得并不一致。例如郑永年在其《中国的"行为联邦制"：中央—地方关系的变革与动力》一书中分析了江苏、浙江、广东三个省份在中央给予地方较大自主权的情况下产生了三种不同的发展路径，而只有在江苏省，出现了较为典型的"政府企业化"现象，同时期的浙江省尤其是温州市地方政府则更多地采取了保护人民首创精神、减少对企业直接定性与干预的方式，进而也造就了不同于苏南模式的、以私营经济为主的"温州模式"。但这种改革开放初期各地方在经济发展上的模式差别，随着市场化改革的深化及地方间竞争的加剧在逐渐地消失，尤其沿海经济较发达地区的政府治理模式逐渐趋同。2000 年之后，"经营城市"更成为大多数地方政府的普遍做法。

③ 渠敬东、周飞舟、应星：《从总体支配到技术治理——基于中国 30 年改革经验的社会学分析》，《中国社会科学》2009 年第 6 期。

府（主要是县及县以下政府）的经营行为在本地区企业发展中的重要作用。① 戴慕珍使用了"地方政府统合主义"（Local State Corporatism）的概念，将中国地方政府的行为方式描述为追逐利益的公司，政府官员类似"政治企业家"②。20 世纪 80 年代和 90 年代中国开展的一系列财政和税收等经济政策改革，在地方政府之间形成了一种竞争机制，从而使地方政府获得了通过发展地方经济获取额外税收的积极性；同时由于地方政府继承了计划经济时代对社会的控制网络与渠道，并具有了对本地区各类资源进行统筹的能力。通过这种方式，中国地方政府一方面选择性地私有化以加强集体经济，另一方面也开始把扶持的对象和范围扩展到私营企业，进而在很大程度上扮演了公司管理经营者的角色。在这一过程中，由于地方政府和地方企业在一定程度上形成了"利益共同体"，地方政府通过帮助企业获得银行贷款等方式促进了地方企业的高速发展。但地方政府的这种扶持行为并非完全基于公共性治理的长期战略，促使企业规模扩大的目标是为了完成财政包干任务。③

　　第二阶段：从经营企业转向经营辖区。1994 年起中央政府开始确立税收分享方案，推进中央与地方财政关系的规范化。分税制改革后，中

---

　　①　Jean，C. Oi.，"Fiscal Reform and the Economic Foundations of Local State Corporatism in China"，*World Politics*，1992，Vol. 45，No. 1，pp. 99-126.

　　②　对于戴慕珍提出 Local State Corporatism 的概念，目前国内存在多种不同的翻译方式，有翻译成"地方国家法团主义"的，也有翻译成"地方政府公司"的。戴慕珍本人在文章中也解释，她所指的这种"Local State Corporatism"与通常所讲的"State Corporatism"，即通常国内翻译为"法团主义"的概念所指向的并非同一个问题。而戴慕珍的文章中虽然认为中国地方政府（主要是县及县以下政府）在很大程度上扮演了企业经营管理者的角色，但将 Local State Corporatism 直接翻译成"地方政府公司"并不准确。此后实际上是魏昂德（Andrew Walde）的文章中使用了类似"公司型地方政府"（Local Governments as Industrial Firm）的用法。戴慕珍在提出这一概念时更多的是强调地方政府通过将企业纳入行政序列进行领导，从而实现对企业相关资源的统合性控制。因而我们认为将之翻译成"地方政府统合主义"是较为准确的。

　　③　周飞舟：《以利为利：财政关系与地方政府行为》，上海三联书店 2012 年版，第 46 页。

央和地方对企业税收的划分不再考虑企业隶属关系，中央享有了地方企业主体税种增值税的 75%，并且并不分担企业经营和破产的风险。因而与过去的包干制相比，在分税制下地方政府经营企业的收益减小而风险加大了。[①] 在这种情况下，地方政府要通过的新的"经济权力"来满足投资与建设的需要。

促成地方政府从经营企业向"经营辖区"转变的基础要素是地方政府获得了辖区内土地资源的出让与开发权。1998 年《土地管理法》的修订出台，将农村土地转为城市建设用地的权力赋予了地方政府，地方政府垄断了土地的一级市场供应。此后，通过对区域内关键要素特别是土地的控制权，地方政府开始了从经营企业向经营城市的策略转变。[②] 在这种背景下，"经营土地"的地方政府与"经营产品"的企业交互作用并最终形塑了中国资本与产品市场，曹正汉等称其为"双层经营结构"：在第一层面，地方政府为了促进地区经济的增长以及增加地方财政收入，对辖区进行整体性的开发与经营，其经营手段主要是土地规划与出让；在第二层面，则是由企业作为主体依托地方政府提供的土地、基础设施、公共服务等要素开展具体的生产经营活动，并作为地方政府土地出让金以及税收收入的主要来源。[③] 由于地方政府可以有效掌控区域内土地资源的出让与开发，在市场化改革和地区竞争的压力下，地方政府更倾向于演变成对区域经济要素进行综合控制的经营者。同时，随着地方经济增长更加依赖政策性资本投入，地方政府越来越依赖财政担保和土地抵押等方式获取更大规模的金融贷款，并倾向于通过提高土地附加值来提高土地出让价格，进而获得更多的土地出让金以及建筑营业税收入，由

---

① 周飞舟：《分税制十年：制度及其影响》，《中国社会科学》2006 年第 6 期。

② 周黎安：《转型中的地方政府》，格致出版社、上海人民出版社 2008 年版，第 298—306 页。

③ 曹正汉、宋华盛、史晋川：《为增长而控制——中国的地区竞争与地方政府对土地的控制行为》，《学术研究》2011 年第 8 期。

此形成了"土地—金融—财政"三位一体的经营格局,[①] 并进而造成了土地出让金及与土地出让相关的财税收入在地方财政收入构成中的比重快速增加。[②]

土地和企业始终是地方政府两个核心的经营要素;从经营企业到经营开发区再到经营土地,地方政府在不同的发展阶段对土地与企业的统合方式发生了重大转变。在早期经营企业时期,地方政府通过土地来经营企业,土地是承载公司的载体,公司及附加在公司上的投资与利税是经营的对象。在经营开发区阶段,地方政府开始把土地要素与企业要素合并,通过经营园区来实现对企业的间接经营。在经营城市模式下,政府则是通过组建项目平台公司的方式来实现对土地的经营,平台公司作为企业成为项目开发的组织载体,而土地成为经营的对象。"在多数社会中,权力围绕稀缺的重要资源来组织;而极少围绕充裕的资源来组织。"[③] 地方政府经营的重心从企业向土地的转移事实上也反映了随着市场经济改革的不断深化和民营经济的发展,企业作为一种资源组织结构,已经越来越普遍,而由于政府对土地资源的垄断性供给,土地的稀缺性日益凸显。

在这种情况下,土地作为一定的区域空间载体,在地方政府经营模式中扮演着越来越重要的角色,第三区域日益成为我国地方政府治理中的核心单元。

---

① 渠敬东:《项目制:一种新的治理体制》,《中国社会科学》2012 年第 5 期。

② 根据赵志荣、曹丞辛(2013)的研究,地方政府土地出让金收入自 2001 年开始的年增长率为 54.3%,远远高于财政资金的增长速度。但土地出让转让金收入具有明显的波动性,2001 年之后曾一路增长,2005 年出现急剧下降,2006 年之后再次回升。另外从地区分布看,也具有区域间的不平衡性。其中东部省份对土地出让金的依赖程度最高,其次是中部,西部和直辖市相对较低。

③ 〔美〕杰拉尔德・R. 萨伦斯克、杰弗里・普费希:《谁获得权力以及如何保持它:权力的战略权变模型》,载 J. 史蒂文・奥特、桑德拉・J. 帕克斯、理查德・B. 辛普森主编《组织行为学经典文献》(第三版),上海财经大学出版社 2012 年版,第 462—473 页。

二 双层经营结构与第三区域

地方政府经营所辖区域的关键，是建立各种类型的第三区域，诸如开发区、新城、新区和功能区等。通过政府权力与治理资源的空间集聚，在较短时间内完善物质基础设施和组织制度条件，建构起符合现代市场经济要求的资本投资与产业发展环境，从而吸引国内外投资，促进地方经济增长。具体而言：一是通过吸引和固着全球流动资本，推动产业的本地集聚，从而实现快速资本积累。二是大幅提升区域内土地出让价值。土地价值取决于所在区域的功能定位、基础设施建设、市政配套工程以及产业发展水平等多方面因素。第三区域的集中开发建设往往能够使土地价值快速上涨数倍甚至数十倍。三是对第三区域的大规模政府性投资，本身就是一种资本积累的过程。上述这些资本积累最终转化为地方经济发展的构成部分，进而成为地方政府官员在晋升竞赛中的竞争优势。

因而，第三区域的本质，是地方政府实现本地快速资本积累的空间载体。凭借其对区域性生产要素的垄断权，地方政府以第三区域为空间载体，从整体上控制和经营地区经济，形成了一种独特的"双层经营结构"，即在中国地区经济内部，存在着两个经营层面和两类经营主体：一是地方政府作为经营主体及其所处的经营层面，在这一个经营层面上，地方政府把所辖区域作为一个整体来进行规划、开发和经营，以尽可能地提高地区经济的增长速度和地方财政收入；一是私营企业（包括外资企业）作为经营主体及其所处的经营层面，在这一个层面上，各家企业利用地方政府提供的土地、基础设施、投资环境等经营条件，开展经营活动，并向政府缴纳土地租金和税费。[1]

---

① 曹正汉、史晋川：《中国地方政府应对市场化改革的策略：抓住经济发展的主动权——理论假说与案例研究》，《社会学研究》2009 年第 4 期。

作为资本积累的空间载体，第三区域有三个特征。

（1）空间选择性。地方政府在自身辖区范围内对制度和政策的不平衡空间配置，反映了地方政府在有限的资源和能力的条件下，集中力量创造地方竞争优势的努力。这不仅直接体现为对第三区域给予各种各样的优惠和补贴政策、高规格行政级别配置等，更反映在第三区域空间建设与发展上的强制垄断。比如，浙江省S县在其经济开发区创办之初，即做出如下规定："从现在开始，凡与规划区内的重要设施、重点工程有矛盾的建设项目，不分集体、个人，不论有否申报批准，一律停建。为探索规划区内个人建房的新路子，个人建房除拆迁安置经管委会办公室同意外，其他暂不审批。已经有关部门批准的也应停止执行。"①

（2）任务导向性。第三区域建设有着明确的发展目标，因而在此特定空间内，所有资源与工作将围绕这一特定目标而聚合，一些有碍于这一特定目标的事物将被分离或忽视。无论是开发区还是新城，地方政府每年都会向其下达明确的开发建设和招商引资任务，作为其考核指标。同时，为了保障任务的实现，地方政府甚至将第三区域内的社会综合事务统统交给了原属地政府，以保持其专业化高效运作。比如，杭州市在推进钱江新城开发建设时规定："根据钱江新城开发建设进程，江干区、上城区具体负责钱江新城管委会开发范围内集体土地的征地拆迁、农居安置、城市管理等工作，相应费用由钱江新城管委会承担。"②

（3）局部市场性。地方政府在局部范围内建立符合现代市场要求的"小气候"，实际上是一种在传统计划体制尚未完全瓦解的情况下采取的一种增量式改革。在较为远离城市中心的地区，在小范围内建立市场体制，使其成为对接国际市场的窗口。在第三区域内，现代企业微观制度

①　数据来源于作者对浙江省多个市县开发区、新城建设的调研。

②　参见《中共杭州市委杭州市人民政府关于进一步加快钱江新城建设和发展的若干意见》，市委〔2006〕6号。

被引入，私营（包括外资）企业成为市场经济中的独立经营主体，而地方政府则提供尽可能高效、周到的行政服务，比如简化行政审批流程等，以提升进驻企业的生产效率。

随着地方经济发展中"双层经营结构"的形成，如何更高效地推进第三区域的开发建设，成为地方政府非常重要的目标。当然，这一目标的实现也并非易事，考验着地方政府在人、财、物等方面的管理能力，因而寻求一种新的战略，来提升地方政府的资源动员能力，就成为必然要求。

三　第三区域的再集权化

随着市场改革的继续深化、公民社会的不断发育，在传统城市和农村区域，总体支配的格局都趋于瓦解，基层治理正在变得越来越多元化与技术化，分权、参与、协作成为主流趋势。[①] 然而，就第三区域而言，它在地理空间上原是传统城市或农村区域的一部分，但在治理取向上却大相径庭：在此区域范围内，各项决策权力以及各种治理资源向上级地方政府及其管委会集中，构成了政府治理分权化改革的悖逆领域。

这种现象的产生与第三区域开发建设效率导向的内在逻辑有关。第三区域的开发建设，很大程度上是城市政府在城郊农村地区建构新城市空间的过程，显现为土地资源的大量开发、各种基础设施的规划、建设以及公共服务的供给。因而，它实际上是一个大规模生产公共物品供给的集体行动过程。这一过程有三个特点：一是公共物品的生产性；二是公共物品生产的规模性；三是大规模公共物品生产的集体行动。第三区域开发建设的任务属性及其三个特点导致了第三区域治理集权化的制度选择。

---

① 渠敬东、周飞舟、应星：《从总体支配到技术治理——基于中国 30 年改革经验的社会学分析》，《中国社会科学》2009 年第 6 期。

首先，第三区域开发建设作为一个公共物品生产过程，地方政府再集权化有助于提升决策效率和协调效率。公共物品的供给划分为生产与分配两个环节，进而指出这两种行为背后存在不同的行政逻辑。公共物品生产的关键是如何实现效率，投入与产出是基本的考察变量，为了实现公共物品生产的高效率，政府科学行政非常必要，而科学行政的核心是决策的科学化，这使得决策权向少数管理精英集中。而公共物品分配的关键是如何实现公正，权力运行的民主化是基本的考察变量。为了实现公共物品分配的公平公正，需要完善民主分权和民主程序，以尽可能保障多数人的权利。而地方政府企业式集权化管理有助于提升政府在公共物品生产管理中的决策效率和协调效率，进而有利于实现公共物品生产的总体效率。对于第三区域开发建设主体，在日益激烈的竞争压力下，效率无疑成为其追求的根本目标，这就强化了公共品生产过程中的政府集权化。

其次，第三区域开发建设是一个大规模投资过程，地方政府再集权化有助于保障开发资金的持续投入。由于第三区域的开发建设主要涉及土地开发、基础设施建设等大型项目，因此投资呈现出一定的特殊性。缪凯[①]对这类投资的特点做出了比较全面的概括，主要包括以下几点：从社会生产流程来看，处在"上游"的生产部门；从投资规模来看，数额巨大且存在不可分性；从建设周期来看，时间往往比较久，因而资本流动性比较差；从产出效益来看，资本产出率一般比较低；从建设要求来看，往往需要有一定的超前性。这种特殊性决定了仅仅依靠政府财政难以保证如此大规模的持续投入。而对于外部投资方而言，不仅面临外部性强的问题，还存在较多的政治干预风险，因而除非存在制度化的利益保障，否则也不敢轻易投入。地方政府再集权化就是对这种两难情境的战略回应。地方政府通过将土地资源决策权集

---

① 缪凯：《开发区集团公司发展模式研究》，博士论文，南京大学，2001年。

中到自己手中，强化了汲取土地资源的能力，同时以自身权威为信用基础，以土地资源为抵押，吸引外部投资，为第三区域的开发建设提供相对稳定的资金投入。

最后，第三区域开发建设作为一种集体行动过程，地方政府再集权化有助于克服"集体行动困境"。在基层政府实际运行中，权威碎片化日益突出，在价值上表现为对上级的不认同或象征性服从，在体制上表现为不同层级政府之间、不同政府部门之间，根据各自需要执行上级部署。① 因而，无论是上下级之间还是横向部门之间，都充斥着各种各样的讨价还价，严重阻碍着集体行动，导致效率损失。要真正实现开发建设中的集体行动，必须依赖有效的组织安排和激励设计。选择性激励（selective incentives）是奥尔森提出来用以克服集体行动困境的重要机制，但必须注意的是，在他看来，只有具备以下条件的组织才能够进行选择性激励：具备行使强制的权威和能力，或者能向潜在集团中的个体提供积极诱因。② 换句话说，对强制权威的垄断或拥有充分的激励资源，是一个组织较好地克服集体行动困境的重要基础。第三区域的集权化战略，一定程度上回应了奥尔森的判断，不仅垄断了强制权威，更通过市场化运作获得了大量的激励资源，这使得选择性激励得以实施，集体行动得以达成。

上述的分析表明，地方政府再集权是和开发建设任务紧密关联在一起的。第三区域开发建设的任务属性，亦即作为一个大规模生产公共物品的集体行动过程，决定了地方政府再集权化存在一定的合理性，因为它有助于提高效率和协调、保障资金持续投入、克服集体行动困境，进而实现开发建设效率的最大化。

---

① 赵树凯：《基层政府的体制症结》，《中国发展观察》2006 年第 11 期。

② ［美］曼瑟尔·奥尔森：《集体行动的逻辑》，陈郁、郭宇峰、李崇新译，格致出版社、上海人民出版社 1995 年版。

第二节　第三区域的政企统合治理模式

在当代中国，不断精细化和拓展的官僚组织能力是实现国家治理的基础。[1] 第三区域的"政企统合"治理模式就是在改造并拓展现行政府官僚体制的基础上形成的，它整合政府权力和企业管理机制，很大程度上为了挣脱现有国家法律制度的束缚，从而广泛动员多方资源，极大地拓展了政府治理能力。

一　政企统合：第三区域的治理模式

政企统合作为政府与企业统合的一种制度安排，在本质上是一种政府组织，但却具有企业组织的管理权限和运行机制。在实践中，往往体现为"管委会＋投资公司"，其主要领导和成员往往与管委会交叉任职，亦即所谓的"两（多）块牌子、一套班子"。其中，管委会是地方政府的派出机构[2]，代表地方政府行使权力，作为开发区域内的管理权威。管委会是纵向跨层级授权、横向跨部门整合的产物，是运行于传统政府官僚体制中的一种矩阵组织。灵活的机构设置、严格的绩效管理，使其成为贯彻地方政府意志的重要载体。投资公司则是由地方政府成立的国有公司，可以是独资也可以是合资，可以是实体性的也可以是名义性的，可以是单个也可以

---

① 周雪光、练宏：《政府内部上下级部门间谈判的一个分析模型——以环境政策实施为例》，《中国社会科学》2011 年第 5 期。

② 从《地方各级人民代表大会和地方各级人民政府组织法》来看，行政组织序列中并不存在开发区管委会。它显然不是一级政府，也不是"地方人民政府的派出机关"，更不能等同于"政府职能部门的派出机构"。尽管地方政府往往将其称为"政府派出机构"，学界对其法律地位一直存在着争议。

是多个，但都直接受管委会领导。投资公司因其公司属性，能享受公司法中对私权利主体的行为规定，这就大大拓展了政府组织所能涉足的行为领域。在官方话语中，政企统合治理往往被称为"政府指导、企业主体、市场化运作"。借助市场化运作，管委会与投资公司相互支撑和拓展，产生出巨大的治理能量。政企统合作为新城市空间的治理组织，相比传统政府官僚组织，具有更加强大的城市空间建设开发能力。

一方面，政企统合治理规避了国家法律和政策对政府融资的束缚，为地方政府大规模举债融资提供了渠道，极大地拓展了地方政府运作资本的能力。在事权与财权的巨大失衡下，在地方竞争与 GDP 考核的巨大压力下，举债开发土地无疑成为地方政府的理性选择。但是，依据我国1994 年《预算法》第二十八条的规定，"地方各级预算按照量入为出、收支平衡的原则编制，不列赤字。除法律和国务院另有规定外，地方政府不得发行地方政府债券"。而 1995 年《担保法》第八条又进一步明确，国家机关不得为保证人。因而，在法律上，地方政府作为主体是无法举债经营的。但是，通过成立城市投资公司，以公司之名义融资，地方政府就可以绕过这两项规定而实现举债。[①] 据统计，截至 2010 年年末，全国共有地方政府融资平台 1 万余家，其中县级（含县级市）的融资平台约占 70%。[②] 城市投资公司向银行融资，是以地方政府的公权信誉作为担保。尽管无法构成法律意义上的正式契约，但一种关系契约（relational contracts）却成为政府、公司与银行之间的稳定纽带。[③] 由于这些公司

①　事实上，城市投资公司的建立，离开中央政府的允许或推动，也是不可能的。早在1998 年，中央就曾授权国家开发银行在安徽芜湖进行试点，内容就是通过城市投资公司以公用事业和基础设施进行"打捆贷款"。2004 年国务院出台的《关于投资体制改革决定》对地方投融资公司予以大范围推广。2006 年，因为担心大量贷款成为银行的呆坏账，中央要求对其予以禁止，但 2008 年金融危机之后，进一步在全国范围进行推广。

②　《2010 中国区域金融运行报告》，中国人民银行，2011 年 6 月 1 日公布。

③　刘世定：《嵌入性与关系合同》，《社会学研究》1999 年第 4 期；周雪光：《"关系产权"：产权制度的一个社会学解释》，《社会学研究》2005 年第 2 期。

的贷款是以地方财政和土地抵押作为担保，重大项目甚至还会经人大做出政治承诺，因此拥有较高的信用级别，进而银行融资会比较顺利。[①]经城市投资公司渠道获得的金融资本，属于预算外管理，使用的监管往往比较宽松，因此地方政府具有较高的操作自由度。

另一方面，政企统合治理将企业管理的方式与逻辑融合到了传统官僚体制之中，不仅突破了人员配置的编制约束，也重构了工作人员的激励方式和激励强度，使得"小而精"的管委会实际上拥有了"大而强"的公司支撑。作为派出机构，管委会在行政编制、事业编制人数上是极为有限的，随着第三区域的不断发展和扩张，往往面临"小马拉大车"的困境。借助政企统合，人员编制得到了巨大扩充。在政企统合治理下，实际上存在行政编制、事业编制、企业编制以及编外用工四种类型，而从分工上看，则存在三类员工：纯粹机关行政人员、纯粹企业合同员工以及政企混合的统合者。所谓政企混合的统合者，指那些身兼一个或多个投资公司主要负责人的管委会领导。这些管委会领导集政治权威和企业资源于一身，使得这些投资公司的内部运作实际上是政府行政的延伸。但是，编制与分工并不存在绝对的对应关系，而是灵活地根据政策要求进行调整。比如，在中央反复要求政企分开的政策压力下，一些第三区域让事业编制或企业编制的员工担任投资公司负责人，但这仅仅是名义上的，管委会领导掌控着事实上的决策权力。换句话说，在管委会中，不同编制的员工其实是可以混岗使用的，公司员工往往被调用来处理行政事务。于是，这种多元交叉的人员配置使得领导可以较为便利地支配和使用。在员工激励方面，通过采用市场化的薪酬设计，将薪酬与区域经济发展绩效相挂钩，以考核奖励为基本手段，对关键部门的员工进行强激励推动。在组织规模上，通过设立一个或多个公司，组织机构以及人员体系得到极大扩张。

---

① 折晓叶：《县域政府治理模式的新变化》，《中国社会科学》2014 年第 1 期。

由上可知，政企统合治理，本质上是地方政府在现行法律制度下再集权战略的组织呈现。它通过对派出机构和企业组织的统合使用，让两者所具有的组织效能都发挥出来，并通过相互支持来克服彼此的局限性。它凭借其独特的组织形式规避国家法律制度，并极大地拓展了政府在资本、组织、人员等方面的操纵能力，因而成为地方政府实现第三区域组织化的普遍模式。

二　第三区域政企统合的治理逻辑

（一）政治机制、行政机制与公司机制

在古德诺区分了国家（主权者）意志的表达与国家（主权者）意志的执行两种不同的国家行为之后，"政治—行政"二分成为政府行为研究的一个基本分析范式。其中国家意志的表达一般被视为政治机制，国家意志的执行一般被视为行政机制。其中政治权力来自中央政府自上而下的层层授权，行政权力则更多来自官僚结构下的正式权威。为了保证国家意志能够得到贯彻执行，行政必须置于政治的控制之下；同时，为了提高政府运作的高效率，又必须保证行政具有一定的自由裁量空间。新中国成立后，"党—国家"的二元体制强化了这种行政机制与政治机制相互交织、行政权力附属于政治权力的权力结构。在这种结构之下，政治意图需要通过行政权力的运作来具体完成，而行政权力在运行中也借用了政治权力的灵活性与权威。这也使得地方政府扩张其权力的努力不但需要诉诸正式的政府科层制结构，更需要从科层制之外、由中央政府自上而下层层授权而来的政治权力中寻找。通过设立项目平台公司这类政府性组织工具，地方政府将固有的行政机制、政治机制与公司化的经营体制相结合后，使其权力在外部资源汲取及内部资源整合两个方向上都实现了对所获授权的扩张。

这种将行政机制、政治机制与公司化运营机制相勾连的现象，被

折晓叶总结为"行政—政治—公司"三位一体的统合机制。① 其中行政机制是由科层制赋予政府机构的权力，即建立在制度规则上的正式权威，"其前提是政府具有行政统合权，采用科层制的事本主义或曰技术治理的路线，强调规划、规则和程序等的重要性"。政治机制则是由"行政统合"权延伸出来的非常规的权力运作方式，具有依靠政治动员增加治理灵活性进而使组织或个人权威得以跨级跨界绕过既定规则设计而产生影响力；政治机制在具体实现过程中往往具有鲜明的政治领导人主导意志，以实现特定目标或任务的达成而开展专项工作。公司机制则是政府在控制土地等核心资源要素情况下，通过借助生产、建设和经营公共物品的项目公司，以实现政府既定目标的制度安排和经营策略。行政机制、政治机制及公司机制共同构成了这种三位一体的统合机制的三个支撑点：其中行政机制提供了基于科层制规则的正式权威；政治机制提供了突破既定规则设计的政治动员能力及工作的灵活性；而公司机制则提供了这种统合机制得以实施的组织形式，即项目平台公司。

我们认为行政机制、政治机制与公司机制三者之间并不能构成一个稳态的"三角形"，政府权力的行政机制和政治机制通过与公司化运作机制相"统合"，实现了政府权力所具有的资源动员能力与企业的经营形式相统合、科层制下的正式权威与企业化的资源调配机制相统合，从而扩张和强化了对组织内部和外部资源的控制能力。所以公司化运作机制只是一种"中介形态"，原有的行政机制与政治机制在与公司机制结合后分别得到了强化和扩张。这种强化进而形成了"政企统合治理"模式下地方政府权力扩张的两个方向。

（二）组织性治理工具：项目平台公司

治理工具是作为治理主体的政府为实现治理目标而采取的行动策

---

① 折晓叶：《县域政府治理模式的新变化》，《中国社会科学》2014 年第 1 期。

略或方式。项目平台公司等政府企业是政企统合治理模式下最主要的治理工具，借助于项目平台公司这种组织形式，地方政府在对土地这类公共资源的经营上实现了政府权力性垄断与市场化运作机制的勾连。

　　作为政企统合治理模式下典型的治理工具，这类组织一般具有三方面典型的特征：第一，兼有政府与企业的双重身份；第二，以项目制为驱动，一般以特定项目的完成为目标；第三，其核心功能是作为地方政府融资平台。这使其区别于传统的政府机构与公企业①等组织结构。

　　政府性项目平台公司往往兼具政府与企业的双重身份，最典型的就是"一套班子，两块牌子"式的组织架构。一方面这类组织位于正式的政府序列之中，正式组织成员通常具有公职人员身份并具有相应的行政级别，掌握着一定的行政权力；另一方面这类组织又具有企业的身份，以市场主体的身份参与各类市场经济性活动。借助于两种身份的同时共存、随时切换，这类组织能够将政治逻辑引入市场领域，实现政府权力对资源的垄断性控制；或者将市场机制引入行政领域，实现对政府性资源的市场化运作，进而获得双重收益。②

　　"项目制"驱动则成为这类政府性项目平台公司的基本运作机制。通

---

　　①　严格意义上的公企业特指通过特别立法创设、采用公司法人的形态提供公共服务和公共产品的组织形式，这使其区别于传统的政府机构，也不同于私营企业，并且与我国当前的"国有企业"不尽相同。我国目前仍缺少对公企业的专门立法，公企业仍是一种研究意义上的类型划分，多数公企业都可以被归入非营利性国有企业的范畴。

　　②　近年来，随着国家对地方政府投融资平台类公司的清理整顿，部分此类公司开始逐渐建立起了现代企业制度，并在一定程度上实现了政府身份与公司身份的分离。但这类政府性公司所具有的政府性权力因素并没有因之减弱；其职能定位、运作逻辑、工作机制以及在政府部门序列中位置仍没有发生根本改变，公司往往只是政府与银行等金融机构开展融资性业务的代理身份。换言之，这类公司成立的目的就是作为政府进行统合性治理的组织性工具，是既有政府治理机制在边界和手段上的扩张。这种职能安排不发生改变，其兼具政府和企业双重身份的性质就难以转变。

过项目制下的分级运作，"下级政权便有可能对既定的集权框架和科层制逻辑有所修正，从中加入更多各自的意图和利益，获得更多的自主权力"①。

地方政府通过组建投融资平台进行基础设施和城市建设由来已久，作为地方公共基础设施建设的融资渠道，自 20 世纪 90 年代开始地方政府就组建了大量"城市发展投资公司"形式的地方政府融资平台公司。2009 年 3 月中国人民银行与中国银行业监督管理委员会联合发布《关于进一步加强信贷结构调整　促进国民经济平稳较快发展的指导意见》后，地方投融资平台的规模和数量都急剧扩张，很多地方政府开始把投融资平台作为城市建设融资的主要工具。在实践中，纯粹地方政府融资平台相对较少，大量地方政府融资平台公司都是基于特定项目开展融资，同时肩负着一定的区域治理任务。

这些特征使得"政府项目平台公司"与传统科层制下的政府机构或公企业相比都具有明显的差异。作为政企统合治理模式下的组织性治理工具，这类项目公司虽然在组织架构上更接近于一般公司的治理结构，但其内部权力运作仍然遵循着行政逻辑与政治逻辑，而非市场逻辑。在主要职能和权力运行机制上，项目平台公司体现出比一般公企业更强的政府权力主导性；从机构的价值目标与考核要求看，往往会存在着公共价值与政府收益之间的冲突。从对权力的监督和制约机制看，这类组织往往既不具备完整的政府部门的权力制约与监督制度，也缺少完整的企业组织结构下的制约与监督制度。

（三）政企统合模式下的政府权力扩张

从"治理系统"分析的视角出发，"权力"可以被看成是对资源的获取与使用，权力扩张意味着组织对资源获取能力与使用手段的增强。在

①　折晓叶、陈婴婴：《项目制的分级运作机制和治理逻辑——对"项目进村"案例的社会学分析》，《中国社会科学》2011 年第 4 期。

"政企统合治理"模式下，政治机制、行政机制与公司化经营机制的勾连成为地方政府权力运行模式的主要特征，项目平台公司成为承载权力运行的典型组织化治理工具，进而实现了外部资源汲取能力的提升及内部资源整合能力的强化两个方向上的权力扩张。

关于组织中权力的扩张机制的研究存在两种基本取向：其一是行动取向，即从组织与外部因素的互动中解释组织中权力的扩张现象；其二是秩序取向，即通过对组织自身中新模式与新秩序生成的观察来解释组织中的权力扩张现象。"统合模式"下地方政府权力扩张，既表现在与外部制度环境及与其他行动者之间关系的改变上，同时也是对政府内部既有组织结构与权力结构的一种调整。

通过行政机制、政治机制与公司化运作机制的结合，第三区域政府权力的扩张表现在两个方面：一方面，政治机制对资源的动员与整合能力以及绕过既定规则体系的灵活性与公司机制下对资源进行市场化运作与经营的方式相结合，使得地方政府能够统筹的资源量被放大，地方政府对社会、市场资源的汲取能力得到强化；另一方面，国家法规体系所赋予科层制的正式权威与企业条件下更加灵活机动的组织形式与用人机制相结合，也大大扩展了政府机构的组织权力。

"政企统合治理"模式所获得的绩效优势，建立在通过公司化运营机制在去除了传统行政机制与政治机制中所包含的制衡因素后，对权力能动性的释放。其中，显化的权力大部分来自政治机制与公司化运作机制结合所带来的政府外部资源汲取能力的强化；行政机制与公司化结合带来的行政组织权力的扩张则更加隐蔽。

在外部权力扩张方面，"政企统合治理"模式下地方政府实际上遵循了一条"以土地经营获取土地出让溢价为基础——不断扩张其职能与治理区域并持续扩大组织的规模和影响范围——最终使土地出让带来的资金资源固化为组织自身权力"的逻辑。在这个过程中权力与规模不断累积并相互作用，"权力的推动力导致规模的扩大，而规模的增长又带来对更大的权力的需要"①。其中资金筹集能力的增强是对地方政府权力扩张的直接体现，而通过职能的扩张与管辖区域及下设机构的扩张，资金筹集能力又被转化为地方政府治理能力的提升。反过来，职能、区域与下设机构的扩张，又进一步增强了政府项目平台公司的资金筹集能力，并将这种外部资源汲取能力固化为组织的内部权力。

从内部的权力运行来看，政企统合治理模式对传统的行政机制也施加着悄然的影响：通过一种介于政府和市场之间的组织架构，使公共服务供给的市场化运作与传统行政体制之间的机制冲突和价值矛盾得到缓冲和消解。"政企统合治理"模式大量采用了公司化组织结构，但与新公共管理运动所倡导的"用企业家精神改造传统政府部门"的主张不同，这类组织所具有的企业化特征并非行政体制改革驱动下对传统官僚体制弊端的主动回应，而是传统体制在任务压力发生变化的条件下所采取的一种应对策略，其内部行为准则、价值取向、激励导向都与传统的行政体制相趋同。

外部与内部权力扩张往往交织在一起：外部资源整合能力的增长需要借助政府部门组织权力扩张来实现；而政府部门组织权力扩张又达到了将外部资源整合能力增加所带来的效益内部化的结果。借助于政治机制、行政机制与公司运作机制的勾连，组织能够对外部资源整合能力进行"内部化"，把组织从外部汲取的资源固化为组织的内部利益。与此同时，这种政治机制、行政机制与公司运行机制的勾连，消解了传统科层制下的既定程序和制度约束，同时又缺少完善的企业治理结构中的监督制约机制，政府权力被滥用的风险也大大增加了。

---

① ［美］威廉·M. 达格尔：《公司权力的制度分析》，载马克·R. 图尔、沃伦·J. 塞缪尔斯编著《作为一个权力体系的经济》，张荐华、邓铭译，商务印书馆 2012 年版，第 251—292 页。

三　第三区域政企统合的治理绩效

政企统合作为第三区域集权化战略下普遍采用的组织模式，其治理绩效究竟如何？调查发现，第三区域政企统合治理呈现出明显的绩效相对性。这种治理绩效的相对性，可以从区域经济发展、政府体制改革以及社会秩序维护三个维度加以辩证分析。认识政企统合的绩效相对性，不仅是对过往实践的反思，更是对未来改革的定位。

首先，在政企统合模式下，权力与资本在地方政府的主导下实现空间集聚，使得第三区域经济高速增长，成为我国经济发展的增长极。2010 年国家级经济技术开发区从 2009 年的 54 个增加到 90 个，之后又在 2011 年增加到 131 个，到了 2012 年，总数已经达到 171 个。这使得国家级经济技术开发区的 GDP 总量占全国 GDP 的比重大幅攀升，从 2009 年的 5.29% 增长到 2012 年的 10.38%，国家级经济技术开发区的 GDP 增长量在全国 GDP 总增长量中的占比也随之大幅增加，从 2009 年的 9% 上升到 2012 年 19.4%。① 换句话说，目前全国每年的 GDP 增长量中，有近五分之一是由国家级经济技术开发区贡献的。当然，这里仅仅是国家级经济技术开发区的数据。事实上，每个省还批准成立了大量的省级经济技术开发区。如果将国家级和省级经济技术开发区的数据进行加总，其经济贡献将会更为显著。以浙江省为例，2012 年浙江省 65 个经济技术开发区（包含国家级和省级）实际利用外资约 64.8 亿美元，占全省的 49.6%；进出口总额约 1467 亿美元，占全省的 47%；规模以上工业总产值约 29198 亿元，占全省的 50%；财政总收入约 1818.8 亿元，占全省的 28.4%；固定资产投资约 5693.2 亿元，占全省的 33.3%。② 这意味着，

---

① 作者对历年《中国商务年鉴》数据进行计算获得。
② 数据来源于《2012 年浙江省开发区经济发展报告》。

在这些主要经济指标上，经济技术开发区是浙江省经济发展中无可争议的增长引擎。

其次，在政企统合模式下，管委会秉承企业家精神，通过整合层级间与部门间资源，一定程度上克服了职责同构所带来的体制矛盾。职责同构意指"不同层级的政府在纵向间职能、职责和机构设置上的高度统一、一致"①。在职责同构体制下，政府职能难以有效转变、条块矛盾持续尖锐，而政企统合在很大程度上就是对这一问题的实践回应。在政企统合模式下，企业家精神被引入政府治理，各类绩效导向的改革实践在第三区域得到了较好的落实，比如大部制改革、一站式服务等。第三区域管理体制就是以"小政府、大社会"为目标，在结构上实行大部制以实现跨部门协调，而在运行上采用一站式来实现高效服务。此外，在政企统合模式下，各种治理任务往往被打包成各种公共项目，比如某综合治理工程。在组织学意义上，项目的本质是一种组织间临时构型，它兼具常设性与临时性、控制性与创新性，能够更有效地协调多元利益主体之间的关系，提升了地方政府应对独特性任务的能力。②

最后，在政企统合模式下，管委会及其投资公司与乡镇街道基层之间的分工协作，有助于实现第三区域中发展与稳定的平衡。前者主要负责规划、建设与经营，而后者则主要负责社会综合治理，包括征地、拆迁的具体工作。第三区域的大规模建设，不仅是空间开发问题，更是一个社会重构问题。征地拆迁已经成为当前中国社会冲突的焦点领域，③秩序的维护是第三区域治理的必然要求。管委会作为一种派出机构，其

① 朱光磊、张志红：《"职责同构"批判》，《北京大学学报》（哲学社会科学版）2005年第1期。

② Winch, G. M., "Three Domains of Project Organising", *International Journal of Project Management*, Vol. 32, No. 5, 2014, pp. 721-731.

③ 于建嵘：《土地问题已成为农民维权抗争的焦点——关于当前我国农村社会形势的一项专题调研》，《调研世界》2005年第3期。

成员往往来自上级以及同级政府各职能部门，具有区域规划、建设与经营的专业知识，而投资公司则具有强大的资金运作能力。然而，两者对征地拆迁及其秩序的维护，则缺乏经验和权力，因此必须依靠乡镇街道。在政企统合模式下，管委会往往通过行政发包委托乡镇街道处理征地拆迁事务。同时，为了调动乡镇街道的积极性，管委会往往还会制定高强度的绩效激励机制。这样的制度安排，使得乡镇街道成为管委会与社会之间的桥梁与缓冲装置，有利于第三区域开发建设任务的顺利开展。

但与此同时，第三区域政企统合治理模式也暴露出诸多的局限，主要体现在以下几方面。

首先，在政企统合模式下，地方政府无序性的举债融资与选择性的执法行为严重影响了市场秩序的形成，阻碍地方经济的可持续发展。地方政府无序性的举债融资导致金融与财政的双重风险。政企统合为地方政府举债融资提供了便捷渠道，但这也导致了日益严峻的债务风险。在现行干部管理体制以及竞争压力下，在任地方官员在行为选择上必然存在短期性，反映在举债融资上，即"只管借钱、不管还钱"。据国家审计署报告显示，截至 2013 年 6 月底，地方政府负有直接偿还责任的债务为 10.88 万亿元，负有担保责任的债务 2.66 万亿元，可能承担一定救助责任的债务 4.34 万亿元。[①] 如此大规模的政府债务可能引发金融风险与财政风险，而且两者之间发生叠加效应，最终将阻碍地方经济的可持续发展。选择性执法也是政企统合治理的必然结果，导致市场非制度化竞争，进而造成腐败交换的网络化扩散。借助政企统合，地方政府成了资本市场中的超级经营者，其设立的各种投资公司成为其操控地方市场的有力工具。正如周雪光所言，"今天的政府不再居于各经济法人之上的统筹、协调和管制位置，也不是仅仅扮演保护、推动本地工商业活动的角色，而是趋于成为自为一体的经济主体，成为与其他法人组织在资源和机会

---

① 审计署：全国政府性债务审计结果（2013 年第 32 号公告）。

上的直接竞争者"①。地方政府出于自身利益诉求，选择性地执行法律政策，这不可避免地导致对市场秩序的严重破坏，结果是各种非制度化竞争的泛滥，政企关系走向非法治化。政企统合模式下，腐败交换成为第三区域诸多政企双方的共谋策略，而这些交换的内外驱动最终将导致腐败的网络化扩散。②

　　其次，在政企统合模式下，管委会体制与传统政府体制之间，存在着诸多的矛盾冲突，严重制约了政企统合的治理效果。第三区域是地方政府空间选择性开发的产物，往往将某个地域空间的经济开发建设权剥离出来，设立专门负责的管委会，这打破了基于行政区划的传统属地管理体制。由于治理资源的集中投入，管委会权力不断扩张，造成了对周边乡镇的资源侵夺，导致空间发展的高度不平衡。③近年来，托管周边乡镇变得日益普遍，但由于管委会社会管理的权限缺失和动力不足，这些被托管乡镇的公共服务供给严重缺失。④党政分开、政企分开一直是体制改革的基本方向，但在第三区域，党、政、企却是事实上的高度合一，党工委书记兼管委会主任兼投资公司董事长成为普遍现象，这完全背离了这一改革方向。管委会派出制使得纵向权力向上级领导集中，党、政、企高度合一使得横向权力向党政一把手集中，权力过分集中，导致人治色彩非常显著。第三区域作为地方辖区中的"特区"，而政企统合使得党政一把手往往成为特区中的特权者，这无疑为权力腐败的滋生提供了土壤。

<hr>

　　①　周雪光：《国家治理逻辑与中国官僚体制：一个韦伯理论视角》，《开放时代》2013年第3期。

　　②　陈国权、毛益民：《腐败裂变式扩散：一种社会交换分析》，《浙江大学学报》（人文社会科学版）2013年第2期。

　　③　林拓、刘君德：《开发区与乡镇行政体制关系问题研究》，《经济地理》2002年第2期。

　　④　南焱、李凤桃、白朝阳：《开发区"托管现象"——地盘扩大后的行政体制纠结》，《中国经济周刊》2012年第44期。

最后，在政企统合模式下，乡镇街道接受管委会与传统上级政府部门的双重领导，可能导致其行为逻辑的严重扭曲，且随着第三区域的快速扩张而日益凸显。管委会体制并非对传统政府体制的整体性重构，而是一种局部性改造。第三区域是将政府职能中的开发建设与经济发展部分剥离出来实行专项化运作的结果。在第三区域中，对于管委会而言，其希望乡镇街道能够高效完成其空间开发所涉及的征地拆迁任务，而对于传统上级政府部门而言，乡镇街道仍然需要完成大量综合性社会事务，如医疗、教育、卫生等。在有限资源和精力的情况下，乡镇街道的注意力分配就显得至关重要，这将深刻影响基层官员的行为模式。① 从现实来看，来自管委会的巨大考核压力和丰厚绩效奖励、来自土地增值给乡镇街道所带来的财政收益，都使得征地拆迁成为乡镇街道基层官员行为的绝对重心。相应地，乡镇街道其他方面的治理与服务则被弱化或忽视，基层社会的整体性发展受到了严重制约。而且，随着第三区域的快速扩张，乡镇街道基层官僚所面临的征地拆迁任务变得日益艰巨，其注意力分配将会更加失衡，行为扭曲将会更加严重，从而导致基层在征地拆迁过程中群体性冲突事件不断发生。

四　第三区域政企统合的变迁与动力

改革开放以来，市场化、民主化、分权化日益成为政府治理理论与实践的主旋律。然而，开发区、新城、新区等第三区域却呈现出高度集权化的政企统合模式。研究表明，就第三区域开发建设而言，地方政府再集权化有助于优化决策和协调、保障资金的持续投入、克服集体行动困境等。政企统合模式，作为集权化战略下的组织设计，在公共物品短缺而地方政府财力不足的情况下，有力地推动了城市开发与经济建设，

---

① 周雪光、赵伟：《英文文献中的中国组织现象研究》，《社会学研究》2009 年第 3 期。

但随之而来的债务风险、市场失序、权力腐败、管理体制冲突、社会不稳定等诸多问题，也严重制约着第三区域的可持续发展。再集权战略的合理性受发展阶段和治理领域的限制，随着第三区域开发建设的逐步完成，它也将逐渐丧失其存在的合理性。

从实践上来看，如今国内一些开发区随着开发建设任务的逐步完成，开始向传统的政府管理体制转变，告别管委会体制，建立一级地方政府。然而，更普遍的现象则是地方政府通过拓展开发空间范围，使政企统合模式治理的区域不断扩大。近年来出现的开发区扩容现象，就明显地体现了地方政府对政企统合治理的倚重。通过开发区扩容，比如委托管理、授权开发等手段，托管或兼并周边乡镇，将更多的土地资源纳入开发区规划范围，从而保证政企统合的合法开发权利。自2008年下半年开始，浙江省全省共有67家开发区（园区）分三批开展了整合提升工作，就近整合或异地整合各类工业功能区块，并由地方政府授权扩大行政管理范围。结果是，整合提升前国家核准的开发区（园区）面积平均为8.38平方公里，整合提升后辐射带动的区域平均达105.87平方公里，总共辐射带动区域近6000平方公里，占到浙江省适宜建设土地资源的30%。

因此，我们有必要对影响政企统合存续和演变的因素作进一步的反思。这种反思，必须超越第三区域本身，而着眼于转型期中国经济社会变迁的制度环境。我们发现，以下几方面的制度因素为政企统合模式提供了关键性支撑。

首先，中央统辖权与地方治理权之间的张力，为政企统合模式的形成与扩张提供了制度空间。中央管辖权往往趋于权力、资源向上集中，从而削弱了地方政府解决实际问题的能力，而地方治理权则常常表现为各行其是，偏离失控，对权威体制的中央核心产生威胁，两者之间的紧张和不兼容，是权威体制与有效治理之间矛盾的集中体现。而为了缓和这种矛盾，维持决策一统性与执行灵活性之间的动态关系、政治教化的礼仪化、运动型治理，构成了三种基本的应对机制。① 此外，曹正汉则认为，中国权威体制发展出来一种"上下分治"的纵向制约体制，即中央政府主要执掌治官权，即选拔、监督和奖惩官员的权力，而地方官则可以在不违背中央大政方针的前提下灵活处理地方具体事务。② 因而，在权威控制与有效治理之间，地方政府拥有进行变革和创新的制度空间。就第三区域的政企统合模式而言，本身带有一定的模糊性，在具体形式上灵活多样，中央政府虽采取过多次的整顿，但地方政府仍会改头换面继续推行。

其次，土地公有实际上蜕变为土地政府所有，为政企统合模式的形成与扩张提供了物质基础。中国奉行的土地公有制事实上构成了一个产权模糊的公共领域，在此领域中，"权力"取代了"权利"而成为实际的主导逻辑。③ 刘守英、周飞舟等学者将我国土地产权制度的特点概括为：权利二元、政府垄断、非市场配置和管经合一。具体而言，权利二元是指农村土地属于农民集体所有，农民集体拥有农地农用时的土地使用权、收益权和转让权；在农地转为非农用地时，农民的土地权利在获得原用途的倍数补偿后即告丧失。城市土地属于国有，地方政府享有建设用地的处置权、出让权和收益权。政府垄断是指地方政府成为农地转为建设用地的唯一合法管道，它一手从农民手中征地，另一手将转到自己名下的建设用地独家出让。非市场配置是指耕地占用实行审批制度，地方建设用地实行指标控制，建设用地的划拨和协议出让仍占相当比重，政府深深介入和控制经营性用地的出让和定价。管经合一是指地方政府既是

① 周雪光：《权威体制与有效治理：当代中国国家治理的制度逻辑》，《开放时代》2011 年第 10 期。

② 曹正汉：《中国上下分治的治理体制及其稳定机制》，《社会学研究》2011 年第 1 期。

③ 关于中国土地产权制度模糊性的探讨，请参见［荷］何·皮特《谁是中国土地的拥有者？——制度变迁、产权和社会冲突》，林韵然译，社会科学文献出版社 2008 年版。关于产权分析中公共领域的探讨，请参见［美］巴泽尔《产权的经济分析》，费方域、段毅才译，上海人民出版社 1997 年版。

土地的管理者，又是土地的经营者。[①] 以上分析表明，地方政府作为土地产权领域的强者，成为土地资源的实际拥有和操纵者，而这为政企统合的形成与扩张提供了物质基础。

最后，地方财政需求与政府间竞争的双重压力，为政企统合模式的形成与扩张提供了持续动力。分税制改革以后，央地间财力与事权的非均衡配置，使得地方政府面临严峻的财政压力。与此同时，日益激烈的政府间竞争，迫使地方政府尽可能推动经济增长，以获得在政绩考核中的比较优势。尽管对于"去GDP考核"的呼吁此起彼伏，但GDP作为地方领导政绩考核指标的核心地位，却始终未曾遭遇实质性的动摇。在地方竞争与晋升压力下，为了保证地方GDP增长，政府性投资，尤其是基建投资，成为地方政府得以有效掌控的关键杠杆。而这又进一步加剧了地方政府的财政压力。在政企统合模式下，土地资源不仅可以被用来产生财政收益，更可以被用来撬动金融资本，从而加速第三区域的开发与建设。在"土地—财政—金融"三位一体[②]的运作模式下，政企统合模式发挥着保障这种资金流动的重要功能。因此，在财政需求与政绩竞争的双重压力下，政企统合模式无疑成为地方政府的理性选择。

由此可知，第三区域集权化战略及其政企统合模式，是中国转型期国家治理体制变迁的历史产物。完善抑或替代这种治理模式，取决于国家治理体制的变迁过程，包括央地府际权力体制、土地产权体制、公共财政体制以及绩效考核体制等。未来研究需要进一步分析这些制度的演变与互动，从而深化学界对第三区域的理论认识。

---

① 刘守英、周飞舟、邵挺：《土地制度改革与转变发展方式》，中国发展出版社2012年版。

② 周飞舟：《以利为利——财政关系与地方政府行为》，上海三联书店2012年版。

第三节　政企统合治理下的高廉政风险

第三区域政企统合治理模式在带来较高绩效的同时，政府与企业两种组织架构下权力的结构性冲突难以避免，并进而会引发由于法律在对公权力及私权利主体运行规则设计上的不一致而导致的合法性困境。权力冲突和合法性困境与第三区域的集权权力结构相结合，导致了第三区域的高廉政风险。而要实现第三区域权力制衡，最主要的是权力控权和权利控权，前者是指在政府体制内以权力制衡权力，包括纵向控权和横向控权；后者是指公民社会权利控制政治权力，主要体现为通过民主选举、民主参与、民主协商等实现对权力的监督和制约。

一　政企统合模式下的权力冲突与合法性困境

（一）政企统合治理模式下的权力冲突

权力行使也是组织内部的决策过程，这一事实可能导致两种冲突：其一是利益冲突，即指个人利益、组织利益和公众利益之间的冲突；其二则是各种权力来源之间的冲突，即组织的上级、政府官员和法律之间的冲突。[1] 权力是一种身份上的相对优势地位，同时也是一种对关键资源的控制，因而权力冲突一般也表现为组织成员的身份冲突与利益冲突。

逆向选择、道德风险以及"第三方无法验证的某些变量"，都有可能导致委托人与被委托人之间的权力和利益冲突。为避免组织运行中的利益相关者发生权力冲突，政府机构和企业在制度架构中都存在一整套风

---

① ［美］特里·L. 库珀：《行政伦理学：实现行政责任的途径》，张秀琴译，中国人民大学出版社 2001 年版，第 97 页。

险防控机制。我国《公司法》规定公司法人治理结构是由股东大会、董事会、监事会和经理组成的一种组织结构，公司由股东大会、董事会、监事会和经理这四方相互制衡，通过将最终控制权、实际控制权、经营权和监督权相分离的制度设计，达成了公司内部的权力结构平衡。在政府机构中这种权力制约与平衡机制被安排得更为严密，通过三事分工→三职分定→三责分置→三权分立的权力配置逻辑，形成决策、执行与监督权力之间的既相互制约又相互配合的权力结构。①

政府在企业模式下对防范与化解权力冲突及利益冲突的制度性安排基于不同的合法性基础，两种制度安排之间往往难以兼容。行政部门是建立在法理权威基础之上的，即其合法性基础在于正式的规章制度以及确定的行政流程；企业组织对利益冲突防范的主要目的在于通过组织内部一次性、长期的契约替代自由市场中一系列的短期契约从而节约交易费用。正如周雪光所言，"某一支配方式所具有的特定权威类型和合法性基础，与其他支配方式下的合法性基础就会存在兼容的困难"②。项目平台公司这类组织因为兼具了政府与企业的双重支配方式及权威类型，不可避免地会产生两种机制间合法性基础难以兼容的问题。

兼容性的问题具体表现在两类组织不同的激励机制与监督机制的设计之中。为了保证委托人的利益最大化而进行制度设计时，无论政府还是企业都会"尽力建立起一个由他的代理人组成的监督体系，以此来缩小他所面临的信息差距。与此相似，一个设计得很好的宪政也必须要将不同的政府主体组织成监督体系"③。但政府与企业在对代理人控制机制

① 陈国权、谷志军：《决策、执行与监督三分的内在逻辑》，《浙江社会科学》2012年第4期。

② 周雪光：《运动型治理机制：中国国家治理的制度逻辑再思考》，《开放时代》2012年第9期。

③ ［法］让－雅克·拉丰：《激励与政治经济学》，刘冠群、杨小静译，中国人民大学出版社2013年版，第91页。

的选择上存在显著差异：企业组织架构下，防范道德风险和逆向选择问题的可行方案是赋予代理人以利润的剩余索取权，通过产权的合理分配来解决激励效率问题。① 这种策略往往并不适用于政府组织，在政府部门，激励的表现形式仍然主要是传统科层制下"有保障的薪金加上不依赖于偶然性和随意性的升迁机会"，以及"严格的纪律控制，同时体恤官员的荣誉感，加上身份群体声望感的发展以及接受公众批评的可能性"②。这种对代理人控制手段的不兼容在政府性公司这种具有政府与企业双重性质的组织之中往往表现为两种机制同时存在，但又都难以真正实现其功能。

此外，政企统合治理模式下地方政府在公共产品供给职能与公共资源经营职能之间往往缺少明确区分，政府在进行以土地为核心的公共资源经营以及在提供公共产品时存在价值取向、评价标准、决策程序等方面的差异。政府和企业双重职能的组织形态使组织对公共利益的界定变得模糊，同时组织成员的多重身份也加剧了组织利益的多元化，使得利益冲突问题变得更加复杂和突出。组织运行中两种权力运行机制之间发生的冲突，往往可能产生大量权力制约与监督的空白地带，从而放大地方政府权力扩张所带来的制度风险。

（二）政企统合治理模式下的合法性困境

"我国的法治建设与其他各项工作一样，同样是以经济建设为中心而展开的。"③ 在中国改革开放以来的法治化进程中，地方政府实际上扮演了双重角色：一方面是作为既有法律和规则的"破坏者"；另一方面是作

---

① ［法］让－雅克·拉丰、大卫·马赫蒂摩：《激励理论（第一卷，委托—代理模型）》，陈志俊、李艳、单萍萍译，中国人民大学出版社 2002 年版，第 117 页。

② ［德］马克斯·韦伯：《经济与社会》，闫克文译，上海世纪出版集团 2010 年版，第 1107 页。

③ 葛洪义：《法治建设的中国道路——自地方法制视角的观察》，《中国法学》2010 年第 2 期。

为法治建设的积极推动者。地方政府在治理中的"实践先行"乃至违规违宪的现象，一直是法学界关注与争论的重点现象。地方政府的违法违宪现象本身存在着几种结构性矛盾：作为集权制的国家，具有保持法律法规体系一致性的内在要求；但对于地方政府突破"既有规定"的举动，中央政府的态度往往显得微妙：一方面不断强调规则的统一性，另一方面又保持容忍甚至默许。回顾中国三十多年的改革历程，不难发现有大量地方政府改革实践，存在着突破既有法律规则的迹象。①

政企统合治理模式的出现进一步凸显了地方政府治理中所面临的合法性问题。自上而下层层授权式的权力配置格局，使得中央政府必须保持政策和体制上的完整性与统一性；而随着改革开放之后中央政府克里斯玛型权威的逐渐消解，其合法性越来越构筑于经济绩效之上，这就需要给予地方政府更大的权力空间以发展经济。权力集中制与绩效合法性之间的张力，使得地方政府的权力行使往往处于一种扭曲的状态：一方面需在形式上遵从中央政府的统一性规定，另一方面又往往通过创设"新"的组织设置与机制安排来绕过中央既定政策的限制，进而获取更多的发展空间和机会。事实上，中央政府对地方政府在经济领域的"扩权行动"往往采取较为容忍的态度，甚至在一定限度内鼓励地方政府的某种探索性尝试，并通过"地方试点—经验提升—全国推广"的模式将"强制性制度变迁"与"诱致型制度变迁"相结合，进而使之服务于中央的整体性改革策略。

政府组建项目平台公司在很大程度上是为了突破既有法律法规中对地方政府融资的限制性规定。根据原《预算法》第二十八条规定，"地方各级预算按照量入为出、收支平衡的原则编制，不列赤字。除法律和国务院另有规定外，地方政府不得发行地方政府债券"。《贷款通则》（1996年）第十七条规定，"借款人应当是经工商行政管理机关（或主管机关）

---

① 张千帆：《宪法变通与地方试验》，《法学研究》2007年第1期。

核准登记的企（事）业法人、其他经济组织、个体工商户或具有中华人民共和国国籍的具有完全民事行为能力的自然人"。这使得地方政府在很长一段时间里不能通过直接发债或者贷款的方式进行融资。2014 年修订后的《预算法》第三十五条中虽然规定"经国务院批准的省、自治区、直辖市的预算中必需的建设投资的部分资金，可以在国务院确定的限额内，通过发行地方政府债券举借债务的方式筹措"，但对地方政府发行债券作了程序和限额上的严格限制。地方政府通过设立政府性融资平台公司的方式通过向银行等金融单位贷款、发行债券等方式融资，虽然在形式上没有违反《预算法》等相关法律法规的规定，但实际上这些融资仍然是以融资平台公司背后的政府提供资金偿付的担保，资金用途和运作方式也基本上由地方政府进行支配。这种融资平台公司的组织机制在相当长的时间内同样得到了中央政府的默许甚至支持，并作为地方政府基础性社会及公共服务建设资金的重要来源。但由于始终处于一种"半合法"的状态，这类组织的行为一直缺少针对性的法律规制，并在很大程度上抬高了当前地方政府的债务风险，同时也增加了这类组织内部权力监督的难度。

中央政府这种容忍、默许甚至一定程度上鼓励地方政府有限"违规"的策略，产生了对地方政府推动经济发展的强激励，而地方经济绩效的提升反过来又增强了中央政府的执政合法性，从而形成了一种正向的反馈回路。在这种绩效导向的国家治理逻辑下，法律规则在"发展"的号召下成了从属物，约束力被大大弱化。

二 第三区域政企统合模式下的权力结构失衡

（一）政绩依赖、庇护关系与纵向控权机制的弱化

在当前的官员考核体系中，经济增长仍然是官员最易测量、最为重要的政绩指标。在地方的经济实践中，伴随着地方政府从"经营企业"

向"经营辖区"的转变，以经济开发区、高新技术开发区为代表的第三区域业已成为地方经济发展的引擎和支柱。地方政府发展经济的压力和官员自身的晋升追求驱使地方政府对第三区域形成了政绩依赖并赋予了第三区域大量的自由裁量权。这种"政绩依赖"使得上级政府对第三区域的治理组织更多的不是制约而是庇护。庇护关系是通过交换形成的，体现在上级政府利用政治支持、权力赋予和一定程度上默认第三区域权力主体违规违法行为来换取经济发展等政绩；而第三区域的权力主体则通过积极作为、高效产出来换取上级政府进一步的政治支持和庇护。因此，地方政府对第三区域的政绩依赖，使得地方政府对第三区域治理组织的权力制约往往转变为权力庇护，削弱了纵向控权机制的有效性。

（二）权力的集权化与横向控权机制的弱化

党政企的统合形态不仅消解了党政之间分工所形成的一定的权力制约关系，也为公权行为"遁入私法"提供了可能，增加了监督的难度。在党政二元治理体制中，党委通过纪律检查、人事任免等权力实现对政府的领导、监督和控制，是党委对政府的监督和控制的一个重要形式。党政合一打破了党政之间的权力边界，进而消解了党政之间因权力分工所建立起来的制约关系，使得行政权力在运行过程中脱离了最重要的横向控制。另外，由于政府和企业是两种不同性质的行为主体，适用于不同的法律约束；政府作为公法主体适用于"法无许可不可为"的原则，而企业作为私法主体适用于"法无禁止即可为"的原则。政企统合的组织结构模糊了政府的身份边界，为公法人格与私法人格之间的重叠、置换提供了可能。政府由此可借助私法行为来规避公法约束，通过"遁入私法"的方式规避既有法律制度的监管。① 在政企统合模式下，政府公职人员通过借调、兼职的方式形成了公法主体与私法主体的"双重身

---

① 参见周鲁耀《统合治理：地方政府经营模式的一种理论解释》，《浙江大学学报》（哲学社会科学版）2015 年第 6 期。

份",致使"公行为"与"私行为"相互杂糅无法厘清,进而加剧了在监督过程中行为定性的困难。

同时,第三区域治理组织的大部门化打破了部门间存在的制约监督关系。一方面,传统科层组织的一个核心特征是专业化分工,这种分工意味着每个部门岗位都有明确的权力和责任边界。组织成员必须在权责的边界内,严格依据程序"照章办事"。这种明确的权责边界和严格的运行程序,使得一项完整的事权不仅被分散在了各个组织部门,[①] 而且在行使过程中受到程序的严格约束,因此在客观上形成了部门之间的制约关系。另一方面,科层组织内部的各个部门除了权责范畴的差别,实际上还是具有各自利益的利益团体,这意味着传统科层制下政策的形成过程是各种政治力量相互作用、相互妥协调试的一致性过程。[②] 因此,一项政策从制定到实施,各个部门之间必然存在着利益冲突。在这个意义上,政策形成过程是科层组织内部各种利益群体通过竞争、博弈与合作达到利益相对均衡的结果。部门间的这种因利益冲突而形成的竞争、博弈和钳制在客观上构成了部门间的制约监督关系。无论是基于专业化分工所形成的事权分散和运行程序约束,还是因为利益冲突所形成的竞争、博弈和钳制,都客观构成了部门间的制约监督关系。第三区域在治理过程中将职责关联的部门合并为一个大部门,不仅打破了这些部门间的权责边界和运行程序的约束,而且使这些部门形成了一个利益综合体,避免了部门之间的利益冲突,使得原来部门间的竞争、博弈、钳制转变为基于共同利益的密切合作。这种制度提高了办事效率,但也导致了制约与监督的弱化,提高了集体腐败产生的风险。

---

① 例如,工程项目从审批到建设,需要得到多个政府部门的批准,主要有:规划委的规划审批、发改委的立项审批、国土局的用地审批、人防局的人防审批、消防局的消防审批、环保局的环保审批、交通委的交通审批、文物局的文保审批、建委的开工审批等。

② 参见黄新华《政治过程、交易成本与治理机制——政策制定过程的交易成本分析理论》,《厦门大学学报》(哲学社会科学版)2012年第1期。

（三）民主监督的限度与权利控权机制的弱化

民主监督是实现权利控权的最重要手段。在第三区域治理中民主监督的限度体现在两个方面：一是民主监督的组织平台缺失，使第三区域的治理组织游离于正式的权力制约与监督体制之外，缺失了制度化的民主监督。从组织性质来看，第三区域并非国家行政区划中的一级行政区，不设人大和政协。这样一方面使得治理组织绕开了人大、政协对相关决策、执行程序的监督、审查和约束；另一方面也使区域内的企业和公众难以通过人大、政协进行利益表达和监督。二是公民监督不足。公民监督的实现首先需要满足公民的三项基本权利：其一，公民的知情权，即政府信息公开，公民能够获知政府相关的决策信息；其二，公民的意见表达权，即够通过制度化的反馈渠道实现意见表达和利益诉求；其三，公民的问责权，公民有权对公共决策的程序和结果进行问责，并产生实质性的影响。

第三区域的特殊性使得这三项公民权利都受到不同程度的削弱。第三区域具有三个基本特征：一是单一性，集中体现在职能和服务对象的单一性。从职能来看，虽然近几年，第三区域开始兼具社会管理和公共服务职能，但总体上看仍然集中在技术、旅游、贸易等经济职能方面，具有单一性特征。从服务对象来看，第三区域的核心任务是招商引资、发展经济，因此其服务对象主要集中于企业而非社会居民。二是生产性，第三区域的关键任务是开发，其治理本身是一个大规模的公共产品的生产过程，其决策具有专业性特征。三是依附性，第三区域的治理组织往往由上级组织派出，是依附于上级组织的派出机构，它对上级组织负责，并依赖于上级组织的授权、资金和政策，但与社会公众和社会事务关系松散。这些特征意味着：首先，第三区域的决策模式相对封闭，社会公众很难获知决策议程的设置、决策依据的程序等信息；其次，除了征地拆迁、环境保护等与公众利益直接相关的决策外，社会公众缺乏足够的动力、能力去监督和反馈一些利益重大的核心决策如土地出让、招商引资、税收减免等；最后，"对上不对下"的组织关系和考核体系，使得第三区域的治理组织缺乏足够的动力建立社会反馈和监督问责渠道。

总之，权力控权和权利控权两种控权机制的弱化，不仅进一步强化了第三区域治理中的集权结构，增强了权力主体的资源分配能力；而且为权力主体滥用权力提供了动力和可能，进而显著增加了第三区域的廉政风险。

三　第三区域政企统合治理模式下的利益冲突

自 20 世纪 70 年代始，国际上开始将利益冲突作为分析腐败行为及制定反腐政策的重要概念与工具。按照经合组织（OECD）的定义，"利益冲突"即"公职人员的公共职责与其私人利益之间的冲突"。利益冲突一般应包括个人利益、公共义务以及个人利益与公共利益间的紧张关系。例如特里·L. 库珀认为，利益冲突是指"我们个人自己的个人利益与我们作为一个公共官员的义务之间产生了冲突。这种冲突包括角色冲突和各种权力资源之间的紧张关系；但这些冲突中较典型的是为我们提供了滥用公务谋取私利的机会"①。利益冲突的核心是对公共权力的非正当使用。就权力本身而言，它表现为一种能力，即"一种人们能够导致他们期望结果的能力"。一切组织的运行都可以看作权力的实现过程，尤其在公共部门，权力更是最为显性化的支配力量和整合因素。② 因为公共权力的委托人和受益人都是不确定的公共群体，经常处于一种虚位状态，被滥用的风险也就更高。③

---

① ［美］特里·L. 库珀：《行政伦理学：实现行政责任的途径》，张秀琴译，中国人民大学出版社 2001 年版，第 105 页。

② 张康之、李东：《比较常规组织与任务型组织中的权力》，《中共浙江省委党校学报》2007 年第 4 期。

③ 陈国权、周鲁耀：《公共决策中的利益冲突及其治理》，《探索与争鸣》2012 年第 9 期。

第三区域是利益冲突集中的区域，并且因为第三区域是承担经济开发、工程建设的重点区域，在工程建设等领域的利益冲突表现得尤为突出和明显。呈现出公共权力形式多样性、利益输送多元化以及利益碎片化的特征。从国内已有的研究成果来看，对利益冲突的构成要件主要有"三要件说"和"四要件说"。"三要件说"主要将利益冲突构成定义为公职人员、具有私人利益、私人利益与公共利益之间发生冲突，"四要件说"则主要在"三要件说"之外又加上了公共责任。[①] 我们认为利益冲突应当基于以下三个方面进行判断：（1）主体性要件，即具有公职人员身份，行使和掌握一定的公共权力；（2）客体性要件，即公职人员具有的区别于公共利益之外的其他利益关系；（3）关联性要件，即私人利益对公职人员的工作过程产生了影响。根据这三个方面，我们选择 A 市高新技术开发区工程建设领域公职人员群体开展了利益冲突情况的调研。

（一）主要领导层面：权力高度集中，缺少有效均衡

A 市高新技术开发区工程建设领域采取的是"大部制"的架构，按照高新区住建局"三定"方案的规定，住建局、规划分局、环保分局三个部门合署办公，住建局一个局实际上承担了建设、规划、房管、环保、人防等多个职能。这种架构在带来人员精简、效能提升等优势的同时，也意味着住建局主要领导实际上身兼多个领导职务，集规划、工程审批、监管、环境管理等重要权力于一身，容易成为行贿者开展"贿赂攻势"、进行"围猎"的目标。

从利益相关者与工程建设主管部门主要领导干部的接触方式来看，主要包括通过地方主要领导"打招呼"的方式进行疏通；通过亲戚、朋友等熟人作为中间人进行介绍；以及利用共同兴趣爱好进行刻意结交等。

---

① 参见庄德水《利益冲突：一个廉政问题的分析框架》，《上海行政学院学报》2010 年第 9 期；程铁军、江涌《建立健全防止利益冲突制度》，《瞭望》2010 年第 10 期；肖茂盛《论公务员的责任冲突及行政伦理决策》，《中国行政管理》2006 年第 5 期。

值得注意的是，开发商等利益相关者群体与建设工程领域主管部门主要领导干部的交往很少是基于直接的利益关系展开，开放商往往更倾向于先与相关领导干部培养"私人感情"与"私人关系"，再逐步通过这种私人关系达成谋求利益之目的。

从对权力的非正当使用方式来看，建设工程领域主要领导干部直接利用权力为自己谋取不正当利益的情况已经较为少见。尤其是在中央和中纪委开展对工程建设领域腐败的专项治理行动以来，敢于顶风作案、滥用职权、主动索取贿赂的现象已经得到有效遏制。从 A 市高新区工程建设领域查处的多起案例来看，作为工程建设领域主管部门的主要领导，多数情况下仅仅凭借权力本身的影响和间接运用就能够带来大量的利益。主要的方式包括为利益相关者提供政策制定和程序履行上的"方便"及"照顾"，默许开发商利用与自己的良好个人关系开展工作，为开发商提供"咨询"及"指点"，以及帮助利益相关者拓展其关系网络等。

从为自己谋求的不正当私利类型来看，直接收取现金和实物礼品的情况日益减少，但新的、更隐蔽的利益获取方式仍在产生。例如从开发商处以"入股""分红"的形式获取收益，甚至是通过将资金暂时存放在第三方，然后等退休后再从第三方"拿回"相关好处的方式进行。通过这种方式，利益冲突中的利益链条更加难以从外部察知，腐败行为也就变得更加隐蔽。

主要领导干部所接触到的开发商等建设工程领域利益相关者群体往往都在当地具有较强的经济实力与政治影响，很多人甚至可以与上级领导"说上话"，甚至可以给自己政绩、未来事业发展等方面予以配合乃至"关照"。如区城建指挥部原总指挥 L 某在思想汇报中所提及的，"自己总希望尽快被提拔重用，过分关注一些所谓社会上有地位人士的态度，总渴望一个良好的社会评价，在一些原则问题上不敢顶针、没有守住底线"。恰恰正是这些"社会上有地位人士"，最终将他本人置于万劫不复的深渊。

（二）中层干部层面：知识权力与职务权力杂糅交织

由于 A 市高新技术开发区住建局实行的是"大部制"体制，本身承担着多个行政部门的职能，住建局下设的很多科室，如规划科、环保科等，对应的都是其他城区的整个部门，且由于住建局的"三定"方案中总共只有 13 个中层干部的编制，大多数职能科室只能设置一个领导岗位，这也使得 A 市高新技术开发区住建局中层干部所具有的职务权力要相对集中。另外，由于工程建设领域的行政管理本身需要具有较强的专业技术性，住建局下设的各个科室职能又相对独立，导致住建局中层干部一般是对自己领域专业技术知识非常熟悉的专业干部，甚至在很多情况下都是本领域的技术权威。这种职务权力和专业权力相交织的状态一定程度上也形成了中层干部群体所面临利益冲突的特殊性。

从利益相关者群体看，作为建设工程主管部门的中层干部，所能够直接接触到的人群层次最为丰富。从建筑工程开发商，到具体的业务人员，再到行政相对人个人，都可以在工作过程中接触到。而接触的方式，一是因为长期的业务关系而熟识，很多科长从事相关工作已经有十几年甚至二十几年的时间，对圈子里从事相关工作的人员已经非常熟悉。二是因为专业知识和工作内容存在交集而认识，由于长时间从事同一领域的专业技术工作，各科室的中层领导干部一般都有各自的专业"圈子"或者工作"圈子"，这些圈子中既包含了同样从事工程建设管理的公职人员，也包含了很多从事工程建设相关业务的利益相关者群体。

从对公共权力非公共利用的方式看，中层干部不具有部门主要领导的强大权力影响力，同时在部门中受到的监督制约相对较多，因而敢于直接违反既有制度规定为利益相关者谋取好处的现象较少发生。一般是通过职务权力在流程和工作进度上给予一些照顾，或是利用自己的专业知识和对政策制度的熟悉，或是利用既有制度规定的空隙，给利益相关者提供一些"指点"。

从中层干部在利益相关者群体获得的利益来看，自中央出台"八项规定"以及对工程建设领域腐败开展专项治理之后，直接收取现金和实物好处的现象已经非常少见，与利益相关者群体之间的"礼尚往来"都能够主动规避。对中层干部而言，很多情况下对利益相关者的帮助也是为了拓展社会关系网络，自己今后"办事方便"。另外需要一提的是，由于很多中层干部本身也是"专业干部"，在行政体制内部晋升的机会和空间又比较小，经常会希望能在自己的"小圈子"里得到更多的认同与尊重，而这有时也会导致其对"小圈子"利益的额外照顾。

（三）工作人员层面：编制紧缺下的渎职风险增加

"编制紧缺"是我们在调研中各科室反映最集中和最强烈的一点，对这一点，各科室的普通工作人员感受最为强烈。按照 A 市高新技术开发区住建局的"三定"方案，区住房和城建局（区人防办）、区规划分局、区环保分局总共加起来只有行政编制 29 个。加上事业编制人员，住建局正式编制共有 60 多个，而各种"临时性用工"有 30 多个。相比于其他城区的相应部门，A 市高新技术开发区住建局的工作人员确实要精简得多。这在很大程度上是该区特有的体制"优势"，但在具体工作开展时，也可能会放大利益冲突的风险。

一般工作人员通常只是从事常规性、流程性的工作，所能够为利益相关者提供的帮助只能是在制度规定的范围内给予尽快办理、介绍相关信息及办事程序、对结果的及时通知以及帮助反映和沟通实际存在的问题与困难等，很难突破制度和程序的规定提供额外的利益。由于很多工作人员需要在短时间内处理大量的材料审查、复核等事项，这种情况下，对于事件处理的顺序，以及对材料审查的标准都具有相对自由的裁量空间。大量工程建设单位派专门的业务人员到住建局各个科室进行"项目跟进"，也放大了发生利益冲突的可能性。

对于一般工作人员而言，能够直接从利益相关者获得的利益相对有限。很多情况下只是一些价值较小的"礼物"或购物卡，而这在中央"八项规定"出台之后也大大减少了。需要提及的是，由于一般工作人员中很多人员都没有正式的编制，也导致了这部分群体的流动性较强，很多人都是以当前的职位作为跳板谋求更好的工作。除了一部分人员考取公务员或事业编制外，有些合同制员工在从住建局辞职后选择了前往建设工程企业单位工作，在某种程度上也形成了一种潜在的利益关联性。

（四）执法队伍层面：临时身份造成的低腐败成本

工程建设领域执法人员相对于一般意义上的科室工作人员而言，其工作方式、接触的群体和利益冲突形式等存在很大的不同。执法人员由于能够与利益相关者群体发生经常性的直接接触，其所掌握的执法权限往往又具有较大的弹性，发生利益冲突的风险也相对较高。从一方面看，执法人员队伍又是整个工程建设领域人员编制层次相对较低的一个群体，大量的"执法人员"都属于临时性编制，这又在很大程度上降低了他们的贪腐成本，增加了开展廉政教育和有效监管的难度。

另一方面，执法工作人员所直接面对的是建设施工单位，因执法工作与利益相关者群体接触的机会本身较多。另外，工程建设执法工作人员也存有自己的工作和交际"圈子"，圈子也成为与利益相关者群体进行接触的重要方式。相对于各业务科室的普通工作人员而言，工程建设领域执法工作人员所具有的自由裁量权力更大，也更加广泛。包括在施工工程检查中能够给予较为宽松的执法尺度、可以在一定范围内减少监督检查的频度和次数，甚至在重大事项、专项检查等工作开展时给予及时的通知等。而由于较轻微的违法施工现象在工程建设领域普遍存在，例如提前施工、夜间施工等问题，使得执法人员所拥有的自由裁量幅度大大增加，进而增加了发生利益冲突的风险。

对于执法人员而言，能够获得的绝大部分利益都属于当期收益，包括收取直接的现金和礼物、接受当事人的请客吃饭等。在某些情况下，由于掌握了利益相关者群体的违法施工行为，执法人员甚至可以在一定程度上对施工单位变相地主动索取好处，例如通过向施工单位推销产品以获取回扣。就目前所能够采取的一些制度防范措施而言，例如对施工单位的处罚必须有两名以上执法人员同时在场才能做出的规定等,在实践中能够发挥的作用并不显著。

(五)项目平台层面:双重组织架构下的制度冲突

"项目平台公司"是政府推动区域开发和工程项目建设时最常用的组织架构,也是"管委会—项目平台"式治理结构下最重要的工作推进平台。在这种模式下,原本政府权力运行中的政治机制与政治权力通过行政机制分别与公司机制相结合,大大增强了其对内部资源的整合及对外部资源的控制。一方面,科层制下政府权力所具有的正式权威与相对优势地位与公司机制下灵活的组织架构与经营机制相结合,带来了政府组织内部资源动员能力的强化;而另一方面,通过政治机制与公司机制的结合,政府权力固有的资源动员和协调能力与公司制下的资本运作机制相结合,实现了地方政府外部资源整合与汲取能力的强化。但地方政府权力扩张在带来较高绩效的同时,由于原有政府与企业架构下相关制度的不兼容,以及这种治理模式所带来的对既有法律与制度安排的突破,不可避免地会面临政府与企业两种组织架构下权力的结构性冲突及与既有法律制度设计相抵触所产生的合法性困境。①

A市高新技术开发区承担着大量的城市开发项目,在工程建设领域同样存在着诸多项目平台公司。我们在调研中也了解到,这些项目平台公司,一方面都根据《公司法》的要求建构有完整的企业组织架构;另一方面又需要完成政府交办的具体任务,置身于政府组织序列之中。同样也面临着具有政府与企业双重身份、承担公共服务与市场经营双重职责的问题。如何应对组织运行中利益相关者的权力冲突,无论是政府机构还是企业,都存在一整套的相关协调机制。我国《公司法》明确规定公司法人治理结构是由股东大会、董事会、监事会和经理组成的一种组织结构,公司由股东

---

① 周鲁耀:《"统合治理":对地方政府经营行为的一种理论解释》,《浙江大学学报》(人文社会科学版)2015年第6期。

大会、董事会、监事会和经理这四方相互制衡，通过将最终控制权、实际控制权、经营权和监督权相分离的制度设计，达成了公司内部的权力结构平衡，进而协调企业各利益相关者所发生的权力冲突。在政府机构中这种权力制约与平衡机制被安排得更为严密，通过三事分工→三职分定→三责分置→三权分立的权力配置逻辑，形成决策、执行与监督权力之间的既相互制约又相互配合的权力结构。① 但由于兼具企业和政府两套组织机构、权力逻辑及监督体系，在运行中两种权力运行机制之间容易产生不兼容的情况，并进一步导致监督制度虚置的风险。

总体而言，以政企统合为典型治理模式，兼具政府与市场双重组织特征的第三区域，由于同时掌握着公共权力和市场资源，加之得不到有效的权力制衡，已成为我国高廉政风险的集聚地。缺乏有效制约的集权结构是引发第三区域高廉政风险的根本原因。第三区域治理组织的统合性、大部门化和不均衡性构成了关联事权高度集中和决策权执行权强化、监督权弱化的集权结构。而地方政府对第三区域治理组织的庇护、第三区域治理组织的结构特征和民主监督的实践困境则导致了权力制衡的失灵。第三区域高度集权的权力结构和权力制衡的失灵一方面强化了权力主体的资源分配能力，增加了潜在的寻租机会；另一方面为权力主体滥用权力提供了巨大动力和可能，两者结合形成了第三区域的高廉政风险。从制度根源上讲，第三区域的集权结构与"以经济建设为中心"的国家战略和以 GDP 为导向的官员考核体系密切相关，并内生于地方政府以经济效率为目标，以土地公有制为基础，以土地经营为工具，以第三区域为载体的治理逻辑，因此具有普遍性和稳定性。只要地方政府的治理逻辑不改变，第三区域的集权治理就有其持续稳定存在的理由。该结论的政策含义在于如果不从顶层改变 GDP 至上的官员考核体系以及单向的自

---

① 陈国权、谷志军：《决策、执行与监督三分的内在逻辑》，《浙江社会科学》2012 年第 4 期。

上而下的问责体系，即使在地方政府建立了形式完善的控权制度和反腐体系，地方政府也会基于"效率偏好"，形成"廉洁让位于效率"的理念，进而通过各种策略来规避这些制度，使这些制度流于形式而难以发挥实质性的作用。

第七章

集体腐败的滋生及其
制度性成因

2015 年 3 月，中央纪委监察部网站连续刊文，剖析当前中国反腐败斗争形势与任务，其中就突出强调："与十几年前相比，腐败问题的严峻程度和复杂程度大大增加。区域性腐败和领域性腐败交织，有的地方和单位一把手连续发案，窝案、串案、区域性系统性腐败滋生蔓延……"① 近年来，大量腐败窝案被曝光，包括厦门远华走私案、绥化马德卖官案、沈阳"慕马"案、上海社保案、耒阳矿征办案、郴州李大伦案、广州茂名案、三亚海棠湾案等，涉案人数往往高达数十甚至上百人，涉案金额则高达数亿元甚至数十亿元，给国家造成了极其巨大的经济损失，也带来了非常恶劣的社会影响。相比个体腐败，集体腐败往往更具危害性。它作为一种群体现象，不仅涉案人数多、覆盖领域广、隐蔽程度高、持续时间长，还会严重扭曲政府组织的运行逻辑，进而威胁到国家政权的

---

① 《党风廉政建设和反腐败斗争形势与任务之二：遏制的目标决不能动摇》，参见中央纪委监察部网站（http://www.ccdi.gov.cn/xsjw/series6/201503/t20150322_53680.html）。

合法性基础。也正因如此，遏制集体腐败的滋生和蔓延，成为中国反腐败斗争的重中之重。

第一节 集体腐败：一种组织化腐败形态

任何研究必须先对其核心概念进行界定，才能保障后续工作在明确性的、共识性的概念基础上展开，避免不必要的意会与揣测。[①] 因此，需要先对集体腐败的概念内涵予以清晰的界定，从而为后文的展开奠定基础。

一 集体腐败的内涵界定

对集体腐败的界定，一方面要考虑其包容性，要尽可能包含集体腐败的诸多表象，把握其共同属性；另一方面又要考虑其边界性，能从笼统的腐败现象中区分出来，从而把握其特殊性。下面将常被引用的几个概念定义整理如表7—1所示。

表7—1   已有研究对集体腐败概念的界定

代表学者	概念界定
倪星（2001）	拥有一定公共权力的某政府机构中的一些人或全体成员共同利用本机构的公共权力谋取本单位成员私利的行为
公婷（2002）	一种腐败形态，即一群腐败行动者相互勾结、合谋，牺牲公共利益以获取私利
过勇（2005）	通常也被称为腐败窝案或共谋性腐败，是指多名官员结成同盟、共同开展腐败行为的现象
张鹏（2011）	政府某个行政机构的全部或者部分成员，形成分利同盟，利用所掌握的政治权力，实现权力互补，从而进行的中饱私囊、违法乱纪的腐败行为

[①] ［美］艾尔·巴比：《社会学研究方法》，邱泽奇译，华夏出版社2000年版。

本研究借鉴上述研究成果，将集体腐败的概念界定为：某个或某些政府机构中的部分或全体公职人员结成同盟、共同行动，以组织化的方式滥用公权以谋取私利的现象。

具体而言，此概念界定包含了以下四层内涵。

一是腐败的主体是国家公职人员。本书借鉴了《刑法》第九十三条对"国家工作人员"以及《联合国反腐败公约》对公职人员的界定，将国家公职人员界定为："依照法律、法规担任公共职务、行使公共职权、履行公共职能或提供公共服务的任何人员。"在这种广义界定下，国家公职人员不仅包括"在国家机关中从事公职的人员"[①]，比如公务员，还包括"以国家公职人员论者"，比如在国有单位中从事公职的人员、受委派从事公职的人员等。

二是腐败主体在数量上是某个政府机构中的部分或全体成员。不同于个体腐败，集体腐败是一种群体现象，腐败活动是由多人共同完成的。一般而言，集体腐败在涉案人数上，应该在三人或以上，但有时其规模可能非常庞大，可能包含某个政府机构的所有成员，甚至蔓延到多个政府机构。

三是腐败主体间存在互动关系，实际上构成了一种利益同盟，使得他们能够实现共同行动。[②]互动是集体行为最重要的特征。即便存在多个腐败主体，如果这些主体之间没有互动关系，那么仍属于个体腐败的范畴，而无法表达"集体"所内含的具有一定组织化的特征。在集体腐败中，参与主体之间存在着千丝万缕的关联，表现为一种合谋意义上的利益同盟关系。当然，这种腐败同盟可以是紧密偶联的，也可以是松散偶联的，但无论如何，腐败主体不是孤立的，而是相互关联的。

---

① 对国家公职人员内涵的讨论，请参见戴玉忠、刘明祥《犯罪和行政违法行为的边界及惩罚机制的协调》，北京大学出版社 2008 年版，第 58—60 页。

② Gong，Ting，"Dangerous Collusion：Corruption as a Collective Venture in Contemporary China"，*Communist and Post-Communist Studies*，Vol. 35，2002，pp. 85-103.

四是行为性质是滥用公权以谋取私利，属于非法行为。集体腐败作为腐败现象的特殊形式，在性质上不会改变，必然是一种滥用公权谋取私利的非法行为。这种非法性质决定了腐败主体的行为特征必然是私下的，他们之间所形成的契约也是无法律保障的，只能依靠腐败同盟的自我实施。[①]

作此界定，本研究不仅仅关注腐败主体的数量规模，更加关注腐败行动者之间的互动关系及其行为逻辑。

二　集体腐败的特征与形态

（一）集体腐败的关键特征

集体腐败的现实表象纷繁复杂、不胜枚举。已有研究已经总结了一些基本特征，比如腐败链条长、隐蔽程度高、查处难度大、涉案人数多、持续时间长、危害严重等。然而，为了深化对集体腐败的认识，有必要对以下三个关键特征，即制度嵌入性、网络化结构以及系统性趋势做进一步归纳。

第一，制度嵌入性。集体腐败并非存在于真空之中，而是嵌入在当前政治经济体制环境之中，如同一种"寄生物"，从制度结构中汲取资源和利益以维持自身的延续。从嵌入性观点来审视集体腐败，意味着不仅要强调其背后的结构性基础，还要关注腐败行动者在如此结构环境中的能动作用。一方面，正如约翰斯顿所言，"腐败生根于复杂的变革进程，并且与之互动——的确，腐败与其说是这些问题的起因，还不如说可能是这些因素的反映"[②]。这也是为什么腐败窝案往往集中在某些领域的原

---

①　叶国英：《合谋腐败机制的经济学审视》，上海财经大学出版社2007年版。
②　［美］约翰斯顿：《腐败征候群：财富、权力和民主》，袁建华译，上海人民出版社2009年版。

因。同时，集体腐败往往在参与者的策略运作下，与组织系统形成一种共同演化的关系，亦即，伴随着组织系统的变迁，集体腐败的形式与特征也会发生相应的变化。比如，某些政府机构在职能上不断扩张，在扩张中强化自身对资源的控制能力，然而与此同时，集体腐败也随之发生变迁，以不同的面目进行。比较典型的，就是政府开发项目中的集体腐败现象：伴随着项目开发的进度，腐败形式也发生着不断的变化。总体而言，集体腐败若没有制度结构提供的激励和条件，若没有行动者之间不断的互动、累积，其持续存在是不大可能实现的。

第二，网络化结构。集体腐败以双方交换为基础，但却不仅仅局限于双方交换，它通常会发展成为一种非常复杂的交换网络。这是一张隐藏在正式组织和制度背后的非法网络，其网络规模可大可小，其网络密度可高可低。这种交换网络为腐败主体之间的利益输送提供了渠道，也为权力的滥用创设了条件。在这种复杂交换网络中，国家公职人员之间的腐败同盟处于核心，而其周围则往往还存在着大量的私人行动者等，他们以谋取不正当利益为目的，通过行贿等方式，支持腐败同盟的运作。在现实中，这种以腐败同盟为核心的权力—利益交换网络，不仅具有强烈的吸纳性，即趋于将利益相关者同化为腐败成员，还具有强烈的排斥性，即对于不接受同化者予以某种惩戒，以迫使其参与或保持沉默。它不仅会影响政治、经济以及社会资源的分配，还会塑造行动者的行为与认知。

第三，系统性趋势。随着腐败在组织系统内不断扩散，它往往会演变为一种"系统性腐败"。当腐败成为系统性的，意味着"不法行为成为一种常态，而依据公共责任的要求采取规范行为却成为例外。……腐败变得惯例化，组织为不法行为提供了支持，同时，在事实上使得那些遵守传统规范的人处于不利地位"[①]。世界银行也指出，腐败一旦形成系统

---

① Caiden, Gerald, E. and Naomi J. Caiden, "Administrative Corruption", *Public Administration Review*, Vol. 37, 1977, pp. 301-309.

性，就会成为公共部门、企业或个人之间的惯例，反映出一种腐败均衡的存在：此时，对于个人、企业和公职人员而言，腐败的激励诱因非常强大——由于在这种环境中腐败成功的概率很高，他们可能选择去探索腐败机会而不是努力抵御腐败。在系统性腐败的情况下，选择不参与实际上受到了诸多限制，甚至可能变得非常困难。如果行动者选择不参与，他可能受到排挤而处于不利地位。这种对选择的约束是系统性腐败的重要特征。"当一个组织中的腐败成为系统性……一种腐败的行为准则将会取代法律准则，腐败将会成为后续组织实践的惯例。"①

（二）集体腐败的主要类型

借鉴已有研究对合谋腐败、腐败网络的类型划分，我们将集体腐败区分为以下三种主要类型，分别是横向腐败同盟、纵向腐败同盟以及混合腐败同盟。显然，混合同盟是横向同盟和纵向同盟的混合状态。在通常情况下，集体腐败处在一种动态演变的过程之中，因此横向或纵向同盟最终往往会成为一种混合性的腐败同盟。

第一，横向腐败同盟。横向腐败同盟发生在权力、地位相对平等的公职人员之间，他们通常是一群承担不同公共管理职能、掌握不同技术业务的官僚。在这种横向腐败同盟中，腐败主体之间往往存在着一定的分工，如同产业链一般，各自把控不同的环节，从而使得腐败得以实现。由于彼此之间没有隶属关系，难以通过权力或指令予以直接组织，但他们往往通过亲情、人情等社会关系，并借助一系列动员手段，形成和巩固利益同盟。

按照马克斯·韦伯的观点，官僚组织中的每个职员，都受过专业训练，肩负着不同的专业任务，而且从不断地实践中增加自己的专业知识；

---

① 转引自 Guillan-Montero，Aranzazu，"The Fiction of Executive Accountability and the Persistence of Corruption Networks in Weakly Institutionalized Presidential Systems. Argentina (1989-2007)"，Georgetown University，Washington，DC，2011。

官僚组织以切事化为行为原则，在处理时依据计算的规则，而不问对象是谁。① 这种高度结构化、正式化、非人格化、理想形态的行政组织体系，在韦伯眼中，在精确性、稳定性以及原则的严格性与可靠性等方面，都优于其他任何形式。然而，现实中的官僚组织并非如此。法国学者克罗齐耶对官僚现象进行了深入案例分析后指出，官僚制在实际运行中表现出四个基本特征：非人格规则的广泛发展，决策的集权化，各等级层次或职别的隔离以及产生的群体对个人的压力，以及在残存的不确定因素周围平行的权力关系的发展。② 因此，以规则化和专业化为基础的官僚组织，在实际中，充斥着各种非正式规则、利益博弈以及权力的分割。这种正式与非正式交杂、决策集权化与执行碎片化相矛盾的局面中，科层官员之间的利益联盟变得广泛而稳固。

这种以"业务需求"为基础，以社会关系为连接的横向同盟，通常会形成各种不同的小圈子。腐败圈子作为嵌入在科层结构中的非正式权力关系网，严重阻碍了原科层规则的落实，也扭曲了科层权力的运行。

第二，纵向腐败同盟。纵向腐败同盟发生在上下级公职人员之间，领导和下属之间通过相互勾结，形成利益共同体。纵向腐败同盟的形成，不仅包括人情等私人关系的作用，源自科层组织中的权力和遵从也是其重要基础。它往往依托科层官僚权力的层级链条滋生蔓延。

权力地位的不平等性，是纵向腐败同盟的典型特征。在这种情况下，通常会体现为一种庇护关系。斯科特（James C. Scott）曾指出："庇护关系——一种角色间的交换关系——可以定义为包含了工具性友谊的特殊双边联系，拥有较高政治、经济地位的个人（庇护者）利用自己的影响

① 〔德〕马克斯·韦伯：《支配社会学》，康乐、简惠美译，广西师范大学出版社2010年版。

② 〔法〕米歇尔·克罗齐耶：《科层现象》，刘汉全译，上海人民出版社2002年版。

和资源为地位较低者（侍从者）提供保护及恩惠，而被保护者则回报以一般性支持和服务。"①庇护关系往往被理解为一种社会交换的结构化模式，认为它建构了社会行动者之间资源流动和权力行使的持续关系。②它包含以下几点属性：（1）以双边交换关系为基础。庇护关系发生在庇护者与侍从者之间，以"面对面"的人际交换为基础。庇护者提供资源、机会、权力和保护，而侍从者需要回报以忠诚、支持、服务和金钱等，实质上是一种工具性的依赖关系。（2）层级性的关系结构。庇护关系中，双方存在地位或权力上的不平等，侍从者高度依赖庇护者，因而庇护关系往往呈现出一种层级化。（3）特殊主义的行为取向。庇护关系秉承的行为取向，是一种特殊主义，而不是普遍主义。庇护者利用自己所拥有的资源和影响力，仅仅为自身侍从者提供利益和保护，侍从者也不会致力于社会的公共利益。（4）自我衍生性。庇护关系具有衍生性，其往往会不断地扩散，再生产新的庇护关系。在衍生过程中，庇护者与侍从者的角色都可能发生变化，成为某个庇护链条中的中间经纪人（broker）。这种经纪人连接着更高层的庇护者和更底层的侍从者，实际上占据着所谓"结构洞"的位置。

第三，混合腐败同盟。在现实中，集体腐败最为常见的类型，是混合性的腐败同盟。在混合腐败同盟中，既有上下级官员之间的庇护关系，也有相对平级官员之间的相互勾结，形成一个纵横交错的复杂交换网络。以山西交通厅贪腐窝案为例，全案共涉及党政机关事业单位干部170余人，涉及各类企业人员60余人，立案调查13人，移送司法机关10人。在这个巨型腐败窝案中，交通系统腐败官员、各类企事业负责人以及私人企业之间，形成了盘根错节的利益共同体。纪委材

① Scott, James, C., "Patron-Client Politics and Political Change in Southeast Asia", *American Political Science Review*, Vol. 66, No. 1, 1972, pp. 91-113.

② Eisenstadt and Roniger, "Patron-Client Relations as a Model of Structuring Social Exchange", *Comparative Studies in Society and History*, Vol. 22, No. 1, 1980, pp. 42-77.

料作如下表述："交通系统下至一些建管处、事业单位负责人,上至副厅长、厅长,形成了一个相互交织、利益输送的链条。这些盘根错节的人脉关系、权力关系交织成为少数职位级别高的领导干部为核心、部分干部为节点、若干个相互独立有紧密联系的腐败利益共同体,相互提携,相互关照,共同谋取私利。"[①]

此外,典型案例还有:广东茂名窝案,涉及省管干部 24 人,县处级干部 218 人,波及党政部门 105 个,市辖 6 个县(区)的主要领导全部涉案;湖南药监系统窝案,涉案人数达 26 人,包含 1 个厅级干部,4 个处级干部,涉及相关职能单位部门 11 个,腐败行为覆盖药品生产流通各个环节;江西九江水利系统窝案,涉案人数达 158 人,其中处级干部 16 人,科级干部 89 人,涉及政府、国企、事业单位等诸多单位。在这些腐败窝案中,我们看到的,都是一张纵横交错的腐败网络。

第二节　嵌入社会网络的集体腐败

诸多现实表明,腐败交换并不仅仅是一种纯粹经济利益的临时交换,更多情况下,腐败交换通常是持续性的,尽管报酬与代价仍然是其核心构件,但它却包含了互惠、信任、情感等诸多社会因素。因此,许多学者认为,实践中的腐败交换是一种社会交换。[②] 相比于一般的社会交换,腐败交换作为一种社会交换,存在三方面的特性:一是交换关系的非法性;二是腐败各方产生共有物品(joint goods),即保密;三是对第三方

---

① 《一条高速路撂倒俩厅长——山西交通系统"塌方式腐败"是怎样发生的》,《中国青年报》2015 年 7 月 3 日。

② Cartier-Bresson, J., "Corruption Networks, Transaction Security and Illegal Social Exchange", *Political Studies*, Vol. 45, 1997, pp. 463-476.

造成负外部性。[1]

一 腐败交换的网络嵌入性

腐败交换，作为一种非法的社会交换，存在于行动者与社会结构之间的相互作用之中。[2] 一方面，行动者参与某种交换关系是为了获取某种对自身有价值的资源，资源可以是物质的（比如金钱）也可以非物质的（如某种服务）。为了尽可能地获取这些资源，避免交换中的不互惠风险，行动者往往会寻求多重的社会交换关系，提升自身抵御交换关系破裂的能力。另一方面，行动者嵌入在社会网络之中，既有社会关系，比如行动者所处的结构位置、与其他行动者之间的关系强度等，都将显著地影响行动者的行为选择。

腐败交换通常以双方关系为基础，却不局限于此。作为一种社会交换，嵌入社会结构中的持续互动，往往会使它发展成为一种复杂交换网络。因此，集体腐败的形成过程，实际上，可以被视为一个腐败交换网络化的过程。所谓网络，就是指"由一组关系联结到一起的一组行动者"[3]，而腐败网络则是借助各种关系彼此联结的一群腐败行动者。这种网络联结可以非常紧密、集聚，也可以相对松散、碎化，但都包含了腐败行动者的策略性运作。这是一种有意建构起来的行动者网络，是一个有组织的行动系统，腐败行动者之间的社会互动在其中发挥着关键作用。

---

① Lawler, E. J. and L. Hipp, "Corruption as Social Exchange", in Advances in Group Processes, edited by S. R. Thye and E. J. Lawler, Emerald Group Publishing Limited, 2010, pp. 269-296.

② Cook, K. S. and J. M. Whitmeyer, "Two Approaches to Social Structure: Exchange Theory and Network Analysis", *Annual Review of Sociology* 18, 1992, pp. 109-127.

③ Borgatti, Stephen P. and Pacey C. Foster, "The Network Paradigm in Organizational Research: A Review and Typology", *Journal of Management* 29, 2003, pp. 991-1013.

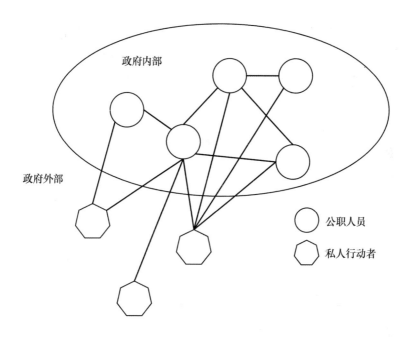

图 7—1　腐败交换网络的典型形态

二　腐败网络化的策略过程

腐败交换的网络化，作为一个不断生产和再生产腐败交换关系的过程，本质上就是一个策略实施的过程。腐败行动者需要借助各种策略性运作，将单纯的利益交换发展为包含亲情、人情等的人际承诺。如此，才能形成更为稳定的腐败交换网络，以持续地汲取资源和利益。审视腐败交换的网络化过程，可以发现腐败行动者往往会充分考虑社会交换的阶段性特征，并综合运用多种策略来建构腐败交换关系，以确保腐败交换网络的隐蔽性与收益性。基于理论和现实，本研究认为，腐败交换的网络化存在联结、整合与维持三个基本阶段，每个阶段包含了不同的运作策略，具体请参见图 7—2。

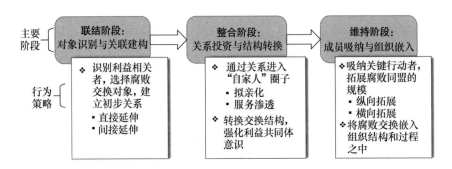

图 7—2　腐败交换网络化的阶段与策略

（一）联结阶段：对象识别与关联建构

腐败交换的网络化，其内在动因是更安全地扩张利益。那么，首先就必须识别出那些对其腐败行动的实现存在影响的利益相关者，然后与这些利益相关者建立关联。经过联结阶段，形成一个由诸多利益相关的行动者所构成的松散群体，为之后的整合奠定基础。

尽管当组织和制度环境中产生了某种腐败机会，诱使腐败行动者采取行动以获取私利，但某项腐败行动的实现，往往会涉及诸多利益相关者。他们能为腐败行动提供资源和路径，但也可能形成障碍。正如前文所言，权力租金链的形成与扩张，使得腐败行动者存在强烈动机去形成腐败网络，以获取超额收益，但这并不是一件容易的事情。腐败行动者必须首先识别出，究竟哪些利益相关者会对此腐败行动产生影响，哪些人又是最关键的。

关系延伸是腐败行动者识别和选择腐败交换对象的重要策略。关系延伸是指对社会关系加以延展，从而与更多的行动者相关联。关系延伸使得行动者可以接近那些拥有关键资源的行动者，为谋取自身的利益需求提供条件。关系延伸存在两种路径：一是直接延伸，即对自身已有的社会关系进行直接的拓展。腐败行动者自身拥有诸多关系网络，比如亲缘关系、地缘关系、业缘关系、友缘关系以及情缘关系等。[①] 依据以往

的交往经验，腐败行动者了解这些关系成员所拥有的权力和资源、个体性格特征甚至目前的生活处境等。这些信息都成为其识别和选择腐败交换对象的基础。近年来曝光的腐败窝案中，比如父子兵、夫妻档、同乡、朋友等，可以说是直接延伸的典型。二是间接延伸，即以他人为中介加以拓展。在许多情况下，腐败行动者会通过他人的社会关系来接近腐败交换的对象，或在意识到腐败交换对象并不存在于自身的关系网络后，主动通过中介来建立关系。这些中介，可能本身并没有腐败意图，而只是与潜在交换对象存在比较亲密的关系。当然，中介也可能本身就有腐败意图，这类人也被称为腐败掮客或经纪人。他们凭借自身在腐败交换中的中介地位，从腐败交换中获取经纪利益，成为腐败网络的重要编织者，后文将对此加以着重阐述。

此外，腐败行动者还会采取一些试探性交换策略：先试着提供一些小恩小惠，观察交换对象的态度和行为，以甄别潜在对象的腐败倾向性。这种试探性交换，其实也是在评估腐败交换的风险性，为下一步行动做准备。总之，在联结阶段，腐败行动者需要识别并锁定某些关键对象，而关系延伸扮演了重要作用。

（二）整合阶段：关系投资与结构转换

当行动者之间建立了初步的关系，其注意力逐渐向腐败行动上聚焦时，就进入了整合阶段。在此阶段，关键在于形成一种相对稳定的协作关系，整合各方的权力和资源，形成利益共同体意识，进而实施腐败行动。具体而言，主要存在两方面的策略运作：一是通过关系投资进入"自家人"圈子，为腐败网络提供运作环境；二是转换交换结构，使得腐败收益的实现依赖共同努力，以强化彼此之间的相互依赖性。

1. 投资交换关系，进入"自家人"圈子

当锁定腐败交换对象之后，腐败行动者会对交换关系进行投资。关系投资，可以被理解为通过投入大量的时间、精力或资源，来取得交换对象的信任和情感依附，从而在人际间建立强有力的关系纽带。关系投资的目标，是让自己进入腐败交换对象的"自家人"圈子。中国人际关系是一种圈子文化，圈子内和圈子外有着不同的行为法则。[1] 家人圈子体现为情感性责任，生人圈子体现为工具性交换，而熟人圈子则体现为人情交换，是兼具情感性和工具性的混合形式。[2] 交换关系只有从工具性发展到情感性，亦即关心"利害"上升为关注"责任"，才能真正得到稳固。腐败行动者进行关系投资，尽可能让自己进入"自家人"圈子，建构起富含情感的交换关系。

具体而言，拟亲化和服务渗透是实现从圈外到圈内的两种常见策略。拟亲化是指通过认干亲、拜把兄弟等仪式将外人纳入"自家人"圈子的过程。[3] 行动者通过拟亲化策略，促使关系由疏变亲，实现由外人向"自家人"转变，从而享受"自家人"圈子的待遇。相比拟亲化策略，服务渗透策略显得较为间接。服务渗透是指行动者通过为其他行动者的亲属、朋友等提供服务，逐渐获得该行动者的好感，进而发展人际信任关系。比如，某些腐败行动者难以直接与某些手握重权的官员建立关系，但通过为其配偶、子女、亲属等提供各种好处，比如赞助他们旅游、留学，为他们工作提供帮助等，从而获得接近并与之建交的机会，并且逐渐向直接交换渗透。

2. 转换交换结构，建构利益共同体

通过投资交换关系，腐败行动者有效地增进了与腐败交换对象的亲密程度。然而，资源不均衡、信息不对称等问题必然导致交换关系中的权力差异。一方面，供需之间不平衡，一个受贿者往往会有诸多行贿者，且行贿者之间可能存在竞争关系；另一方面，相比行贿者，受贿者往往

---

① Hsu, F. L. K. , *Americans and Chinese: Passage to Differences*, University of Hawaii Press, 1981.

② 黄光国：《人情与面子：中国人的权力游戏》，载黄光国编《中国人的权力游戏》，(台北) 巨流图书公司 1988 年版。

③ 杨宜音：《"自己人"：信任建构过程的个案研究》，《社会学研究》1999 年第 2 期。

更了解请托事项的政策、规则和流程。布劳将权力、不平等等视为在交换互动中产生的突生属性，即"一个结构中诸成分之间的关系，这些关系尽管依赖这些成分而存在，但并不包含在这些成分之中"①。处于权力劣势地位，就意味着面临更大的交换风险，因为权力优势者可能更倾向于采取机会主义行为，比如提高交换报酬等。腐败行动者因为某种资源需求而建立交换关系，但往往处在权力劣势，即使进入了某个圈子，也还在圈子的外围。在交换对象既有的社会网络中，腐败行动者的交换地位不够稳固。

为了巩固交换关系，腐败行动者需要转变腐败交换结构，从个体对个体的依赖性发展为个体对群体的依赖性，形成一种"共赢共溃"的局势，从而巩固自身在交换关系中的地位。具体而言，就是要从基本的互惠性交换、协商性交换发展为生产性交换（表7-2）。"互惠性"交换是一方给予，期待对方回报，而不明确何时以及能否回报的交换结构，"协商性"交换是明确商定交换资源、讨价还价的交换结构，而"生产性"交换必须通过各方合作才能实现共同受益的交换结构。② 实验表明，在"生产性"交换结构下，更容易形成一种微观社会秩序。③ 相比前两种交换结构，"生产性"交换本质上是一种个体—群体交换关系，利益目标只能通过集体行动才能实现，任何一方背信都会导致失败。对于腐败而言，非法性使得背信后果更为严重，往往会是整体溃败。因而，在这种腐败交换结构中，彼此利益趋于一致，权力运作趋于缓和，进而群体关系更加稳定、更具有凝聚力。

---

① ［美］彼得·布劳：《社会生活中的交换与权力》，华夏出版社 1988 年版。

② Lawler, E. J. and Hipp, L., "Corruption as Social Exchange", Shane R. Thye & Edward J. Lawler (eds.), Advances in Group Processes, Emerald Group Publishing Limited, 2010, pp. 269-296.

③ Lawler, E. J., S. R. Thye and J. Yoon, "Social Exchange and Micro Social Order", American Sociological Review 73, 2008, pp. 519-542.

表 7—2 **社会交换的结构形态**

交换结构	基本特性
互惠性	一方给予并期待对方回报，但不明确何时以及能否得到回报
协商性	明确商定交换资源，彼此之间讨价还价
生产性	必须通过各方合作才能实现共同受益

资料来源：依据 Lawler, Thye & Yoon (2008)、Lawler & Hipp (2010) 整理。

在实践中，腐败行动者存在诸多策略来形成一种"生产性"腐败交换结构，比如共同经营，收益分成。

在周口经济开发区腐败窝案中，管委会原党委书记柳鹏飞与周口市城市信用社原理事长李亚合伙，共同经营一家周口瑞生科技有限公司，同时又与管委会原主任（后任太康县县委书记）陈金旺对周口市昶旭贸易有限公司进行幕后控制。这两家公司成为他们手中的工具，结合自身的职务便利，在招商引资、征地拆迁、土地出让、工程承建等方面，贪污受贿、滥用职权，给国家造成数亿元的损失。比如，通过虚假招商，使得周口瑞生科技有限公司享受土地优惠政策，非法获得 112.5 亩国有土地使用权，变相侵吞公款 900 多万元；借周口市昶旭贸易有限公司承揽大量开发区工程，并虚增预算，从中贪污近 580 万元。[①]

（三）维持阶段：成员吸纳与组织嵌入

经过整合阶段的策略运作，腐败行动者之间在关系和利益层面的共同性被强化，这意味着他们彼此之间逐渐形成相互承诺，亦即一方在交换投入时能够相信其他方也会同样投入。相互承诺的存在确保了集体行动的进行：行动者逐渐排除个体间的不信任，投身于集体行动以获得分成收益。但是，要维持腐败网络的持续获益，就必须吸纳新成员，充实运作的资源基础，同时将腐败行为嵌入组织结构和过程中，增强其隐蔽性。

---

① 《周口市经济技术开发区原党委书记因贪污等罪被判死缓》，新华网，2010 年 10 月 27 日（http://news.xinhuanet.com/legal/2010-10/27/c_13578092.htm）。

1. 吸纳关键行动者，拓展腐败交换联盟

腐败行动者要获得更多收益，就必须进一步扩张腐败行动的规模。因而，功能性拓展是腐败交换网络的必然趋势。所谓功能性拓展，意味着腐败网络的扩张并不是无序的，而是根据腐败网络利益扩张的功能性需求进行的。只有那些能满足网络利益扩张功能需求的人，才会成为腐败网络吸纳的对象。在实践中可以看到，腐败扩散可能沿着两种路径发展，包括纵向拓展以及横向拓展。

具体而言，所谓纵向拓展，主要是按照官僚层级链进行拓展，包括自上而下的拓展以及自下而上的拓展。在自上而下的拓展中，处于上级的腐败官员说服或笼络下属参与腐败，比如在珠江新城窝案中，曹鉴燎就曾给自己下属送钱，并提拔其到主要岗位，以扩张自身的腐败产业链。当然，这种拓展也可能是比较隐性的，建立在上下级彼此"默契"的基础上。当下属领会到上级的腐败意图后，便参与到了腐败之中，而上级也会以某种隐蔽的方式予以回报。另外，在自下而上的拓展中，腐败官员试图拉上级进入自己的腐败圈子，成为自己的庇护者。没有高层领导的支持或默许，腐败活动要在组织系统内扩散是很难实现的。[①] 所谓横向拓展，主要是指腐败行动者与那些和自己处于类似官僚层级的官员进行腐败交换。这也包含了两种情况：一是那些容易获得自己腐败信息的行动者。通过将其纳入腐败圈子，使得彼此之间形成同盟关系，有利于保守秘密；二是那些掌握某方面职权、对腐败任务的实现较为关键的行动者。腐败同盟需要彼此之间的分工协作，才能获取权力租金链上的超额收益，因此，一些关键岗位，自然也就成了高危岗位。

这两种情况在交换目的上是类似的，都是要同化关键行动者，为腐败同盟的权力和资源需求提供保障。腐败的非法性质决定了获得其他行动者保护最有效的路径就是使其参与腐败，"风险共同体"使得保守秘密

---

① Palmer，D. and M. W. Maher，"Developing the Process Model of Collective Corruption"，*Journal of Management Inquiry* 15，2006，pp. 363-370.

成为共有物品。

2. 嵌入组织结构与过程，为腐败披上合法外衣

为了维持腐败同盟的持续运作，腐败行动者还会尽可能地将腐败行动嵌入组织结构和过程中去，使得不正当利益披上合法性的外衣。这主要是由于腐败网络的规模扩张，不仅增加了暴露的风险，也加大了运作的成本。将腐败行动嵌入组织活动中去，有助于增强隐蔽性，使其更加难以被外人察觉，且便于借助组织正式渠道和机制进行管理，比如信息的传递、资源的获取。在前文中，我们在论述项目化运作时，就提到了私利嵌入的项目过程。项目本身就是利益的整合装置，任务临时性、资源集中性、运作非常规性等特点，使得小集团利益容易被打包进去。有学者就发现，近年来在涉农项目资金运作的过程中，就产生了一种分利秩序，政府官员、乡村精英等构成利益共同体，导致公共资源的私人化。[①]

综上所述，从动态角度来看，集体腐败是一个腐败交换网络化的复杂过程，其中，腐败行动者对彼此之间的利益需求与关系规范进行策略性的耦合。腐败交换的网络化，主要包含联结、整合和维持三个基本阶段：在联结阶段，腐败借助关系延伸识别和选择腐败交换对象；在整合阶段，通过拟亲化和服务渗透等投资策略使腐败交换受到"自家人"圈子的保护，并通过转变腐败交换结构来增强腐败群体的共同体意识；在维持阶段，通过吸纳关键行动者，拓展腐败同盟的规模，并将腐败行动嵌入组织结构与过程之中。

第三节　集体腐败现象的制度性成因

集体腐败，作为一种持续时间往往较长、参与人数往往较多、涉及范围往往较广的腐败形态，倘若没有制度环境提供持续的诱因和条件，其高

---

① 王海娟、贺雪峰：《资源下乡与分利秩序的形成》，《学习与探索》2015 年第 2 期。

发频发是不大可能的。正如周雪光所言："重复再现的组织现象是建筑在稳定持续的组织制度基础之上和相应的组织环境之中的。"[①] 我们认为，集体腐败的滋生与蔓延，源于中国转型过程中政府治理结构、决策执行过程及其制度环境中存在的诸多不兼容性甚至冲突。具体而言，权力租金链的再生产构成了集体腐败的直接诱因，行政关系的圈子化重构构成了集体腐败的非正式制度条件，监督控权的效能失灵为集体腐败提供了制度空间，而地方治理的项目化运作则成为集体腐败的催化因素。这四个方面并非彼此孤立，而是相互关联、共同强化，由此导致集体腐败的蔓延之势（图7—3）。

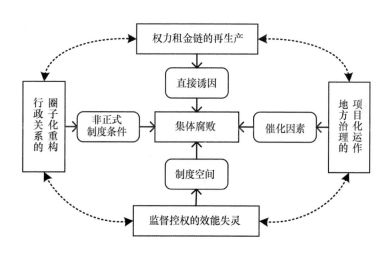

图7—3 中国情境下集体腐败的制度成因

一 权力租金链的再生产

这种政府对经济生活的干预创造出了租金，而对这些权力租金的汲取，则是腐败滋生的重要根源。对于权力租金的分析，现有研究主要集中在对其规模的关注，认为租金的规模越大，就会产生越强的腐败动因。然而，这些研究忽视了权力租金的另一方面，那就是租金的形式。现实表明，权力租金以什么样的形式存在，很大程度上决定了腐败活动将会以什么样的方式出现。

在本研究中，我们提出"权力租金链"的概念，以刻画当前中国政府治理中权力租金的存在形式。所谓权力租金链，可以理解为一种由诸多拥有局部权力租金的机构或人员相互关联所形成的功能网链结构。身处权力租金链的官员，在汲取租金时必须考虑到彼此之间的关联性，只有租金链上各方联合协作，才可能实现租金利益的最大化。在这种情况下，合谋成为他们的必然选择。因而，权力租金链对于腐败合谋化具有基础性的作用。就中国转型情境而言，权力租金链的形成和扩张，主要源于以下三个方面的原因，即关键资源的垄断性、政府权力的碎片化以及公共物品的互补性。

（一）关键资源的垄断性

只要政府垄断不取消，那么租金也就不会消散。[1] 权力租金链的形成，前提是要存在权力租金。随着中国市场化改革的逐步推进，社会对资源的需求不断被激发，但在诸多领域中，尤其是对于那些关键资源，即便存在着巨大的市场需求，政府却垄断着进入权，这导致了大量权力租金的存在。

以土地领域为例，近年来房地产市场的迅猛发展，使得对于土地资源的市场需求极大。但在现行土地产权体制下，政府成为事实上土地资源的垄断主体。

随之而来的，是土地领域已经成为当前中国腐败最为严重的领域之一。公婷、吴木銮基于《检察日报》2000—2009年公开报道的2802个腐败案例，也发现土地腐败案件日益增加，腐败问题变得越来越突出（见图7—4）。[2]

---

　　① 贺卫：《寻租经济学》，中国发展出版社1999年版。

　　② 公婷、吴木銮：《我国2000—2009年腐败案例研究报告——基于2800余个报道案例的分析》，《社会学研究》2012年第4期。

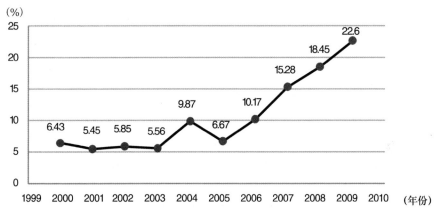

图7—4　土地腐败案件占当年腐败案件总量的比例

（二）政府权力的碎片化

尽管政府作为整体垄断了资源，但具体到政府内部，却又可以看到权力结构的碎片化。就中国政治体系而言，从总体上看，是一种自上而下的权力控制网络，它形成于革命战争时期，并传承和延续至今，然而，随着经济社会的转型，这种权力控制网络却日益呈现出碎片化的趋势。[①]由于租金依附在资源控制权之上，因而伴随权力碎片化而来的，就是租金的分散化。权力碎片化与租金分散化之间存在相互强化的作用：一方面，由于权力碎片化，租金难以完全集中在单个主体之中；另一方面，出于获取租金的需求，主体又会进一步强化权力的碎片化。当权力租金分散到各种权力主体的手中，实际上就为权力租金链的形成提供了结构基础。总体而言，在中国情境下，公共权力的碎片化现象，其原因主要包含以下三个方面。

第一，执行灵活性下的权力衍生。对于中国这种集权化体制，政策一统性和执行灵活性之间的矛盾是其内生特征。政策一统性是中央集权决策的表现特征，然而，这种一统性必然面临与地方实际需求差异性的

———————————

① 储建国：《腐败窝案形成的政治机理》，《人民论坛》2013年第28期。

矛盾，而此时，政策执行上的灵活性就成为必然的应对产物。这种执行灵活性，实际上成为政府官僚自由裁量权的重要来源。利用政策执行中存在的灵活性空间，政府官僚可以通过各种途径——正式或非正式——来衍生自身的权力，比如设立新的机构或规则，将其作为政策执行的组织工具，也可以暗箱操作，在政策执行的幌子下，为自己或部门在利益结构中谋取优势地位。在实际执行中，它可能表现为在不违背政策意图的前提下进行变通执行，也可能表现为违背政策意图为某些群体获取私利。关键在于，当组织制度允许了变通执行"灵活性"的存在，那么它也就不得不为其他方式（如营私舞弊）的灵活性提供合法性基础。因此，在官僚自主性驱动下的权力衍生，是公共权力碎片化的重要成因。

第二，官僚组织体制的过度扩张。官僚体制是政府权力的组织载体，其发展和演变深刻地影响着政府权力的结构变迁。它建立在分工和规则的基础之上，被认为是理性化的产物。然而，官僚体系内部分工的不断细化以及专业化发展，形成了各式各样的内部隔阂，使得各机关组织朝着分立方向发展，进而呈现出一种碎片化状态。"韦伯式问题"实则导向"碎裂化问题"①。并且，随着城市化进程的快速推进，官僚组织规模在不断膨胀，而官僚体制的内在矛盾也在不断加剧。肯尼斯·阿罗在分析《组织的极限》时，就曾强调伴随组织规模的增长，权力、信息以及责任问题将会变得更加凸显，进而造成组织活动中的效率损失。② 还有学者提出了"组织规模不经济"的观点，认为组织规模扩张导致等级链条被拉长、私有信息更加趋于分散化，信息不对称的情况变得更加严重。③ 在这种情况下，组织成员可以利用私有信息进行讨价还价，尽可能获取更多的租金收益。

第三，部门利益中心主义的泛滥。部门利益中心主义毫无疑问是导

---

① 韩保中：《全观型治理之研究》，《公共行政学报》2009 年第 31 期。

② Arrow, K. J., *The Limits of Organization*, New York: Norton, 1974.

③ Mcafee, R. Preston and John Mcmillan, "Organizational Diseconomies of Scale", *Journal of Economics & Management Strategy* 4, 1995, pp. 399-426.

致政府权力碎片化的重要成因。部门的利益化，实际上就是政府公共权力被具有私利的部门主体所分解。安东尼·唐斯在揭示官僚制内幕时，就专门提出了"领地"的概念，以反映部门间的利益争夺。[①] 对领地的强调，可以从两方面进行理解：一是尽可能维护和扩张自己的领地；二是对涉足自身领地者予以一定的回应，或排斥其进入，或从中汲取一定收益。在当前中国政府实践中，部门割据、利益争夺的事例实不鲜见，相关部门负责人以及成员，利用其职能上的专业性，为部门或小群体谋取利益。此外，在不同部门之间，还会产生一种实际的权能差异和利益差异，体现为部门地位的重要性、部门资源的充裕性以及部门成员的福利水平等。这些都将对政府内部成员的思维认知造成影响，进而塑造他们在日常实践中的行为选择。

（三）公共物品的互补性

对关键资源的垄断产生了租金，而权力碎片化又将其分散到了不同主体手中，紧接着需要回答的是：租金何以成链？这就需要特别关注公共物品的互补性特征。所谓互补性物品，通常是指处于一个系统中且必须被同时消费的物品，或者说，是必须结合起来同时使用才能产生某种效益的物品。政府向社会提供公共物品，比如各种监管、审批、许可等，这些公共物品之间往往也存在着互补性。随着治理任务的日益复杂化，公共物品也变得日益精细化，需要更多的主体和机构共同协作来完成。这也进一步强化了公共物品之间的互补性。这种公共物品的互补性，不仅会深刻地影响寻租者的行为选择，同时也会深刻地影响公职人员如何去供给这些物品。在反腐败研究中，施莱弗和维什尼很早就注意到："很多时候，一个私人机构需要很多互补性的政府物品才能营业。比如，一个进口商需要多种政府特许证和许可证，来自不同的机构，才能采购、装卸、运输和销售进口物

---

① ［美］安东尼·唐斯：《官僚制内幕》，郭小聪译，中国人民大学出版社 2006 年版。

品……由于物品的多样性，市场供给结构就变得重要起来。"①

在这种情况下，对于掌握某种公共物品的公职人员而言，其能否从该物品供给中汲取租金收益，很大程度上就取决于那些掌握互补性物品的公职人员的行为选择，反之亦然。由此，那些供给互补性公共物品的公职人员，他们就被绑定在了一起，成为权力租金链的不同环节。而对于寻租者而言，将提供互补性物品的所有人都俘获，则成为其获取垄断租金的理性选择。

至此，我们从资源垄断性、权力碎片化以及物品互补性三个方面，对权力租金链的形成机理予以了较为细致的剖析。权力租金链的不断再生产，使得腐败行动者之间具有非常强烈的利益关联性，也促使他们通过合谋来获取超额收益。应该说，这为集体腐败的形成和蔓延，提供了最为直接的激励诱因。

二　行政关系的圈子化重构

腐败行为的合谋化，通常建立在相对持续的、可预期性的非正式关系之上。而在中国情境下，行政关系的圈子化重构，亦即行政关系被人缘化为诸多关联、嵌套的"圈子"，恰恰为腐败合谋提供了滋生的土壤。对于反腐败研究而言，"圈子"是一个不得不关注的、颇具中国文化特质的现象，几乎每个窝案的背后，都潜藏着各式各样的圈子。同时，我们也可以看到，在中国政府中，尽管法规法令、正式制度不断出台，但在日常实际运作中，非正式关系、特殊性纽带却仍在不断延伸强化。因此，有三个问题必须予以回答：一是何谓圈子？二是行政关系为何会趋于圈子化？三是圈子化为何有助于促成集体腐败？

---

① ［美］施莱弗、维什尼：《掠夺之手——政府病及其治疗》，赵红军译，中信出版社2004年版，第88页。

（一）嵌入关系文化的圈子

究竟什么是圈子呢？清华大学罗家德教授将工作场域中的圈子界定为："一个边界相对不封闭的和小规模的行动集，其内部成员进行着强烈的情感交换和工具交换。它是一个从个人自我中心网络发展而来的非正式团体。"① 他将中国人的圈子特征概括为以下四方面：（1）它是一个自我中心社会网，主要是强连带，由拟似家人及熟人所组成。（2）它有差序格局结构，所以有"亲信""班底"这样的内核，也有以熟人为主的外围。（3）人情交换使得这个外围保持了较高的弹性，使圈子可以保持不封闭及有限的交换。（4）它的边界是模糊的，可大可小；关系是弹性的，可进可退。

由此可见，圈子和中国的关系主义文化紧密结合在一起。关系是中国人日常生活实践中的构成部分，是调节中国人社会行为的关键机制。② 费孝通按照与自我关系的亲疏远近提出了中国社会关系的"差序格局"③ 杨国枢将中国人际关系层次分为家人关系（核心圈）、熟人关系（中间圈）与生人关系（外围圈），认为家人关系以责任为核心，采取全力保护、高特殊主义的对待方式，熟人关系以人情为核心，采取设法融通、高特殊主义的对待方式，而生人关系以利害为核心，采取便宜行事、低特殊主义的对待方式。④ 杨中芳指出，关系包含了既定成分和交往成分，当论及某种关系时，其实是指一种"综合交换状况"。具体而言，既有关系成分是指人际交往的关系基础，这种关系基础是社会既定或认可的，决定了行动者在其中的角色和义务。而交往成分，包含了工具性成分和情感性成分，前者是指出于不同的目的进行利益或资源的交换而达到彼

---

① 罗家德：《关系与圈子——中国人工作场域中的圈子现象》，《管理学报》2012年第2期。

② 杨美惠：《礼物、关系学与国家》，江苏人民出版社2009年版。

③ 费孝通：《乡土中国》，生活·读书·新知三联书店1985年版。

④ 杨国枢：《中国人的社会取向：社会互动的观点》，载《中国人的心理与行为：理论与方法篇》，杨国枢、余安邦编，（台北）桂冠图书公司1993年版。

此满意的程度，后者是指基于自发情感的交流而彼此亲密的程度。[①]　王
水雄将关系的成分概括为三种，即工具性、情感性以及契约性，且三者
之间可以相互转换，呈现出一种复杂的效应。[②]

关系主义的核心逻辑，就是一种特殊主义的行为取向，主要表现为不
同的圈子适用于不同的道德规范。学者边燕杰对关系主义、个体主义和集
体主义进行了比较：关系主义的本质特征是伦理本位、关系导向，其行为
准则是"熟、亲、信"，在实践中就体现为"画圈子"，而相比之下，个体
主义和集体主义文化的行为准则是"权、责、利"。[③]　因此，在关系主义、
个体主义、集体主义之间，实际上还存在着重要区别（见表7—3）。

表 7—3　　　　　　　　　个体主义、关系主义与集体主义之比较

文化类型	本质特征	具体内容
个体主义	利益本位 个人导向	行动者个体及其利益是根本的、原初的，是个人与个人、个人与社会关系的理论出发点，而社会及其公共空间，是行动者个体为其生存和发展而做出的利益让渡，个人主义文化的行为准则是"权、责、利"
关系主义	伦理本位 关系导向	利益诉求的行动个体并不像个体主义理论所假定的是相互独立的，而利益诉求的集体也不像集体主义理论所假定的是硬性的包揽个体的，个体和集体的利益及其边界是动态的，一个生活在关系主义文化中的行动者的行为逻辑就是画圈子：最外围是熟与不熟的圈子、中间是亲与不亲的圈子，而核心圈子则是既熟又亲，再加上义、利高度一致而达到的信任，换句话说，关系主义文化的行为准则就是"熟、亲、信"
集体主义	价值本位 集体导向	所谓"价值"是指"集体利益高于一切"，而对"集体利益"的认同，往往是先验的，是个体进入集体之前就已经存在的，且不容许个体进行谈判的，集体主义文化的行为准则是"权、责、利"

资料来源：根据边燕杰（2011）整理绘制。

---

①　杨中芳：《人际关系与人际情感的构念化》，《本土心理学》1999 年第 12 期。

②　王水雄：《关系的本质与选择：基于一项实验的考察》，载边燕杰编《关系社会学：理论与研究》，社会科学文献出版社 2011 年版。

③　边燕杰：《导言：关系社会学及其学科地位》，载边燕杰编《关系社会学：理论与研究》，社会科学文献出版社 2011 年版。

（二）行政关系中的圈子化

在此基础上，需进一步追问：在中国政府组织中，为什么普遍存在圈子化的倾向呢？按照韦伯的认识，非人格化是官僚制组织的重要特点，因而行政关系必须排斥私人关系，依据相关制度程序明文规定。然而，从中国政府的实际运行中，行政关系却总是呈现出一种圈子化倾向，即政府官员费尽心思和上级部门领导、和周围同事、和其他部门职员等建立各种非正式关系，彼此之间形成某种圈子。

我们认为，圈子化，即通过关系运作来形成圈子，实际上是对政府组织环境中所存在的不确定性或风险的应对策略。具体而言，其成因可以从以下两方面的矛盾中寻得：一方面，组织规则正式化与仪式化之间的矛盾，使得政府官员面临极大不确定性，圈子化使其能够建筑一张自身的安全网。有学者曾将中国政府的改革经验概括为从"总体支配"向"技术治理"转变。[①] 然而，在政府实践中，我们却可以发现，尽管"技术治理"呈不断增长之势，政府制度正式化、专业化程度在不断强化，但"总体支配"却并没有真正式微，而是改头换面以其他形式出现。[②] 比如，借助项目化运作，总体支配和技术治理就在一定程度上进行了融合，这使得运行过程既强调规则技术又绕开组织常规。正如前文所言，这加剧了政府组织内部的不确定性。在这种情况下，将自己嵌入某些关系圈子之中，借关系圈子来保护自身，是一种较为理性的选择。另一方面，激励强化与资源有限之间的矛盾，也使得政府官员面临极大不确定性，圈子化使其能够获得更大的资源动员能力。在政府绩效的强烈追求下，各种发展政策不断出台，并辅之以高强度的激励机制，比如将其与晋升挂钩、实行"一票否决"制，来挤占执行者的注意力。但是在自上

[①]　渠敬东、周飞舟、应星：《从总体支配到技术治理——基于中国 30 年改革经验的社会学分析》，《中国社会科学》2009 年第 6 期。

[②]　陈家建：《项目制与基层政府动员——对社会管理项目化运作的社会学考察》，《中国社会科学》2013 年第 2 期。

而下贯彻的过程中，这些政策任务却面临着考虑不周、资源约束等诸多问题。周雪光曾指出："在许多情形下，一统化政策不适合当地情况，执行的成本太高甚至根本无法完成，迫使基层政府不得不在应对策略上大做文章。"① 常见的，就是千方百计利用非正式关系动员资源以完成任务，同时，为了应对更上级的检查考核，上下级之间也可能串通以掩盖事实。因而，在这种情况下，关系圈子便成为一种必不可少的应对策略。

（三）借助圈子的集体腐败

在回答何以圈子化后，接着就需要揭示：圈子究竟是如何"助力"于集体腐败的呢？圈子嵌入在日常人际关系之中，在关系运作下产生，本质上是一种从自我中心网络发展而来的非正式团体。行政关系中的圈子，有助于强化小团体的信息和资源基础以及成员之间承诺的可信程度，大大提升了实现集体腐败的可能性。

具体论述如下：（1）信息优势。对信息优势的理解，需要从两个方面展开：一是对于委托人而言，代理人群体的信息优势是他们形成腐败合谋的基本条件；二是对于腐败群体而言，参与方的信息优势又是腐败交换中机会主义行为的来源，因而会破坏彼此之间的合谋。对于圈子而言，它既强化了前者，又弱化了后者，因而大大提升了腐败合谋的可能性。这是因为，圈子有内外之分，圈外人很难获得圈内人的信息，这加剧了委托人有效监督的信息不对称，而圈内人之间则会频繁互动、具有很高的沟通强度，这使得圈子成员之间信息不对称问题减少，进而减少了彼此的机会主义倾向。

（2）资源动员。关系圈子大大拓展了行动者可触及的资源领域，因而在资源动员上具有重要作用。对于关系圈子的边界范围，实则可大可

---

① 周雪光：《基层政府间的"共谋现象"——一个政府行为的制度逻辑》，《社会学研究》2008 年第 6 期。

小，并不确定。按照许烺光的说法，就是"情境中心"①。圈子从自我出发，家人圈子作为最核心，但"家"的行为法则仍然会根据情境的需要，扩大至家族、宗族以及拜把子兄弟等。在这种情况下，随着关系圈子的拓展，行动者可以动员的资源就大大增加了。这种资源动员，既可以用来完成合法任务，自然也可以用来为自己谋取私利。

（3）可信承诺。成员之间承诺的可信程度，是影响集体行动的重要因素。对承诺的预期是维持某种交换的基础。就腐败而言，其非法性质决定了承诺可信性在腐败交换中尤其重要。相比于非圈子化的群体，在圈子群体成员之间，往往具有更强烈的承诺水平。这是因为圈子有其自身的规范要求，不守承诺者必将受到圈子成员的谴责，甚至被踢出圈子。基于圈子的腐败交换，由于承诺可信性的提升，彼此之间行为的可预期性更强，进而大大减少了交易成本。

（4）"安全感"。当政府官员涉入腐败后，必然面临着被查处的风险，而进入圈子，成为其获得安全感的重要策略。一方面，进入圈子可以受到其他成员（尤其是核心权势人物）的庇护；另一方面，一种"法不责众"的观念，也使其觉得自己的行为更具安全性。圈子为腐败成员提供安全感，而这种安全感也导致了集体腐败的加剧。

综上所述，行政关系的圈子化重构为集体腐败的滋生和蔓延提供了重要的非正式制度条件。当前中国政府组织中圈子现象的泛滥，关键在于正式组织制度本身存在的矛盾冲突，比如正式化与仪式化、激励强化与资源有限所造成的不确定性和风险。圈子化之所以催生集体腐败，是因为其强化腐败成员的信息优势，缓解了腐败协作中的机会主义行为，拓展了腐败行动的资源基础以及提升了腐败安全感。

---

① Hsu, F. L. K., *Americans and Chinese: Passage to Differences*, University of Hawaii Press, 1981.

三 监督控权的效能失灵

有效控权是遏制腐败的关键。对于中国目前而言，监督控权是我国控权制度的主导形式。[①] 然而，监督控权作为一种制度设计，以授权为前提，以效率为导向，在实践中可能存在效能失灵。

（一）监督控权失灵的内生性

何谓监督控权？早在 2001 年，王寿林就从主客体关系、运行方式、依靠力量、时效性四个方面，指出监督控权是监督主体向监督客体发出的行为，主要通过在权力外部进行监察和督促来实现对掌权者的约束，主要依靠人的力量，监督行为相对于权力行为往往存在着一定的时间差。[②] 葛洪义则从司法权的视角，指出监督控权是权力高度统一前提下的工作职能分工，且具有可选择性，表现出三种特性：统一性，能够保障中央及法律的统一；突然性，可以在被监督机构毫无准备之时实施；可选择性，可以选择典型问题进行处理。[③] 陈国权、毛益民将监督控权的制度特性概括为：以结果合法性为导向，保持事权完整以实现效率。监督控权是一种效率导向的制度安排，是权力委托主体对权力代理主体的控制，以保障权力行使符合委托意图，这意味着权力主体可以拥有完整事权，只有在违背委托意图时，才会受到制裁。[④] 总体而言，监督控权以授权为前提，呈现单向性、外部性、间断性、主观性与滞后性。

---

① 陈国权、周鲁耀：《制约与监督：两种不同的权力逻辑》，《浙江大学学报》（人文社会科学版）2013 年第 6 期。

② 王寿林：《监督与制约问题探讨》，《北京行政学院学报》2001 年第 5 期。

③ 葛洪义：《"监督"与"制约"不能混同——兼论司法权的监督与制约的不同意义》，《法学》2007 年第 10 期。

④ 陈国权、毛益民：《腐败裂变式扩散：一种社会交换分析》，《浙江大学学报》（人文社会科学版）2013 年第 2 期。

　　那么，监督控权的制度特性又是如何影响其控权效能的呢？这可以分别从监督者和被监督者的两种视角来予以分析。

　　对于监督者而言，监督控权的单向性、随时介入性有利于其集中权力和资源，保证其有足够的能力来反对腐败，但不可避免地造成监督者权力过大，且监督者越是高层，权力越不受控制。一切不受约束的权力都将走向腐败，监督者也不例外。这就引发了"谁来监督监督者"的问题。在我国目前监督控权体系中，实际上存在两类监督者：一是事权委托者，如上级政府或本级最高领导；二是专门监督者，如纪检监察部门、反贪局等。监督控权保证权力不断向这两个部门或个人集中，但过分集权就可能导致监督权被滥用，监督者腐败案件并不罕见。"一把手"正逐渐成为贪污腐败渎职犯罪的重灾区，[①] 而对于诸如纪委这种专门监督机构，渎职性腐败也是屡见不鲜。例如，湖南省常德市市委副书记、纪委书记彭晋镛，湖南省郴州市市委副书记、纪委书记曾锦春，中共浙江省委常委、省纪委书记王华元，山西省太原市反贪局局长贾军英等因腐败而落马，昭示了监督权被滥用的现实可能性。更为严重的是，监督控权所倚仗的纪律检查权、反腐措施可能沦为监督者实施腐败的高效工具。例如，彭晋镛就利用举报信进行恐吓，威胁其他官员来达到牟利目的；而曾锦春则要求私营企业主购买其所在纪委和监察局发的刻有"私营企业合法权益重点保护单位""优化经济发展环境联系单位"铜牌，为买者提供保护，对不买者"双规"伺候。[②] 近些年，一些党委政府也在寻求遏制监督者腐败的对策，而主要手段则是设立新的监督机构来监督原来的监督机构，例如，2007年江苏南通市在市纪委成立的"内部监督委员会"成为全国首个监督纪委机构，[③]

---

　　① 参见杜晓、任雪《学者总结09年腐败现象：涉案人级别高 向基层渗透》，2009年12月10日（http：//fanfu. people. com. cn/GB/10553652. html）。

　　② 参见于昕《谁来监督纪委书记》，《先锋队》2011年第3期。

　　③ 参见朱荣康《我国首个监督纪委机构在南通成立》，《江苏法制报》2007年6月12日。

2011 年山东滕州市设立纪检监察干部监督室，① 全国其他地区也有类似机构设置。可见，在控权问题上，由于始终未能逃脱监督控权的思维逻辑，呈现的是一种"权力关系'叠床架屋'式的堆砌"②，进而也就不可能化解"谁来监督监督者"的困境。

对于被监督者而言，监督控权的主观性、可选择性意味着只要俘获监督者，与之形成合谋关系，就可以规避监督。关于俘获的研究主要关注政企关系领域，集中研究企业政治行为对政府政策制定和实施的影响。但事实上，即便在政府系统内部，也存在着俘获现象，主要是指被监督者俘获监督者。对于"何时监督、怎么监督、监督什么"，监督控权具有很大的灵活性，往往采取随机抽查、明察暗访、专项整治等方式开展。采用这种方式，一是可以提升发现腐败的能力和查办案件的效率；二是因为监督者人员、资源均有限，而面对日益庞杂的政府人事，只能选择比较重要或敏感的部门或人员给予重点监督。但这样一来，不可避免的是，监督者的主观意志在其中发挥了重要作用。监督控权的可选择性决定了监督的可规避性，存在腐败倾向或已经涉足腐败的被监督者将试图俘获监督者，从而使其为自己提供"保护伞"。俘获监督者的例子在中国官场并不少见。贵州省人民检察院反贪局局长刘国庆腐败案件中，另一巨贪廖勇曾说道："与刘国庆谈不上是朋友，只是认识。但刘是反贪局局长，和他搞好关系，目的是今后刘不来找麻烦，不来查单位，不来查自己。如果刘不是反贪局长，我也不会这么积极热情与刘来往。"③ 正如葛洪义所指出的，监督权容易越位，监督者自由裁量权过

---

①　参见钱广礼《滕州设立纪检监察干部监督室》，《中国纪检监察报》2011 年 4 月 16 日。

②　孙笑侠、冯建鹏：《监督，能否与法治兼容——从法治立场来反思监督制度》，《中国法学》2005 年第 4 期。

③　参见赵军《反贪局局长在反贪声中落马》，《先锋队》2005 年第 8 期。

大、监督者与被监督者可能产生腐败交换。[①] 在已查处的监督者腐败案件中，充斥着"大伞罩大腐、小伞罩小腐"的现象。被监督者在俘获监督者后，不仅可以为自己的腐败保驾护航，还可以利用其监督权去打击对付他人。从彭晋镛、曾锦春腐败案件中均可以看到，监督权是如何蜕变为利益斗争的工具的。

由此可知，监督控权作为一种特定的制度安排，存在着内生的效能失灵。具体而言，由于这种控权制度为监督者和被监督者提供了腐败的结构性条件，监督控权在反对腐败的同时，又不可避免地滋生着腐败。监督控权制度设计在结构上强化了反对腐败的能力，却弱化了该结构预防腐败的能力。监督控权"容易治标，却难以治本；权力范围广泛，却非规范化；监督者大义凛然高风亮节，却把制度依赖于监督主体及个人的因素；监督操作灵活，但制度运作效果缺乏稳定性"[②]。无论是被监督者还是监督者，都存在着实施腐败且规避惩罚的机会。因而，在监督控权下，反对腐败与滋生腐败，是一种情境化的权衡。这意味着，监督控权往往变成了充满不确定性的权力斗争，而不是某种制度化、程序化的控权制度。

（二）体制驱动下的监督控权

既然监督控权存在内生性的效能失灵，那么，这种控权制度为何又在不断强化？近年来，无论是中央政府还是地方政府，各类旨在强化监督的控权方案层出不穷，监督体系不断扩充，监督力度不断强化。这显然需要超越对监督控权本身特性的探讨，而从我国特殊的政治体制环境中去寻找解释。我们认为，绩效合法性逻辑催生出"层层加码"的压力型体制，而监督控权则扮演了一种效率机制的角色，使得这种高压体制

---

① 葛洪义：《"监督"与"制约"不能混同——兼论司法权的监督与制约的不同意义》，《法学》2007 年第 10 期。

② 孙笑侠、冯建鹏：《监督，能否与法治兼容——从法治立场来反思监督制度》，《中国法学》2005 年第 4 期。

能够有效运转。

1. 绩效合法性与压力型体制

任何政权要长期维持，必须建立在稳固的合法性基础上。所谓合法性，按照李普塞特的定义，就是指"政治系统使人们产生和坚持现存政治制度是社会的最适宜制度之信仰的能力"①。国家政权建设的核心就是建构合法性，尤其是新生政权，"如果它不抓合法性，那么，它就不可能永久地保持住群众（对它所持有的）忠诚心。这也就是说，就无法永久地保持住它的成员们紧紧地跟随它前进"②。同其他新兴后发国家一样，当中国卷入充斥着矛盾与变革的现代化进程，中国共产党的执政权便不可避免地面临着合法性危机。传统合法性资源逐渐丧失，社会整合基础瓦解，国家职能与能力不对称，腐败现象严重等问题，迫使中国寻找快速提升政权合法性的策略。而相比建构合法性的其他路径，绩效合法性，即通过提升政治统治的实际业绩来获取社会的认同与支持，似乎更容易在短期内见效。③

在绩效合法性逻辑的指导下，中国政治逐渐形成了一套"层层加码"的压力型体制。简单地说，压力型体制就是"一级政治组织（县、乡）为了实现经济赶超，完成上级下达各项指标而采取的数量化任务分解的管理方式和无纸化的评价体系"④，俗称"一手乌纱帽，一手高指标"。压力型体制在20世纪90年代趋于明显化，然而时至今日，这种高压体制并没有发生根本的改变，反而压力变得更大更为复杂。在实际行动中，不同来源和内容的压力聚合到了经济增长，"发展"往往被地方政府简化

---

① ［美］西摩·马丁·李普塞特：《政治人：政治的社会基础》，张绍宗译，上海人民出版社1997年版。

② ［德］尤尔根·哈贝马斯：《重建历史唯物主义》，郭官义译，社会科学文献出版社2000年版。

③ 杨宏星、赵鼎新：《绩效合法性与中国经济奇迹》，《学海》2013年第3期。

④ 荣敬本等：《从压力型体制向民主合作体制转变》，中央编译局出版社1998年版。

为经济增长。① 欧阳静也认为，压力型体制的作用机制依旧如故，只是出现"名实分离"，亦即借科学发展之名，行经济增长之实。② 但令人深思的是，在如此高压体制下，却仍然存在着大量的应对策略，包括选择性执行、共谋行为、数字游戏等现象。而且，有些应对策略似乎是明显的，上级也并非一无所知。这种严控与纵容的矛盾现象反映着压力型体制中控权制度的特殊性。

2. 监督控权作为一种效率机制

在设计控权制度时，有一个基本要求，即能够保证体制的有效运转，防止其陷入失控状态，以实现该体制所追求的价值目标。压力型体制通过"层层加码、加压驱动"追求绩效合法性，因而，控权制度必须保证这种高压体制能够自我维持并有利于取得绩效。鉴于前文对监督控权制度特性的分析，可以看出，监督控权与压力型体制存在着内在的契合性。更明确地说，监督控权在压力型体制中扮演着效率机制的角色，亦即通过监督控权这样一种制度安排，使得压力型体制内部在权力与利益关系上达成某种动态均衡，进而实现体制运转的高效。

具体而言，监督控权作为一种效率机制，体现在控制和激励两个层面，分别阐述如下。

一是控制层面，即监督控权保证了中央或上级政府拥有随时介入、重点击破的能力。监督控权以授权为前提，这意味着下级权力对上级权力具有从属性，在权力来源上造成如下认知，即权力是上级赋予的，而不是所谓的人民赋予。这种认知有利于强化中央或上级政府的权威，而这种权威性对于控制下级是非常必要的。同时，授权也决定了中央或上级政府可以随时收回权力。周雪光指出，作为委托方的中央政府始终保

---

① 杨雪冬：《压力型体制：一个概念的简明史》，《社会科学》2012 年第 11 期。
② 欧阳静：《压力型体制与乡镇的策略主义逻辑》，《经济社会体制比较》2011 年第 3 期。

持着最终的"随性干涉"权，从而保证纠偏的能力。[1] 监督控权的可选择性又保证了中央或上级政府能够集中力量、重点突破某领域的权力失范问题。近年来，全国各级政府开展各类专项清理、整治行动取得了显著的绩效。2007—2012 年，中纪委开展"小金库"专项治理，清理出"小金库"60722 个，涉及金额 315.86 亿元。[2] 总之，监督控权因其授权性、可选择性等特点，有利于强化中央或上级政府权威，有利于重点反对某领域腐败，在短期内取得显著绩效。

二是激励层面，即监督控权实现了上下级政府或官员之间的利益兼容性。监督控权赋予了下级政府完整事权，类似于"发包制"，中央和上级政府较少干预具体决策，而是根据任务或指标的完成情况给予奖惩。这种控权方式与压力型体制是相适应的，都将监控重点放在了权力运行的结果上。这种制度设计，对于下级政府而言，为其决策保留了较大的自主空间，进而为其实现利益嵌入提供了基础，下级政府往往在上级任务要求中嵌入自身的利益诉求。更为关键的是，对上级政府而言，监督控权提供了一种制度化、合法化的机制，使其忽略下级政府的权力运行过程，这有助于在上下级政府之间达成利益兼容性。由于下级政府的利益嵌入是在保证上级任务或指标完成的基础上实现的（当然，所谓实现可能只是某种策略性应对，但至少在结果呈现上是符合上级要求的），这保证了上级政府能够应对更上级政府的考核压力，因而往往不多加追究。总之，监督控权因其被监督者事权完整性、主要对结果进行监控等特点，有利于各级政府在压力型体制下达成利益兼容，既有利于应付考核压力，又有利于实现自身利益。

因此，绩效合法性逻辑仍然主导着我国体制机制的运行方式，这使

---

① 周雪光：《权威体制与有效治理：当代中国国家治理的制度逻辑》，《开放时代》2011 年第 10 期。

② 《中共中央纪律检查委员会向党的第十八次全国代表大会的工作报告》，详情请参见 http://cpc.people.com.cn/n/2012/1119/c64387-19626455.html。

得绩效导向的压力型体制历经几十年仍未发生根本变化。压力型体制的有效运转必须依靠某种相匹配的控权制度。监督控权因其授权性、随时介入性、可选择性、被监督者事权完整性、结果导向性等特点与压力型体制存在内在的契合性。监督控权为压力型体制所驱动，从控制和激励两个层面发挥着效率机制的作用。监督控权在一定程度上也强化了压力型体制，显著绩效遮蔽了该体制下存在的非规范性问题。

四　地方治理的项目化运作

腐败总是寄生在现实政府治理模式之中，有时甚至成为其构成部分而难以辨别。观察中国政府治理模式的变迁，一个典型特征就是呈现出"项目化"的趋势：各式各样的公共项目，在地方政府的大力推动下，如雨后春笋般大规模涌现。学者折晓叶曾这样表述道："90 年代以来，'项目'一词越来越广泛和深入城市化过程中，'项目制'作为一种制度思维，已经从财政转移支付领域扩展到地方政府治理辖区的各个领域。"[①]

伴随着项目化的实施，无论是地方政府内部的科层体系，还是政府与市场、社会之间关系，都在发生着微妙的重构。[②] 借助项目化运作，地方政府形成了一种以资源整合为手段、以任务执行为目标、以临时团体为主体的非常规治理模式。然而，这种突破常规的治理模式，却存在异化的倾向性。有学者就指出："在实践中，'项目制'所遵循的是另一套逻辑，是逐利价值观下形成的权—钱结合，主要展示为'官商勾结'。"[③] 本研究认为，尽管项目化运作并不必然会导致集体腐败，但却为集体腐败的滋生和蔓延起了重要的催化作用。

---

①　折晓叶：《县域治理模式的新变化》，《中国社会科学》2014 年第 1 期。

②　周雪光：《项目制：一个"控制权"理论视角》，《开放时代》2015 年第 2 期。

③　黄宗智、龚为纲、高原：《"项目制"的运作机制和效果是"合理化"吗?》，《开放时代》2014 年第 5 期。

（一）项目化运作的多重动因

在论述项目化运作的廉政风险之前，我们有必要先简要阐述一下项目化运作的形成动力。一般而言，"项目"是指一种在限定时间、限定资源下完成某些具有明确预期目标的组织方式，在本质上就是一种临时性组织，[①] 因而项目化运作就是将某些治理任务作为一种项目予以实施的过程。

概括起来，主要有以下四方面的动力。

一是财政资源的获取。项目化的基本动力就是对财政资源的获取。分税制改革使得财税资源大幅向中央集中，为中央进行资源再分配提供了基本条件，而随后的部门预算以及国库集中制度改革，则为中央发包项目提供了权威性和专业性。而对于地方政府而言，分税制使其面临着巨大的财政缺口，为了获取财政资源以支持地方发展，"跑项目"成为理性选择。中央各部委通过专项资金的形式分配资源，而地方政府则以各种名义包装项目以竞争财政资源。同时，由于专项资金是按照条线逻辑运行，地方政府为了使得各种专项资金能够被整合起来，从而服务于综合性的地方发展需求，"打包"项目成为必然选择。[②]

二是官僚弊病的弥补。在韦伯看来，官僚制具有纯粹技术性的优越性，这种优越性使得它能够承载其现代化发展的组织重任。[③] 然而在实

---

① Lundin, A. and Anders Soderholma, "A Theory of The Temporary Organization", *Scandinavian Journal of Management* 11，1995，pp. 437-455.

② 折晓叶、陈婴婴：《项目制的分级运作机制和治理逻辑——对"项目进村"案例的社会学分析》，《中国社会科学》2011 年第 4 期。

③ 在韦伯来看，官僚制以规则化和专业化为基础，提供了贯彻行政职务专业化之原则的最佳可能性；官僚组织中的每个职员都受过专业训练，肩负着不同的专业任务，而且从不断地实习中增加自己的专业知识；官僚组织以切事化为行为原则，在处理时依据计算的规则，而不问对象是谁。这种高度结构化、正式化、非人格化、理想形态的行政组织体系，在精确性、稳定性以及原则的严格性与可靠性等方面，都优于其他任何形式。参见［德］马克斯·韦伯《支配社会学》，康乐、简惠美译，广西师范大学出版社 2010 年版。

践中，官僚制却暴露出大量的问题。比如，罗伯特·默顿就曾指出官僚制存在目标错置，即作为手段而存在的遵守规则，逐渐演变为一种目的，导致了官僚组织中成员的目标错置。布劳、梅耶等也指出了，官僚制存在着阻碍其目标实现的反功能，包括官僚规则与结构的过分刚性而导致难以快速回应外部环境的变化；官僚制倾向于封闭、保守而抵制革新，不利于组织的成长；官僚制选择和预先程序会固化社会阶级差异，进而固化社会不平等。① 除去这些内生问题，外部环境的复杂化、动态化，也导致了官僚体制面临诸多难题。②

　　项目化作为一种任务导向的组织模式，是对官僚体制弊端的反思和重构，以强化其执行能力。尽管项目化以原有科层体系为依托，但可以挣脱科层结构和规则制度的束缚，根据任务需要整合相关人员和资源。陈家建曾将项目化动员模式的特征概括为直接管理的资金渠道、特殊的人事安排权以及高效的动员程序。③ 具体而言，在项目化运作下，无论是资源分配还是人事安排，均可以绕开常规性的行政程序，为项目发包方所直接控制。在动员方式上，不同于科层体制下的层级动员，项目化使得"多线动员"成为可能，进而让动员的密度和强度都大大提升。总体上，项目化的运作逻辑，是试图在行政体制内再造一种凝聚力，以应对科层体制的局限性。

　　三是外部精英的吸纳。随着市场化的深入、社会利益的分化，地方发展必然需要面临来自体制外力量，尤其是精英群体的多元化需求。政府在推动发展时，不仅需要保持官僚系统的凝聚力，使其可以自主行动，

---

　　① ［美］彼得·布劳、马歇尔·梅耶：《现代社会中的科层制》，马戎等译，学林出版社 2001 年版。

　　② 复杂化是由于政策问题越来越难以被清晰界定，这些政策问题不断增长且相互缠结，使得仅靠单一部门往往难以有效应对，动态化是由于公共行为时空范围的倍增及其互动，导致不同制度、部门、层级之间的边界变得具有模糊性和争议性。

　　③ 陈家建：《项目制与基层政府动员——对社会管理项目化运作的社会学考察》，《中国社会科学》2013 年第 2 期。

同时还需要嵌入社会结构中，与企业、社会精英之间保持紧密的关联性，以获得信息和资源。[①] 对于中国政府而言，吸纳外部精英的方式有很多，而项目化是一种重要途径。项目是架构在不同主体之间的临时性安排，它提供了信息沟通、利益表达的渠道，同时，它存在明确的目标、完成的期限，因而限定了协商的范围，从而保证了政府预期目标的实现。在实践中，项目往往以一定发展任务为目标，需要在政府官员与外部精英的互动协作下实现。

四是政绩信号的显示。在中国干部考核体制下，政府官员面临着政治锦标赛的巨大压力。[②] 对于下级官员而言，为了在晋升竞赛中胜出，就必须向上级发送能够显示其政绩的有效信号。在周雪光看来，资源密集型项目，亦即投入大、规模大、难度大的项目，更容易充当政绩信号的角色，因为这类项目实在可测、容易区分官员之间的绩效差异，且能反映出官员资源动员、解决问题的能力。[③] 因而，政府官员存在强烈的动力去做项目，他们努力出"亮点"以获得上级的认同，进而获得竞争优势。

（二）基于项目化的权力异化

地方政府的项目化运作，本质上就是形成一种以资源整合为手段、以任务执行为目标、以临时团体为主体的非常规治理模式，可以被视为在特定历史、制度环境下的产物，具有一定的合法性和合理性。但是，项目化运作也存在权力异化的趋势，突破常规的独特模式催化了集体腐败的滋生和蔓延（见图7—5）。

1. 项目发包中的寻租设租

首先，最直接的权力异化，就是项目发包中的寻租设租。项目化运

---

① Evans, Peter B., *Embedded Autonomy: States and Industrial Transformation*, Princeton University Press, 1995.

② 周黎安：《中国地方官员的晋升锦标赛模式研究》，《经济研究》2007年第7期。

③ 周雪光：《"逆向软预算约束"：一个政府行为的组织分析》，《中国社会科学》2005年第2期。

作在科层体系内部建构了一种类市场的竞争机制,使得下级政府或部门需要通过彼此竞争来获取上级的项目资源。由于上级部门在发包项目中不可避免地存在主观性,因而下级就会在审批过程上做足文章,结果出现了所谓的"跑项目""跑部钱进"。

2. 临时性团体的权责背离

项目化运作是将依据科层规则分配的不同权力进行整合,形成一种基于任务需求的项目权力。所谓项目权力,可以理解为这种权力是依附在项目之上的,因项目形成而产生、因项目结束而终止,且项目越大越重要,权力就越大越重要。临时性团体是项目执行的主体,其构成往往非常多样,既包括作为推动者的高层领导或领导小组,也包括诸多来自不同职能部门的执行人员,而且往往还包括来自市场和社会的精英群体,比如在惠农项目中,往往涉及投资商、乡村精英等,在城市开发项目中则涉及开发商、运营商等。一般情况下,由于项目内容的专业性,普通大众通常只是项目实施的受众,而非项目过程的参与者。

权责一致是公共权力配置的基本准则,权力的边界是由其所应承担的责任所勘定的。然而,在项目化运作的实际过程中,这个临时性团体却存在着权责背离的明显趋势。

一方面,项目成员的权力呈现过度扩张,其原因主要包括:(1)项目资源的超额配置。在有限行政资源的约束下,项目执行需要保证其所需资源的组织供给。然而,在实践中,为了提升项目执行的速度,却往往呈现出超额配置的态势。在现行干部考核体制下,领导干部对短期绩效具有强大的动力①。为了保证项目绩效归属,超额配置资源是提升项目进度的重要手段,哪怕是挤占了科层体系正常运作所必需的资源。(2)项目任务的政治化。为了保证项目进度,"将项目推进作为

---

① 周雪光:《"逆向软预算约束":一个政府行为的组织分析》,《中国社会科学》2005年第2期。

一项政治任务来抓"，是一种普遍存在的做法。对于公职人员而言，"政治任务"意味着项目推进已经不仅仅是一项行政事务，更是一种政治义务、一种忠诚的体现，一种不容许讨价还价的强制命令。项目任务的政治化，为项目成员的权力扩张提供了权威基础。（3）项目执行的自我强化。还有一种现象必须被关注，那就是在项目执行过程中，往往会存在自我强化。存在两种情况：一是体现为当项目推进受到阻碍时，组织将会投入更多的资源以掩饰决策上的不足；二是体现为当项目运作取得显著绩效时，组织也会投入更多资源将其做大以凸显政绩。

　　另一方面，他们所需承担的责任却会被稀释，其原因主要包括：（1）责任认定上的诸多困难。具体而言，一是集体决策体制导致项目责任主体的模糊性。集体决策是民主集中制的重要体现，旨在防止个体专断、凝聚群体智慧。按照我国相关规定，重大项目的决策事项都必须通过集体讨论来决定，以确保项目决策的科学性。然而，在实际运行中，集体决策很容易蜕变为不当决策甚至错误决策的"庇护所"。① 尽管"一把手"往往在项目集体决策中扮演决定性作用，但"集体决定"的决策形式却使得责任主体很难有效界定。二是项目过程的专业性使得信息不对称加剧。项目化运作尽管具有"运动"的色彩，但相比"运动"而言，还具有较强的专业性，属于一种"技术治理"的典型形式。在项目过程中，不仅需要党政领导的政治动员，来自不同部门的专业技术人员也在其中扮演着关键角色。然而，由于这种专业性，使得项目过程本身就具有一种"封闭性"的特征。对于非专业的监督人员以及社会大众而言，存在严重的信息不对称问题。（2）作为"典型"的保护效应。大多数项目在设立之时，就定位于打造为本单位或机构工作的"典型"成果，有些往往还会被宣传为"某某模式"。李辉在论述"树典型"对反腐问题的影响

---

① 桑玉成：《"集体决定"还是"集体名义"》，《当代社科视野》2011年第2期。

时，指出"典型"实际上"成为一种特殊的政治身份，被树立为典型意味着占有更多的与政府讨价还价的资本，意味着可以得到政府更多的保护和支持"①。

（三）私利嵌入下的项目过程

这里的私利，既可以来自政府官员，也可以来自外部企业或社会精英。项目化运作，使得地方官员可以在其中加入更多自己的意图和利益，并获得更多的自主性权力。借助项目化，私人利益被"打包"进项目过程之中，使得牟利行为披上了一层合法合理的外衣，变得难以察觉。林喆将其称为"腐败的制度化"②。这种私利嵌入，比较常见的是政府官员被俘获后的行为。所谓俘获，简单地说，就是私人通过向具有某种规制权力的行动者提供私利，以使其制定有利于自身的规则或制度。③ 俘获本身就是一种腐败形式，但其特点在于，它不仅仅是试图改变某个行为，而是旨在变革某种博弈规则，以使自己获得非市场竞争优势。当然，也有可能是官员主动为之，甚至为了一己私利而去设计项目，比如郴州原市委书记李大伦就是为了谋取私利而大搞各种城市开发项目。

伴随着寻租设租、权责背离和私利嵌入，在项目化运作中，权力异化还会带来两种相互强化的衍生效应。

一是常规性程序的仪式化。行政程序是指行政主体为履行其职能而实施行政行为时所应经过的步骤、阶段、顺序及时限等程序过程，其核心是限制权力的不规范运行。然而，项目化作为一种非常规性的运作模式，使得基于常规而设定的行政程序难以有效发挥作用，甚至

---

① 李辉：《腐败、政绩与政企关系虚假繁荣是如何被制造和破灭的》，复旦大学出版社2011 年版。

② 林喆：《腐败的制度化和制度性腐败》，《廉政瞭望》2012 年第 8 期。

③ ［美］乔尔·赫尔曼、杰林特·琼斯、丹尼尔·考夫曼：《转轨国家的政府俘获、腐败以及企业影响力》，周军华译，《经济社会体制比较》2009 年第 1 期。

沦为一种"仪式"。造成这种结果的原因也是多样的，其中最为主要的
有以下几方面：（1）项目本身就蕴含了"特事特办"的逻辑，同时也
透露出这样一种认识，即项目化运作只是特殊情况，并不会对全局造
成影响。这赋予了权力主体以突破常规的理由。因而，在地方治理中，
项目化运作，尤其是重大项目，往往会实行"绿色通道"的办法，将
其与一般事项区分开来，以"千方百计"保证其进度。（2）伴随着项
目数量的增长，项目规模的膨胀，委托方并不能采取足够有效的实质
性监管，而为了保证自我意志的实现，只能尽可能细化文本形式和程
序，由此带来项目文本规则的泛滥。这种情况下，原本用来治疗官僚
病的项目化运作，又导致了另一种官僚病。项目规则程序的繁复增生，
会导致人们疲于应付，而忽视法定的行政程序。

二是不确定性下的人身依附。按照组织学理论，正式规则是确定性
的重要来源，它既是上级用来约束下级的工具，同时也是下级用来实现
自我保护的工具。① 项目化运作提高了上级对下级的干预能力，使其能
够将下级组织起来以完成特定任务，但这是以正式规则的"虚置"为代
价的。项目化运作越是频繁，常规性的规则程序就越是被仪式化，由此
带来的结果是，组织环境就变得越发的不确定。对于下级而言，当正式
规则难以提供保护，同时又缺乏有效的退出机制，他们便只能寻求其他
非正式方式来减少自己所面临的不确定性。在这种情况下，下级对上级
的人身依附关系就会被大大强化。人身依附关系是一种人格化、封建式
的依附关系，随之而来的，就是唯上崇上、拉帮结派。

综上所述，项目化运作，本质上就是形成一种以资源整合为手段、
以任务执行为目标、以临时团体为主体的非常规治理模式，旨在财政资
源的获取、官僚弊病的弥补、外部精英的吸纳以及政绩信号的显示等。
但是，在实践过程中，项目发包过程存在着大量寻租设租机会，项目执

---

① ［法］米歇尔·克罗齐耶：《科层现象》，刘汉全译，上海人民出版社 2002 年版。

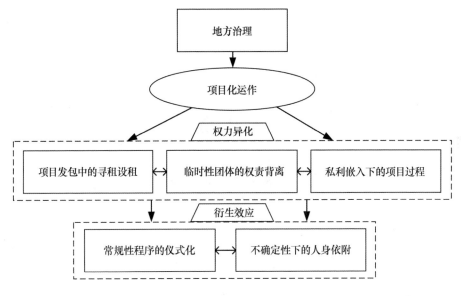

图 7—5　基于项目化的权力异化

行团体存在权责背离的趋势，且项目设计中可能会被嵌入私人利益。此外，还存在两种衍生效应：一是规范权力运行的常规性程序被"仪式化"；二是组织运行的不确定性，导致人身依附关系的强化。上述这些方面，可以视为项目化运作的非预期后果，但这些非预期后果却是集体腐败滋生和蔓延的催化剂。

第八章

家庭式腐败及其形成逻辑

在我国腐败案件中有一种独特现象尤其值得关注，即家庭式腐败。它包括两种常见形式：一是公职人员与其家庭成员结成群体，运用公权力谋取私利；二是公职人员为其家庭成员谋取私利。大量腐败官员，尤其是高级领导干部，其腐败往往涉及亲情，造成众多家庭悲剧。

家庭式腐败的实质，是法治与亲情的冲突，它的产生有多重成因。第一，我国家庭在经济、组织、文化方面的特征提供了谋利动机，激励了家庭式腐败行为；第二，不同的家庭结构形态为家庭式腐败提供了相应的组织基础；第三，法治环境缺失和惩处困境是家庭式腐败产生的环境因素。家庭式腐败形成过程中存在这样一种逻辑：首先，基于家庭组织和公共组织的交织，权力在家庭中扩散，家庭成员成为公权力影响者；其次，家庭网络和工作网络互相嵌入，形成新的社会网络和权力—利益群体；最后，腐败行动者通过家庭对腐败策略进行优化，最终演变为家庭式腐败。

法治的要旨是保障公权力的公共性，而家庭与公共力的结合将公权力私有化。因此，要建设法治社会，就必须阻隔公权力与家庭亲情关系的结合，防范家庭式腐败的发生。

第一节 家庭与公权力结合下的腐败蔓延

家庭是人们生活的依靠和情感的归宿。对于中国社会而言，代际之间充满着温馨的亲情，极大地增进了人们的幸福感。然而，家庭亲情与公权力的结合却往往会滋生出腐败。具体而言，家庭式腐败主要包括两种类型：一是公职人员与其家庭成员结成群体，进而运用公权力谋取私利，比如家庭成员利用公职人员的影响力收受贿赂，或公职人员利用其家庭成员间接收受贿赂；二是公职人员为家庭成员谋取私利，比如为他们的经商、就业、升迁等提供便利。伴随近年来党和政府反腐败力度的加大，一大批腐败官员被发现并查处。从被曝光的腐败案件来看，家庭式腐败现象普遍存在，尤其是那些高级领导干部的腐败案件。据统计，党的十八大以来（截至 2017 年 1 月），共有 135 名省部级以上领导干部落马，其中 73 人的腐败行为明确涉及家庭成员（部分官员的具体违纪情况未披露），占比高达 52.6%，具体行为包括为亲属的生产经营或职务升迁等提供便利以及通过亲属收受他人财物（表 8—1）。

表 8—1　党的十八大至 2017 年 1 月落马省部级官员家庭成员涉案情况①

序号	落马官员	落马前担任职务	涉案家庭成员
1	李春城	四川省委副书记	妻、女、弟
2	陈柏槐	湖北省政协副主席	不详
3	刘铁男	国家发改委副主任、国家能源局局长	子
4	倪发科	安徽省副省长	妻、弟
5	郭永祥	四川省文联主席、省人大副主任	子

① 资料来源：党纪处分通告、检察院起诉书、法院判决书。

续表

序号	落马官员	落马前担任职务	涉案家庭成员
6	王素毅	内蒙古自治区党委常委、统战部部长	妻
7	王永春	中石化副总经理	妻
8	李达球	广西自治区政协副主席	子
9	蒋洁敏	国资委主任	妻、子
10	季建业	南京市市长	妻、子、弟
11	郭有明	湖北省副省长	妻、子、弟
12	李东生	公安部副部长	弟
13	李崇禧	四川省政协主席	妻
14	祝作利	陕西省政协副主席	子
15	姚木根	江西省副省长	妻、子、父
16	谭栖伟	重庆市人大副主任	妻
17	阳宝华	湖南省政协原党组副书记、副主席	妻、子、妻弟
18	苏荣	全国政协副主席	妻、子、女婿、妻兄
19	杜善学	山西省委常委、副省长	妻、弟
20	令政策	山西省政协副主席	子
21	韩先聪	安徽省政协副主席	不详
22	周永康	中央政治局常委	妻、子、兄弟
23	陈川平	山西省委常委、太原市委书记	妻
24	白恩培	全国人大环资委副主委	妻
25	孙兆学	中国铝业总经理	妻
26	赵少麟	江苏省委常委、秘书长	子
27	何家成	国家行政学院常务副院长	不详
28	梁滨	河北省委常委、组织部部长	妻
29	隋凤富	黑龙江省人大副主任	妻
30	朱明国	广东省政协主席	妻
31	王敏	山东省委常委、济南市委书记	妻

续表

序号	落马官员	落马前担任职务	涉案家庭成员
32	韩学键	黑龙江省委常委、大庆市委书记	不详
33	令计划	全国政协副主席、统战部部长	妻、子
34	孙鸿志	国家工商总局副局长	妻
35	杨卫泽	江苏省委常委、南京市委书记	妻
36	马建	国家安全部副部长	不详
37	斯鑫良	浙江省政协副主席	妻、子
38	许爱民	江西省政协副主席	女、女婿
39	景春华	河北省委常委、秘书长	妻
40	徐建一	中国一汽董事长、党委书记	子
41	仇和	云南省委副书记	不详
42	徐钢	福建省副省长	妻、女
43	王天普	中石化总经理	不详
44	余远辉	广西省委常委、南宁市委书记	不详
45	肖天	国家体育总局副局长	妻
46	乐大克	西藏自治区人大副主任	不详
47	奚晓明	最高人民法院党组成员、副院长	不详
48	周本顺	河北省委书记、省人大主任	妻、子
49	张力军	环境保护部副部长	不详
50	谷春立	吉林省副省长	妻
51	杨栋梁	国家安监总局局长、党组书记	子
52	邓崎琳	武汉钢铁公司董事长、党委书记	不详
53	苏树林	福建省委副书记、省长	不详
54	朱福寿	东风汽车公司党委副书记、总经理	妻弟
55	司献民	南方航空党组副书记、总经理	子
56	艾宝俊	上海市委常委、副市长	不详
57	白雪山	宁夏自治区政府副主席	不详

续表

序号	落马官员	落马前担任职务	涉案家庭成员
58	吕锡文	北京市委副书记	不详
59	盖如垠	黑龙江人大党组书记、副主任	妻、子
60	常小兵	中国电信党组书记、董事长	不详
61	陈雪枫	河南省委常委、洛阳市委书记	不详
62	龚清概	中台办、国台办副主任	子
63	王保安	国家统计局局长	不详
64	刘志庚	广东省副省长	不详
65	王珉	辽宁省委书记	妻
66	王阳	辽宁省人大副主任	女
67	卢子跃	宁波市委副书记、市长	不详
68	张力夫	海南省人大副主任	不详
69	孔令中	贵州省政协副主席	不详
70	杨振超	安徽省副省长	不详
71	黄兴国	天津市委代理书记、市长	子
72	吴天君	河南省委常委、政法委书记	不详
73	张文雄	湖南省委常委、宣传部部长	不详

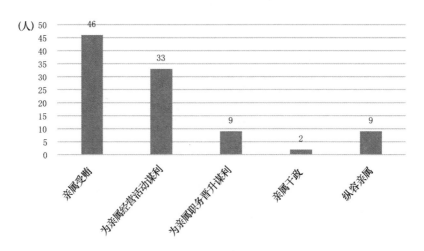

图8—1 家庭式腐败表现形式

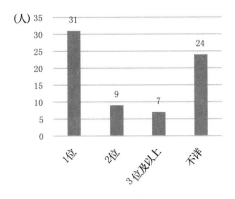

图8-2　涉案家庭成员数量

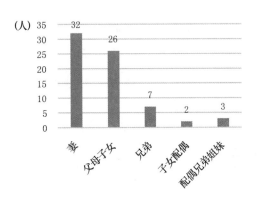

图8-3　涉案家庭成员类别

从以上图表可以看出我国家庭式腐败的以下特征：一是种类较多，包括亲属受贿、为亲属经营活动谋利、为亲属职务晋升谋利等，其中亲属受贿和为亲属经营活动谋利是主要形式；二是在涉案家庭成员数量上，部分官员有超过2位家庭成员牵涉其中；三是在家庭式腐败中，配偶、子女等直系亲属占主要比重，同时其他亲属也有涉及。家庭式腐败对经济、政治、社会等领域都产生了重大的负面影响。以苏荣为例，据中纪委资料和媒体报道，苏荣有14名家庭成员涉及腐败，包括其妻于丽芳、其子苏铁志、女婿程丹峰、妻兄于平安等，苏荣及其家族"形成了以卖官鬻爵、违规用人为依托，以插手项目为渠道，以假反腐为掩盖的敛财手法"①。家庭式腐败，已然成为我国急需治理的腐败现象。

第二节　家庭式腐败的多重成因及形成逻辑

一　家庭式腐败的动机来源

家庭式腐败与我国家庭组织的特殊性有重要关系。家产制经济形态

---

①　《卖官鬻爵 巧取豪夺 误党毁业——苏荣案件警示录》。

强化了家庭经济利益统合程度和家庭内部利他主义。同时，家庭的功能、结构、关系模式以及传统的家庭主义文化，也使得家庭在我国成为最重要的组织。这些因素使家庭成为腐败行为动机来源，激励着官员为家庭关系而采取行动。

（一）经济利益、利他主义与家产制

在人类社会的经济活动中，生产、消费都是家庭行为，这种以家庭为单位的组织没有对内部产权界定的需求。直至今日，大部分的消费行为仍然以家庭为单位进行支出，家庭的经济利益几乎是一体化的。因此，从普遍意义上来说，家庭组织内部存在着高度的经济利益一体化和产权模糊化的特征。

除了产权和利益结构，家庭还存在对个人行为的"利他主义"激励机制。在一般的经济活动中，人们根据个人收益来行动，而在家庭组织内则不同，成员间存在着显著的"利他主义"倾向。人们会以家庭整体利益为标准，甚至愿意降低个人效用以增加家庭总体或者其他成员效用。家庭成员间的利他主义是在有限资源约束下的个人理性行为的选择结果。[1] 有学者论述了家庭组织中的这种利他主义倾向，如 Astrachan 等认为，上一代对下一代的单边转移支付预期和下一代同样面临的回报问题形成了跨代补偿和报复机制，维系了代际利他主义，[2] Chami 提出了角色信任、利他主义和家庭继承权预期组成的行为激励机制，家庭成员即使得不到合理的货币补偿也愿意增加自己的劳动投入。[3]

中国家庭组织独特的家产制经济特征进一步统合了家庭利益，强化

---

[1] Becker，Gary，*The Economic Approach to Human Behavior*，Chicago：University Chicago Press，1976；*A Treatise on the Family*，Cambridge：Harvard University Press，1981.

[2] Astrachan，J. H.，Klein，S. B. and Smyrnios，K. X.，"The F-PEC Scale of Family Influence：A Proposal for Solving the Family Business Definition Problem"，*Family Business Review*，Vol. XV，No. 1，2000，pp. 45-58.

[3] Chami，R.，"What is Different about Family Business?"，*NBER Working Paper*，1999.

了利他主义。中国的家庭以家产制为组织形式，主要特征是对内经济利益的高度一致性和产权的高度模糊性，对外以家庭为单位进行各种经济活动。家产制在汉代之后维持和不断强化，禁止子女"别籍异财"成为历代法律原则。户是中国农业经济中最基本的生产和经营单位，也是最基本的行政相对单位和纳税单位，还是最基本的法律权利主体和义务主体。[①]近现代以来，法律规制、集体化改造等制度变迁和社会运动对家产制产生了剧烈的冲击作用，可以说家产制作为一个制度实体已经不存在了。但是，和宗法制等传统封建制度类似，家产制也对中国的社会制度、家庭组织和个体行为产生了深远的影响。如在《土地管理法》的农村土地承包经营制度和宅基地制度、《婚姻法》的夫妻财产制度等立法实践中，仍然存在着家庭单元和家庭利益的家产制经济思想。

我国的家产制形态强化了家庭组织普遍存在的内部产权界限模糊化、经济利益高度一致化、消费行为一体化等经济行为特征以及家庭内部利他主义的倾向，使得任何一名家庭成员都有强劲的动机去为家庭谋取利益。而在公职人员的家庭中，公权力自然也可以成为为家庭谋利的工具。

（二）中国家庭组织与关系模式

在普遍意义上，家庭关系本身就是最重要的社会关系。家庭成员间具有血缘或姻缘关系，其关系亲密度和相互依赖程度是最高的。这种社会关系属于黏合性社会资本，成员间关系密切、交往频繁，而且信任度极高，彼此相互依赖，因而更容易形成便于隐性腐败的网络，甚至会促使社会接受腐败行为。[②]此外，家庭关系中的家庭主义原则，与公共原

[①]　俞荣根：《私权抗御公权——"亲亲相隐"新论》，《孔子研究》2015年第1期。

[②]　[西]约瑟·阿提拉诺·派纳·洛佩兹、约瑟·曼纽尔·桑切斯·桑托斯：《腐败的社会根源——文化与社会资本的影响》，范连颖译、王燕燕审校，《经济社会体制比较》2015年第4期。

则是偏离甚至相悖的，其本质是团体内聚和利益。[①] 家庭利益如果和公
共利益出现冲突，前者很可能被放在前一位。

在我国，家庭组织的功能、结构和关系模式特征更使家庭占据社会网
络的核心。我国传统家庭的功能是非常多元和复杂的，小农经济生产方
式、封建时代的社会管理和税收徭役等统治手段，使中国的家庭承担了经
济、政治等多元功能。多元功能对家庭结构提出了相应的要求：一方面要
求家庭结构不能限于核心户，必须扩大组织规模；另一方面，经济、政治
等层面的功能都需要延续性，这也决定了中国的家庭不能因个人成长而分
裂，也不能因个人死亡而结束。[②] 因此，我国家庭呈现出人数多、代际多、
关系多的特征。图8—4、图8—5分别显示了美中两国家庭结构的变化。
经过工业化的美国，家庭组织的形态已经从以核心户为主体转向各种后现
代家庭；但在中国，原来的家庭组织以及相应的社会结构仍然强劲地延续
了下来。

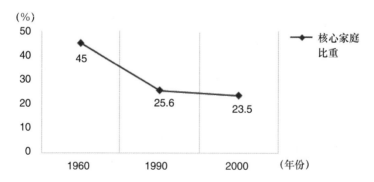

图8—4　20世纪下半叶美国家庭结构中核心家庭比重变化[③]

　　① 张静：《公共性与家庭主义——社会建设的基础性原则辨析》，《北京工业大学学报》
（社会科学版）2011年第3期。
　　② 费孝通：《乡土中国》，载《费孝通文集第五卷1947—1948》，群言出版社1999年
版，第344页。
　　③ Benokraitis，N.，*Marriages and Families*：*Changes*，*Choices and Constraints*，Pear-
son/Prentice Hall 7，2007．

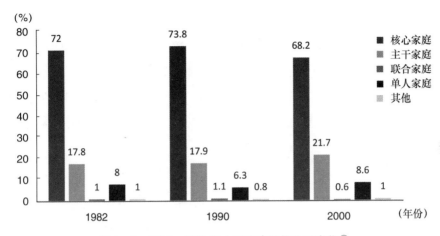

图 8—5　1982—2000 年中国家庭结构比重变化①

家庭功能和结构影响了家庭的关系模式。正如费孝通所提出的，中国家庭组织基本的"反馈模式"，与西方的"接力模式"十分不同，②这就使得中国家庭的代际关系尤其强。改革开放后，受社会变迁和西方的影响，我国出现了较多的现代和后现代家庭形式，但是这并没有改变中国家庭的基本结构，家庭的关系和互动模式也没有发生根本性的变化。即使是现代核心家庭，也与其他亲属仍然保持密切的联系，形成了核心家庭网络化。③因此，中国家庭的关系模式一直保持相对稳定。中国家庭的这种特征强化了家庭的团体内聚和利益，也导致了中国社会的特殊信任程度很高。而特殊信任，则会导致社会规则的普遍缺失和腐败现象。④

---

① 王跃生：《当代中国家庭结构变动分析》，《中国社会科学》2006 年第 1 期。

② 费孝通：《家庭结构变动中的老年赡养问题——再论中国家庭结构的变动》，《北京大学学报》（哲学社会科学版）1983 年第 3 期。

③ 马春华、石金群、李银河、王震宇、唐灿：《中国城市家庭变迁的趋势和最新发现》，《社会学研究》2011 年第 2 期。

④ 肖俊奇：《社会信任与腐败》，《中共天津市委党校学报》2010 年第 3 期。

（三）家庭主义文化的影响

我国一直存在着独特而深厚的重视亲情的文化传统。中国社会与西方社会所不同的一个重要特征就是宗法制历史传统，其基本特征有血缘性、聚居性、等级性、礼节性、农耕性、自给自足性、封闭性和凝滞性。[①] 宗法制在数千年中形塑了我国重视血缘关系的特有文化，也造就了我国独特的人情社会和家国一体的国家—社会结构。

一方面，在人际关系上，亲情提供了情感慰藉和生活需要，是最重要的关系，并根据血缘关系的远近向外扩展形成了差序格局和人情社会。"举整个社会各种关系而一概家庭化之，务使其情益亲，其义益重。由是乃使居此社会者，每一个人对于其四面八方的伦理关系，各负有其相当义务；同时，其四面八方与他有伦理关系之人，亦各对他负有义务。全社会之人，不期而辗转互相连锁起来，无形中成为一种组织。"[②] 在这种以血缘衡量亲疏远近的社会中，家庭成为一座城堡，城内互相帮助，城外冷漠无情，甚至"城堡之外的任何东西都可以是合法的掠夺物"[③]。另一方面，在家庭主义的影响下，家庭成为最重要的社会单元。我国古代基于宗法制和儒学思想形成的"家国一体"的社会，就植根于血缘关系。家庭在整个国家和社会中既是最稳定的生产生活单位，也是最可依赖并有安全感的社会组织。因此，家庭以及家族的延续、维护及和谐无疑就是最重要的，由此形成了以家为重的家族主义。[④]

近现代以来，尤其是 1949 年以后，我国的宗族体系和宗族观念受到了时代的冲击。现代政治和法律强调个体权利和产权；在经济结构和生

---

① 王沪宁：《当代中国村落家族文化》，上海人民出版社 1991 年版，第 23—28 页。

② 梁漱溟：《梁漱溟全集（第三卷）》，山东人民出版社 1990 年版，第 81—82 页。转引自陈国权、曹伟《人情悖论：人情社会对经济转型的推动与钳制——基于温州模式的历史考察》，《国家行政学院学报》2013 年第 1 期。

③ 林语堂：《中国人》，广西民族出版社 2001 年版，第 184 页。

④ 李伟民：《论人情——关于中国人社会交往的分析和探讨》，《中山大学学报》（社会科学版）1996 年第 2 期。

产方式上强调个体利益；家庭和宗族体系为基础的社会结构也已被重塑。这些社会变迁消解了宗族体系，大大削弱了家族主义，但是却没有对家庭主义产生根本影响，家庭主义影响依旧强势，深刻影响着人们的价值观念以及社会交往方式，一旦家庭主义和公权力相结合，就可能产生家庭式腐败。

二　家庭组织形态及其腐败表现

不同的家庭式腐败，产生于不同的家庭组织形态。可以将公职人员的家庭分为四种类型，以分析家庭式腐败产生的不同组织形态。

（一）普通型

亲属受贿是家庭式腐败最主要的表现形式，因为亲属受贿产生的组织基础最简单也最普遍，实际上包括了所有官员的家庭组织，因此称为普通型家庭组织。只要家庭成员中有一人在公共部门中担任重要职务，不论其家庭成员从事何种职业，都可能面临受贿风险，从而导致家庭式腐败的产生。在上文述及的 73 名官员中，涉及亲属受贿的有46 名。

（二）政商结合型

官员为家庭成员的经营活动谋取非法利益、纵容家庭成员利用其影响力谋利，这是基于另外一种家庭组织形式——政商结合型。政商结合型家庭组织是官员家庭成员中有人从商。这种家庭类型在我国非常常见。改革开放后，下海经商成为很多人的追求。家庭中既有人在体制内担任重要职务，又有人在体制外从商，这种政商结合的家庭结构往往被视为具有更多的社会资源，因此成为备受推崇的家庭组织类型。然而，政商结合型的家庭组织为家庭式腐败提供了更多便利，体制内的家庭成员运用公权力为体制外的家庭成员提供各种支持，会导致公权力的滥用和市场竞争的失序。在上文述及的 73 名官员中，运用职务便利为亲属经营活动谋取非法利益的有 33 名，占 46.2%。

（三）政治家族型

在家庭式腐败中，为亲属的职务晋升谋取非法利益也是主要表现形式之一。在官员家庭中，有多人共同在公共部门工作也是常见的组织形态，如果官员担任重要职务，或具有人事权力，就可能对体制内家庭成员的职务晋升产生积极作用。在我国当前人事权力相对集中的背景下，人事权也容易被滥用。政治家族型的组织形态和政商结合型相比相对较少，因此相应的腐败数量也不多，但仍然是值得关注的腐败形式，上文提到的 73 名官员中有 9 名涉及为亲属的职务晋升谋取非法利益。

（四）复合型

一些官员的家庭式腐败行为包括多种类型，比如同时存在为亲属经营活动和职务晋升谋取非法利益的行为。这种复合型的家庭式腐败也产生于复合型的家庭组织形态，即除官员自身之外的其他家庭成员中，既有从商的又有从政的。复合型家庭组织结构复杂，社会网络和利益关系也更加庞大复杂，担任重要职务的官员既可能为体制外的经商亲属提供政策、资金、执法等方面的支持，也可能为体制内的从政亲属提供关系、信息等支持，甚至是直接提拔。以苏荣等人的家庭组织为例，妻子受贿，妻、子运用影响力谋利，女婿、妻兄则在公共部门中得到相应利益。

表 8—2　　　　　　　　　　家庭组织形态及其腐败表现

家庭类型	特征	腐败资源	腐败逻辑	案例
普通型	所有官员的家庭组织	公共权力	受贿：将公共权力与他人交换经济利益，以亲属为中介受贿	倪发科（通过其妻、弟等人收受财物）

续表

家庭类型	特征	腐败资源	腐败逻辑	案例
政商结合型	家庭成员中有人经商	公共权力、经济利益	受贿：将公共权力与他人交换经济利益，以亲属为中介受贿；为家庭成员经济活动谋利：将公共权力直接转化为经济利益	李春城（其妻、女收受他人所送巨额财物；利用职务上的便利为其弟经营活动谋取利益）
政治家族型	除官员本人外，还有家庭成员从政	公共权力	受贿：将公共权力与他人交换经济利益，以亲属为中介受贿；为家庭成员职务晋升谋利：进行权力再生产，将增量权力赋予家庭成员	许爱民（利用职务上的便利或影响，为女儿、女婿在公务员录用和职务晋升方面谋取利益）
复合型	除官员本人外，既有家庭成员从商也有家庭成员从政	公共权力、经济利益	受贿：将公共权力与他人交换经济利益，以亲属为中介受贿；为家庭成员经济活动谋利：将公共权力直接转化为经济利益；为家庭成员职务晋升谋利：进行权力再生产，将增量权力赋予家庭成员	王保安（利用职务上的影响在干部选拔任用方面为亲属谋取利益；利用职务上的便利为亲属经营活动谋取利益）

三　环境变量：法治缺失与惩处困境

我国法治环境的缺失和惩处困境是家庭式腐败产生的外部原因。就传统中国而言，社会规范主要建立在人情关系基础上，法律仅仅是维护秩序的工具。而且，传统法治与现代法治之间的张力明显。权力法治化的缺失导致公权力缺乏制约监督，容易被滥用。此外，法律上对亲属受贿惩处的困境，也影响了对家庭式腐败的有效治理。

（一）法治在社会规范中的弱势地位

洛克认为，法治的价值在于用法律规则和程序取代情理的伦理和规范，代之作为行使公共权力保护公民自由的最高准则，从而剔除人与人之间的情理羁绊，将原本通过以血缘、地缘为基础的人情关系联结在一起的人们剥离开来，成为一个个相互孤立因而平等、自由的公民。① 但是，亲情等人情关系一直是我国社会规范的核心。建立在宗法制度和亲情关系基础上的社会结构，形成了相应的以亲情和人情关系等非正式规则为标准的社会交往模式和社会规范，不仅深刻形塑了人们的社会交往行为，还具有高于其他社会规范的地位，因而使人们忽视"法治"等正式规则。在公共生活中，人们也会以人情关系作为行动依据。

但是现代社会结构已然和传统的社会结构不同，高度分工和独立的个体需要普遍交往和普遍信任。正如吉登斯所述，在现代社会，随着抽象体系的发展，对非个人化原则的信任，以及对匿名他人的信任，成了社会存在的基本要素。② 对于现代社会活动，尤其对于公共事务，只能在法治化的正式规则框架下运行，才能切实保障个人的权利和义务。尽管我国建立了较为完善和全面的反腐败法治化制度，但是由于法治在社会规范中的弱势地位，亲情和人情关系仍然深刻影响了人们的行为，"情大于法"才是有法不依的根源。③

（二）传统法治与现代法治的不同

我国传统的法治是礼法，典型特征就是"礼法合一"。④ 其中，礼是等级制度和伦理秩序，法是统治者颁布的法律。传统法治与现代法治的不同主要体现在以下几点：

第一，礼法重视人情，法治以"法律至上"。重视和维护宗法伦理是传统法治的主要追求，法律仅是辅助手段。宗法伦理对社会成员的地位、权利、义务的界定，是立法和司法诸方面的根本尺度，被当成法外之法、

<hr>

① ［英］洛克：《政府论》（下篇），叶启芳、瞿菊农译，商务印书馆1964年版，第16、35—37、59页。

② Anthony Giddens, *The Consequences of Modernity*, California: Stanford University Press, 1990.

③ 凌斌：《法律与情理：法治进程的情法矛盾与伦理选择》，《中外法学》2012年第1期。

④ 陈景良、Wang Keyou：《礼法传统与中国现代法治》，《孔学堂》2015年第4期。

法上之法。① 在处理一切事务时，亲情伦理关系是最重要的标准。儒家的"亲亲相隐"就代表了这种思想。第二，礼法强调家长式权威，法治强调个体权利。"君君、臣臣、父父、子子"的等级道德观念强调对家长式权威的无条件遵从，个体的思想、情感、权利等都被置于纲常伦理之下。而现代法治的基本内涵包括两个方面：一是国家必须保障公民的权利，二是国家的权力必须受到控制。② 我国传统法治思想对权威的遵从和对个体权利的漠视显然有悖于现代法治的精神。第三，礼法的"爱有差等"和法治的"人人平等"。我国古代的亲情伦理蕴含"爱有差等"思想，承认人与人之间的不平等，一方面，社会交往以亲情血缘关系远近为准则，对关系不同的人差别对待；另一方面，不同身份的人权利、义务也不同。中国传统法律对家族之内尊卑不同的人给以轻重不等的待遇，目的在于维护家族的结构和内部的安宁。③ 而在现代社会中，每个人都是独立和平等的个体，与之相适应的是平等的权利和义务。

（三）权力法治化的缺失

控权是法治最重要的内涵之一，即运用法律对公权力进行制约监督。公权力具有天然扩展性，如果得不到控制，那么个人权利就难以得到保障。因此公权力必须法治化。所谓权力的法治化运行，就是要用宪法和法律来规范权力行使的范围、限度、方式和程序，并设定滥用权力的各种责任，以及追究责任的制裁方式等，从而建立起一整套调整权力运行的法律体系，以最终将权力运行纳入法治化的轨道。④

但是，在我国当前的法治化进程中，权力法治化是艰难的一环，公

---

① 范忠信：《中国法律传统的基本精神》，山东人民出版社 2001 年版，第 123 页。

② 陈国权、陈永杰：《基于权力法治的廉政治理体系研究》，《经济社会体制比较》2015 年第 5 期。

③ 张伟仁：《中国法文化的起源、发展和特点（下）》，《中外法学》2011 年第 1 期。

④ 王英津：《论我国权力法治化运行的逻辑建构》，《中国人民大学学报》2000 年第 3 期。

权力控制乏力，产生了"公权失范"的困局。① 具体来说，在横向上，公共权力过度集中于领导干部，尤其是地方党政一把手和部门一把手，使得领导干部的个人意志往往能左右人事等重要公共权力；在纵向上，权力往往集中于上级政府，这也使得上级政府领导干部的权力能够影响多层级的政府部门。与此同时，在权力结构中，权力缺乏制约监督，也是我国公权力失范的重要原因。权力缺乏法治化为权力的非公共运用提供了便利，一旦领导干部产生谋利动机，就可能产生包括家庭式腐败在内的各种腐败行为。

（四）家庭式腐败的定罪困境

我国已经关注并逐渐完善相关法律中对亲属等非国家工作人员利用公权力受贿的规定。2003 年，《全国法院审理经济犯罪案件工作座谈会纪要》中指出，应将参与受贿的非国家工作人员定为受贿罪的共犯；② 2007 年，《最高人民法院、最高人民检察院关于办理受贿刑事案件适用法律若干问题的意见》中"关于由特定关系人收受贿赂问题"的部分将相关国家工作人员和特定关系人的行为分别界定为受贿罪犯和受贿罪的共犯；2009 年《刑法修正案》（七）新增"利用影响力受贿罪"，规定国家工作人员的近亲属或者其他关系密切的人，通过国家工作人员职务上的行为或者利用职权或者地位形成的便利条件，为请托人谋取不正当利益，索取请托人财物或者收受请托人财物，根据数额和情节分别判处三年以下有期徒刑或者拘役、三年以上七年以下有期徒刑、七年以上有期徒刑。

---

① 江必新、王红霞：《法治社会建设论纲》，《中国社会科学》2014 年第 1 期。

② "共同受贿犯罪的认定根据刑法关于共同犯罪的规定，非国家工作人员与国家工作人员勾结，伙同受贿的，应当以受贿罪的共犯追究刑事责任。非国家工作人员是否构成受贿罪共犯，取决于双方有无共同受贿的故意和行为。国家工作人员的近亲属向国家工作人员代为转达请托事项，收受请托人财物并告知该国家工作人员，或者国家工作人员明知其近亲属收受了他人财物，仍按照近亲属的要求利用职权为他人谋取利益的，对该国家工作人员应认定为受贿罪，其近亲属以受贿罪共犯论处。"

但是现有的法律仍然无法准确判断领导干部及其亲属是否属于共谋，他们可以形成攻守同盟，隐蔽罪行和证据，从而减轻法律制裁。这其中，领导干部是否知情、亲属是否故意接受利益并转达请托就成了罪行成立与否和情节轻重的关键。

四　家庭式腐败的形成逻辑

（一）家庭组织基础上的权力扩散

家庭式腐败与其他腐败一样，公共权力要素、利益要素缺一不可。基于组织基础的权力扩散，是家庭式腐败逻辑的重要一环。如果权力始终只有官员本人掌握而家庭成员没有对公共权力的影响力，那么就不会嵌入复杂的社会网络中，也不会产生家庭式腐败。

依托于家庭组织基础上的权力扩散，呈现出如下几个重要特征：首先，和其他腐败一样，家庭式腐败需要官员处于公共组织内且掌握一定的公共权力，这是获取经济利益的资源，也是其他腐败参与者"赎买"或"俘获"的目标。其次，家庭式腐败的另一个重要基础就是官员的家庭组织。因官员家庭组织结构类型的不同，其所产生的家庭式腐败类型也是不同的。在此基础上，权力在家庭内部扩散，家庭成员也成为公共权力的影响者。现代社会的重要特征就是把工作与生活、家庭和单位分开，工作是在特定的空间和时间内完成的，已不太容易与私人生活相混淆，如果违背了此规则，那么工作就侵犯了私人生活，或私人生活侵犯了工作。[①] 而权力的家庭化扩散就是领导干部在工作中掌握的公权力通过各种途径被其生活中的家庭成员共享或影响，家庭成员也成了公权力的实际行使者或影响者。在此条件下，他们就有了利用领导干部的职务

---

① ［美］特里·L. 库珀：《行政伦理学：实现行政责任的途径》，张秀琴译，中国人民大学出版社 2001 年版，第 37—38 页。

影响收受贿赂或者为自己的经营活动和个人事务谋取私利的途径。

（二）社会网络的嵌入

社会网络的嵌入是官员的家庭组织从合法走向腐败的一个重要阶段，在苏荣案等腐败案例中，普遍存在官员家庭成员和官员的同事、上下级群体接触和熟知的事实。社会网络的嵌入本质上是社会交往行为，正式的社会关系的建立，比如同事关系、师生关系、上下级关系等，和人所在的组织紧密相关，人在某种社会组织中就会自然地和组织中的其他人建立社会关系。而在家庭式腐败中，官员的家庭成员和官员的同事不在同一个组织中，也没有参加同一种社会活动的机会，仅仅是以官员作为社会关系的节点而建立起社会关系。在这种复杂的社会网络中，官员是其中的核心和枢纽，权力和利益是联结和维持关系的纽带。

不同的社会网络有不同的结构形态和交往模式，领导干部在工作的社会网络中，主要是公权力行使和理性决策模式；而在生活的社会网络中，主要是情感交流和情感行为模式。官员工作和生活中的网络相结合，就会将生活的社会网络嵌入工作的社会网络，造成不同社会网络中的人互相渗透影响。这时，往往是领导干部生活的社会网络和非理性的行为模式有优势，进而影响其工作的社会网络。而在其工作的社会网络中的利益相关人，也可能会通过其他途径来影响官员的生活网络。

社会网络的嵌入和权力的家庭化扩散互相作用，会构建一个权力和利益交错的复杂社会群体，存在着极大的腐败风险。

（三）腐败策略优化

当官员的生活和工作网络互相嵌入并形成权力—利益同盟之后，就能调动官员的公共权力，就有可能进行腐败行为。腐败行动者通过家庭组织提高腐败行为的隐蔽性和收益，最终导致家庭成员参与腐败成为腐败策略优化的结果。

首先，腐败行动者利用官员家庭成员的易腐败性，将腐败便捷化。各级官员，尤其是高级领导干部，受过系统的廉政教育，还受到党纪国法的制度约束，具有较高的抗行贿能力。亲情群体虽然不是国家工作人员，但是却拥有能够影响公权力的能力，因此他们也是可受贿群体，自身也可能存在腐败动机。然而，他们既没有相关的制度硬约束，也没有接受系统的廉政教育，更不具备必要的政治觉悟、法律观念、廉政意识（即软约束），其抗行贿能力脆弱。这造成了官员家庭成员具有较强的易腐蚀性。

在官员家庭成员受贿的腐败形式中，亲属非常容易成为受贿者。一方面，仅仅依靠转达请托或者吹"枕边风"就能获取巨额回报，一些官员亲属无法抵御利益诱惑；另一方面，由于身份的特殊性，官员亲属难以将自己的行为和受贿联系在一起，也就较少考虑到法律风险。所以，行贿者会将官员的家庭成员也笼络入腐败的网络之中。而在官员为亲属经营活动或职务晋升谋取非法利益的形式中，亲属在经济和个人事务上存在着强烈需求，加之以亲情群体的易腐败性，官员家庭成员内部自然形成了一个政商同盟，有可能运用公共权力进行经济利益的转换。

其次，运用家庭式腐败策略来进行谋利，可增强腐败过程中的隐蔽性和安全性。当前，随着利益需求的增加和廉政制度愈加完善，腐败行动者也改变策略，将自己嵌入多层腐败网络中，通过责任扩散、相互保密、功能互补等，使腐败行动增强了隐蔽性和安全性，同时也获得了更强的利益攫取能力。[①] 家庭式腐败即这样一种策略，家庭成员的交往行为较少受法律监督，而且信任度极高，具有较高的隐蔽性和安全性。

官员的家庭成员受贿行为将原来行贿者和领导干部的双方直接交易变成了三方交易。行贿者向家庭成员行贿而非向国家工作人员行贿，不构成行贿罪的要件，同时避免了和官员接触，减少了暴露风险；亲属向领导干部转达请托或者"唆使"，影响公权力，没有受贿的心理；官员运

---

① 陈国权、毛益民：《腐败裂变式扩散：一种社会交换分析》，《浙江大学学报》（人文社会科学版）2013 年第 2 期。

用公权力来帮助行贿者获取非法利益，仅仅接受了亲属的转达和"唆使"，也没有"收钱办事"的愧疚心理，而且腐败行为和证据难以发现和查证。这样，行贿者、受贿亲属、官员三者紧紧联结，在整个家庭式腐败过程中为利益输送提供了完整、隐蔽、可靠的链条。而为亲属经营活动或职务晋升谋利，则完全是家庭内部行动，不需要任何中介人或经纪权力，具有更强的便捷性、隐蔽性和安全性。

第三节　家庭与公权力的边界勘定

由上述分析可知，家庭式腐败源于两方面的因素：一是家庭内部的亲情网络，既可能成为行动者涉入腐败的动机来源，也可能成为腐败扩散的组织基础；二是公共权力运行制约与监督体系的不完善，给手握重要公权的公职人员们提供了滥用权力的机会。遏制家庭式腐败，需要同时着眼于家庭文化与公共部门制度建设，而关键在于勘定亲情与公权力的边界。

首先，"不把工作带到家庭，不与亲友讨论工作"应确定为一项重要的政治纪律。正因为重视亲情的家庭主义存在，领导干部可能会将工作带入家庭，并且受家庭影响，造成不同社会网络及其行为模式嵌入。这样容易造成权力扩散现象，为行贿者、官员亲属提供了腐败便利，进而演化为家庭式腐败。所以有必要对领导干部，尤其是高级领导干部的私人生活进行约束，制定严格的政治规矩和政治纪律，要求不得在家庭等私人场合中谈论工作。

其次，应建立科学合理的回避制度。回避制度是规范家庭关系、减少利益冲突的良好制度。针对具体的家庭成员职业行为，可以采取必要的回避制度，避免因利益冲突而导致的家庭式腐败。具体形式可以是规范官员家庭成员经商行为以及职业范围，以减少"政商结合型"和"政治家族型"的家庭组织。2015 年，上海出台《关于进一步规范上海市领导干部配偶、子女及其配偶经商办企业行为的规定（试行）》，在新形势下对"政商结合型"家庭组织进行了治理。而从实践情况看，截至 2017 年 2 月底，上海市一共规范了 229 名领导干部亲属的经营行为，起到了一定的效果。

再次，还应该对官员的家庭成员进行软约束，规范家庭关系。家庭关系是家庭式腐败的重要影响因素，有时甚至"绑架"官员，迫使其为家庭关系或者人情进行腐败。官员本身受到法制、道德教育以及廉政意识的约束，具有较高的抗腐拒变能力，而官员家庭成员作为公共权力影响者，廉政意识和抗腐拒变能力较低，因此成为官员抗腐拒变的"洼地"。因此，官员的家庭成员也是家庭式腐败治理的重点。应通过教育等软约束对官员家庭成员进行全覆盖，提升其政治觉悟、法律意识和道德水平，以此规范官员的家庭关系，提升家庭抗腐败能力。

最后，规范公共权力运行，是从家庭组织外部层面治理家庭式腐败的重要途径。一方面，应优化权力结构，减少权力的过度集中，同时增强对权力的制约监督；另一方面，应针对具体权力，比如经济管理权限、人事任命权限等进行限制、制约和监督，减少权力被滥用的可能性。在党的十八届六中全会上，中共中央制定了《新形势下党内政治生活若干准则》和《中国共产党党内监督条例》两个制度，以规范党内权力的运行。在实践中，应进一步贯彻落实，规范权力运行，减少制度漏洞。

第九章

法治反腐与廉政治理现代化

　　反腐败斗争是一项系统性工程。自20世纪80年代以来，中国反腐败力度不断加大，廉政制度机制也逐渐完善，但腐败形势依旧严峻复杂。党的十八大以来，在党中央的领导下，反腐败斗争已经形成了压倒性的态势。但是，为了取得反腐败斗争的最终胜利，就必须要建立健全权力制约与监督体系，让法治思维和法治方式贯彻到公共权力行使的各个环节，不仅仅实现"不敢腐"，更要实现"不能腐"以及"不愿腐"的目标。权力法治是构建国家廉政治理体系的基本方向和制度基础：前者是对控权原则、逻辑、模式的抽象概括，是在原理层面探讨权力的控制问题，而后者本质上是一套控权制度体系，它应该具有明确的制度规范和运行机制，是在具体的制度建设层面来探讨廉政治理问题。因而，权力法治是国家廉政治理体系的本体，国家廉政治理体系是权力法治思想派生的具体制度形式，是对权力法治的制度性回应。

第一节　权力法治与廉政治理体系

一　权力法治的价值原则

法治的基本内涵包括两个方面：一是国家必须保障公民的权利；二是国家的权力必须受到控制。因此，我们将法治划分为权力法治和权利法治。权力法治的核心思想是控权，它通过法治手段实现权力结构从集权走向制约，实现对权力的法治化运行。权力法治化的过程遵循着控权优先和效率保证两个基本原则。

在行政法的发展史上，围绕控权还是保权（效率）有三种不同观念：管理论、控权论和平衡论。管理论主张行政法是国家管理的工具，其优先目标是保权，即保证行政权力的运行效率，因此要强化行政机关的权力主体地位，弱化相对方的权利。控权论与管理论恰恰相反，它强调保障公民的权利而控制国家权力，控权论认为行政法就是控制政府权力的法，控权是行政法的根本任务。平衡论则兼顾了管理论和控权论的思想。它认为既要维护行政权力的有效行使以维护公共利益，又要维护公民的合法权益。事实上，平衡论在目标实现过程中也需要首先控制权力，同时强化公民权利才有可能实现总体上的平衡。我国政治生活中行政机关往往具有相对的优势地位，行政机关的权力优势远高于相对方的权利，这种不对称性决定了在我国践行法治必须强调控权的优先性。此外，控权的优先性还体现在控权能够间接保障权力行使的效率和质量，这是因为：它有利于抑制权力的冲动和滥用，减少决策随意和违背公共利益的可能性；同时有助于抑制公权力对社会自主治理空间的侵蚀，为实现多元主体的合作共治创设条件。因此，控权是权力法治的主要任务和优先原则，控权和保权（效率）分别是权力法治的主次方面。

如果控权是维护公民权益免受政府侵犯的必要条件，那么效率则是保障公民权益的基础。效率是构成国家统治合法性的重要基础，正如利（李）普塞特所说的，"长期保持效率的政治制度可以得到合法性"①。因此，控权的同时应保证管理效率。依据控权逻辑，我们将具体的控权模式抽象归纳为两种控权形态：制约控权和监督控权。制约和监督是两种不同的控权逻辑，它们具有不同的权力关系和控权功能。制约基于对权力的过程性分权，强调分工与制衡，因此在制约控权逻辑下，权力法治更指向民主和公平；监督基于权力的功能性分权，它强调权力代理主体的完整事权，只有在违背委托意图时，才会受到制裁。因此在监督控权逻辑下，权力法治更指向科学和效率。现实中不同领域的权力行为具有不同的价值指向，进而也需要相应的控权模式来匹配。因此，需要理解和区分不同类别的权力行为及内在逻辑，通过分类控权来保障权力的运行效率。

二　法治控权的多重逻辑

权力法治的核心是控权，而法治控权有三重控权方式：良法控权、多元控权和分类控权。通过良法控权，建立科学完备的控权法律体系，实现权力结构从集权走向制约，建立决策权、执行权和监督权相互制约又相互协调的权力制约制度；通过多元控权，让市民社会的多元权利主体通过利益主张、政治参与来追求对国家权力的分享，利用"公共理性"来遏制国家权力的滥用和扩张；通过分类控权有助于针对不同的权力行为逻辑，匹配相应的控权模式，在控权的同时保障权力的运行效率。

良法控权是权力法治的基础。法学意义上的良法一方面受到道德价

---

① ［美］利普塞特：《政治人：政治的社会基础》，刘钢敏、聂蓉译，商务印书馆1993年版。

值的约束，另一方面还要符合法律的内容、形式和价值的内在性质、特点和规律性的要求。这些要求体现在：在法的内容方面，必须合乎调整对象自身的规律，包括政治权力运行规律，市场经济客观规律，社会规律和法律运行的规律等；在法的价值方面，良法必须符合正义并促进社会成员的公共利益；在法的形式方面，良法必须具有形式科学性，包括法律规范的统一性、协调性和完备性。

基于中国的政治现实，我们认为良法除了符合上述法学意义上的标准之外，还应遵循控权的内在逻辑，突出控权的优先性。因此，良法的建构需要着眼于政治现实中的权力秩序，系统考察现实中的权力结构和功能，因为"只有从权力内部对权力进行分解，并在此建立一个稳定的、相互制约的权力体系，以权力之间的关系来制约权力，以强制对付强制才能有效地控制权力。也就是说，只有将制约权力问题转化为一个权力的结构问题，对权力的制约才是可能的"①。权力结构可区分为两种基本形态：集权结构和制约结构。这两种结构在权力主体间的地位、权力行使的方向、权力划分的依据和权力运行的效果上，都存在明显的差异。但其本质区别在于权力究竟是分散的还是集中的。在制约结构中，权力分散于各个主体，权力功能的"专用性"和分散性使得不同的权力主体只有通过妥协、协作才能完成权力运行的各个环节；在这种结构下，各个权力主体通过互相制衡形成了相对平等的地位。在集权结构中，权力高度集中于某一个体，集权主体拥有垄断性的权力，并且通过权力赋予，形成其他权力主体与集权主体之间的隶属关系。在这种结构下，集权主体往往忽视既定规则的约束而凸显权威个人意志，进而容易形成个人专断并以权谋私。上述对权力结构的区分和考辨，有助于为建立有效的控权机制提供重要的理论依据，也有助于为控权良法的制度建构提供借鉴和启示。

---

① 周永坤：《权力结构模式与宪政》，《中国法学》2005 年第 6 期。

权力法治的控权模式是多元的。社会舆论所形成的道德约束是权力法治的社会基础之一，甚至可以说是最根本的、起着决定性作用的。但是道德是一种社会意识形态，是长期演化形成的行为准则与规范，道德控权在短期内难以形成稳定有效的控权机制。权力控权是最直接也是在短期内最有效的控权模式，但以权力控制权力，不仅存在"共谋"风险，而且还会陷入谁来控制控权者的循环困境。因此，以权利控制权力就成为道德控权和权力控权的重要补充。权利控权的本义是以公民权利来制约国家权力，其内在机制是通过市民社会的多元权利对国家权力的分享和制衡来实现对国家权力的制约。市民社会多元权利对国家权力的制约体现在两个方面：一是市民社会的多元权利对国家权力的分解，扼制了国家权力的专断和滥用。市民社会的发育和成长逐渐形成了高度分化、利益诉求强烈的社会结构，传统的以国家为中心的单极治理结构已难以应对社会的复杂性，这就使得国家"被迫"让渡一部分权力给社会，通过社会自治来弥补国家治理的不足。同时，多元化和自主化发展的社会组织一方面要求政府尽少干预而维护其自治权；另一方面，它们开始通过谈判和讨价还价参与到政府的决策中来，一定程度上避免了政府的决策专断。社会组织和权利的多元化构筑了一个以权力分离和制衡为标志的多元政治体制，提供了能有效保护少数人权利、抑制等级体系和权力支配的互控机制。市民社会多元权利对国家权力的控制体现在第二个方面是公共理性构筑了国家权力行使的边界。公共理性是市民社会的多元价值评判经过公共领域（自发的公共聚会场所或机构）进行公开的、自由的、理性的讨论和认同而整合为公共舆论，进而通过政治生活系统（如新闻媒介、压力集团、代议机构等）成为统治者制定公共政策及典章规则的依据和舆论督导力量，市民社会理性也就上升为公共理性。[①] 可以说公共理性代表着民意，它不仅构成了国家权力的正当性基础，而且

---

① ［美］约翰·罗尔斯：《政治自由主义》，万俊人译，译林出版社 2003 年版。

设置了一条无形的"红线",防止国家权力的肆意扩张和滥用。

分类控权也是权力法治有效性的重要基础。现实中,不同的权力行为具有不同的目标追求。以决策权为例,生产型任务决策(如投资设施建设)追求效率,而分配型任务决策(如保障房分配)则追求公正、公平。不同权力行为的价值追求要求相适应的控权模式与之匹配,这就需要厘清制约和监督这两种控权模式的内在逻辑。制约和监督都是防止权力滥用的两种手段,但其控制逻辑具有内在的不同。在监督控权模式中,被监督的权力是一项完整的事权,监督所发挥的作用在于及时发现、上报权力运行的状态,保障权力在法律制度内行使;而在制约控权模式中,被制约的权力是分散的。换言之,一项完整的事权被分解到不同的权力主体手中,各个权力主体只有彼此间的协作,才能达成任务目标。因此,在控权过程中,制约实际上是权力主体之间的互相监督,位于控权链条的前端;而监督是"局外人"对权力主体的平行监督,位于控权链条的中端和后端。如此,就控权程度和适用性而言,制约模式对权力的控制程度更高,有利于推进民主,进而实现利益的公平分配,但可能会影响效率;而监督模式对权力的控制程度较弱,但有助于保证权力的运行效率,因此监督更加强调事权的集中。因此,对于生产型任务决策,更适用于监督控权以保障效率;而对于分配型任务决策,则更适于制约控权以保障民主和公正。

三 廉政治理的体系构建

廉政治理体系本质上是一套制度安排。这套制度可以划分为三个层次,表层为廉政治理的具体政策,即具体制度;中层为廉政治理的规则和程序,即基本制度;底层为廉政治理最基础的制度安排,即基础制度。所谓基础制度是指权力结构和权力运行机制的制度安排,它是国家廉政治理体系的基石,决定着具体制度和基本制度的构建和有效性。国家廉政治理体系的现代化首先是国家廉政治理基础制度的现代化。在国家廉政治理中，基础制度的现代化就是从传统的权力结构和运行机制转变为法治化的权力结构和运行机制，具体来说就是权力结构从集权走向制约；权力监督从单一走向多元；权力控制从统一走向分类。

首先，权力法治下的国家廉政治理应该是良法治理。权力结构的调整和优化首先需要法律制度加以支持和确认，良法治理就是以法律和制度形式，推动权力结构从集权走向制约，建立决策权、执行权和监督权既相互制约又相互协调的权力结构和运行机制。良法治理是多元治理和分类治理的前提，高度集中的权力结构难以实现对权力的多元监督，更谈不上对权力行为进行分类治理。实现权力结构从集权转向制约，需要切实改变权力运行的目标，平衡权力主体的地位，优化权力的配置方式。

从权力运行的目标来看，需要从强调过程的运行效率转向注重结果的社会效益。长期以来，在 GDP 导向的官员考核体系下，权力主体将效率作为权力运行的首要原则。对效率的追求，使得权力主体往往突破法律制度的约束，形成政治腐败、环境污染、社会矛盾等副作用。因此，权力运行应逐渐从强调权力的运行效率转向权力运行的综合效益。从平衡权力主体的地位来看，需要从以执权者为中心转向以公民为中心。在集权结构下的社会，政府对社会稀缺资源配置权的垄断一方面为执权者带来更多的社会资源，另一方面也为执权者设租受贿创设了条件。因此，实现权力结构从集权走向制约需要从政府和官员为中心转向以公民为中心，实现从权力本位走向权利本位。从权力的配置方式来看，集权有利于降低决策成本，提高权力的运行效率。然而，缺乏有效制约监督的权力则会导致决策者滥用权力，造成严重的腐败现象，影响决策质量。因此，分权是实现权力结构转型、遏制腐败的关键。分权不仅体现在国家体系内部，还应体现在国家与社会的关系中。在国家体系内部，分权需要分解国家权力，避免权力专断，实现决策权、执行权和监督权的相互制约；在国家与社会的关系中，分权需要国家尊重社会主体的地位和权利并向社会让渡一部分权力，创设条件让社会主体能够参与并影响政府的公共决策。上述权力要素的转变需要相应的法律制度加以确认和保障，在制度框架下通过政府的机构设置、权力分配等具体措施，实现权力结构从集权走向制约。

其次，权力法治下的廉政治理应该是多元治理，即形成一种制度化的、多主体协作的控权体系。其中，不仅包括党和国家的监督机构，也包括来自社会的各种监督力量。就前者而言，尽管经过数十年的发展和完善，党和国家的监督体系逐步完善，但仍然存在体制机制上的不顺畅、反腐败力量资源分散等问题，阻碍了廉政治理的效能。2016 年以来，中国开始探索国家监察体制改革，试图以此实现党内监督和国家监督的有机统一，从而提升反腐败工作的广度、力度和深度。就后者而言，随着网络技术的快速发展，社会结构开始分离为实体社会和网络社会两种形态。社会监督在实体社会和网络社会两种空间同时展开，而如何实现两者的协同成为提升社会监督效能的关键。

（一）增强人大和司法机关的监督能力

强化人大监督和司法监督是推进民主政治、依法治国，实现国家廉洁的重要路径。在我国的权力运行链条中，人大对权力的监督可以区分为对决策权、执行权和监督权的监督。人大通过对重大事项和人事安排等重大决策进行审议，并通过备选方案的选择和合法化过程实现对决策权的监督；通过对预算执行、政府工作报告审议等实现对执行权的监督；通过对司法机关的工作审议，建立上下级人大的双向监督机制，实现对监督权的监督。司法监督依托行政诉讼制度对行政机关的具体行政行为是否合法进行审查。合法性审查原则是我国司法监督的主要制度——行政诉讼制度的核心所在，它对行政行为的程序违法、超越职权、滥用职权等违法行为依法审查和判决，为权力的运行构筑了一条法律边界。司法监督是人大监督的重要补充，其公正性、权威性、决断性、补救性等特征使得它在权力监督中具有独特的不可替代的作用。人大监督和司法监督在实践中仍然存在诸多问题，突出表现在人大和司法机关的主体地位、监督权限和独立性难以得到有效保障。因此，加强人大监督和司法监督首先需要在制度上突破，明确责任，强化监督意识；健全人大代表选举制度和地方立法、审议制度，增强人大代表监督、审议能力；改革司法组织和财政体系，强化司法监督的独立性和权威性等。

（二）深化国家监察体制改革，实现反腐败法治化

2016 年 1 月，习近平总书记在第十八届中央纪委第六次全会上的讲话中指出：“要健全国家监察组织架构，形成全面覆盖国家机关及其公务员的国家监察体系。”同年 11 月，中共中央出台了《关于在北京市、山西省、浙江省开展国家监察体制改革试点方案》。同年 12 月，全国人大会常委会通过了《关于在北京市、山西省、浙江省开展国家监察体制改革试点工作的决定》。党的十九大报告指出，国家监察体制的试点工作要在全国铺开，组建起国家、省、市、县监察委员会，与党的纪律检查机关合署办公，从而实现对公职人员的监察全覆盖。2017 年 10 月，中共中央办公厅印发《关于在全国各地推开国家监察体制改革试点方案》，并在同年 11 月召开的十二届全国人大常委会第三十次会议上通过。截至 2018 年 2 月 25 日，全国各省、自治区、直辖市和新疆生产建设兵团各级监察委员会全部组建完成。2018 年 3 月 11 日，第十三届全国人民代表大会第一次会议表决通过了《中华人民共和国宪法修正案》，其中第一百二十四条明确规定，中华人民共和国设立国家监察委员会和地方各级监察委员会。至此，监察委员会作为国家机构的法律地位得到了宪法确认。

作为一项事关全局的重大政治体制改革，国家监察体制改革的目标，就是要建立党统一领导下的国家反腐工作机构，进一步健全权力制约与监督体系。在传统监察体制下，监督权分散于各个部门，权力交叉、程序不畅，导致监督效力难以得到有效发挥，而将这些分散的监督权合理地划归监察委员会，并在现行宪制框架内对其权力的配置和运行进行科

学合理的制度安排，既是监察委员会设置的核心所在，也是确保监察体制改革顺利推进的关键环节。国家监察委员会是行使国家监察职能的专责机关，依照法律规定对所有行使公权力的公职人员履行监督、调查和处置职责。当然，国家监察体制改革刚刚起步，还存在诸多亟待解决的问题。比如，必须全面梳理国家监察体制改革可能涉及的法律问题，作出相应调整或修改，从而保障改革进程在法治框架内进行；必须对国家监察权进行合理配置，一方面满足其监督的权力需求，保障其监督执行力，另一方面也要制约和监督其本身，防止其成为缺乏约束的超级机构；着力厘清监察委员会所拥有的各项程序性权力，比较相关措施与原有措施之间的差异性（如留置措施与"双规"措施），进而把握其中可能存在的矛盾和缝隙，保障监察权得以合理实施。

（三）强化网络社会和实体社会的协同监督

推进网络社会和实体社会的协同监督是对执政党监督和国家监督的重要补充。实体社会对国家权力的监督体现在社会主体通过听证会、信访、代议机构等政治参与方式来监督政府的权力运行；通过利益表达和信息输送实现与政治系统内监督的相互响应和协同。然而，实体社会对公权力的监督存在着一定的限度。首先，实体社会对公权力的有效监督依赖于民主政治的发展，依赖于社会主体地位和权利的保障，依赖于利益诉求、信息输送和监督渠道的顺畅。民主政治的不健全直接削弱了实体社会对国家权力监督的有效性。其次，实体社会的"碎片化"结构，致使社会主体之间相互分散、区隔，利益表达难以相互响应，信息难以凝聚，社会主体之间难以形成对权力监督的集体行动，这也导致了实体社会权力监督效果的弱化。

在民主政治基础相对薄弱的社会阶段，网络社会的兴起为实体社会对公权力的监督提供了重要补充。网络关系的广泛性，信息的互通性和透明性，网络社会的时空"压缩性"和"伸延性"使得网络社会在权力监督方面有着明显优势。首先，网络社会的上述特性一方面使得权力行为更加透明，社会公众更易于监督；另一方面消除了监督信息和行为的空间分割，有助于形成权力监督的集体行动，实现更大范围、更为强大的舆论监督。其次，网络社会的上述特性有助于为政治系统内部的上级监督机构提供及时的信息反馈和证据支持，实现政治系统内部上级监督机构利用社会舆情来监控和问责下级机构，进而实现"内部监督机制的硬化"；最后，网络社会发展促使国家监督和社会监督日趋整合，网络社会力量的迅速发展，使得国家开始重视社会在权力监督，遏制腐败方面的作用，并借助社会力量治理腐败行为；同时在这一过程中，社会监督获得体制认可和支持，这又促使了社会监督力量的进一步成长。

（四）权力法治下的国家廉政治理应该分类治理

分类治理是基于生产性权力和分配性权力的分类控权，其目标在于保障权力运行廉洁和效率的统一。腐败的本质是利益冲突，是公权力对私权利的非法剥夺，因此腐败往往发生在公私部门的交界处，发生在公权力对私权利具有干预分配和自由裁量权的地方。从国家与社会的关系来看，腐败存在于国家权力与社会权利的互动之中，反映的是国家权力和社会权利的冲突。国家与社会的互动关系理论认为，国家作用于社会的能力（权力）主要体现在提取、渗透、规制、资源供给和分配上。其中，国家对社会的资源供给和分配是其他能力（权力）有效实施的前提基础。这是因为一方面有效的资源供给能够促进社会的整体发展，做大"蛋糕"，为国家能力（权力）的实现提供基础；另一方面公正的资源分配能够提高社会的支持和信任，增强国家治理的合法性，为国家能力（权力）的实现提供保障。

国家权力按其功能可区分为生产性权力（如组织公共基础设施建设）和分配性权力（如规定公共基础设施建设的受益群体、受益范围、受益条件等）。这两种权力具有不同的逻辑关系、目标功能和价值导向。生产性权力是分配性权力的基础。生产性权力运行质量的高低直接决定着生产结果的质量，进而影响着分配质量的高低。分配性权力反作用于生产性权力，分配程序是否民主、分配结果是否公正，直接影响着社会公众对政府权力的信任和支持，影响着政府生产性权力能否顺利和高效的运行。生产性权力的根本目的是提高权力的运行效率和生产结果的质量，因此需要专家决策、精英决策，避免因权力分散降低权力的运行效率；分配性权力的根本目的是保障程序民主和结果公平，因此需要程序公开、权利平等，避免权力专断和腐败，影响公平。

生产性权力和分配性权力不同的运行逻辑决定了需要匹配不同的控权模式。制约和监督是两种基本的控权模式，它们具有不同的控权逻辑。制约基于对权力的过程性分权，强调分权制衡，因此更有助于实现民主、廉洁和公平。监督基于权力的功能性分权，强调事权的完整性和集中性，因此更有助于权力的运行效率。因此在廉政治理过程中，生产性的权力更需要监督控权来遏制腐败，以保障效率；分配性的权力更需要制约控权来遏制腐败，以保障公平和廉洁。权力的不同功能属性以及制约、监督两种控权逻辑的差异性决定了在国家廉政治理中需要依据不同的权力功能匹配相应的控权模式，通过分类治理实现民主、公平、廉洁、效率的有机统一。

第二节　廉政制度有效性的交易成本分析

如果说权力的法治化是国家廉政治理体系构建的核心要义，那么廉政制度的有效性则是国家廉政治理体系发挥作用的重要前提和基础。我国的廉政制度体系主要沿两个维度展开：一是以宪法为依据，确保公共权力规范运行的行政法与对腐败行为进行惩戒的刑法及相关程序规定，据统计，我国现行有效的廉政法律法规（包括涉及权力规制的法律、行政法规、部委规章、国际公约）共计 3959 部；二是以中国共产党党章为依据，约束党员领导干部从政行为的行为准则和道德规范，其中由中共中央（及其办公厅）和中纪委制定出台的准则、条例及其他规范性文件共计170部。客观地说，这些廉政制度基本形成了对各个领域、各个环节权力进行规制的完整闭环，为提高腐败治理绩效提供了制度基础；然而"制度体系虽然基本形成，但很多制度没得到严格执行"①。制度形成与有效性之间的差距产生了大量权力游离、规避、对抗制度的现象，例如，选择性执法、变通、共谋等。这些权力的非法治化运行是腐败形成的重要原因。因此，强化廉政制度的有效性是实现国家廉政治理现代化的重要前提。

一　廉政制度有效性的衡量标准

在经济学家来看，制度的功能是用来减少交易费用的，最优的制度就是交易费用最小化的制度。换言之，在一个既定的制度框架内，我们可以通过衡量交易成本的大小来衡量这套制度体系的效率，进而可以通过分析交易成本形成的原因来分析制度优劣的原因。

在经济学中，以"产权"为核心概念的"科斯参照点"（Coase Benchmark）是整个交易成本理论的逻辑起点。在其所描绘的理想世界中，所有的行动者都可以坐下来谈判，决定如何将所有有价值的初始产权分配给这些行动者，最终达成的协议会被完全履行且无须支付任何产权界定、谈判协商等成本。② 虽然这一可以实现帕累托最优的理想状态在现实中永远无法达到，但它为我们比较现实与理想的差异提供了模板，据此我们可以认识、区分以及研究产生这些差异的不同原因，即交易成本的来源。

---

① 习近平：《在中央政法工作会议上的讲话》，载中共中央文献研究室《十八大以来重要文献选编》，2014年。

② Olson, M., "Dictatorship, Democracy, and Development", *American Political Science Review*, Vol. 87, No. 3, 1993, pp. 567–576.

相应地，对廉政制度交易成本的分析也必须建基于以"权力"为核心概念提出的"科斯参照点"，这一理想模型描绘的是权力的所有者及其代理行使者就权力的界定与配置可以无成本地达成"协议"①，并且委托人无须为确保代理人完全履行这一协议支付任何的监督成本，即权力配置、职权界定、权力行使及监督全过程无成本的理想状态。显然，若这一"科斯参照点"成立，权力将始终自觉运行在廉洁高效的轨道之上，廉政制度实施的交易成本为零，即廉政制度是有效的；反之，任何妨碍权力界定及规范运行的费用都是政治过程的交易成本，也就是造成廉政制度运行低效甚至失灵的原因。

二 廉政制度的交易成本分析

真实世界中，经济活动和制度运行的交易成本普遍存在。对照上述"科斯参照点"，学者们在对人性假设进行修正的基础上，将交易成本的成因归结为有限理性、机会主义和资产专属性。② 具体到廉政制度，若权力主体（尤其是权力所有者）是完全理性的，其与权力的委托行使者就可以零费用地达成详尽的授权协议，相关制度的设计者可以事无巨细地预计到权力运行过程中的各种问题，杜绝滋生腐败的制度空间；在不存在机会主义的情况下，即使基于有限理性达成的授权协议及相关制度在运行中暴露出诸多疏漏之处，没有机会主义倾向的权力行使者也不会钻制度的空子以谋取私利；当资产专用性因素不存在时，充分竞争的市场将使得权力委托代理的双方没有必要保持长期的关系，随时可以通过

---

① 与私有产权的分配不同，关于公共权力界定、配置的"协议"在现代国家中大都表现为制度形态，也就是本书所指的"廉政制度"。

② Williamson, Oliver E., "Transaction Cost Economics", Richard Schmalensee & Robert Willig (eds.), Handbook of Industrial Organization, Amsterdam: North-Holland, Vol. 1, 1989, pp. 135–182.

竞争重新选择缔约主体，任何一个主体都无法凭借自身对资产的垄断形成控制权力运行的"绝对优势"，这一维度的分析也很好地解释了"政治市场比经济市场更多地被交易成本所困扰"① 的假设。

（一）基于有限理性的交易成本

人类行为的有限理性使得任何被人类设计的制度都无法达到最优。同样，遏制腐败的制度设计也因为设计主体的有限理性而无法达致完全有效。造成廉政制度交易成本的有限理性分两个层次。

第一层次是源自人类自然属性的有限理性，我们称之为"一阶的有限理性"。由于人的自然禀赋所限，任何主体都无法洞悉权力运转过程中的一切细节，包括权力主体及相关利益主体的动机、行为、效果以及宏观经济、政治环境等外生变量的影响。因此，规制权力的制度设计在复杂多变的权力博弈面前一定有疏漏且滞后于形势变化。以防止利益冲突的相关制度规范为例，自 2000 年 5 月 9 日中共中央纪委制定出台《关于"不准在领导干部管辖的业务范围内个人从事可能与公共利益发生冲突的经商办企业活动"的解释》首次将"利益冲突"概念引入党纪以来，先后出台了涉及任职回避、收受礼品、公务宴请、旅游娱乐、营利性活动等多项禁止性规定。2010 年出台的《中国共产党党员领导干部廉洁从政若干准则》更是将 1997 年《准则》中的 30 项"不准"拓展到了 52 项"不准"。然而，制度设计者的有限理性决定了这些列举式的规定始终无法穷尽现实中利用职务便利谋取私利的行为方式。近年来相继出现的塌方式腐败、系统性腐败、区域性腐败、家族式腐败等现象说明真实世界中复杂、隐蔽的腐败行为远远溢出了上述禁止性设定的行为模式，相关廉政制度"负面清单"式的规范因内容的局限使其有效性大打折扣。

第二层次是源自人类社会属性的有限理性，即"二阶的有限理性"，

① ［美］阿维纳什·K. 迪克西特：《经济政策的制定：交易成本政治学的视角》，刘元春译，中国人民大学出版社 2009 年版，第 34 页。

它是一阶的有限理性与人的自利假设相结合的产物。尤其是在权力的运行中，作为代理人的权力行使者不仅会利用自然形成的信息不对称，规避委托人的监督；还有可能人为有选择地或是歪曲地披露信息，加剧委托人理性认知的局限性，使其机会主义的行为免受监督。我们对浙江省某市 2007—2011 年"一把手"（即党政主要负责人）违纪案件的统计显示，大量的违纪案件是在办案中因案件牵连发现（32.41%）或经信访举报发现（29.64%）的，而审计中发现的仅占 3.95%，执法监察中发现的占 4.74%。这些数据从一个侧面证明，在我国"强监督—弱制约"的传统控权模式之下，对"一把手"权力的监督以"知情人"掌握权力运行过程中的内部信息为前提，[①] 审计、监察等制度化的预防及惩戒腐败机制因"一把手"对信息的垄断而难以发挥基础性的作用，腐败行为的发现与约束存在着巨大的不确定性。除非监督者为信息显示和筛选支付超额的成本，方能使相关制度化的监督机制有效运行。

（二）基于机会主义的交易成本

正如经济市场上过高的激励（利润）会导致机会主义一样，政治市场上过高的激励也会导致政治家采取机会主义行为。[②] 这种行为的成立，既取决于人类自利的本性，也取决于现实政治情境下以权力谋利的可能，二者缺一不可。廉政制度在实施过程中，会因为权力主体无法完全遏制的自利动机而屡遭挑战，也会因为"权力委托—代理关系的多重性和复杂性"[③] 使委托人设计的各种监督机制难以奏效，并因此进一步激发权力主体趋利的本性，使各种道德败坏行为有机可乘，造成权力约束机制

---

① 陈国权、周鲁耀：《制约与监督：两种不同的权力逻辑》，《浙江大学学报》（人文社会科学版）2013 年第 6 期。

② Frant，H.，"High-Powered and Low-Powered Incentives in the Public Sector"，*Journal of Public Administration Research and Theory*，Vol. 6，2010，p. 365.

③ Wilson，James Q.，*Bureaucracy：What Government Agencies Do and Why They Do It*，New York：Basic Books，1989.

陷于空转。以我国的药品监管制度为例，2001 年修订出台的《药品管理法》将新药的审批权及相关规则的制定权赋予国务院药品监督管理部门（即国家药品监督管理局），但未明确相关权力行使的程序规范，该法第九章"法律责任"的制度设计依照自上而下的监督逻辑由上级主管机关或者监察机关实现对药品监督管理部门违规审批行为的责任追究，这使得药品监管领域处于权力顶端的国家药监局实际上处于无人监管的状态。在众多希望以"新药"谋取超额利润的药企围攻之下，时任国家药监局局长郑筱萸及其腐败集团有了将新药审批权"变现"的可能性，程序约束和责任机制的缺陷甚至激发了审批权主体的这种机会主义行为。可见，从个体行为的视角看，廉政制度的运转始终处于与权力主体机会主义行为"斗争"的过程中，虽然廉政制度无力改变人类趋利的本性，但其权力约束机制的完备性和可操作性决定了机会主义行为"变现"的可能性。一旦这一可能性降低到权力主体期望值之下，权衡风险与收益的权力主体就不会铤而走险，进而自觉约束以权谋利的动机，廉政制度因此得以有效运转。反之，廉政制度设计对机会主义行为预期与防范的任一疏漏，都会造成相关制度实施时的超高交易成本，甚至使廉政制度停留在"一纸空文"的状态。

（三）基于资产专用性的交易成本

经济领域的资产专用性是指在不影响生产价值的前提下，资产可用于不同用途或由不同利用者使用的程度；[①] 政治领域围绕权力的资产专用性主要发生在权力委托人与代理人之间。由于选举周期和任期制的存在，一旦委托人根据代理人的承诺将权力交付于其，就无法在一定期限内收回该权力，除非委托人为权力的回收或转移支付额外的费用。这使

---

① Williamson, Oliver E., "Transaction Cost Economics", Richard Schmalensee & Robert Willig（eds.）, Handbook of Industrial Organization, Amsterdam: North-Holland, Vol. 1, 1989, pp. 135-182.

得代理人在期限内有极大可能出现机会主义行为，违背事前的承诺，使权力的运行背离委托人的目标。作为对周期性选举体制的弥补，问责制在一定程度上突破了权力的资产专用性，可以对任期内的代理人施加潜在的压力，促使其权力的运行回归到廉洁的轨道之上。但对代理人的问责通常表现为惩戒甚至职权的收回，这既需要支付更替代理人以及引发连锁政治反应的额外费用，也意味着之前为选择、培养代理人支付的费用成为沉没成本，难以产生应有的效益。这也在一定程度上解释了问责制在实际运行中阻力重重，以致被问责官员难以真正退出的原因。

三　提升廉政制度有效性的基本策略

廉政制度运行中因为上述原因存在的交易费用很大程度上限制了制度对权力的约束作用，因此，要提高制度控权的有效性必须从提高制度设计的理性程度，降低信息显示、筛选、传递的费用，减少权力主体机会主义行为的动机与可能，减轻资产专用性程度等方面入手，使廉政制度最大限度地发挥对权力的规制作用。

（一）强调信息公开基础上的程序锁定，形成对机会主义行为的过程控制

西方国家控制权力的实践证明，面对权力行使者的机会主义行为，事后的惩罚一般是作用很小和效果很差的，控权的交易成本非常高；更优的方案是通过设计特定的行政程序来实现事前控制，也就是通过设计权力主体在权力运行过程中必须遵循的行政结构与流程，将权力委托者对代理人的控制强有力但是隐蔽地放进行政机构的制度环境之中。[1] 在

---

① Noll，R. G.，Mccubbins，M. D.，& Weingast，B. R.，"Administrative Procedures as Instruments of Political Control"，*Journal of Law Economics & Organization*，Vol. 3，No. 2，1987，pp. 243-277.

日益现代化的治理体系中，程序锁定并不是通过事无巨细的流程规范缩减自由裁量空间，形成对权力运行各个环节的"硬"约束；而是在将权力运转过程结构化的同时，将各环节的权限、时效、方法以及救济问责途径公之于众，通过打开权力运行的"黑箱"，使权力主体的行为显性化，减少因信息不对称造成的监督制约成本，提高权力监督的可行性，同时引入社会监督的力量，通过将权力运行过程晒在阳光之下，形成对机会主义行为长效的潜在约束。以目前正在探索实施的权力清单制度为例，这一创新的制度体系"承载的最主要的使命是实现对权力的有效监督和制约"①，因此相关制度设计就不应满足于政府与市场、政府与社会的权限边界划分，而是要在清权、减权的基础上优化权力运行的流程，并与政务信息公开相结合，借公开清单实现权力全透明，最大限度地减少机会主义行为实现的可能，确保权力在廉洁的轨道上高效运行。

（二）完善可操作化的责任机制，强化权力主体的可信承诺

政治领域复杂的委托代理关系，使权力主体的承诺趋于模糊；政治的不确定性进一步加剧了承诺的不可信，这是滋生机会主义行为的重要原因。因此，为控制权力主体的机会主义行为，强调代理人对委托人承诺的可信性，即事前的清晰、可观测性与事后的不可逆转性。这要求责任机制的设计必须与权力授予机制无缝衔接，特别是提高问责事由、责任标准、责任归属与权力授予相关内容的匹配性。同时，要从完善责任机制中惩戒性、回应性的措施入手提高制度的"刚性"程度，不仅要提高失职主体被问责的概率，有效削减权力主体机会主义的动机；更要强调被问责主体对问责事项的回应措施，使责任机制在惩戒的基础上起到"纠错"的作用，让权力运行不再偏离廉洁的

---

① 孙柏瑛、杨新沐：《地方政府权力清单制度：权力监督制约的新探索》，《行政科学论坛》2014年第6期。

目标。

（三）提高权力主体的竞争性，降低因资产专用性导致的制度运行成本

在权力的委托—代理关系中，若现有的权力行使者并非委托者的唯一选择，委托者发现代理者违规行使权力时终止委托代理关系，另行选择代理者就无须支付超额的交易成本；相应地，代理人在权力运行过程中就会因潜在的竞争压力而自觉尽可能地约束机会主义的动机。因此，在我国现实的政治情境下，提高权力主体选拔任用环节的竞争性，健全后备干部队伍建设，形成制度化的退出机制均可以有效降低权力关系中的资产专用性。另外，通过权力的分解甚至向市场主体、社会主体的转移，也可以降低权力主体的资产专用性，避免因过度垄断造成权力行使主体与权力相对人或外部监督主体的非均衡博弈，例如通过在公共服务供给领域建立市场化竞争机制，改变单一行政主体的垄断格局，提高需求方的议价能力，形成对公共资源配置权力的有效约束。

（四）构建政府信誉机制，为廉政制度的有效运行提供可持续支持

从交易成本的衡量看，基于重复博弈形成的政府信誉是超越上述三种策略的最优解，它是在充分激活权力主体自身激励机制基础上形成的约束力量。如果信誉的影响力足够大，就不需要正式的承诺工具去保证承诺得到实施，[①] 此时廉政制度的运行是最低成本的。在腐败治理中主要表现为权力主体在长期以公共精神、责任意识为主题的教育激励之下自觉形成树立廉洁政府的信誉的动机，这才是确保廉政制度在低成本的前提下有效运行的重要条件。

---

① ［美］阿维纳什·K. 迪克西特：《经济政策的制定：交易成本政治学的视角》，刘元春译，中国人民大学出版社 2009 年版，第 52 页。

第三节　集约式反腐败与廉政治理路径

廉政治理的现代化不仅要有明确的核心导向、有效的廉政制度，而且还应依赖于科学有效的反腐策略。改革开放以来，以行贿、受贿为代表的交易型腐败日益成为主要的腐败形式。交易型腐败产生的主体是多元的，其责任认定和追究也应该是多元的；然而，现实中的反腐策略往往是对直接受贿人的单一追责。这种腐败的复合过错与单一追责之间的矛盾极大地影响了反腐败的成效，廉政治理的有效路径应建立对多元过错主体的全面追责，进而实现集约式反腐败。

一　腐败的复合过错与单一追责

交易型腐败的责任认定涉及受贿者、行贿者和对受贿者负有领导监督责任的领导者。对于行贿者和受贿者，无论是主动行贿（受贿）还是被动行贿（索贿），都要承担相应的法律责任；而对受（索）贿者负有直接领导监督责任的组织领导也应承担相应的法律责任。总之，不管哪种情景，公职人员受贿是一种复合过错，也就是说这一行为是由多个主体的过错产生，应由多个主体承担责任，因此，我们将这种责任结构称为腐败的"复合过错"；腐败行为的复合过错意味着责任认定和追究需要甄别不同主体的法律责任，对涉及腐败的主体进行逐一问责，我们将这种反腐方式定义为"集约式反腐败"。集约式反腐败区别于对直接受贿者的单一追责，体现的是对腐败相关方的多向、覆盖的追责特征。

然而，我国的反腐实践对腐败相关方往往是单一追责，即主要对受贿公职人员追责，少有或轻微地对行贿人与组织领导追究责任。根据最高人民检察院的统计数据，2009—2013 年，全国法院受理一审行贿犯罪案件共计 12821 件，生效判决人数 12364 人；受理一审受贿犯罪案件共计 53843 件，生效判决人数 48163 人。也就是说，行贿犯罪案件收案数仅为受贿犯罪案件的 24%，行贿犯罪案件的生效判决人数仅为受贿犯罪案件的 26%。① 从量刑程度上来看，根据我国的刑法典，受贿罪最高可判处死刑，而行贿罪最高可判处无期徒刑，且在某些情况下还可以减轻或免于处罚。② 2009—2013 年人民法院判决生效的案件中，行贿犯罪案件中宣告无罪的共 8 人，无罪率为 0.06%；判决适用缓刑和免予刑事处罚的共 9261 人，缓、免刑适用率为 75%；判处重刑的共 379 人，重刑率为 3%。受贿犯罪案件中宣告无罪的共 53 人，无罪率为 0.11%；判处适用缓刑和免予刑事处罚的共计 24030 人，缓、免刑适用率为 50%；判处重刑的共 16868 人，重刑率为 35%。③ 这体现出我国的立法和司法实践中都对于行贿罪表现出了明显宽容，行贿和受贿犯罪所受到的打击力度差距显著。

此外，对受贿官员的直接领导进行追责也并不常见。领导只要自己不腐败，下属廉洁与否则与其关系不大。领导对下属有监督的权力，却对下属的腐败行为不负法律责任。即便进行了责任追究往往在处理上也会失之于宽、失之于软。绝大多数腐败案件中，受贿官员的领导并未受到处罚，或仅以批评、检讨等形式代替了本应受到的更为严肃的责任追究。

事实上，我国对行贿者和负有直接监督领导责任的组织领导的责任追究都有明确的法律法规依据。例如，《刑法》第三百八十九条、第三百九十条和第三百九十二条分别规定，"为谋取不正当利益，给予国家工作人员以财物的，是行贿罪"；"对犯行贿罪的，处五年以下有期徒刑或者拘役，并处罚金；因行贿谋取不正当利益，情节严重的，或者使国家利

---

① 李少平：《行贿犯罪执法困局及其对策》，《中国法学》2015 年第 1 期。
② 《刑法》第三百九十条规定："行贿人在被追诉前主动交待行贿行为的，可以从轻或者减轻处罚。其中，犯罪较轻的，对侦破重大案件起关键作用的，或者有重大立功表现的，可以减轻或者免除处罚。"
③ 李少平：《行贿犯罪执法困局及其对策》，《中国法学》2015 年第 1 期。

益遭受重大损失的，处五年以上十年以下有期徒刑，并处罚金；情节特别严重的，或者使国家利益遭受特别重大损失的，处十年以上有期徒刑或者无期徒刑，并处罚金或者没收财产"；"向国家工作人员介绍贿赂，情节严重的，处三年以下有期徒刑或者拘役，并处罚金"。在领导廉政责任追究方面，我国于2001年修订的《关于实行党风廉政建设责任制的规定》第十九条规定：领导干部出现"对党风廉政建设工作领导不力，以致职责范围内明令禁止的不正之风得不到有效治理，造成不良影响的"，"疏于监督管理，致使领导班子成员或者直接管辖的下属发生严重违纪违法问题的"等七种情形时应该对其进行责任追究，第二十条、二十一条又进一步规定："领导班子有本规定第十九条所列情形，情节较轻的，责令作出书面检查；情节较重的，给予通报批评；情节严重的，进行调整处理。""领导干部有本规定第十九条所列情形，情节较轻的，给予批评教育、诫勉谈话、责令作出书面检查；情节较重的，给予通报批评；情节严重的，给予党纪政纪处分，或者给予调整职务、责令辞职、免职和降职等组织处理。涉嫌犯罪的，移送司法机关依法处理。"

上述表明，我国法律法规充分体现了"集约式反腐败"的内涵，但由于行贿犯罪的界定争议和查处困境以及对领导廉政责任追究的难度，集约式反腐在我国的反腐实践中很难得到有效落实。

二 行贿犯罪的界定争议和惩治困境

在法律上，行贿罪和受贿罪存在着单向对合关系，① 即如果受贿罪成立必然有行贿行为，但有行贿行为未必会引起受贿。从这一角度讲，行贿行为是受贿罪产生的前提。行贿犯罪不仅侵害了国家机关工作人员职务行为的不可收买性，也对正常的市场竞争造成了破坏，甚至还有可

---

① 徐岱：《行贿罪之立法评判》，《法制与社会发展》2002年第2期。

能造成严重的政治问题。因此，在打击受贿犯罪的同时还应注重打击行贿。然而，长期以来我国反腐败实践中却对行贿犯罪表现出相当的"宽容"，这一结论可以从上述数据中明显得出。行贿犯罪的查处困境与行贿犯罪的界定以及我国的监督、司法制度和文化传统密切相关。

（一）行贿犯罪的界定争议增加了对行贿的惩治难度

法学界把行贿打击不力的主要原因归于《刑法》对于行贿罪构成要件的限定，即行贿罪的认定必须是"为谋取不正当利益"。赵秉志认为，这一主观要件的设置容易造成三方面的困境：一是因对行贿人是否是为了谋取不正当利益各执己见而争论不休，使得案件查处陷入困境；二是造成对性质大致相同的行贿行为处理结果完全不同的尴尬局面；三是将以不正当手段谋取的利益等同于不正当利益，超越法律规定对有关行为人以行贿罪论处。[①] 王作富、但未丽将这一构成要件与《联合国反腐败公约》作比较，认为我国的刑法典规定与《联合国反腐败公约》的精神相违背，后者规定只要向公职人员实施行贿行为以使其作为或者不作为，不论行贿人谋取的利益正当还是不正当行贿罪都成立，《刑法》的这一限制也与其关于受贿罪的构成要件不一致，因而导致对受贿罪的遏制打击不力。[②] 此外，高铭暄[③]、徐岱[④]等学者也都对这一构成要件提出了批评。

本书赞同上述观点。第一，把行贿行为作为犯罪的根本原因就是因为行贿侵犯了公职人员职务行为的不可收买性。根据行贿方是否主动行贿又可分为两种情境，主动行贿要比被动行贿（即被索贿）的过错更大，因而后一种情况下行贿者所承担的法律责任应当较小一些，但这并不影

---

① 赵秉志：《国际社会惩治商业贿赂的立法经验及借鉴》，《华东政法大学学报》2007年第1期。

② 王作富、但未丽：《联合国反腐败公约与我国贿赂犯罪之立法完善》，《法学杂志》2005年第4期。

③ 高铭暄、张杰：《论国际反腐败犯罪的趋势及中国的回应——以〈联合国反腐败公约〉为参照》，《政治与法律》2007年第5期。

④ 徐岱、马宁：《商业贿赂犯罪的刑事实体法完善》，《当代法学》2009年第2期。

响对其行贿犯罪本质的认定，也不能因此免受法律的追责。第二，按现行《刑法》规定，只要是为了谋取正当利益的行贿似乎就是合理合法的，是可以被接受的。在对行贿案件的侦破过程中，行贿者也会抓住这一规定为自己的犯罪行为百般辩解，导致司法难以做出客观、统一的判决。第三，从国际通行的规则来看，对行贿罪的定义也鲜见将"为谋取不正当利益"作为前提条件。如《联合国反腐败公约》就不存在这一主观限制条件，日本、加拿大等多国的刑法典也都没有将"为谋取不正当利益"作为行贿罪的构成要件。[①]

（二）我国特殊的监督、司法制度以及文化传统削弱了对行贿的惩治力度

首先，行贿者往往不是我国纪检监察机关的监督对象。党的纪律检查委员会监督的对象是党员，而行政监察机关"负责对国家行政机关及其工作人员和国家行政机关任命的其他人员"进行监察。因此，从纪检监察的工作立场出发，侧重于对国家公职人员受贿的查处是理所当然的。在这样的背景下，惩治行贿的任务就主要由检察院承担。由于我国法律对行贿受贿处罚规定的不对等，同一贿赂案中，受贿犯罪可能构成大案要案，而行贿案一般不列为大案要案。检察机关从职责本位和工作业绩追求考虑，会更加重视对受贿的查处，这就导致行贿犯罪处于一种"监督漏洞"的制度环境。[②]

其次，在查办案件的实际过程中，由于贪腐案件的隐蔽性强，取证困难，依靠行贿者主动交代和检举揭发成为破获腐败案件的重要手段。通常而言，贿赂一般是"一对一"作案，案中人只有行贿者和受贿者。因此，要确认受贿者的罪行，最有力的证据是行贿者的证词；要确认行

---

① 赵秉志：《国际社会惩治商业贿赂的立法经验及借鉴》，《华东政法大学学报》2007年第1期。

② 陈国权：《严惩行贿：净化政治空间——论行贿罪的危害与惩治》，《政治与法律》1999年第3期。

贿者的罪行，最有力的证词是受贿者证词。行贿受贿都是犯罪行为。但是，在 2015 年 8 月《刑法修正案（九）》颁布之前，按照我国刑法的规定，"行贿人在被追诉前主动交待行贿行为的，可以减轻处罚或者免除处罚"。也就是说，行贿者愿意做证证明受贿者的犯罪事实，可以免除处罚。而受贿者如果为立功要举报行贿者，就必然同时交代自己的犯罪事实，而我国刑法不会因为他做证证明行贿者的行贿事实而得到法律赦免，因此，受贿者一般不会轻易做证。受贿者只有在已经被确认有受贿犯罪行为的前提下，才会供出行贿事实。这就导致监督机关查处贿赂案时，一般都是从行贿者一方突破，获取证词，当然前提条件是对行贿犯罪免予追究或减轻惩罚。这种侦破方式是我国查处受贿案件的重要途径。但它的副作用也是明显的，即客观上纵容了行贿行为。

最后，对行贿犯罪的处罚在司法上存在"不正当利益"难以追缴的难题，行贿的成本过低。2011 年"两高"颁布的《关于办理行贿刑事案件具体应用法律若干问题的解释》第十一条规定，"行贿犯罪取得的不正当财产性利益应当依照《刑法》第六十四条的规定予以追缴、责令退赔或者返还被害人。因行贿犯罪取得的不正当财产性利益以外的经营资格、资质或者职务晋升等其他不正当利益，建议有关部门依照规定予以处理"。然而在实际执法过程中，剥夺行贿人已经获取的不正当利益存在法律界限把握和实际执行等方面的较大难度，从而导致"大多数行贿单位和行贿人员获得的不正当利益得不到追缴，即使小部分案件中采取了追缴措施，也无法追缴到位"[①]。行贿人所获得的不正当非财产性利益，如享受的权利、待遇，或逃避的责任、义务等，则更加难以剥夺。这就使得行贿的收益远远大于其所付出的成本，对行贿者形成了某种负向的"激励"。

正是由于上述种种原因，反腐败斗争在我国面临着某种"行贿陷阱"

---

① 李少平：《行贿犯罪执法困局及其对策》，《中国法学》2015 年第 1 期。

的挑战。一方面，组织或个人为了谋取正当或不正当的利益普遍采取行贿的手段，本应用于市场配置的大量资源和财富被行贿的"陷阱"所吞噬，严重影响了经济社会的正常运行。另一方面，监督机关和司法机关又必须通过在某种程度上与行贿者"合作"来达到惩处受贿犯罪的目的，这就使得反腐败斗争陷入一种合法性的"陷阱"，纵容了行贿犯罪。

三　领导廉政责任及其问责缺失

依据我国颁布的《关于实行党风廉政建设责任制的规定》，对于组织领导"疏于监督管理，致使领导班子成员或者直接管辖的下属发生严重违纪违法问题的"，应当追究其相应责任。这意味着当直接下属产生腐败行为时，直接领导应共同承担相应的责任。然而，在我国的廉政建设中，对腐败行为的追究基本上只追究当事人的责任，而很少追究当事人直接领导的责任；只强调领导要廉洁自律，而忽视了领导应该对组织成员的廉政进行监督的责任。可以说，我国只有廉政的个人负责制，而没有建立廉政领导责任制，组织领导对廉政建设没有予以高度重视。①

首先，十八大以前廉政领导责任制的缺位源于地方政府对多重治理目标优先顺序的选择，是政府治理中经济发展目标优先于组织廉洁目标的结果。改革开放以来，以经济建设为中心的基本路线决定了发展经济是地方各级政府面临的首要任务。因此，在相当长的时期内，考核评价一个干部好坏的主要标准就是看其任期内推动经济建设的成绩，廉政建设等其他指标都成为次要指标。周黎安曾用"官员锦标赛"的概念来描述这种考核制度下地方发展的一些现象，② 生动刻画了经济效率与官员晋升之间的关系。显然，在这样的官员考核和晋升制度下，组织是否廉

---

① 陈国权：《论廉政建设的领导责任制度》，《政治与法律》1998 年第 5 期。
② 周黎安：《中国地方官员的晋升锦标赛模式研究》，《经济研究》2007 年第 7 期。

洁对官员能否晋升基本没有影响。如此产生了两种结果：（1）组织领导缺乏动力加强廉政建设。以 GDP 为核心的官员考核体系使得廉政建设让位于经济发展；（2）腐败在体制内部受到纵容。来自官员考核和横向竞争的双重压力，使得组织领导与一些"能而不廉"的官员之间形成了一种庇护关系，组织领导为了保障经济目标的顺利实现，在可容忍的范围内纵容官员腐败。

其次，廉政领导责任制的缺位与廉政责任的界定不清晰密切相关。对廉政建设的不重视还表现为责任的推诿。党的纪律检查委员会和行政机关的监察机关作为党组织和行政部门的专门监督机构，毫无疑问对组织的廉政建设负有责任。但是这样的责任仅仅是监督责任，各级党委对本地区、本部门的党风廉政建设负有主体责任。长期以来，党委的主体责任和纪委的监督责任得不到有效区分。许多领导干部认为党风廉政建设抓得好不好是纪委的事，腐败现象严重说明纪委的工作不到位，在这样一种错误的认识下，本应对党风廉政建设负总责的党委得不到应有的责任追究。

最后，十八大以前廉政领导责任制的缺位与问责实践中存在的问题密切相关。这些问题包括：（1）对领导廉政问责实践迟滞。我国早在 1998 年就颁布了《关于实施党风廉政建设责任制的规定》，但直到十八大召开后中央才明确要求强化落实党委主体责任和纪委监督责任。在具体案件的处理上，直到 2015 年 2 月，中央纪委才首次通报了 8 起违反履行党风廉政建设主体责任和监督责任不力的责任追究典型案件，这是对领导廉政责任问责结果第一次大范围集中的公开。（2）问责主体单一化。廉政问责制在我国目前还只是党内问责，问责主体通常为上级党委。相较于政府系统针对行政首长的问责制度，廉政问责制的问责主体单一化，没有形成涵盖人大、政协、司法机关以及社会公众在内的多元问责网络。党内问责尽管在廉政问责中发挥着重要的推动作用，"但这种既当'运动员'又当'裁判员'的制度设计，也易导致公众对党风廉政建设问责效力及其公信力的

质疑"①。（3）问责过程和结果不够透明。对腐败分子的直接领导进行责任
追究，公众往往并不了解其具体过程，甚至对结果也无法获得。何时启动
问责，对哪些人进行问责，问责的处理结果怎样，这些信息基本不被公
开。以至于即便有领导干部因为廉政问责而受到处理，只要不是严重的结
果，如调离岗位、移送司法等，公众完全有可能不知道实际已经发生了问
责。这样既不利于社会的监督，也降低了廉政问责的惩戒和震慑作用，不
符合反腐败的长远利益。（4）集体领导体制下廉政责任的界定困境。在我
国，行政机关实行的是行政首长负责制，行政首长对组织的一切行为都负
有一定的责任，问责对象相对明确。而中国共产党实行的是委员会集体负
责制，党的各项工作都由党委集体领导、集体决策。这一制度在客观上使
得追究领导的廉政责任面临责任认定的困难。对于组织内部出现的廉政问
题，究竟谁应当承担责任？在实际执行过程中进行责任认定时容易出现推
诿和扯皮问题。以选人用人领域的腐败问题为例，官员"带病提拔"既有
组织部门考察推荐不力的责任，也可能涉及该官员在不同工作单位多位领
导的监督责任，责任界定难度较大。如果涉及多位领导甚至是领导班子集
体，实施责任追究的成本过大从而导致难以问责。

四　集约式反腐败的价值与路径

（一）集约式反腐败有助于提高廉政治理的效率

首先，集约式反腐败体现了我国法律、法规的内在要求，集约式反
腐败通过法律和制度的手段同时对行贿人、受贿官员和组织领导三方过
错主体进行责任追究，维护了法律的权威和公正，体现了反腐败法治化
的必然要求。其次，集约式反腐败通过单个案件的查处对腐败犯罪的三
类责任主体进行追究，有利于发挥反腐败更大的震慑作用，不仅有利于

---

①　胡洪斌：《党风廉政建设问责制探究》，《中国特色社会主义研究》2015 年第 3 期。

打击行贿之风，营造健康的市场环境；而且有利于提高领导的廉政责任意识，从而提高组织的廉政建设，防范组织内部的廉政风险。

（二）集约式反腐败有助于维护市场经济秩序的公平公正

我国的市场经济仍然是政府主导型的，一些本应由市场配置的稀缺资源仍然掌控在各级政府手中。对稀缺性资源的垄断，使得企业等私营部门不得不花费高额的运作和交易成本来建立和维持与政府的关系，从而降低交易成本，提高竞争力。"依赖关系、送礼和贿赂"似乎成了私营部门应对压制性党国体制的共识。[①] 这样一种非正常的市场竞争秩序逐渐形成了一种逆淘汰机制，"信誉好、实力强、守法经营的企业往往败给那些肯花大价钱行贿的企业"[②]。与此同时，行贿成功的企业又会将这些贿金作为成本投入企业的生产之中。高成本下的高收益只能以低劣的产品为代价，大量低劣的产品流入市场无疑是一种巨大的损害。显然，这种竞争方式严重破坏了公平公正的市场经济秩序。集约式反腐败同时打击行贿与受贿，对维护正常的市场经济秩序有着重要的现实价值：第一，有助于抑制政府的"掠夺之手"，发挥市场的资源配置作用，提高资源的配置效率。第二，为企业"减负"，降低企业的行贿动机，使企业专注于创造性和经营效益之上，有助于营造公平的竞争秩序。

（三）集约式反腐败有助于抑制权力滥用，推动责任政府的建设

首先，有利于控制滥用权力的行为。廉政责任制的实施有助于倒逼领导干部强化对下属的监督，主动防范潜在的廉政风险，进而增强纵向权力监督和控制；其次，有利于推动责任政府建设。责任政府与廉政是相辅相成的，"一个不廉洁的政府不可能把公民的利益放在至高无上的位置，全心全意对公民负责。因此，公民对政府高效廉洁的诉求，最终转

---

① 黄宗智：《中国经济是怎样如此快速发展的？——五种巧合的交汇》，《开放时代》2015 年第 3 期。

② 何增科：《反腐新路——转型期中国腐败问题研究》，中央编译出版社 2002 年版。

化为建构责任政府，只有负责任的政府才能实现高效廉洁"①。廉政意味着政府及其官员应当坚持公共利益高于一切的原则。如果政府官员为政不廉，政府中以权谋私的腐败现象泛滥，事实上是政府官员以渎职为前提谋取个人私利，将个人利益置于公共利益之上。这样的政府显然不会是负责任的政府。集约式反腐败有利于落实领导的廉政责任制，只有领导对政府及其官员负起廉政责任，这样的政府才有可能成为负责任的政府，才能在公众面前塑造廉洁高效的政府形象。

集约式反腐败的实践困境，源于行贿犯罪的界定争议和惩治困境，以及领导廉政问责的缺失。因此，集约式反腐败的实现路径主要包括以下两个方面。第一，在惩治行贿犯罪方面：首先，应从立法、监督和司法层面加强对行贿犯罪的打击，在立法上取消行贿犯罪"不正当利益"构成要件的限制。其次，在党内监督、行政监督层面改进办案方法；在司法上减少行贿犯罪缓刑、免刑的适用率，加强对行贿获利的追缴，从而全面强化对行贿犯罪的控制，促进从源头上遏制腐败的发生。第二，在领导廉政问责方面：首先，应加强对领导廉政责任追究的重视程度，在组织体制内形成一种责任意识；强化对领导廉政责任的追究力度。其次，建立科学的官员考核体系，提高廉政建设在地方政府考核指标中的权重。最后，建立健全领导廉政问责制度，扩大问责主体范围，促进问责程序和结果公开透明。

第四节　法治反腐与兴政强国

党的十八大以来，党和政府持续保持高压态势深入推进反腐败斗争，坚持"有腐必反，有贪必惩"，坚决遏制腐败现象蔓延势头，党风廉政建

---

① 陈国权：《责任政府：从权力本位到责任本位》，浙江大学出版社 2009 年版。

设和反腐败斗争取得了明显成效。习近平总书记在第十八届中央纪律检查委员会第五次全会上从复杂严峻的反腐败形势出发，进一步强调"坚持中国特色反腐败道路，必须始终保持惩治腐败的高压态势，以零容忍态度彻底反腐败，不断以反腐败的实际成效推进廉洁政治建设"。这种惩治贪腐的空前决心与力度，不仅是对"其兴也勃焉，其亡也忽焉"的历史周期律的深刻总结，更是站在新的历史节点上对反腐败斗争战略意义的全新认知——不反腐必定亡党亡国，真反腐才能兴政强国。

一　法治反腐与兴政强国的内在关联

党的十八届三中全会明确"全面深化改革的总目标是完善和发展中国特色社会主义制度，推进国家治理体系和治理能力现代化"，并就如何实现有效的政府治理进行了全面的部署。新一代领导集体对政治体制改革的路径设计与反腐败的策略安排是一脉相承的。国内外正反两方面的治理经验也充分证明，只有果断、全面、彻底的反腐败斗争和廉政建设才能为治理体系的优化和治理能力的提升提供坚实的基础。

（一）法治反腐是兴政的前提

首先，法治反腐可提升国家治理主体权威。作为国家治理体系中最重要的治理主体，党和政府的权威需要不断巩固和提升。改革开放以来，我国开始逐渐放弃以超凡魅力为核心，以意识形态管控和政治教化为主要强化工具的卡里斯玛型政权合法性基础，转而更多地将其合法性基础建立在以经济增长为核心的绩效之上。随着经济的快速增长和国民生活水平的显著提高，社会公众对党和政府治理能力的认同度和信任度不断提高，政权合法性基础不断增强；然而，大量腐败案件和重大违纪违法案件的出现和蔓延，大大削减了社会公众对党和政府的认同，严重威胁着执政权威。大量历史经验告诉我们，不能有效遏制贪污腐败问题的国家必然会因民怨载道走向社会动荡、政权垮台。所以，强化执政权威不仅需要积极地提升治理能力和治理绩效，更需要治理主体勇敢彻底地清除腐败的"毒瘤"。十八大以来，党和政府以猛药去疴、重典治乱的决心，以刮骨疗毒、壮士断腕的勇气，以无禁区、全覆盖、零容忍的策略，既坚决查处领导干部特别是高级干部违纪违法案件，又切实解决发生在群众身边的不正之风和腐败问题。其反腐惩恶的坚定决心和显著成效，赢得了党心民心，是新的历史时期强化执政权威的良好开端。

其次，法治反腐败优化权力结构与运行机制。建立制约型的权力结构，实现法治化的权力运行过程是构建现代化的廉政治理体系、实现法治中国的核心。从静态的权力结构看，改革的重点在于厘清权力的边界和权力之间的关系，努力形成既相互制约又相互协调的均衡结构，不让任何权力游离于监督制约体系之外。近年来，强调系统领导为主的纪检监察机关组织体系改革以及党委主体责任与纪委监督责任的划分，有效校正了纪检监察机关在整个权力结构中的地位，这种校正既有助于打破对权力监督的各种阻挠，瓦解腐败利益集团，提升反腐效率；也使权力监督覆盖到了以往的"盲区"，实现了对"一把手"和监督者的全覆盖监督。从动态的权力运行机制看，改革的重点在于把权力关进制度的笼子，让权力在法治化的轨道上高效运行。十八大以来的反腐没有囿于个案"就事论事"，而是在对典型案件的深刻剖析中发现权力运行机制的漏洞，针对腐败问题多发领域和环节深化改革。例如，权力清单与政务公开相结合的改革实践，要求凡是经济社会发展重大事项、群众普遍关注事项、涉及群众切身利益事项、容易发生腐败问题领域和环节的事项及其权力运行流程图必须及时公开，进而较好地实现了隐性权力公开化、显性权力规范化，不仅有效减少了滋生腐败的"黑箱"，也促使权力主体在社会监督下更为积极主动地提升自身治理能力。

最后，法治反腐败提高了制度的执行力。习近平在省部级主要领导干部学习贯彻十八届三中全会精神全面深化改革专题研讨班的开班式上指出，"国家治理体系和治理能力是一个国家的制度和制度执行能力的集中体现，我们的国家治理体系和治理能力总体上是好的，但同时还有许多亟待改进的地方"。其中，最突出的问题就是"不认真执行制度、不贯彻落实制度、不按照制度办事"的问题。制度的生命力在执行，如果党政领导干部带头有令不行、有禁不止，对社会而言就是一个极坏的示范，最终会使制度沦为一纸空文。新的历史时期，反腐败斗争的战略部署将重点放在提高制度执行力上。以作风建设为例，多年来围绕改进作风发了不少文件，采取了不少措施，但形式主义、官僚主义、享乐主义和奢靡之风依然屡禁不止。针对这一现实，新一轮的作风建设从完善制度建设入手，将作风建设的原则要求细化成《党政机关厉行节约反对浪费条例》《党政机关国内公务接待管理规定》等一系列可执行、可问责的制度规范，各级监督部门及时查处并通报曝光相关违法违纪行为，取得了良好的震慑作用和社会反响。更为重要的是旨在提高制度执行力的反腐败斗争，最大限度地减少了权力主体的各种"人治"行为，使制度管人管事管权成为常态，这使得国家治理体系与治理能力运行在法治的轨道之上成为可能。

（二）法治反腐是强国的保障

强国是实现中华民族伟大复兴的根基。强国既包括经济实力的持续健康增长以及对世界经济影响力的扩张，也包括社会的日益和谐稳定，特别是法治水平与文明程度的不断提升，这些发展都与反腐败斗争的实际成效密切相关。在通往强国梦的道路之上，反腐败斗争与党风廉政建设是不可或缺的保障。

首先，法治反腐为"新常态"下的经济可持续发展提供了必要的保障。近年来，关于反腐败斗争是否会影响中国经济发展的问题，引发了海内外激烈的讨论。2015年2月11日美国《华盛顿邮报》发表《没有腐败，中国经济体系能否运行》一文，认为严厉打击腐败为中国经济增长带来负面影响；部分学者也将当前中国经济下行压力增大的现实与反腐败斗争联系起来，提出了一些似是而非的论点。对此，习近平总书记在

2016 年两会期间参加江西代表团审议时明确表示，反腐败并不会影响经济发展，反而有利于经济发展持续健康。这样的判断既是基于对中国经济发展趋势的准确研判，也是对反腐败斗争战略意义的更深入解读。经济增速放缓是新一轮金融危机之后各国经济发展的共同特征，也是我国经济增长阶段根本性转换的重要标志，绝对不是"反腐败斗争"这一单一变量可以左右的。进入新常态阶段，经济的发展不再依赖于政府主导的要素投入，而是制度保障之下的市场驱动。所以，主动适应和引领经济发展新常态，需要处理好政府与市场的关系，使市场在资源配置中起决定性作用和更好地发挥政府作用，这样的改革方向与新时期反腐败斗争的战略部署不谋而合。这样的改革不仅要求政府通过简政放权改革进一步激发市场主体的活力，更为重要的是要尽可能遏制政府的"掠夺之手"，消除权力设租寻租，阻断利益输送，确保政府职能的履行始终运行在公共性的轨道之上，为市场经济的健康有序发展创造公平的环境，切实提高经济发展的效率和质量。

其次，法治反腐为全面推进依法治国提供良好的示范。建设社会主义法治国家是依法治国、依法执政、依法行政共同推进，法治国家、法治政府、法治社会一体建设的系统工程。所谓"徒善不足以为政，徒法不能以自行"，法律的生命在于实施，法治的进程既是执政者行善政与施法令的结合，也是不断用法律约束和规范公权力的过程。对照这些要求，我国当前的法治建设还存在一些突出的问题，特别是一些领导干部依法办事观念不强、能力不足，知法犯法、以言代法、以权压法、徇私枉法现象依然存在，执法体制权责脱节、多头执法、选择性执法现象较为突出。这些问题违背了社会主义法治原则，损害了政治、经济、社会等各领域的法治秩序，严重阻碍了法治进程的深入推进。所以，依法治国必须抓住领导干部这个"关键少数"，以法治的理念深化反腐败斗争，消除腐败行为对法治体系的侵蚀，让执政党和执法者成为遵法守法用法的典范。在立法环节，党的十八大以来，特别是十八届四中全会之后，党内法规建设快马加鞭，制度之"笼"越织越密。党的历史上首次中央党内法规和规范性文件集中清理工作全部完成，填补了中国特色社会主义法律体系的空白，也使党内权力监督制约全面实现了"有法可依"。在执法环节，无论是对腐败个案的查处，还是对权力主体的教育考核，都强调法治思维和法治方式的重要性，要求领导干部带头营造办事依法、遇事找法、解决问题用法、化解矛盾靠法的法治环境，这无疑为全社会树立了法治的标杆，引领法治进程的快速推进。

二　法治反腐呼唤现代廉政治理体系

"国家治理体系和治理能力现代化"作为一种全新的政治理念，是中国共产党从革命党转向执政党之后治国理政经验的一次全面总结和升华，不仅为全面深化改革设定了明确的总目标，也为各个领域的改革提供了全新的理念与技术。面对日益复杂严峻的反腐败斗争形势，廉政治理的模式也亟待创新，要将反腐败斗争与党风廉政建设纳入国家治理体系与治理能力的现代化实践之中，构建现代化的廉政治理体系，在宏观制度和微观技术层面体现系统性、整体性、协同性等治理现代化的要求。

（一）以"整体性治理"优化廉洁政治建设的顶层设计

传统管理模式限于"条块分割"的思维定式与利益束缚，很容易出现"碎片化治理"，不仅会产生内耗、降低治理体系的整体绩效，也会滋生地方保护和部门利益法制化等腐败现象。为此，现代治理理论和我国的治理实践都强调顶层设计、系统改革等整体性治理的理念。具体到反腐败斗争与党风廉政建设领域，就是要将廉洁政治建设纳入国家战略的总体布局，客观分析各项改革举措推进中可能存在的廉政风险，在各个领域、各个层次的改革进程中准确把握惩治预防腐败工作的重点，将全面深化改革与惩治预防腐败工作同步部署、同步实施，使廉洁政治建设与深化改革的重要步骤相一致，与深化改革的重大举措相配套。

（二）以"系统性治理"健全廉洁政治建设的制度体系

针对当前区域性腐败、家族式腐败、塌方式腐败等不断发生的严峻形势，我们应以系统性的思维剖析和惩治腐败。一方面，要以制度确保反腐败斗争无禁区、无特区、无盲区，真正做到凡腐必反，除恶务尽，通过惩处概率的提高，强化反腐败工作的震慑作用，最大可能地减少党员干部面临腐败诱惑时的侥幸心理。另一方面，要在加大对腐败官员惩处力度的同时，彻底铲除滋生腐败行为的土壤。要在严肃惩处受贿者同时，不姑息放纵行贿者，在全社会范围营造风清气正的廉洁氛围，避免高廉政风险岗位的官员一再成为行贿者的围猎对象。更重要的是要及时弥补廉政制度体系的短板，当前要特别重视、尽早完善不同层级政府的事权法律制度、重大决策终身责任追究制度及责任倒查机制、政府内部层级监督和专门监督制度等，充分发挥制度体系的预防腐败作用。

（三）以"协同性治理"完善廉洁政治建设的组织结构

现代治理应对复杂性现实问题的优势在于多元参与、协同合作的治理网络。应用到廉政治理中，不仅要强调权力系统内部各种制约与监督力量的协同，不断探索纪检、监察、司法、审计等相关职能部门的"无缝隙合作"机制，强调各项限权、放权、分权、制权机制的协调性与耦合性；同时要在现有政府信息公开和权力清单制度的基础上，依法公开权力运行流程，真正实现"让人民监督权力，让权力在阳光下运行"，有序吸纳社会力量，助力国家治理体系与治理能力的现代化。

（四）以现代治理技术提高廉洁政治建设的绩效水平

现代治理体系是与时俱进的开放性系统，能够及时有效地借鉴现代科技手段应对治理难题。在大数据的时代背景之下，"云计算""云存储"等数据处理技术不仅为提高治理能力提供了有利的工具，也为创新权力制约监督的手段与方法提供了技术支持。特别是在廉政风险防控环节，大数据技术的应用将大大提高廉政风险的洞察和甄别能力，为权力运行流程的优化提供更为科学化的建议，通过对腐败现象的源头治理提高廉洁政治建设的绩效。

参考文献

一　中文参考文献

（一）中文著作

《邓小平文选》（第二卷），人民出版社 1994 年版。

《邓小平文选》（第三卷），人民出版社 1993 年版。

陈国权：《责任政府：从权力本位到责任本位》，浙江大学出版社 2009 年版。

范忠信：《中国法律传统的基本精神》，山东人民出版社 2001 年版。

费孝通：《乡土中国生育制度》，北京大学出版社 2003 年版。

何增科：《反腐新路——转型期中国腐败问题研究》，中央编译出版社 2002 年版。

胡鞍钢：《中国集体领导体制》，中国人民大学出版社 2013 年版。

季卫东：《法律程序的意义》，中国法制出版社 2012 年版。

姜明安：《法治思维与新行政法》，北京大学出版社 2013 年版。

景跃进、陈明明、肖滨等编：《当代中国政府与政治》，中国人民大学出版社 2016 年版。

敬乂嘉：《合作治理——再造公共服务的逻辑》，天津人民出版社 2009 年版。

林语堂：《中国人》，广西民族出版社 2001 年版。

刘守英、周飞舟、邵挺：《土地制度改革与转变发展方式》，中国发展出版社 2012 年版。

马长山：《国家、市民社会与法治》，商务印书馆 2002 年版。

荣敬本等：《从压力型体制向民主合作体制的转变》，中央编译出版社 1998 年版。

宋涛：《社会规律属性与行政问责实践检验》，社会科学文献出版社 2010 年版。

王沪宁：《当代中国村落家族文化》，上海人民出版社 1991 年版。

王名扬：《英国行政法》，中国政法大学出版社 1987 年版。

王人博、程燎原：《法治论》，广西师范大学出版社 2014 年版。

杨美惠：《礼物、关系学与国家》，江苏人民出版社 2009 年版。

叶国英：《合谋腐败机制的经济学审视》，上海财经大学出版社 2007 年版。

张静：《基层政权：乡村制度诸问题》，浙江人民出版社 2000 年版。

张五常：《中国的经济制度》，中信出版社 2009 年版。

郑永年：《中国的"行为联邦制"》，东方出版社 2013 年版。

朱新力、唐明良：《行政法基础理论改革的基本图谱——"合法性"与"最佳性"二维结构的展开路径》，法律出版社 2013 年版。

［德］哈贝马斯：《在事实与规范之间》，童世骏译，生活·读书·新知三联书店 2003 年版。

［德］马克斯·韦伯：《经济与社会》，闫克文译，上海世纪出版集团 2010 年版。

［德］马克斯·韦伯：《支配社会学》，康乐、简惠美译，广西师范大学出

版社 2010 年版。

［德］尤尔根·哈贝马斯：《重建历史唯物主义》，郭官义译，社会科学文献出版社 2000 年版。

［法］孟德斯鸠：《论法的精神》，张雁深译，商务印书馆 1997 年版。

［法］米歇尔·克罗齐耶：《科层现象》，刘汉全译，上海人民出版社 2002年版。

［法］让－雅克·拉丰、大卫·马赫蒂摩：《激励理论（第一卷，委托－代理模型)》，陈志俊、李艳、单萍萍译，中国人民大学出版社 2002年版。

［法］让－雅克·拉丰：《激励与政治经济学》，刘冠群、杨小静译，中国人民大学出版社 2013 年版。

［法］让·雅克·卢梭：《社会契约论》，何兆武译，商务印书馆 2003年版。

［美］B. 盖伊·彼得斯：《官僚政治》，聂露、李姿姿译，中国人民大学出版社 2006 年版。

［美］阿格拉诺如、麦圭尔：《协作性公共管理：地方政府新战略》，李玲玲等译，北京大学出版社 2007 年版。

［美］安东尼·唐斯：《官僚制内幕》，郭小聪译，中国人民大学出版社2006 年版。

［美］贝勒斯：《程序正义——向个人的分配》，邓海平译，高等教育出版社 2005 年版。

［美］彼得·布劳、马歇尔·梅耶：《现代社会中的科层制》，学林出版社2001 年版。

［美］彼得·布劳：《社会生活中的交换与权力》，华夏出版社 1988 年版。

［美］博登海默：《法理学——法律哲学与法律方法》，邓正来译，中国政法大学出版社 1999 年版。

［美］丹尼尔·F. 史普博：《管制与市场》，余晖等译，格致出版社 2008

年版，2014年版。

［美］汉密尔顿、杰伊、麦迪逊：《联邦党人文集》，程逢如、在汉、舒逊译，商务印书馆1980年版。

［美］赫伯特·西蒙：《管理行为》，詹正茂译，机械工业出版社2004年版。

［美］利普塞特：《政治人：政治的社会基础》，刘钢敏、聂蓉译，商务印书馆1993年版。

［美］罗纳德·哈里·科斯：《企业、市场与法律》，盛洪、陈郁译，上海人民出版社2009年版。

［美］曼瑟尔·奥尔森：《集体行动的逻辑》，陈郁、郭宇峰、李崇新译，格致出版社、上海人民出版社2014年版。

［美］诺思：《制度、制度变迁与经济绩效》，杭行译，格致出版社、上海人民出版社2014年版。

［美］全钟燮：《公共行政的社会建构：解释与批判》，孙柏瑛等译，北京大学出版社2008年版。

［美］施莱弗、维什尼：《掠夺之手——政府病及其治疗》，中信出版社2004年版。

［美］苏珊·罗斯·艾克曼：《腐败与政府》，程文浩等译，新华出版社2000年版。

［美］特里·L.库珀：《行政伦理学：实现行政责任的途径》，张秀琴译，中国人民大学出版社2001年版。

［美］托克维尔：《论美国的民主》（上卷），董果良译，商务印书馆1988年版。

［美］威廉·M.达格尔：《公司权力的制度分析》，载马克·R.图尔、沃伦·J.塞缪尔斯编著《作为一个权力体系的经济》，商务印书馆2012年版。

［美］魏德安：《双重悖论》，蒋宗强译，中信出版社2013年版。

［美］伍德罗·威尔逊：《国会政体：美国政治研究》，熊希龄、吕德本译，商务印书馆 1986 年版。

［美］西摩·马丁·李普塞特：《政治人：政治的社会基础》，上海人民出版社 1997 年版。

［美］约翰·罗尔斯：《政治自由主义》，万俊人译，译林出版社 2003 年版。

［美］约翰斯顿：《腐败征候群：财富、权力和民主》，袁建华译，上海人民出版社 2009 年版。

［日］青木昌彦：《比较制度分析》，周黎安译，远东出版社 2001 年版。

［日］佐藤庆幸：《官僚制社会学》，朴玉、苏东花、金洪云译，生活·读书·新知三联书店 2009 年版。

［新西兰］杰瑞米·波普：《制约腐败——建构国家廉政体系》，清华大学公共管理学院廉政研究室译，中国方正出版社 2003 年版。

［匈牙利］波兰尼：《巨变：当代政治与经济的起源》，社会科学文献出版社 2013 年版。

［英］阿克顿：《自由与权力》，侯健、范亚峰译，商务印书馆 2001 年版。

［英］安东尼·吉登斯：《社会的构成》，生活·读书·新知三联书店 1998 年版。

［英］戴雪：《英宪精义》，雷宾南译，中国法制出版社 2001 年版。

［英］哈耶克：《法律、立法与自由》，邓正来译，中国大百科全书出版社 2000 年版。

［英］肯尼思·E. 博尔丁：《权力的三张面孔》，经济科学出版社 2012 年版。

［英］洛克：《政府论》（下篇），叶启芳、瞿菊农译，商务印书馆 1964 年版。

［英］亚当·斯密：《国民财富的性质和原因的研究（下卷）》，郭大力、王亚南译，商务印书馆 1974 年版。

（二）中文期刊

艾云：《上下级政府间"考核检查"与"应对"过程的组织学分析——以A县"计划生育"年终考核为例》，《社会》2011年第3期。

曹正汉、史晋川：《中国地方政府应对市场化改革的策略：抓住经济发展的主动权》，《社会学研究》2009年第4期。

曹正汉、宋华盛、史晋川：《为增长而控制——中国的地区竞争与地方政府对土地的控制行为》，《学术研究》2011年第8期。

曹正汉、薛斌锋、周杰浙：《中国地方分权的政治约束——基于地铁项目审批制度的论证》，《社会学研究》2014年第3期。

曹正汉：《中国上下分治的治理体制及其稳定机制》，《社会学研究》2011年第1期。

陈国权、曹伟：《权力制约监督的制度功能与现实意义》，《社会科学战线》2011年第9期。

陈国权、陈永杰：《基于权力法治的廉政治理体系研究》，《经济社会体制比较》2015年第5期。

陈国权、谷志军：《决策、执行与监督三分的内在逻辑》，《浙江社会科学》2012年第4期。

陈国权、黄振威：《论权力结构的转型：从集权到制约》，《经济社会体制比较》2011年第3期。

陈国权：《论法治与有限政府》，《浙江大学学报》（人文社会科学版）2002年第2期。

陈国权：《论廉政建设的领导责任制度》，《政治与法律》1998年第5期。

陈国权、毛益民：《道德制约权力：现实与可能》，《学术月刊》2012年第2期。

陈国权、毛益民：《腐败裂变式扩散：一种社会交换分析》，《浙江大学学报》（人文社会科学版）2013 年第 2 期。

陈国权：《强化人大立法监督：我国政治民主化的现实选择》，《社会科学》2000 年第 8 期。

陈国权、王勤：《论政治文明中的权力制约》，《政法论坛》（中国政法大学学报）2004 年第 6 期。

陈国权：《西方政治监督理论的发展逻辑》，《国家行政学院学报》2000 年第 3 期。

陈国权、徐碧波：《法治缺失下的制度风险与非市场竞争》，《社会科学战线》2005 年第 3 期。

陈国权、徐露辉：《责任政府的法治基础与政治构架》，《江海学刊》2005 年第 3 期。

陈国权：《严惩行贿：净化政治空间——论行贿罪的危害与惩治》，《政治与法律》1999 年第 3 期。

陈国权、于洋：《公共品的生产和分配：两种不同的行政逻辑——兼论民主行政的适用性》，《浙江大学学报》（人文社会科学版）2014 年第 4 期。

陈国权、张岚、曹伟：《论法治民主与权力制约监督》，《社会科学战线》2012 年第 6 期。

陈国权、周鲁耀：《公共决策中的利益冲突及其治理》，《探索与争鸣》2012 年第 9 期。

陈国权、周鲁耀：《制约与监督：两种不同的权力逻辑》，《浙江大学学报》（人文社会科学版）2013 年第 6 期。

陈国权、周盛：《我国人大决策权的变迁与决策权的制约监督》，《浙江大学学报》（人文社会科学版）2011 年第 5 期。

陈家建：《法团主义与当代中国社会》，《社会学研究》2010 年第 2 期。

陈家建：《项目制与基层政府动员——对社会管理项目化运作的社会学考察》，《中国社会科学》2013 年第 2 期。

陈潭、刘兴云：《锦标赛体制、晋升博弈与地方剧场政治》，《公共管理学报》2011 年第 2 期。

陈天祥：《政府绩效评估的经济、政治和组织功能》，《中山大学学报》2005 年第 6 期。

陈映芳：《行动力与制度限制：都市运动中的中产阶层》，《社会学研究》2006 年第 4 期。

程汉大：《英国宪政传统的历史成因》，《法制与社会发展》2005 年第 1 期。

程文浩：《中国治理和防止公职人员利益冲突的实践》，《广州大学学报》（社会科学版）2006 年第 10 期。

褚添有：《政治导向型政府管理——1949 年至 1978 年中国政府管理模式研究》，《公共管理学报》2008 年第 1 期。

戴治勇：《选择性执法》，《法学研究》2008 年第 4 期。

冯仕政：《中国国家运动的形成与变异：基于政体的整体性解释》，《开放时代》2011 年第 1 期。

葛洪义：《法治建设的中国道路——自地方法制视角的观察》，《中国法学》2010 年第 2 期。

公婷、任建明：《利益冲突管理的理论与实践》，《中国行政管理》2012 年第 10 期。

公婷、吴木銮：《我国 2000—2009 年腐败案例研究报告——基于 2800 余个报道案例的分析》，《社会学研究》2012 年第 4 期。

顾培东：《中国法治的自主型进路》，《法学研究》2010 年第 1 期。

郭道晖：《公民权与公民社会》，《法学研究》2006 年第 1 期。

郭道晖：《权力的多元化与社会化》，《法学研究》2001 年第 1 期。

过勇、胡鞍钢：《行政垄断、寻租与腐败——转型经济的腐败机理分析》，《经济社会体制比较》2003 年第 2 期。

何士青：《论政治文明与法治建设》，《政治与法律》2003 年第 3 期。

何显明：《市场化进程中的地方政府角色及其行为逻辑——基于地方政府自主性的视角》，《浙江大学学报》（人文社会科学版）2007 年第 6 期。

何艳玲：《街区组织与街区事件——后单位制时期中国街区权力结构分析框架的建立》，《中山大学学报》（社会科学版）2007 年第 4 期。

何益忠：《民主集中制之"辩证统一"探析》，《中共党史研究》2014 年第 3 期。

何增科：《建构现代国家廉政制度体系——有效惩治和预防腐败的体制机制问题研究》，《马克思主义与现实》2009 年第 3 期。

何增科：《中国转型期腐败和反腐败问题研究（上篇）》，《经济社会体制比较》2003 年第 1 期。

胡鞍钢：《腐败造成了多少经济损失》，《中国改革》2002 年第 5 期。

黄信：《制度不确定性：市场与政府关系的新视角》，《中共中央党校学报》2010 年第 1 期。

黄宗智、龚为纲、高原：《"项目制"的运作机制和效果是"合理化"吗?》，《开放时代》2014 年第 5 期。

黄宗智：《中国经济是怎样如此快速发展的? ——五种巧合的交汇》，《开放时代》2015 年第 3 期。

季卫东：《论法制的权威》，《中国法学》2013 年第 1 期。

季卫东：《论中国的法治方式——社会多元化与权威体系的重构》，《交大法学》2013 年第 4 期。

季卫东：《中国法治的悖论与重构》，《文化纵横》2011 年第 3 期。

江必新、王红霞：《法治社会建设论纲》，《中国社会科学》2014 年第 1 期。

姜明安：《公民参与与行政法治》，《中国法学》2004 年第 2 期。

姜明安：《论法治国家、法治政府、法治社会建设的相互关系》，《法学杂志》2013 年第 6 期。

蒋劲松：《代议问责制初论》，《政治学研究》2008 年第 6 期。

金太军、袁建军：《政府与企业的交换模式及其演变规律——观察腐败深层机制的微观视角》，《中国社会科学》2011 年第 1 期。

康晓光、韩恒：《分类控制：当前中国大陆国家与社会关系研究》，《社会学研究》2005 年第 6 期。

李辉：《当代中国腐败治理策略中的"清理"行动：以 H 市纪检监察机构为个案（1981—2004)》，《公共行政评论》2010 年第 2 期。

李辉：《腐败、政绩与政企关系虚假繁荣是如何被制造和破灭的》，复旦大学出版社 2011 年版。

李少平：《行贿犯罪执法困局及其对策》，《中国法学》2015 年第 1 期。

李伟民：《论人情——关于中国人社会交往的分析和探讨》，《中山大学学报》（社会科学版）1996 年第 2 期。

李武、席酉民、成思危：《群体决策过程组织研究述评》，《管理科学学报》2002 年第 2 期。

李学文、卢新海、张蔚文：《地方政府与预算外收入：中国经济增长模式问题》，《世界经济》2012 年第 8 期。

李永忠：《关于改革党委"议行合一"领导体制的思考》，《中国党政干部论坛》2002 年第 1 期。

梁若冰：《财政分权下的晋升激励、部门利益与土地违法》，《经济学》（季刊）2010 年第 1 期。

林慕华：《重塑人大的预算权力——基于某省的调研》，《公共行政评论》2008 年第 4 期。

林尚立：《党政关系建设的制度安排》，《学习时报》2002 年 5 月 27 日第 3 版。

林尚立：《以政党为中心：中国反腐败体系的建构及其基本框架》，《中共中央党校学报》2009 年第 4 期。

林尚立：《在有效性中积累合法性：中国政治发展的路径选择》，《复旦学报》（社会科学版）2009 年第 2 期。

林毅夫、蔡昉、李周：《论中国经济改革的渐进式道路》，《经济研究》
1993 年第 9 期。

刘诗林、李辉：《双重领导与多任务性：中国乡镇纪检监察组织监督困境
的实证研究》，《公共行政评论》2014 年第 3 期。

刘世定：《嵌入性与关系合同》，《社会学研究》1999 年第 4 期。

马长山：《法治的平衡取向与渐进主义法治道路》，《法学研究》2008 年
第 4 期。

马长山：《"法治中国"建设的问题与出路》，《法制与社会发展》2014 年
第 3 期。

马长山：《市民社会与政治国家：法治的基础和界限》，《法学研究》2001
年第 3 期。

马骏、侯一麟：《中国省级预算中的非正式制度：一个交易费用理论框
架》，《经济研究》2004 年第 10 期。

马骏、侯一麟：《中国省级预算中的政策过程与预算过程：来自两省的调
查》，《经济社会体制比较》2005 年第 5 期。

马骏：《政治问责研究：新的进展》，《公共行政评论》2009 年第 4 期。

倪星：《中国廉政方略变迁及其效果分析》，《政治学研究》2011 年第
5 期。

欧阳静：《压力型体制与乡镇的策略主义逻辑》，《经济社会体制比较》
2011 年第 3 期。

欧阳静：《运作于压力型科层制与乡土社会之间的乡镇政权——以桔镇为
研究对象》，《社会》2009 年第 5 期。

裴长洪：《中国公有制主体地位的量化估算及其发展趋势》，《中国社会科
学》2014 年第 1 期。

彭勃：《社会冲突困局与地方发展主义》，《经济社会体制比较》2009 年
第 2 期。

乔尔·赫尔曼、杰林特·琼斯、丹尼尔·考夫曼：《转轨国家的政府俘

获、腐败以及企业影响力》，周军华译，《经济社会体制比较》2009 年第 1 期。

渠敬东：《项目制：一种新的治理体制》，《中国社会科学》2012 年第 5 期。

渠敬东、周飞舟、应星：《从总体支配到技术治理——基于中国 30 年改革经验的社会学分析》，《中国社会科学》2009 年第 6 期。

容志、陈奇星：《"稳定政治"：中国维稳困境的政治学思考》，《政治学研究》2011 年第 5 期。

施雪华、曹胜、汤静容：《新中国政治发展的主要教训与未来走向》，《社会科学研究》2012 年第 1 期。

孙立平：《"关系"、社会关系与社会结构》，《社会学研究》1995 年第 5 期。

孙立平：《"软硬兼施"：正式权力非正式运作的过程分析——华北 B 镇收粮的个案研究》，载《现代化与社会转型》，北京大学出版社 2005 年版。

孙立平、王汉生、王思斌等：《改革以来中国社会结构的变迁》，《中国社会科学》1994 年第 2 期。

孙笑侠：《法治转型及其中国式任务》，《苏州大学学报》（法学版）2014 年第 1 期。

孙笑侠、冯建鹏：《监督，能否与法治兼容——从法治立场来反思监督制度》，《中国法学》2005 年第 4 期。

孙笑侠：《论法律对行政的综合化控制——从传统法治理论到当代行政法的理论基础》，《比较法研究》1999 年第 3 期。

唐皇凤：《"中国式"维稳：困境与超越》，《武汉大学学报》（哲学社会科学版）2012 年第 5 期。

田凯：《组织外形化：非协调约束下的组织运作——一个研究中国慈善组织与政府关系的理论框架》，《社会学研究》2004 年第 4 期。

汪进元、汪新胜：《程序控权论》，《法学评论》2004 年第 4 期。

王海娟、贺雪峰：《资源下乡与分利秩序的形成》，《学习与探索》2015 年第 2 期。

王柳：《理解问责制度的三个视角及其相互关系》，《经济社会体制比较》2016 年第 2 期。

王宁：《代表性还是典型性？——个案的属性与个案研究方法的逻辑基础》，《社会学研究》2002 年第 5 期。

王锡锌：《论行政过程中效率与公正的平衡》，《政法论坛》（中国政法大学学报）1995 年第 3 期。

王锡锌、章永乐：《专家、大众与知识的运用——行政规则制定过程的一个分析框架》，《中国社会科学》2003 年第 3 期。

王英津：《论我国权力法治化运行的逻辑建构》，《中国人民大学学报》2000 年第 3 期。

吴敬琏、黄少卿：《权与利的博弈——转型时期的制度环境与企业家行为》，《品牌》2006 年第 8 期。

吴敬琏：《确立平等竞争的市场经济新秩序消除普遍腐败的根源》，《马克思主义与现实》1993 年第 3 期。

吴敬琏：《中国腐败的治理》，《战略与管理》2003 年第 2 期。

吴一平：《财政分权、腐败与治理》，《经济学》2008 年第 2 期。

夏恿：《法治是什么——渊源、规诫与价值》，《中国社会科学》1999 年第 4 期。

谢立中：《结构—制度分析，还是过程—事件分析？——从多元话语分析的视角看》，《中国农业大学学报》（社会科学版）2007 年第 4 期。

徐岱：《行贿罪之立法评判》，《法制与社会发展》2002 年第 2 期。

徐显明：《绩效合法性的困境及其超越》，《浙江社会科学》2004 年第 5 期。

闫德民：《党内民主集中制变异现象及其防治》，《中州学刊》2014 年第

9 期。

杨光斌、乔哲青：《论作为"中国模式"的民主集中制政体》，《政治学研究》2015 年第 6 期。

杨宏星、赵鼎新：《绩效合法性与中国经济奇迹》，《学海》2013 年第 3 期。

杨善华、苏红：《从"代理型政权经营者"到"谋利型政权经营者"——向市场经济转型背景下的乡镇政权》，《社会学研究》2002 年第 1 期。

杨帅、温铁军：《经济波动、财税体制变迁与土地资源资本化——对中国改革开放以来"三次圈地"相关问题的实证分析》，《管理世界》2010 年第 4 期。

杨雪冬：《简论中国地方政府创新研究的十个问题》，《公共管理学报》2008 年第 1 期。

杨雪冬：《压力型体制：一个概念的简明史》，《社会科学》2012 年第 11 期。

杨宜音：《"自己人"：信任建构过程的个案研究》，《社会学研究》1999 年第 2 期。

姚建宗：《中国语境中的法律实践概念》，《中国社会科学》2014 年第 6 期。

姚洋、杨雷：《制度供给失衡和中国财政分权的后果》，《战略与管理》2003 年第 3 期。

叶贵仁：《乡镇经济增长模式之转变：以 T 镇为个案》，《公共管理学报》2007 年第 3 期。

于建嵘：《从刚性稳定到韧性稳定——关于中国社会秩序的一个分析框架》，《学习与探索》2009 年第 5 期。

於莉：《省会城市预算过程中党政首长的作用与影响——基于中国三个省会城市的研究》，《公共管理学报》2007 年第 1 期。

郁建兴、高翔：《地方发展型政府的行为逻辑及制度基础》，《中国社会科学》2012 年第 5 期。

袁曙宏、韩春晖：《社会转型时期的法治发展规律研究》，《法学研究》
　　2006 年第 4 期。

张汉：《"地方发展型政府"抑或"地方企业家型政府"？——对中国地方
　　政企关系与地方政府行为模式的研究述评》，《公共行政评论》2014 年
　　第 3 期。

张康之：《评政治学的权力制约思路》，《中国人民大学学报》2000 年第
　　2 期。

张莉、徐现祥、王贤彬：《官员合谋与土地违法》，《世界经济》2011 年
　　第 3 期。

张平、刘霞辉等：《资本化扩张与赶超型经济的技术进步》，《经济研究》
　　2010 年第 5 期。

张千帆：《宪法变通与地方试验》，《法学研究》2007 年第 1 期。

张维迎：《从职权经济到产权经济》，《经济观察报》2011 年第 3 期。

张维迎、马捷：《恶性竞争的产权基础》，《经济研究》1999 年第 6 期。

张维迎：《市场的逻辑与中国的变革》，《探索与争鸣》2011 年第 2 期。

张贤明：《当代中国问责制度建设及实践的问题与对策》，《政治学研究》
　　2012 年第 1 期。

张智辉：《法律监督三辨析》，《中国法学》2003 年第 5 期。

赵秉志：《国际社会惩治商业贿赂的立法经验及借鉴》，《华东政法大学学
　　报》2007 年第 1 期。

赵树凯：《地方政府公司化：体制优势还是劣势？》，《文化纵横》2012 年
　　第 2 期。

赵树凯：《基层政府的体制症结》，《中国发展观察》2006 年第 11 期。

折晓叶、陈婴婴：《项目制的分级运作机制和治理逻辑——对"项目进
　　村"案例的社会学分析》，《中国社会科学》2011 年第 4 期。

折晓叶：《县域政府治理模式的新变化》，《中国社会科学》2014 年第

1 期。

郑永年等：《论中央—地方关系：中国制度转型的一个轴心问题》，《当代
　　中国研究》1994 年第 6 期。

周安平：《社会自治与国家公权》，《法学》2002 年第 5 期。

周飞舟：《分税制十年：制度及其影响》，《中国社会科学》2006 年第
　　6 期。

周飞舟：《生财有道：土地开发与转让中的政府与农民》，《社会学研究》
　　2007 年第 1 期。

周光辉：《当代中国决策体制的形成与变革》，《中国社会科学》2011 年
　　第 3 期。

周黎安、陶婧：《政府规模、市场化与地区腐败问题研究》，《经济研究》
　　2009 年第 1 期。

周黎安：《行政发包制》，《社会》2014 年第 6 期。

周黎安：《中国地方官员的晋升锦标赛模式研究》，《经济研究》2007 年
　　第 7 期。

周黎安：《转型中的地方政府：官员激励与治理》，上海人民出版社 2008
　　年版。

周鲁耀：《"统合治理"：对地方政府经营行为的一种理论解释》，《浙江大
　　学学报》（人文社会科学版）2015 年第 6 期。

周雪光：《从"黄宗羲定律"到帝国的逻辑：中国国家治理逻辑的历史线
　　索》，《开放时代》2014 年第 4 期。

周雪光：《国家治理逻辑与中国官僚体制：一个韦伯理论视角》，《开放时
　　代》2013 年第 3 期。

周雪光：《基层政府间的"共谋现象"——一个政府行为的制度逻辑》，
　　《社会学研究》2008 年第 6 期。

周雪光、练宏：《政府内部上下级部门间谈判的一个分析模型——以环境
　　政策实施为例》，《中国社会科学》2011 年第 5 期。

周雪光：《"逆向软预算约束"：一个政府行为的组织分析》，《中国社会科学》2005 年第 2 期。

周雪光：《权威体制与有效治理：当代中国国家治理的制度逻辑》，《开放时代》2011 年第 10 期。

周雪光：《项目制：一个"控制权"理论视角》，《开放时代》2015 年第 2 期。

周雪光：《运动型治理机制：中国国家治理的制度逻辑在思考》，《开放时代》2012 年第 9 期。

周雪光、赵伟：《英文文献中的中国组织现象研究》，《社会学研究》2009 年第 3 期。

周业安：《中国制度变迁的演进论解释》，《经济研究》2000 年第 5 期。

周永坤：《权力结构模式与宪政》，《中国法学》2005 年第 6 期。

朱光磊、张志红：《"职责同构"批判》，《北京大学学报》（哲学社会科学版）2005 年第 1 期。

朱光磊、周振超：《党政关系规范化研究》，《政治学研究》2004 年第 3 期。

朱力：《规范结构脆性——对劣质规范的探讨》，《社会学研究》2006 年第 9 期。

朱旭峰：《中国社会政策变迁中的专家参与模式研究》，《中国社会科学》2011 年第 2 期。

二　英文参考文献

Ades，A. & Di Tella，R.，"National Champions and Corruption：Some UnpleasantInterventionist Arithmetic"，*The Economic Journal*，Vol. 107，No. 443，1997.

A. G. Walder, "Local Governments as Industrial Firms: An Organization-al Analysis of China's Transitional Economy", *American Journal of Sociology*, Vol. 101, No. 2, 1995.

Akerlof, G. A. , "The Market for Lemons: Quality, Uncertainty and Market Mechanism", *Quarterly Journal of Economics*, Vol. 84, No. 3, 1970.

Anthony Giddens, *The Consequences of Modernity*, California: Stanford University Press, 1990.

Arrow, K. J. , *The Limits of Organization*, New York: Norton, 1974.

Behn, R. D. , "The New Public Management Paradigm and the Search for Democratic Accountability", *International Public Management Journal*, Vol. 1, No. 2, 1998.

Bovens, M. , "Public Accountability", in Ferlie, E. , Lynn, L. & Pollitt, C. (ed.), *The Oxford Handbook of Public Management*, Oxford: Oxford University Press, 2005.

Caiden, Gerald, E. and Naomi J. Caiden, "Administrative Corruption", *Public Administration Review*, Vol. 37, 1977.

Carr, J. L. , J. T. Canda, "Potential Economics of Symbols, Clan Names, and Religion", *The Journal of Legal Studies*, Vol. 12, No. 1, 1983.

Cartier-Bresson, J. , "Corruption Networks, Transaction Security and Illegal Social Exchange", *Political Studies*, Vol. 45, 1997.

Chan, H. S. & Gao, J. , "Putting the Cart before the Horse: Accountability or Performance?", *The Australian Journal of Public Administration*, 2009, Vol. 68, No. s1.

Cook, K. S. and J. M. Whitmeyer, "Two Approaches to Social Structure: Exchange Theory and Network Analysis", *Annual Review of Sociology* 18, 1992.

Dahl, R. A. , "Decision-making in a Democracy: The Supreme court as National Policy-maker", *Journal of Public Law*, Vol. 6, No. 2, 1957.

Dubnick, M., "Accountability and the Promise of Performance: In Search of the Mechanisms", *Public Performance & Management Review*, 2005, Vol. 28, No. 3.

Eisenstadt and Roniger, "Patron-Client Relations as a Model of Structuring Social Exchange", *Comparative Studies in Society and History*, Vol. 22, No. 1, 1980.

Evans, Peter, B., *Embedded Autonomy: States and Industrial Transformation*, Princeton University Press, 1995.

Frant, H., "High-Powered and Low-Powered Incentives in the Public Sector", *Journal of Public Administration Research and Theory*, Vol. 6, 2010.

Gong, Ting, "Dangerous Collusion: Corruption as a Collective Venture in Contemporary China", *Communist and Post-Communist Studies*, Vol. 35, 2002.

Gong Ting, *The Politics of Corruption in Contemporary China: An Analysis of Policy Outcomes*, London: Praeger Publishers, 1994.

Gong, T., "More than Mere Words, Less than Hard Law: a Rhetorical Analysis of China's Anti-corruption Policy", *Public Administration Quarterly*, 2003, Vol. 27, No. 1/2.

Granovetter M., "Economic Action and Social Structure: The Problem of Embeddedness", *American Journal of Sociology*, Vol. 91, No. 3, 1999.

G. S. Becker & G. J. Stigler, "Law Enforcement, Malfeasance, and Compensation of Enforcers", *The Journal of Legal Studies*, Vol. 3, No. 1, 1974.

G. T. Abed & H. R. Davoodi, *Corruption, Structural Reforms, and Economic Performance in the Transition Economies*, IMF Working Paper, 2000.

Halachmi, A., "Performance Measurement, Accountability, and Improved

Performance", *Public Performance & Management Review*, Vol. 25, No. 4, 2002.

Hsu, F. L. K. , *Americans and Chinese: Passage to Differences:* University of Hawaii Press, 1981.

Jean, C. Oi. , "Fiscal Reform and the Economic Foundations of Local State Corporatism in China", *World Politics*, Vol. 45, No. 1, 1992.

Jean C. Oi. , *Rural China Takes off: Institutional Foundations of Economic Reform*, University of California Press, 1999.

Joseph A. Schumpeter, The Theory of Economic Development: An Inquiry into Profits, Capital, Credit, Interest, and Business Cycle, Harvard University Press, 1934.

Jowitt, K. , "Soviet Neotraditionalism: The Political Corruption of a Leninist Regime", *Soviet Studies*, Vol. 35, No. 3.

K. C. Davis, *Discretionary Justice: A Preliminary Inquiry*, University of Illinois Press, 1971.

Lawler, E. J. and Hipp, L. , "Corruption as Social Exchange", Shane R. Thye & Edward J. Lawler (eds.), Advances in Group Processes: Emerald Group Publishing Limited, 2010.

Lawler, E. J. , S. R. Thye and J. Yoon, "Social Exchange and Micro Social Order", *American Sociological Review* 73, 2008.

Lundin, A. and Anders Soderholma, "A Theory of The Temporary Organization", *Scandinavian Journal of Management* 11, 1995.

Lü, X. , Cadres and Corruption: The Organizational Involution of the Chinese Communist Party, Stanford University Press, 2000.

Ma, S. K. , "Reform Corruption: A Discussion on China's Current Development", *Pacific Affairs*, Vol. 62, No. 1, 1989.

Mayne, J. , "Audit and Evaluation in Public Management: Challenges, Reforms and Different Roles", Canadian Journal of Program Evaluation, Vol. 21, No. 1, 2006.

Mcafee, R. Preston and John Mcmillan, "Organizational Diseconomies of Scale", *Journal of Economics & Management Strategy* 4, 1995.

Meyer & Rowan, "Institutionalized Organizations: Formal Structure as Myth and Ceremony", *American Journal of Sociology*, Vol. 83, No. 2, 1977.

Michael Burawoy, "The Extended Case Method", *Sociological Theory*, No. 1, 1998.

M. J. Chen & D. C. Hambrick, "Speed, Stealth, and Selective Attack: How Small Firms Differ from Large Firms in Competitive Behavior", *Academy of Management Journal*, Vol. 38, No. 2, 1995.

Mulgan, R., "Comparing Accountability in the Public and Private Sectors", *Australian Journal of Public Administration*, Vol. 59, No. 1, 2000.

M. W. Peng & P. S. Heath, "The Growth of the Firm in Planned Economies in Transition: Institutions, Organizations, and Strategic Choice", *Academy of Management Review*, Vol. 21, No. 2, 1996.

Noll, R. G., Mccubbins, M. D., & Weingast, B. R., "Administrative Procedures as Instruments of Political Control", *Journal of Law Economics & Organization*, Vol. 3, No. 2, 1987.

O'Brien, K. J., & Li, L., "Selective Policy Implementation in Rural China", *Comparative Politics*, Vol. 31, No. 2, 1999.

Oi, J. C., "The Role of the Local State in China's Transitional Economy", *China Quarterly*, Vol. 144, No. 4, 1995.

Olson, M., "Dictatorship, Democracy, and Development", *American Political Science Review*, Vol. 87, No. 3.

Palmer, D. and M. W. Maher, "Developing the Process Model of Collective Corruption", *Journal of Management Inquiry* 15, 2006.

Pollitt, C., "Performance Blight and The Tyranny of Light? Accountability in Advanced Performance Measurement Regimes", in Dubnick, M. J. & Frederickson, H. G. (ed.), *Accountable Governance: Problems and Premises*, New York: M. E. Sharpe, Inc., 2011.

Qing Jie Zeng, "Democratic Procedures in CCP's Cadre Selection Process: Implementation and Consequences", *The China Quarterly*, Vol. 225, No. 3, 2016.

R. La Porta, F. Lopez-de-Silone, & A. Shleifer et al., "Law and Finance", *Journal of Political Economy*, Vol. 106, No. 6, 1998.

Schedler, A., "Conceptualizing Accountability", in Schedler, A., Diamond, L. & Plattner, M. (ed.), *The Self-restraining State*, Boulder: Lynne Rienner, 1999.

Scott, James, C., "Patron-Client Politics and Political Change in Southeast Asia", *American Political Science Review*, Vol. 66, No. 1, 1972.

Selznick, Philip, "Foundations of the Theory of Organization", *American Sociological Review*, Vol. 13, No. 1, 1948.

Smith, P., "On the Unintended Consequences of Publishing Performance Data in The Public Sector", *International Journal of Public Administration*, Vol. 18, 1995.

Sun Yan, *Corruption and Markets in Contemporary China*, New York: Cornell University Press, 2004.

Sun, Y., "The Chinese Protests of 1989: The Issue of Corruption", *Asian Survey*, Vol. 31, No. 8, 1991.

Ting Gong, "Corruption and Local Governance: The Double Identity of Chinese Local Governments in Market Reform", *Pacific Review*, Vol. 19, No. 19, 2006.

Weber, E. P. , "The Question of Accountability in Historical Perspective", *Administration & Society*, Vol. 31, No. 4, 1999.

White, T. , "Postrevolutionary Mobilization in China, The One-child Policy Reconsidered", *World Politics*, Vol. 43, No. 1, 1990.

Williamson, Oliver, E. , "Transaction Cost Economics", Richard Schmalensee & Robert Willig (eds.), *Handbook of Industrial Organization*, Amsterdam: North-Holland, Vol. 1, 1989.

Wilson, James, Q. , *Bureaucracy: What Government Agencies Do and Why They Do It*, New York: Basic Books, 1989.

Winch, G. M. , "Three Domains of Project Organising", *International Journal of Project Management*, Vol. 32, No. 5.

后　　记

　　《权力法治与廉政治理》一书终于付梓出版了。本书是我主持的国家社科基金重大项目"反腐败法治化与科学的权力结构与运行机制研究"（项目批准号：14ZD016）的最终研究成果。该项目从 2014 年启动，到 2016 年底结项，历时两年。时间不算长，但这两年是我们团队在权力法治这一领域长期研究的一个阶段，与我主持的另一项国家社科基金重大项目"健全权力制约与监督机制研究"相衔接，形成前后互补的整体性研究。"健全权力制约与监督机制研究"于 2010 年启动，2013 年底完成，研究的最终成果是专著《权力制约监督论》。这两本书可谓姐妹篇。

　　公共权力制约监督是我长期关注的问题。权力如同资本。如果说资本是经济生活中的权力，那么权力就是政治生活中的资本。作为政治生活中的核心要素，权力与权力之间形成的权力结构及其运行所形成的权力过程，决定了一个政治组织的基本体制机制。西方政治制度的核心特征是将国家权力分为立法权、行政权与司法权，并形成相互制约的三权分立体制，这是政治性分权。中国政治体制的根本特征是中国共产党的领导，以及党与国家体制所形成的广义政府的协同治理。这种体制是近代中国在曲折的革命与政治斗争中演化形成的，并与当下以公有制为主导的经济基础相适应。西方三权分立的政治性分权体制肯定不适合中国，但这并不意味着我国政治权力就不需要进行合理的分工。事实上，政治的复杂性客观上要求适度的政治分工，政治分工则要求政治分权，这是提高管理效率的必然要求。但有别于西方的政治性分权，政治分工（分权）要与特定的政治体制相适应，我国实行的是功能性分权：从更抽象的层面将政治权力区分为决策权、执行权与监督权。其实，无论哪个国家、哪个体制都需要进行功能性权力分工，从而提高权力行使的专业性和权力运行的效率。中国一直在探索中国特色的功能性分权，党的十七大报告明确提出要"建立健全决策权、执行权、监督权既相互制约又相互协调的权力结构与运行机制"。党的十八大报告在关于权力制约监督体制的表述方面沿袭了十七大报告的说法，并增加了"确保"二字。党的十九大报告更进一步对决策权、执行权与监督权的运行给予明确要求，提出"构建决策科学、执行坚决、监督有力的权力运行机制"。可见，我们并不是简单地反对西方三权分立体制，而是提出要构建中国特色的权力结构与运行机制，建立中国特色的权力制约监督体制。我们的研究正是致力于这方面的理论构建。

探索中国特色的权力制约监督理论是我的长期学术努力。1993 年我在《社会学研究》上发表了《不发达国家经济加速发展过程中的腐败问题对策研究》一文，同年在山西人民出版社出版了《比较行政监督导论》。这一年可算是我对权力法治与廉政治理进行系统性研究的起点。回想起来，我在此领域的探索已整整二十五年，期间还出版了《政治监督论》《社会转型与有限政府》《责任政府：从权力本位到责任本位》《权力制约监督论》。尤其近十年来，我领导学术团队连续三次受国家社科基金重大项目资助，秉持国家社科基金重大项目研究要代表国家水准的要求，我们团队已经完成了数十篇学术论文。清华大学景跃进教授对我们的研究成果进行了学术梳理，并以"新三权论"概括。本书正是这项巨大学术工程的一个重要组成部分。

本书是我带领的学术团队共同完成的成果，每一部分都凝聚着集体的智慧，绝大部分章节都曾由我与团队成员合作以论文的形式在重要期刊上发表。本书的具体执笔情况是：绪论，孙韶阳、陈永杰、毛益民；第一章，孙韶阳、于洋；第二章，陈晓伟、陈科霖、孙韶阳；第三章，许天翔、毛益民；第四章，陈洁琼；第五章，王柳、谷志军；第六章，周鲁耀、陈永杰、毛益民；第七章，毛益民；第八章，江晓涵；第九章，周盛、陈永杰、陈晓伟。毛益民协助我进行统稿，我的博士生宋思扬、钟俊弛、皇甫鑫等对书稿进行了反复的校读，提出了诸多修改意见。

感谢清华大学政治学系的景跃进教授。我们是学界同行、学术知音。请他为本书作序，在他看来，是"一系列偶然过程交叠而生成的一个意外之果"，而我恰恰认为他是一位最好的人选。景跃进教授前几年全面分析了我的研究成果，非常准确且清晰了梳理出这些研究层层推进的十个研究命题，并以"新三权论"概括之。二十多年来，我的研究一直以权力为分析视角，研究领域和研究问题都非常稳定，但自己却没有进行系统的总结，感谢景跃进教授对我们的研究成果所进行的学术梳理。

本项研究也凝聚着学界的共同努力。多年来我们的研究受到学界同人真诚的支持和帮助，在此我必须对他们的支持和帮助致以真诚的谢意。我们在课题研究过程中多次召开高层次理论研讨会，并邀请相关领域的知名专家来团队进行学术讲座，参加的学者包括北京大学俞可平、徐湘林、何增科、张静、燕继荣，清华大学蓝志勇、张小劲、景跃进，中央党校王长江，中国人民大学杨光斌，吉林大学周光辉，复旦大学陈明明，厦门大学陈振明，中山大学肖滨，中央编译局杨雪冬、周红云，斯坦福大学周雪光，哥伦比亚大学吕晓波等教授。近几年我的多位博士生以这项国家社科基金重大项目为博士学位论文选题。为了提高博士学位论文的水准，也为了保证课题成果的质量，我邀请了数位知名学者担任合作导师，与我共同指导。这些合作导师包括蓝志勇教授、余逊达教授、曹正汉教授、夏立安教授、郎友兴教授、郑春燕教授。

本书在中国社会科学出版社出版要感谢该社社长赵剑英教授。赵剑英教授在得知我第二次获国家社科基金重大项目时，就打电话给我，希望这项研究的最终成果能在中国社会科学出版社出版。还要感谢中国社会科学出版社总编辑助理、重大项目出版中心主任王茵博士与王琪编辑，她们以精品意识和严谨态度细心打磨着编辑的每个环节，付出了极大的努力。这本书计划是 2016 年底出版的，之所以拖延了两年时间才面世，与严格的审核制度有关。感谢多位匿名专家的审核，他们提出了不少中肯的意见，帮助我们修改错误。有些意见尽管我们未必赞同，但也促使我们进一步思考与完善。两年的拖延时间有点长，但反复的修改、完善无疑会提高著作本身的质量。

　　今年是改革开放四十周年。1978 年我国进入大变革时代，那一年我高中毕业考入浙江大学开始接受高等教育，也开始系统地观察社会、认识社会。四十年来我参与了国家的改革，目睹了时代的巨变，也分享了生活的进步。在这个时代从事社会科学研究有着特殊的使命与责任，也有着其他时代不曾有的学术机遇与研究课题。从我国揭露出的严重腐败现象与权力失范导致的严重社会问题来看，对公共权力进行有效的制约监督无疑是一个极有意义的研究课题，我们为此付出了巨大的努力。在这项国家社科基金重大项目顺利结题之后，我又承接了国家社科基金重大专项课题"基于法治中国建设的党和国家监督体系研究"，希望在完成这项重大专项课题的时候，我们团队能为建构中国特色权力制约监督体制贡献一个系统性的"新三权论"，为实现我国权力法治与廉政治理提供理论支持。

钱国权

2018 年 8 月 8 日